KB141157

국가담론을 통해 본 남북의 가치·정서·문화

통일인문학 연구총서 034

국가담론을 통해 본 남북의 가치·정서·문화

초판 인쇄　2021년　5월　23일
초판 발행　2021년　5월　30일

지은이 박영균, 이병수, 박민철, 김종군, 김종곤, 박재인, 도지인, 정진아, 김지니, 전영선
펴낸이 박찬익
펴낸곳 패러다임북 ┃ 주소 경기 하남시 조정대로45, 미사센텀비즈 F749호
전화 031) 792-1193, 1195 ┃ 홈페이지 www.pjbook.com
이메일 pijbook@naver.com ┃ 등록 2015년 2월 2일 제2020-000028호

ISBN 979--11-971230-4-7　93340

＊책값은 뒤표지에 있습니다.

＊이 책은 2019년 대한민국 교육부와 한국연구재단의 지원(NRF-2019S1A6A3A01102841)을 받아
　제작되었습니다.

034

통일인문학
연구총서

국가담론을 통해 본
남북의 가치·정서·문화

건국대학교
통일인문학연구단 기획

박영균·이병수·박민철·김종군
김종곤·박재인·도지인·정진아
김지니·전영선 지음

패러다임북

'포스트-통일 연구'의 의의와 방향: '사람의 통일'과 '코리언의 자기 이해'

지난 2009년 공식 출범한 건국대학교 통일인문학연구단은 '사람의 통일'이라는 모토하에 남북 주민들 사이에 있는 가치, 정서, 문화적인 분단을 극복하고 통일의 인문적 비전을 제시하고자 노력해 왔다. 특히, '사람의 통일'을 추구하는 통일인문학은 '북한학'이 아니라 '통일학'을 지향하며 통일의 인문적 비전 위에서 '소통·치유·통합의 패러다임'을 구축하고자 노력해 왔다. '분단 아비투스(habitus of division)', '분단 트라우마(trauma of division)', '민족공통성(national commonality)', '역사적 트라우마(historical trauma)', '치유(healing)'와 개념들은 이런 연구의 산물이기도 했다.

통일인문학연구단은 2010년 3월부터 2019년 7월까지 KCI 등재(후보)지 238편, 기타 국내외 학술지 15편, 저서 29권, 총서 32권 등의 연구 성과들을 냈을 뿐만 아니라 국내 및 국제 학술대회 총 70회, 사회적 확산 사업(시민대중 및 청소년, 전문가 강좌 등 연인원 총 326,419명) 총 1,160회를 개최했으며 『통일인문학』(등재지, 연 4회)과 S/N Korean Humanities(영문 학술지, 연 2회)를 발간하고 있다. 또한, 2014년 9월부터 대학원 '통일인문학과'에서 통일인문학을 전공한 석·박사들을 배출하고 있으며, 2019년 3월부터는 건국대학교 문과대학 연계 전공인 '통일인문교육'을 운영하고 있다.

이에 통일인문학연구단은 지난 2019년 9월 지난 10년을 총괄 마무리하고, 앞으로 7년 동안 "포스트 통일시대의 통일인문학과 통합적 코리아학"이라는 아젠다를 중심으로 하는 사업을 수행하기로 결정했다. '포스트 통일'의 '포스트(post)'는 '넘어서', '이후', '탈'이라는 뜻을 가진 말로, '포스트 통일'을 직역하면 '통일을 넘어서', '통일 이후'로 번역될 수 있다. 하지만 '포스트'는 단순히 시간적인 '이후'를 의미하지 않는다. 그것은 '넘어서' 라는 의미도 담고 있다. 즉, 그것은 남북 간의 체제나 제도적인 국가 통합 차원의 통일을 넘어서 '남북 주민들 사이의 가치, 정서, 문화적인 통일'로 나아간다는 의미를 담고 있다.

일반적으로 사람들이 생각하는 통일은 '남북 두 국가 간의 통일'로 생각하는 경향이 있다. 그러나 독일 통일이 보여 주듯이 두 국가가 평화적으로 통일을 이룬다고 하더라도, 양쪽이 서로 합쳐 살게 되면 정작 두 주민들 사이의 가치·정서·문화적 차이로 인한 갈등과 충돌이 나타날 수밖에 없다. 이런 점에서 통일의 진짜 문제는 바로 이와 같은 '사람들 사이에의 통합'이다. '포스트 통일'은 이런 문제의식을 화두로 삼아 내놓은 '개념' 이다.

실제로, 통일인문학연구단은 이미 2015년 이미 4년 동안의 아젠다 수행 목표를 "'포스트-통일'과 인문적 통일 비전의 사회적 실천"으로 잡고 '포스트-통일'이라는 화두 아래 '사람의 통일'에 대한 의제를 본격화했었다. 하지만 이 당시의 연구는 주로 거시적인 이론적 차원에 머물렀으며 가치, 정서, 생활문화에 대한 구체적이고 미시적인 차원에서의 연구로까지 나아가지는 못했다. 이에 통일인문학연구단은 2019년 9월, 남북의 국가 공식 담론 및 생활세계에서 나타나는 가치, 정서, 문화 등의 차이들을 연구함으로써 통일 이후 발생할 수 있는 사람들의 충돌을 예측하고 이를 해결할 수 있는 대안들을 연구하는 '포스트 통일 연구'를 본격화하기로 한 것이다.

아울러 통일인문학연구단은 향후 7년 연구 중 1단계 목표를 "통일을 대비한 코리언의 가치, 정서, 생활문화 충돌 예측"으로, 2단계 목표를 "코리언의 자기 이해와 통합적 코리아학의 구축"으로 나누었으며, 1단계를 현재 주어진 가치, 정서, 문화의 차이를 분석하고 충돌 가능성을 예측하는 '현재 진단적 연구'로, 2단계를 통일의 인문적 비전을 만들어 가는 '미래 기획적 연구'로 규정했을 뿐만 아니라 우선적으로 1단계 연구의 연차별 목표를 확정했다. 각 연차별 목표는 다음과 같다.

1단계 1년차의 과제는 "국가담론에서의 남북 가치-정서-문화 비교 연구"이다. 세 팀은 각각 '남북의 국가담론에서 가치관 비교 연구'(사상·학술), '자본주의 & 사회주의 국가담론을 통해 본 남북 일상(everyday life)의 충돌 예측'(정서·치유), '국가담론에서의 남북 생활문화 비교 연구'(생활·콘텐츠) 등을 목표로 삼고 연구를 진행할 것이다. 1년차 연구의 특징은 세 팀 모두 '국가담론의 층위'를 분석의 대상으로 한다는 점에서 공통적이지만, 이를 분석하는 내용은 각기 가치, 정서, 문화 등으로 나뉜다.

1단계 2년차의 과제는 "생활세계에서의 남북 가치-정서-문화 비교 연구"이다. 2년차 연구 과제를 달성하기 위해 세 팀은 각각 '남북의 생활세계에서 가치관 비교연구'(사상·학술), '분단체제와 일상 간의 어긋남과 접속 예측'(정서·치유), '생활세계에서의 남북 생활문화 비교 연구'(생활·콘텐츠) 등의 연구를 진행할 것이다. 2년차 연구의 특징은 세 팀 모두가 '생활세계'를 분석의 대상으로 삼아 연구를 진행하며 그 분석 내용은 각기 가치관, 일상, 생활문화로 나누어진다.

1단계 3년차의 과제는 "통일 이후, 사회적 충돌 양상에 대한 예측적 대안 연구"이다. 3년차 연구 과제를 달성하기 위해 세 팀은 '통일 이후, 가치 충돌 양상에 대한 예측적 대안 연구'(사상·학술), '코리언의 정서적 유대와 연대의 사회 공동체 형성 방안'(정서·치유), '통일 이후, 문화 충돌 양상에 대한 예측적 대안 연구'(생활·콘텐츠) 등에 관한 연구를 진행할 것이다. 3년차 연구의 특징은 1~2년차에 팀별로 연구한 '국가담론'과 '생활세계'에서의 차이를 통해서 통일 이후 발생할 사회문화적 갈등을 예측하고 이에 대한 대안을 제시한다는 점이다.

하지만 아무리 좋은 이념이라고 할지라도 자신의 뿌리가 없는 것들은 낯설고 어색할 수밖에 없다. '포스트 통일', 오랫동안 분단된 채 살아온 사람들이 함께 더불어 살아가는 것은 서로의 분열을 극복하는 과정일 뿐만 아니라 서로의 차이들을 나눔으로써 코리언의 자기 정체성을 새롭게 만들어 가는 과정이기도 하다. 따라서 남북, 코리언 디아스포라의 역사 속에서 이루어진 코리언의 자기 이해라는 역사적이고 문화적인 자산 속에서 통일의 인문적 비전을 찾아내야 한다. 이를 위해서 '코리언의 자기 이해'를 연구할 필요가 있다.

통일인문학연구단은 앞으로 3년차 연구가 종료되면 "교과서를 통해 본 코리언의 자기 이해", "사상사-문학사-근현대사 서술에 나타난 코리언의 자기 이해", "남남 갈등 해결을 위한 소통 · 치유 · 통합 방안 연구", "인문적 이념의 구현으로서 통일과 통합적 코리아학의 비전" 등과 같은 연구 주제들을 통해 통일을 만들어 가는 인문적 가치를 우리의 역사 속에서 찾아내고 이를 통해 통합적 코리아학의 비전을 제시하는 연구를 본격화할 것이다. 따라서 이렇게 코리언의 자기 이해를 찾아가는 과정은 그 자체로 '한국학'과 '조선학'이라는 반쪽짜리 코리아학을 넘어서서 '통합적 코리아학'을 만들어 가는 발걸음이 될 것이다.

하지만 "'포스트-통일'과 인문적 통일 비전의 사회적 실천"이라는 아젠다는 이전 연구와 별개의 연구가 아니며 지난 연구의 계승이자 이전 연구 성과에 기초한 확장이자 구체화이기도 하다. 첫째, 향후 7년 연구에서의 1단계 연구 목표로 삼고 있는 "포스트 통일시대의 통일인문학"은 위의 문제의식을 본격화하는 것이다. '포스트 통일'은 통일을 전제하고 통일 이후 시대를 다룬다는 것을 의미하지 않는다. 여기서 '포스트'는 단순한 제도-체제 통합을 벗어나 그것을 넘어서는 사람의 통일을 지금부터 연구하여 이를 실천한다는 것을 의미한다. 따라서 이 연구는 이전의 제도-체제 연구를 넘어서 일상생활의 미시적 삶으로 '통일 연구'를 구체화한다는 것을 의미한다.

둘째, 북한학과 달리 통일학은 남북의 분단을 극복하고 건설하는 통일 국가의 가치와 이념 및 학문을 다루는 것이다. 이제까지 통일 연구는 북한 지역을 연구하는 것, 즉 북한학과 같은 지역학으로 간주되는 경향이 있었다. 하지만 이것은 통일학이라고 할 수 없다. 통일학은 남과 북을 넘어서 양자를 포괄하는 학문이 되어야 한다. 따라서 향후 7년 동안 진행되는 연구에서 제기하는 2단계 목표 "통일인문학과 통합적 코리아학"은 통일학으로서 한국학에 관한 연구가 시작되었음을 의미한다.

지난 10년을 돌이켜 보면 통일인문학연구단이 이토록 성공적인 연구를 수행할 수 있었던 것에 대한 뿌듯함도 있지만 감사함도 있다. 통일인문학연구단의 풍부한 연구 성과 및 사회 실천적 프로그램들의 개발이라는 성공의 배경에는 분단 극복의 실천적 의지에 이끌려 같이 연구를 했던 동학들과 연구원들뿐만 아니라 건국대학교의 여러 동료 교수들을 비롯하여 우리와 함께 한 국내외 연구소의 연구자들 사이의 협력과 도움이 있었기 때문이다. 통일인문학연구단의 2주기 사업의 진전도 이런 협력과 도움 없이 가능하지 않을 것이다. 지난 10년이 그랬듯이 언제나 좋은 동료, 선배이자 때로는 가르침을 주는 스승이고, 배우는 제자가 되어 가는 관계 속에 함께하는 자리가 되었으면 하는 바람을 전함으로써 새롭게 시작하는 부담과 벅참, 설렘의 감정을 대신하고자 한다.

사람의 통일, 인문정신을 통한 통일을 지향하며
건국대학교 통일인문학연구단장 김성민

남북의 사회문화적 통합을 위한 장기적 연구의 출발점

일반적으로 통일은 '남북 두 국가, 체제 사이의 통일'로 생각하는 경향
이 있다. 그러나 통일을 서로 다른 두 정치경제체제가 하나의 체제로 통
합되는 것으로 여길 때, 통일의 노력은 오히려 갈등과 대립을 불러 올
수 있다. 나아가 두 국가가 평화적으로 통일을 이룬다고 하더라도, 양쪽
이 서로 합쳐 살게 되면 정작 두 주민들 사이의 가치·정서·문화적 차이로
인한 갈등과 충돌이 나타날 수밖에 없다. 왜냐 하면 분단은 단순히 체제
의 분열만이 아니라 그 속에 살고 있는 사람의 분열이기도 하기 때문이
다. 분단이 체제대립으로만 환원될 수 없다면, 통일 역시 체제통일로만으
로 이해될 수 없을 것이다. 통일은 단순히 체제의 통일만이 아니라 남북
주민이 하나의 공동체를 이루며 살아가는 '사람의 통일'이기도 하다.

건국대학교 통일인문학연구단은 2009년 HK사업에 선정된 이래 지난
10년 동안 "소통·치유·통합의 통일인문학: 통일의 인문적 비전과 한국
인문학의 세계화"라는 아젠다를 중심으로 사업들을 수행하면서 인문학을
기반으로 '사람의 통일'이라는 새로운 통일패러다임을 창출하였다. 그러
나 이론 정립에 상대적으로 치중한 나머지 분단체제나 분단국가와 같은
거시적 틀을 벗어나 생활세계의 미시적 수준으로까지 연구가 본격화되지
못했다. HK+2 유형의 아젠다 "포스트 통일시대의 통일인문학과 통합적
코리아학" 선정을 계기로 본 연구단은 '사람의 통일'이라는 관점에서 '포
스트 통일(post unification)' 연구를 수행할 기회를 얻게 되었다. "포스트-
통일"의 화두는 이미 지난 10년 HK사업 3단계에서 제기된 바 있다. 포스

트 통일연구는 통일 이후 시대의 연구가 아니라 지금부터 일상생활의 미시적 삶으로 '통일연구'를 구체화한다는 것을 의미한다. 통일 이후 제기될 사회문화적 갈등 폭과 깊이를 결정하는 것은 '통일 이전', 바로 지금 통일을 만들어 가는 과정 속에 있기 때문이다. 그런 점에서 본 연구단은 '포스트 통일시대'라는 문제 설정을 통해서 통일 이후 일어날 남북 주민들 간의 가치이념, 정서문예, 생활문화 상의 충돌을 예측하고 이를 극복할 수 있는 남북관계 형성을 연구하고자 한다.

포스트 통일시대의 통일인문학 연구(1단계 연구)는 "사람의 통일"이라는 인문적 통일의 의제를 가치, 정서, 생활문화 상의 미시적인 차원으로 구체화하여 남북 주민들 사이의 가치, 정서, 문화적 갈등의 해결과 통합을 제시하는 데 있다. 1단계 연구는 "남북 국가담론 및 생활세계에서의 가치-정서-문화 차이 연구를 통한 통일 이후 충돌 예측"을 목표로 진행된다. 1단계 1년차에서는 남북의 국가담론에서 가치-정서-문화의 차이들을 연구하고, 2년차에서는 남북의 생활세계를 대상으로 가치-정서-문화의 차이들을 연구한 다음, 3년차에서는 앞의 2년 동안 이루어진 연구를 기반으로 하여 남북의 가치-정서-문화 비교연구를 통한 통일 이후, 가치충돌 양상에 대한 예측적 대응 연구를 진행하는 방식이다.

이 책은 1단계 1년차 연구, "국가담론에서 남북 가치-정서-문화 비교연구"의 성과물이다. 국가담론 층위에서 남북비교연구가 필요한 이유는 너무 당연하다. 남북은 분단국가로서 서로 다른 체제와 제도 아래 서로 다른 가치, 정서 문화 지향성을 지니고 있다. 이런 서로 다른 지향성은 남북이 서로 분단국가의 국민들을 만드는 작업을 통해 몸과 마음에 내면화되었고, 이는 통일 이후, 상호 간의 충돌로 나타날 가능성이 많다. 그렇기 때문에 가치관, 일상적 삶의 정서, 생활문화의 차이를 상호 비교하고 그것이 통일 이후 야기할 수 있는 갈등과 충돌을 예측하는 일은 매우 중요하다고 할 수 있다. 이 책에서 국가담론의 '층위'를 분석의 대상으로 하지만 그 내용은 각기 가치, 정서, 문화 세 영역으로 나누어져 있다. 이 책은 '국가담론을 통해 본 남북의 가치관'(1부), '남북 국가담론을 통해 본 일상과 의식의 변화'(2부), '국가건설과 혁명, 그리고 문화'(3부)로 구성되어 있다.

제1부 〈국가담론을 통해 본 남북의 가치관〉은 3편의 논문을 싣고 있다. 첫 번째 글, "북의 국가담론: 봉건적 가부장에서 젠더화된 민족국가로"(박영균)는 북의 국가담론을 생산하는 학교, 당-인민위원회 등 이데올로기 국가장치들에 관한 연구 및 그것의 수행적인 힘들에 관한 연구보다, 북의 국가담론이 객관적으로 근거하고 있는 사회적 관계와 그것에 자신을 상상적으로 동일화하는 메커니즘(담론의 물질성)에 관한 연구에 초점을 맞추고 있다. 즉 이 글은 북의 국가담론이 봉건적 가부장제 이데올로기나 유교적 이데올로기가 아니라 국가를 젠더화한 담론이라는 점을 '사회주의 대가정론'과 '사회정치적 생명체론'에 대한 분석을 통해 밝히고 있다. 또한, 이런 분석에 근거하여 젠더화된 국가담론이 작동할 수 있는 상상적 동일화의 자원으로서 역사적 경험과 문화적 자산, 그리고 객관적인 삶의 조건들을 다루고 있다. 따라서 이 글은 북의 젠더화된 국가담론에 대한 연구가 이들 물질성의 해체 및 균열에 관한 연구뿐만 아니라 남의 (여)성에 대한 구조적-문화적 폭력에 대한 해체 및 몸의 해방을 포함한 (여)성 해방의 차원까지 나아가는 연구가 되어야 한다고 주장한다.

1부의 두 번째 글, "남북한 민족주의 가치관의 이중성"(이병수)은 남북이 표방한 민족담론을 1990년대 이전의 냉전기와 1990년대 이후의 탈냉전기 그리고 현재의 상황에 따라 각각 조감하면서 그 내부에 민족지향과 국가지향이라는 두 가지 상충하는 흐름을 살피고 있다. 우선 1990년대 이전 남한 민족주의는 국가지향 가치의 우위가 압도적이었으나, 1990년대 이후 체제 중심의 국가지향 가치와 화해 협력 중심의 민족지향의 가치가 갈등하는 양상을 보이고 있다는 점을 지적한다. 다음으로 북한은 1990년대 이전 '사회주의적 애국주의'와 '민족' 개념의 재해석을 통해 스탈린 민족담론을 변화시켰으나 체제위기를 맞은 1990년대 이후 민족담론을 체제 정당성의 맥락에서 사회주의와 결합시킴으로써 통일론을 근거한 기존의 민족 통합적 민족담론과 모순적으로 공존하는 점을 지적한다. 요컨대 남북의 민족주의는 공통적으로 체제정통성을 위한 이데올로기이자 민족통합의 이데올로기라는 이중적 기능을 해왔음을 그 역사적 전개과정을 통해 드러내고 있다. 결론적으로 국가 우위의 민족주의론과 민족 우위의 민족주의론이 지닌 한계를 극복하기 위한 민족적 연대의 방향을 제시한다.

세 번째 글, "국가주의 철학의 발생과 세부 이행: 안호상의 철학을 중심으로"(박민철)는 분단국가주의의 심화 과정에서 남북 사상계 모두 국가주의 이데올로기에 몰두했다는 전제 아래, 남북의 적대적 상호의존의 철학적 원리와 가치체계가 성립되는 초창기의 모습을 사상사적 맥락 속에서 한 인물을 통해 추적하고 있다. 서구와 달리 한반도 국가주의의 독특성은 특정 상대에 대한 극한의 적대감을 자기재생산의 매커니즘으로 삼고 있는 '분단국가주의'에 있는데, 이 지점에서 만날 수 있는 인물이 안호상이기 때문이다. 이 글에 따르면 안호상의 사유는 개인보다 전체로서 국가를 앞세우는 이데올로기의 세부 논리 구상에 자신의 철학함을 집중시켰다. 여기서 강조된 것은 식민주의적 전체주의, 가족주의, 반공주의 등의 가치지향들이었다. 이러한 점에 주목하면서 안호상의 철학적 기획이 초창기인 일제강점기에는 '전체'를 강조하는 식민주의적 전체주의와 전체주의적 국가주의로부터 출발하였으며, 해방 이후에는 '독재'를 정당화하는 가족주의적인 국가관으로 이행했음을 사상사적으로 살펴보고 있다. 나아가 한국전쟁 이후에 안호상의 철학은 반공주의적 국가주의로 수렴되면서 한반도 국가주의의 현재 모습을 완성하였음을 비판적으로 고찰하고 있다.

제2부 〈남북 국가담론을 통해 본 일상과 의식의 변화〉 역시 세 편의 논문을 싣고 있다. 2부의 첫 번째 글 "북한의 체제 변화에 따른 민속학의 임무와 성과"(김종군)는 통일 과정에서 코리아 민속학사 편찬을 염두에 두면서 분단 이후부터 현재까지 북한의 민속학 연구 성과를 개관하여 그 위상을 해명하고 있다. 북한 민속학 연구는 국가 정책에 철저하게 복무하면서 성과들을 내놓았기 때문에 국가 정책의 획기적 변화에 따라 북한의 연구성과를 세 시기로 구분하고 있다. 첫째, 사회주의사상을 통한 민속학 정립기다(1945~1970년). 이 시기는 주민들의 생활방식을 사회주의 방식으로 개조해야 한다는 국가적 사명을 수용하여 민속의 현지조사를 전국 단위로 진행한 시기다. 둘째, 주체사상에 의한 민속학 침체기다(1971~1985년). 이 시기는 주체사상을 유일사상으로 내세우면서 민속전통에 대해 부정적인 입장을 취한 시기다. 셋째, '조선민족제일주의'를 통한 민속학 부흥기다(1986~최근). 이 시기는 국가 지원을 받아 민속학 총서가 대규모로 발간되고, 현실 생활에서 민속전통의 부활을 강조한 시기다. 이 글은 북한 민속학이 연구 목적이 남한과 차이가 있지만 그 연구 성과는 통일의 과정에서 민족 통합에 가장 적합하게 기여할 수 있는 영역임을 확인하고 있다.

두 번째 글, "'분단적대성'의 역사적 발원과 감정구조"(김종곤)는 '분단적대성'의 역사적 발원과 이를 재생산하는 감정구조를 살펴보면서 그 개념을 정립하고 있다. 이 글은 우선 해방시기부터 분단의 역사를 되짚어 보면서 분단적대성이 남북의 분단 그 자체로부터 나온 산물이 아니라 애초에 남북 분단에 냉전질서가 오버랩 되어 상대를 정적과 이단으로 삼는 정치 논리에 착근되어 탄생한 감정/인식이라고 분석한다. 나아가 분단적대성은 그와 같이 남북의 냉전적 정치논리에 착근되어 탄생하였지만 오히려 '민족=국가'를 향한 동일성의 욕망을 좌절시키면서 그로부터 적대적 에너지를 수혈 받는 히스테리적 감정이라고 지적한다. 이어서 분단적대성의 재생산 메커니즘을 분단국가와 그것이 산출하는 분단의 감정공동체를 통해 분석하고 있다. 분석 결과 분단국가는 담론과 기억을 통해 분단적대성의 감정을 윤리화하고 위기-안보 담론에 기대어 분단적대성이 재생산될 수 있는 사회적 구조를 형성하고 있었을 밝히고 있다. 반면 분단의 감정공동체는 분단국가의 사회적 의례를 비롯한 문화 전반에 걸쳐 분단적대성을 표출하고 집합적인 국가적 자아를 (재)생산하면서 분단의 감정 에너지를 분단국가로 실어 나르는 순환구조를 형성한다고 주장하고 있다.

세 번째 글, "남·북·중의 산아제한정책과 코리언 여성들의 출산문화 및 의식세계"(박재인)는 1970-80년대 출산에 대한 국가의 통제가 강력해졌던 시기, 남·북·중 코리언 여성들의 삶을 출산경험담을 중심으로 고찰하고 있다. 이들 코리언 여성들의 출산경험담은 현재 코리언의 민족적 공동체성, 특히 여성문제와 관련한 생활양식과 의식세계의 변화를 확인할 수 있는 중요한 자료로써 이 글은 그 변화의 역사적 맥락을 살피고 있다. 남·북·중 코리언 사회는 공통적으로 한국전쟁을 경험하고 출산장려정책을 추진하다가 출산제한정책으로 전환하였고, 1970년말부터는 강력하게 출산을 제한하였다. 이 글은 이때 코리언 여성들이 피임생활을 시작하면서 전통적 다산 억압에서 해방되는 경험과 동시에 출산에 대한 국가통제로 인한 신체적, 인격적인 상처의 경험을 지니고 있다고 분석한다. 이울러 남·북·중 코리언 사회는 여성의 성적 자율권 및 재생산권에 대한 의식 변화가 신속하게 이뤄지고 있으며, 여성주의적 자각 또한 이전과는 다른 단계로 진입하고 있다고 주장한다.

제3부 〈국가건설과 혁명, 그리고 문화〉는 총 네 편의 논문을 싣고 있다. 첫 번째 글, "북한의 '녀성해방'과 공산주의 어머니 교양"(도지인)은 북한체제 성립과정에서 1946년 남녀평등권법령으로 시작된 "녀성해방"의 과업이 1960년대에 들어서 강조되는 "공산주의 어머니" 교양으로 인해 어떠한 성격, 특징, 그리고 결과를 갖게 되었는지에 초점을 맞추고 있다. 이 글은 해방적으로 보이던 애초의 여성 정책이 후퇴했다는 기존 시각을 비판한다. 즉, 가부장제 또는 군사주의 산업화로 여성정책의 혁명성이 후퇴한 것이 아니라 1960년대부터 "녀성해방"의 기원을 항일무장투쟁에서 찾게 되면서 "녀성해방"은 남녀의 고정된 위계질서나 성역할을 의문시하고 이에 대해 도전을 하는 젠더적 의미와 연관성을 갖지 못하게 되었다는 것이다. 북한에서 해방된 여성은 개인적 자율성이나 인권을 가진 여성이 아니라 진정한 공산주의 혁명가이며, 이에 상응하는 가장 이상적인 모델로 강반석으로 대표되는 혁명가의 "안해" "조선의 어머니"로 단일화되었다는 주장이다. 이 글은 북한 여성담론의 특징은 가부장제로 인한 진보적 여성담론의 퇴보 그 자체가 아니라 항일혁명투쟁 역사 속의 "조선의 어머니"가 혁명적 여성상의 유일한 모델로 고착화 되었다고 결론짓는다.

두 번째 글, "1960년대 북한의 '붉은 인텔리' 만들기"(정진아)는 북한이 직면한 대내외적인 문제를 검토하는 가운데, 인텔리에 대한 북한 정권의 인식 변화와 인텔리 개조 작업의 방향과 특징에 대해 살펴보고 있다. 이 글에 따르면 김일성은 1960년대 초까지는 인텔리의 혁명성을 강조했지만, 1964년 말부터는 인텔리의 낡은 사상잔재를 문제 삼기 시작했다. 인텔리를 당의 믿음직한 협력군으로 단련시키는 과정에서 인텔리는 당의 노선을 정치사상적으로 옹호하는 친위대로서의 '붉은 인텔리'로 변모해

갔다. 1960년대 후반 김일성과 김정일은 인텔리의 특성 자체를 소멸시키는 대대적인 인텔리 개조사업을 추진했다("인텔리의 노동계급화, 온 사회의 인텔리화"). 이 글은 이를 북한이 당시 인간개조사업을 통해 사회주의, 공산주의적 인간을 창출하고 그것을 동력으로 사회주의를 건설해 가겠다는 유토피아적 이상에 경도되었고, 이는 북한식 '문화혁명'의 과정이었다고 분석한다. 당의 노선과 정책에 대한 이견이 제거됨으로써 북한 사회는 수령-당-대중의 통일 단결된 정치경제를 실현할 수 있는 기반을 마련했으나 인텔리의 역동성은 조기에 사라지고 말았다고 진단한다.

세 번째 글, "해방후 남북한 문화시설 운영정책에 관한 연구: 국립극장을 중심으로"(김지니)는 근대사회의 새로운 경험 공간이자 변화하는 시대상을 반영하는 변화 공간인 '극장'에 주목하여 해방직후, 국립극장 설립의 배후에 있는 남북의 문화정책과 시각을 살펴보고 있다. 이 글에 따르면 극장은 해방 후 남한에서는 자본주의 체제하에서 철저한 상업적 공간이자 대중의 욕구가 분출되고 수용되는 공간으로 강조된 반면, 북한에서는 공공적·도덕적·교육적 공간으로 강조되었다. 이 글은 특히 남북의 국립극장 설립의 배경과 과정이 당시 남북한의 문화정책의 차이와 남북한 지도부들이 문화예술을 바라보는 시각의 차이에서 비롯되었음을 밝히고 있다. 남한에서는 해방직후 미군정하에서 국립극장 설립이 차일피일 미루어졌고, 남한 정권 수립이후에도 국립극장 설립이 완성되기까지는 2년이 더 지체된 반면 북한에서는 해방직후 조기에 극장의 국유화가 완성되었다. 국립극장은 극장 본연의 기능과 역할 뿐만 아니라 '국립'이 갖는 상징적 의미가 크다고 볼 때, 북한의 국립극장 조기 설립은 북한의 문화정책적 의지가 남한과 본질적으로 달랐다고 결론짓고 있다.

네 번째 글, "남북에 작동하는 문화 검열"(전영선)은 분단 이후 남북이 체제 정통성을 확고히 하고자 방송언론, 출판, 예술에 대한 통제 기제를 작동한 점을 분석하고 있다. 이 글에 따르면 일제 강점기의 검열은 내용만 바뀌었을 뿐 광복 이후로 남과 북에서 진행되었는데, 검열 형식은 법이 작동하는 공식적인 검열과 사회적 금기로 작동하는 문화적 검열로 나눌 수 있다. 이 글은 남한에서는 문화예술 창작에 국가가 개입한다는 점에서 민간이 모든 것을 맡아서 하는 온전한 민간 영역으로 볼 수 없지만 북한에서 검열은 일상적으로 일어난다며 남북 국가개입의 차이를 지적한다. 북한에서는 사회주의 경제가 국가계획에 의해 통제되듯이 문화예술 부문도 창작과 보급의 전 과정이 국가에 의해 통제되고 관리된다. 따라서 검열은 단순히 잘못을 시정하는 차원을 넘어 인민교양의 도구로서 출판물이나 예술작품의 검열을 통해 작가, 예술인 등의 사상을 점검하고 이들의 역량을 높인다는 적극적인 의미가 포함되어 있다는 것이다. 국가개입에 반대하는 남한과 달리 북한은 당에서 제시한 창작과 원칙이 엄격하고 작가, 예술가들이 국가에 소속되어 활동한다는 점에서 검열에서도 남북의 구조적 차이를 보인다고 결론짓고 있다.

이 책은 건국대학교 통일인문학연구단의 HK+2 유형의 아젠다인 "포스트 통일시대의 통일인문학과 통합적 코리아학"의 첫 연구성과다. 그동안 남북의 차이와 공통성에 관한 연구는 언어 및 의식주와 같은 생활문화 영역에서만 단편적으로 이루어졌다. 이런 점에서 이 책은 국가담론에서의 남북비교 연구에 국한되지만, 이어서 계속 진행될, 남북의 사회문화적 통합을 가능케 하는 장기적 연구를 위한 새로운 출발을 알리는 책이 될 것이다. '코로나 19'로 학술대회가 지연되면서 이 책이 출간하기까지의 과정은 순조롭지 않았지만, 연구단 여러 선생님들의 성실함과 책임의식 덕분으로 빛을 보게 되었다. 노고에 깊은 감사를 드린다.

건국대학교 통일인문학연구단 학술연구부장 이병수

| 차례 |

제1부

국가담론을 통해 본
남북의 가치관

북의 국가담론

: 봉건적 가부장에서 젠더화된 민족국가로

박영균

1. 들어가며: 이데올로기의 물질성과 북의 국가담론 연구

북의 붕괴를 예상했던 많은 사람들의 기대와 달리 김일성 주석의 사망 이후에도, 김정일 국방위원장의 죽음 이후에도 북의 지배체제는 여전히 강고하게 잘 작동하고 있다. 1990년대 중반, 고난의 행군기 동안 북의 배급경제시스템은 완전히 붕괴되었고 무수한 사람들이 굶거나 병들어 죽었다. 그 시기 북쪽 사람들은 각자 할 수 있는 모든 방법을 동원해 살아남아야 했다. 심지어 배급을 주지 않는 국가의 각종 기업이나 기관들에 출근까지 하면서 말이다. 하지만 북의 인민들은 고난의 행군기를 이겨냈고 북의 지배체제는 김일성-김정일을 이어 김정은까지의 3대 세습을 성공적으로 이어가고 있다.

그렇기에 이와 같은 북의 체제가 가진 강고성은 유럽과 미국 등의 서구만이 아니라 남쪽 사람들에게도 이해하기 어려운 '기괴한 것'일 수밖에 없다. 무엇이 그들로 하여금 완전히 와해된 체제에서 각자 생존을 모색하면서도 3대 세습이라는 외관상 전근대적 권력 형식을 지탱하도록 만드는 것일까? 1990년대 냉전의 해체와 더불어 진행된 동유럽과 달리 '북의 지배체제를 지금까지도 강고하게 지탱시키는 것이 무엇인가'에 대한 이런 질문은 지금까지도 반복적으로 제출되고 있다. 그리고 이에 대한 답변으로 사람들이 가장 많이 든 것은 '주체사상'이었다.[1]

하지만 주체사상이 지배 이데올로기로 성공적인 작동이 이루어지기 위해서는, 사람들이 일반적으로 이야기하듯이 강압적인 국가권력과 철저한 감시체제 구축, 지속적이고 반복적인 세뇌, 다른 사회와의 완벽한 차단을 통한 폐쇄적인 사회의 구축만으로 가능하지 않다. 물론 이데올로기는 경찰, 군대, 사법 권력과 같은 물리적 국가장치에 의해서만이 아니라 교육, 언론 등의 이데올로기 국가장치를 통해서 작동한다. 알뛰세는 이전까지 물리적인 억압적 국가장치에만 주목했던 이데올로기론을 벗어나 이데올로기 자체가 생산하는 국가장치에 주목했다.

하지만 이데올로기의 물질성은 각 개인들의 신체에 각인시키고 이데올로기를 구체적인 것으로 체화하면서 주체를 생산하는 이데올로기 장치들로 환원되지 않는다. 알뛰세가 말했듯이 "이데올로기란 언제나 하나의 장치 및 그 실행 혹은 그 실행들 속에서 존재한다. 이런 존재는 구체적이다."[2] 그러나 그의 이데올로기론은 또 다른 명제를 가지고 있다. 그것이

---

1 대표적으로 다음의 연구들이 그러하다. '우리식 사회주의'로서 주체사상의 우월성과 독자성을 강조함으로써 다른 사회주의국가와의 차별성과 제도적 우월성을 극대화하고 북 인민들의 결집을 만들어낸다(주봉호, 「주체사상의 이론적 변용 담론」, 『대한정치학회보』 9-2, 대한정치학회, 2001). 주체사상에 입각한 일인 지배체제 구축 및 개인숭배, 이에 기초한 사회 전체의 체계적 조직화 및 외부로부터의 정보 차단이 현재 존재하는 북 체제 이외의 대안을 고려하지 못하게 만든다(김영명, 「주체사상의 생성과 변천: 정치변동과의 관련에서」, 『아시아문화』 제7호, 한림학교 아시아문화연구소, 1991).

바로 "이데올로기는 개인과 개인의 실제 존재 조건과의 상상적 관계를 표현한 것"[3]이라는 '호명이론'이다. 호명이론에 따르면 '노동자'라고 부름을 당한 자는 '노동자'라는 존재에 자신을 상상적으로 동일화하고 노동자로서의 역할을 실천적으로 수행한다.

그렇다면 부름을 당한 자는 어떻게 그 부름에 자신을 상상적으로 동일화하는 것일까? 만일 상상적 동일화가 아무런 조건이나 근거가 가지고 있지 않다면 그의 수행적 행위는 진짜 마법이 불러온 효과가 될 것이다. 알뛰세는 이것을 주체라는 이데올로기를 실어나르는 담지체 또는 그릇에서 찾았다. 여기서 수행적 행위자인 'agent'는 그 스스로 독립적 행위자인 'subject'이다. "1. 이데올로기에 의한, 이데올로기 안에서의 실행 말고 다른 실행은 없다. 2. 주체에 의한, 주체들을 위한 이데올로기 말고 다른 이데올로기란 없다."[4]

하지만 이데올로기를 '강제가 아닌' 스스로 실행하는 자인 '주체' 또한 자연적으로 주어진 것이 아니라 사회적으로 생산되는 것, 즉 '주체화(subjectivation)'의 산물일 수밖에 없다. 노동자라고 불린 자는, 그가 현재 살아가는 자본주의에서의 사회적 관계, 즉 자본-임노동 관계라는 객관적 조건에 자신을 일치시킨다. 즉, 자신이 노동자인 것은 객관적 관계에서 자신이 자본에게 임노동을 팔고 있고, 또는 그렇게 살아가고 있다는 사실에 자신을 맞추고 있는 것이다. 따라서 주체화는 개인이 맺고 있는 관계를 실제적인 것으로, 자신이 살아가는 객관적 관계에 상상적으로 동일화함으로써 이루어진다.

---

2 루이 알뛰세, 이진수 옮김, 「이데올로기와 이데올로기적 국가기구」, 『레닌과 철학』, 백의, 1991, 170쪽. 그대로 인용하지 않고, 개념이나 표현을 보다 적절하게 바꾸었음.

3 같은 책, 166쪽.

4 같은 책, 174쪽.

이런 점에서 '담론(discourse)' 연구는 단순한 말과 글, 기호에 관한 연구가 아니다. 그것은 구체적으로 생산되고 작동하면서 주체를 구성해가는 물질성에 관한 연구다.[5] 담론은 크게 다음의 세 가지 지점에서 '물질성(materiality)'을 가지고 있다. 첫째, 자본주의에서의 상품-화폐-자본이라는 객관적 관계가 생산하는 상품-화폐-자본의 물신성처럼 그것이 근거하고 있는 물질적인 토대와 상상적 동일화의 작동 메커니즘, 둘째, 담론에 구체성을 부여하면서 그것을 생산하는 학교, 교회 등의 물리적인 장치 및 그것들의 배치, 셋째, 담론을 통해 특정한 행위와 실천을 수행하는 주체를 생산한다는 점에서 가지고 있는 실질적인 힘.

그렇기에 북의 국가담론에 관한 연구도 이 세 가지의 물질성에 관한 연구라고 할 수 있다. 하지만 이전까지의 연구들은 주체사상의 지배 이데올로기적 기능 및 국가장치를 통한 강제 또는 세뇌라는 억압적 작동 메커니즘들에 관한 연구가 대부분이었다. 그런데 체제의 강고함은 억압의 정도가 높을수록 떨어지며 자발성이 높을수록 올라간다. 따라서 북의 체제가 강고하다는 것은 그것이 '억압'적으로 생산될 수 없다는 것을 보여준다. 스스로 권력에 복종하면서 그것을 수행하는 담지자(agent)로서 주체가 있기에 가능한 것이다. 여기에는 호명을 받은 자(者)가 그 스스로 자신을 상상적으로 동일화하는 과정이 있다.

그러므로 본 연구는 북의 국가담론을 생산하는 학교, 당-인민위원회 등 이데올로기 국가장치들에 관한 연구 및 그것들의 수행적 힘에 관한 연구가 아니다. 본 연구는 북의 국가담론이 객관적으로 근거하고 있는

---

5 구조주의 담론 연구는 소쉬르의 언어학을 기반으로 하며 알뛰세 이전에 시작되어 알뛰세에게도 영향을 미쳤다. 하지만 알뛰세는 이데올로기의 물질성에 관한 문제를 제기함으로써 이와 같은 연구 경향을 바꾸어 놓았다고 할 수 있다. 따라서 알뛰세 이후 진행되는 담론 연구 또한, 언어, 기호, 지식, 주체 생산의 물질성에 관한 연구라고 할 수 있다(다이안 멕도넬, 임상훈 옮김, 『담론이란 무엇인가』, 한울, 1992, 39쪽).

물질적인 토대와 그것에 자신을 상상적으로 동일화하는 메커니즘에 초점을 맞출 것이다. 북의 국가담론은 ①'사회주의대가정론'과 ②'사회정치생명체론'을 통해 작동하는데, 그것은 흔히 말하듯이 봉건적인 가부장제나 유교 이데올로기가 아니다. 오히려 그것은 국가를 젠더화한 북 특유의 담론이다. 따라서 이런 분석에 기초하여 이 글은 ③젠더화된 국가담론이 작동할 수 있는 상상적 동일화의 자원으로서 역사적 자산과 객관적인 삶의 조건들을 다루어 갈 것이다.

2. 봉건적 가족주의의 해체와 가족화된 국가: 사회주의 대가정론

가부장제가 북한체제에서 하나의 공식 이데올로기이자 체제로 작동하고 있다는 것은 이전부터 제기된 주장이다.[6] 그런데 여기에서 가부장제는 과거 봉건적인 유교의 잔재이거나 전통적인 사적인 가부장제의 유제가 아니다. "북한에서 가부장제의 토대는 물질, 이데올로기적 자원을 전유한 국가권력에 기초"한 "국가 가부장제"이다.[7] 또는 사회주의적 지배나 정치에서 계획경제 및 배급제도와 맞물려 작동하는 "사회주의적 가부장제(socialist paternalism)"이다.[8] 따라서 북의 국가담론으로서 가부장제는 과거 봉건적 가부장 이데올로기 및 제도의 해체 위에서 건설된 것이지 그 연장선 위에서 구축된 것이 아니다.

---

6 대표적으로 다음과 같은 연구들이 있다. 이온죽, 『북한사회의 체제와 생활』, 법문사, 1993; 정세진, 『'계획'에서 시장으로: 북한체제변동의 정치경제』, 한울아카데미, 2000; 강진웅, 「남북한의 국가와 가족: 체제변화와 가족주의의 변형」, 『한국사회학』, 44-5, 2010; 박경숙, 「북한 사회의 국가, 가부장제, 여성의 관계에 대한 시론」, 『사회와 이론』 21-1, 2012.

7 박경숙, 「북한 사회의 국가, 가부장제, 여성의 관계에 대한 시론」, 『사회와 이론』 21-1, 2012, 332쪽.

8 정세진, 『'계획'에서 시장으로: 북한체제변동의 정치경제』, 한울아카데미, 2000, 26쪽.

실제로, 북은 정권 수립 초기부터 반(反)봉건 및 '민주주의 민족문화'의 확립을 기치로 내세우면서 과거 유교적 전통윤리에 따른 가부장제 가족주의를 불평등한 사회적 악습들을 규정하고 이를 해체하고자 했다. 그들은 호주제를 폐지하고 자유결혼과 이혼을 허용했을 뿐만 아니라 친족의 범위를 6촌 이내로 축소하고, 장자에게 불균등하게 상속하는 제도를 폐지했으며 호주·호적 제도도 금지했다. 그러므로 북의 가부장제를 다루기 위해서는 봉건적 가부장제와 국가 가부장제 및 사회주의적 가부장제에서 작동하는 가부장제를 구분하는 데에서 출발해야 한다.

일반적으로 사람들은 가부장제(patriarchy)를 과거 전통적인 봉건제에서만 존재하는 것으로 생각하는 경향이 있다. 그러나 가부장제는 오늘날 발달된 현대 자본주의 선진국가에도 존재한다. 봉건적이든 자본주의적이든 간에 가부장제는 '남성 가장(家長)'을 중심으로 사회적 권리 및 권력이 결정되는 '남녀 차별'적인 작동 방식을 가지고 있다. 하지만 봉건적인 가부장제는 태생적 불평등, 즉 신분적 질서와 마찬가지로 자연적으로 주어진 남성과 여성의 차별을 근거로 하여 작동한다.

반면 신분의 해체에 근거한 자본주의 가부장제는 남성과 여성의 불평등한 권리나 권력을 자연적으로 주어진 방식이 아니라 사회경제적 구조의 차별적 재생산을 통해서 작동한다. 즉, 자본주의에서는 가족 내에서 이루어지는 가사노동이나 출산·양육 등의 성적 분업이나 자본주의적인 생산양식에서의 불평등한 고용이나 노동시장의 배치, 여성노동에 대한 차별적인 대우 및 저평가 등 계급적 차별과 절합적으로 작동하는 것이다.

실제로, 북도 남도 건국 초기부터 남존여비 등 혈연과 생물학적 성차(性差)에 근거한 봉건적 가부장제를 해체하고자 했다. 심지어 북은 건국 당시부터 호주제를 비롯해 낡은 봉건적 유습들을 없앴던 것에 반해, 남은 친족 범위에서 남녀의 차별뿐만 아니라 2005년이 되어서야 호주제가 폐지될 정도로, 법-제도적인 차원에서 북보다 뒤처져 있었다. 따라서 문제는 북의 사회가 '봉건적 가부장제'를 고수하고 있다는 점에서 찾을 것이 아니라 '국가 가부장제'라는 새로운 지점에서 찾아야 한다.

국가 가부장제는 대가족으로서 친족, 핵가족으로서 가족 등등이 아니라 국가 그 자체를 하나의 가족으로 상상한다. 물론 북도 처음부터 그랬던 것은 아니다. 모든 국민국가가 그러하듯이 기본적으로 공동체의 최소단위인 가족을 세포로 삼아 이를 국가에 통합하고자 하는 것은 당연하다. 국가의 입장에서 혈연공동체로서 가족 또는 친족은 사회의 기본단위이자 국가라는 거대 공동체를 이루고 있는 기초적인 생활 단위이기 때문이다. 그렇기에 남도 북도 건국 초기부터 가족을 국가로 통합시키기 위한 나름의 이데올로기와 장치들을 만들어왔다.

하지만 그렇다고 남과 북의 국가에 의한 가족 통합이 동일한 것은 아니다. 특정한 국가가 가족을 국가에 통합시키는 방식은 그들 나름의 고유한 건국의 역사와 이념들을 기반으로 한다. 남은 자본주의 사회에서 각 개인이 경쟁하는데, 혈연, 지연, 학연으로 얽힌 연고주의라는 방식으로 씨족가문-가족 이데올로기들을 활용했다. 반면 북은 식민지 해방투쟁 및 혁명이라는 그들의 역사와 정신을 따라 '가족의 혁명화'라는 이데올로기를 내세웠고, 가족을 국가 내부로 통합했다. 여기서 가정은 사회의 혁명화, 노동계급화의 실현을 위한 혁명 일꾼을 길러내는 곳으로 담론화되고, 그 담론을 따라 혁명투쟁의 최소단위라는 의미를 부여받는다.

그런데 1960년에 등장한 북의 사회주의 가정론은 이를 넘어서 있다. '가족의 혁명화'는 자본주의에서 가족이 경쟁의 최소단위이듯이 혁명에서의 최소단위라면 사회주의 대가정론은 국가가 가족 자체를 대체했기 때문이다. 여기서 국가는 확장된 가족이 되며 아버지는 수령으로, 당은 어머니로, 인민은 자녀들로 유비-상상적으로 상징화되었다.[9] 물론 이를 위해 북은 남보다 더 철저하게 과거 봉건적인 친족-씨족적인 결속을 기반으로 한 가부장제 이데올로기를 해체했다. 그들은 친족 범위를 6촌으로 축소하고 제사와 같은 조상숭배의 중단을 통해 혈연적인 사적 공동체로서 씨족 집단을 해체하고 그 대신에 국가로 일체화하는 '사회주의 대가정'이라는 '상상의 공동체'를 창안했다.[10]

심지어 그들은 가족관계가 혈연적이라는 점에서 다른 사회적 관계들과 구별됨에도 불구하고 가족관계조차 '동지적 관계'에 종속되는 것으로 설정하고 있다. "가족관계는 혈연적인 관계에 기초하고 있다는 점에서 다른 사회적 관계와 구별되는 특성을 가지고 있습니다. 그러나 가족관계도 사회적 관계인 것만큼 가족들 사이에는 해당 사회에 공통적으로 작용하는 도덕적 원리가 작용하게 됩니다. … 그렇다고 하여 가족들 사이의 육친적 사랑을 절대화하여서는 안 됩니다. 혈연적 관계보다 동지적 관계가 더 중요한 것만큼 가족들 사이의 육친적 사랑은 어디까지나 동지적 사랑에 복종되어야 한다."[11]

그렇기에 북의 가족관계나 가정이라는 장(場)은 자본주의처럼 공적 영역과 분리된 사적 영역도, 사적 영역을 지양해 사회화함으로써 사회주의적 관계를 만들어 가는 사회주의적 가정도 아니다. 여기에는 명백한 '전치(displace)'가 있다. 그것은 가족관계에서의 '친함'이라는 욕망을 국가에

---

9   박현선, 『현대 북한사회와 가족』, 한울 아카데미, 2003, 44쪽; 이미경, 「경제위기 이후 북한 도시여성의 삶과 의식: 청진, 신의주, 혜산지역을 중심으로」, 『북한연구학회보』 8-2, 2004, 391-392쪽; 김경희·강은애·손명아, 「김정은 집권 이후 북한의 국가가부장제의 재생산에 관한 연구」, 『아시아여성연구』 제55권 제1호, 2016, 138쪽.

10 시대적으로 친족 범위나 관혼상제의 변동이 있었다. 대표적으로 1990년에 제정된 가족법에서 친족의 범위는 8촌까지 확장되었으며 제사도 1974년 '사회주의적 제사'라는 방식의 간소화된 제사가 도입되었다. 하지만 여기서의 논점은 아니기 때문에 구체적으로 다루지 않는다.

11 김정일, 「주체의 혁명관을 튼튼히 세울 데 대하여」(1987.10.10), 『친애하는 지도자 김정일동지의 문헌집』, 조선로동당출판사, 1992, 216쪽.

투영함으로써 이동시키기만 하는 것이 아니다. 국가로 전이된 가족으로서 아버지, 어머니와 같은 '메타포들'이 일단 '가족관계'를 흡수하고 나면 국가는 혈족 관계인 가족 위에 서서 오히려 가족을 부차화한다.[12] 즉, 수령을 아버지로, 당을 어머니로 전이시킴으로써 실제의 혈족 관계인 가족보다 정치적인 관계인 수령-당-인민이라는 국가를 보다 상위의 원리로 격상시키는 것이다.

그러므로 가족적인 어버이보다 정치적인 어버이가 상위의 존재일 뿐만 아니라 사랑하고 존경하며 헌신해야 할 존재가 된다. 반면에 가족주의는 비판의 대상이 된다. 가족주의는 "종파의 싹"이며 "개인의 이익보다 사회 전체의 이익을 소중히 여기는 공산주의적 원칙을 벗어" 나게 하는 해악적 사고다.[13] 이런 점에서 북한의 사회주의 대가정론은 북한식 특유의 지배 통치시스템을 구축하는 국가담론체계를 보여주는 재현체계로, 수령을 정점으로 하는 수령-당-인민이라는 국가의 가부장제 지배체제를 북의 인민들 스스로 받아들임으로써 주체화하는 국가담론이라고 할 수 있다. 하지만 사회주의 대가정론은 가족윤리를 국가윤리로 유비적으로 상상해 전유했다면 그런 전이를 통해 '뒤집기'를 완성한 것은 주체사상에서의 '사회정치적 생명체론'이라고 할 수 있다.

---

12 "북한의 민족 가족화 담론은 전통적인 가부장적 가족체제를 단순한 방식으로 강화시키고 있지 않다. 왜냐 하면 민족국가에 대한 가족수사담론은 사회 구성원 간의 통합을 위해서 자주 동원되면서도 동시에 사적인 가족과 공적인 민족국가 간의 다름이 강조되기 때문이다. 즉, 민족국가의 가족화 담론은 가족혈연 공동체가 갖는 공동체 의식이라는 상징성을 전유하되, 민족국가가 사적 영역인 가족과는 다른, 더 중요하고 우월한 공적 영역임을 차별화 과정을 통해 지속시키고 있기 때문이다."(김미숙, 「북한교서에 나타난 민족국가담론과 젠더」, 『여성이론』 1-4, 여성문화이론연구소 2001, 124쪽).

13 사회과학원 철학연구소, 『철학사전』, 사회과학출판사, 1985, 43쪽.

3. 젠더화된 국가담론: 사회정치적 생명체론

북에서 '사회정치적 생명체론'과 '지도적 원칙' 등이 완성된 것은 1980년대 중반이다. 김정일은 1986년 '사회정치적 생명체론'을, 1987년에는 '주체의 혁명관'을 연이어 내놓으며 수령 중심의 국가체제를 정당화하는 국가담론을 만들어냈다.[14] 그러나 이것은 단순한 아버지-어머니라는 가족-국가 관계를 유비적으로 상상해 만든 사회주의 대가정론을 벗어나 있다. 그것은 가족의 삶조차도 국가에 의해서만 가능한, 가족이 오히려 국가의 세포 단위가 되는 유기체이자 보다 고도의 가치를 실현하는 생명체로 상징화된다. 즉, 육신을 준 가족보다 사회생활이 이루어지는 국가 또는 정치사회라는 단위가 더 큰 가치를 가진 장이자 더 인간다운 삶을 실현하는 공간으로 정립되는 것이다.

이를 위해 사회정치적 생명체론은 적어도 세 번의 '비틀기'를 수행한다. 첫 번째는 마르크스의 '사회적 존재로서 인간'이라는 테제를 수용하면서 이것을 실천적 유물론의 테제가 아니라 유기체론으로 비틀어놓는다. 마르크스는 사회가 독자적인 개체들의 결합이라는 것을 부정하지 않는다. 하지만 그가 보기에 이렇게 결합한 사회는 단순한 개체들의 합을 뛰어넘는 강제력, 물질적 힘을 가지고 있다. 그렇기에 실천의 대상으로서 사회는 이 강제력이 무엇인지를 파악하고 이를 바꾸기 위한 실천으로 나

---

14 김정일, 「주체사상 교양에서 제기되는 몇 가지 문제에 대하여」(1986.7.15.), 『김정일 선집 8』, 조선로동당출판사, 1996; 김정일, 「주체의 혁명관을 튼튼히 세울 데 대하여」(1987.10.10.), 『김정일 선집 9』, 조선로동당출판사, 1997. 그러나 '정치적 생명'이라는 개념 및 사회정치적 생명체론적 사고가 등장한 것은 1970년대 초반으로 보인다. 1972년 12월 최고인민회의 제5기 1차 회의에서 황장엽 대의원은 "김일성 동지께서는 … 정치적 생명에 관한 독창적 리론을 창시하시고"라는 표현을 사용했다. 또한, 1974년 4월 14일 김일성의 62회 생일을 맞이하여 김정일은 "전 당과 온 사회에 유일사상체계를 더욱 튼튼히 세우자"란 연설에서 이 표현을 매우 중요한 개념으로 쓰고 있다.

아가야 한다.

하지만 사회정치적 생명체론에서 사회는 우리의 몸처럼 하나의 유기체로, 각각의 개체는 우리 몸을 구성하는 세포와 같다. 그렇기에 개체들은 독자적일 수 없으며 오직 유기체를 통해서 생명을 얻는다. 여기서 개체들은 세포들처럼 유기체를 구성하는 각 기관에 소속된 부품들이다. 마치 플라톤의 머리-철인, 가슴-수호자계급, 팔·다리-생산자계급처럼 각 개체에게는 그 사회에서 맡은 고유한 역할과 기능이 있다. 그런데 사회정치적 생명체론은 이조차도 넘어선다. 두 번째 비틀기는 여기서 일어난다.

인간은 자주성, 창조성, 의식성을 가진 사회적 존재다. 그렇기에 인간의 육신은 죽으나 사회 속에서는 자신의 자주성, 창조성, 의식성을 실현함으로써 영원한 생명을 얻을 수 있다. 따라서 각 개인은 자신의 유한성을 극복하고 사회정치적 생명체에 참여하여 영생을 얻는 것만이 참다운 인간적 삶을 실현하는 길이다.[15] 따라서 사회정치적 생명체론에서는 국가 또는 정치사회에서의 삶이 가족과 같은 사적 삶을 압도하면서 오히려 그 무엇보다 중요한 가치를 실현하는 궁극적 원리로 고양되며 그렇게 가족과 국가 간의 관계에 대한 역전을 완성한다.

그런데 세 번째 비틀기는 이 역전 위에서 다시 한번 일어난다. 그것은 바로 '인민 의지의 뇌하수체로서 수령', '수령과 인민을 결합시키는 혈관(신경)으로서의 당', '생명체로서의 인민대중'라는 삼위일체의 공식이다.[16] 이것은 앞선 두 번의 비틀기에 다시 가족이라는 환상을 유비·상상함으로써 획득된다. "수령은 사회정치적 생명체의 중심이며 인민대중의 의사를

---

15 김성보, 「북한의 주체사상, 유일체제와 유교적 전통의 상호관계」, 『사학연구』 61, 한국사학회, 2000, 246쪽.

16 스즈끼 마사유끼, 「북한의 '사회정치적 생명체'론」, 박한식 편, 『북한의 실상과 전망』, 동화연구소, 1991, 222쪽.

체현한 최고 수뇌입니다. 수령과 대중의 관계는 혁명사상과 동지적 사랑으로 결합된 사회정치적 생명체 안에서의 혈연적 관계입니다."[17]

그러므로 세 번의 비틀기를 통해서 정식화된 사회정치적 생명체론은 다시 사회주의 대가정론을 흡수하면서 국가를 '가부장(家父長)' 가족으로 상징화한다. "수령은 두뇌나 심장의 역할을 하는 인간의 핵심적 유기체이며 바로 아버지와 같다. … 당은 인체에 있어 혈관의 작용을 하고 있는 것으로, 이는 수령과 인민을 연결하는 어머니 역할을 하고 있다. 그래서 당을 어머니 당이라 한다. 인민대중은 혁명투쟁을 수행하는 사회 구성요소이나 결코 개개인이 아니라 그 집합체를 의미하기 때문에 가족에 비유된다. 인민대중이 동지적으로 굳게 결합된 사회주의는 수령을 어버이로 모시고 온 사회가 수령의 혁명사상에 기초하여 화목하고 단합된 하나의 대가정을 이루고 있는 사회이다."[18]

그러므로 북의 가부장제는 과거 가문의 명예와 영광으로 표현되는 씨족, 친족적 가부장제가 아니라 오히려 그것을 해체한 후, 정치사회로서 국가가 가부장제를 권력적으로 전유한 결과이다. 그렇다고 이것이 북쪽 학자들이 주장하듯 가부장제 이데올로기가 해체되었거나 북에서의 여성 불평등이나 억압이 사라졌다는 의미는 아니다. 자본주의에서의 봉건적 가부장제의 해체가 성 평등으로 나아가지 못한 것처럼 북에서도 봉건적 가부장제의 해체는 성 평등으로 나아가지 못했다. 게다가 남쪽에서는 페미니즘 운동의 성장으로 (여)성 불평등 및 억압을 조금씩이라도 해체해 간 반면 북쪽에서는 국가가 가부장제 이데올로기를 국가담론으로 전유함으로써 여성 불평등을 오히려 국가사회화하는 결과를 초래했다.

---

17 김정일, 「사회주의 건설의 력사적 교훈과 우리 당의 총로선」, 『김정일선집』 12, 조선노동당출판사, 1997, 292쪽.

18 윤정수, 「사회주의 본질적 특성에 대한 주체적 이해」, 『철학연구』 1, 1993, 35쪽.

그렇다면 북은 어떻게 가부장제 이데올로기를 국가화한 것일까? 그것은 북이 남녀의 평등한 교육 및 권리를 내세우고 평등한 가족관계의 구현 및 여성을 남성과 동일한 혁명의 주체이자 사회정치적 생명체로, 영생을 구현할 수 있는 존재로 규정하면서도 국가담론이 남성과 여성의 역할 및 성질을 '젠더화'하기 때문이다. 일반적으로 성차별적인 이데올로기는 사회적인 관습이나 교육 등을 통해서 주어진 '젠더(gender)'를 생물학적 성인 '섹스(sex)'로 환원하는 방식으로 일어난다. 그렇기에 여성 해방 운동은 사회학적인 성인 젠더, 즉 여성은 생물학적으로, 다시 사회학적으로 두 번 태어난다는 것을 자각함으로써 시작될 수 있다.

하지만 북에서는 사회적으로 주어진 '젠더'에 대한 인식이 없다. 오히려 그들은 가부장제 이데올로기를 작동시키는 남성성과 여성성을 자연화하고 심지어 칭송한다. 이는 이제까지 이루어진 『조선녀성』이나 북한 문학, 교과서 분석 등에서 일관되게 나타나고 있는 현상이다.[19] 북에서는 국가적으로 소위 '여성성'의 특징으로 제시되는 이미지와 성질들을 고유한 미풍양속이자 미덕인 것처럼 찬양하고 있다. 여기서 여성은 '가정의 꽃, 사회의 꽃, 민족의 꽃'이라는 수사를 통해 칭송되지만, 사실은 출산과 양육을 책임지는 여성들을 국가가 원하는 성 역할을 수행하도록 여성의 순수성과 모성성을 부추기고 있는 것이다.[20] "주체의 혈통을 꿋꿋이 이어

---

19 김미숙, 「북한교과서에 나타난 민족국가담론과 젠더」, 『여성이론』 1-4, 여성문화이론연구소 2001; 김재웅, 「'여성'·'어린이'·'섹스'를 통해 본 해방 후 북한의 가족문화」, 『한국 근현대사 연구』 71, 한국근현대사학회, 2014; 임옥규, 「북한 문학을 통해 본 김정은 체제에서의 국가와 여성: 『조선문학』(2012~2013)을 중심으로」, 『국제한인문학연구』 13, 국제한인문학회, 2014; 이인정, 「조선녀성에 드러난 북한의 가족과 자녀교육에 관한 연구」, 『도덕윤리과 교육연구』 46, 한국도덕윤리과 교육학회, 2015; 김경희·강은애·손명아, 「김정은 집권 이후 북한의 국가가부장제의 재생산에 관한 연구」, 『아시아여성연구』 55-1, 2016.

20 김재웅, 「'여성'·'어린이'·'섹스'를 통해 본 해방 후 북한의 가족문화」, 『한국 근현대사 연구』 71, 한국근현대사학회, 2014, 95-100쪽.

나가는 혁명의 계승자"를 키우자는 출산과 자녀 양육에 관한 기사들, "음식은 녀성의 미입니다", "어머니들은 결혼식을 하는 딸자식의 옷차림과 몸단장을 철저히 우리 식으로 하도록 교양하여 깊은 관심을 돌려야 한다" 등의 기사들이 그러하다.

그렇기에 젠더화된 국가 이데올로기에서의 남성과 여성의 관계는 수령과 그 밖에 어머니, 아내와의 관계에서도 적용된다. 북에서 가장 귀감(龜鑑)이 되는 여성인 김일성의 어머니인 강반석과 김정일의 어머니인 김정숙은 모두 다 나라를 구하고 혁명운동을 전개하는 남편과 형제, 아들을 뒤에서 지원하고 돕는 어머니이자 남편의 묵묵한 조력자로서 아내이며 수령을 목숨걸고 지키는 자로 그려진다.[21] 그렇기에 남성과 달리 여성은 독립적으로 영웅이 되지 못하며 오직 남성에 대한 종속적인 조력자란 조건하에서 영웅이 될 수 있다.[22]

심지어 김일성의 아내이자 김정일의 어머니인 김정숙조차 남편인 수령과의 관계에서는 '부부애'가 아니라 '충성'이 보다 중요한 덕목이 된다. 시집, 『영원한 전사』(조선문학, 2012.9)에서 김정숙은 수령에 대한 충성을 맹세하고 있다. "수령님!/태양이 있어 해발이 있듯/이 정숙이는/언제나 수령님을 받들어/전사의 도리를 다하고 있을 뿐입니다(김길성, 〈영원한 친위전사〉 중)." 따라서 북의 젠더화된 국가는 유교적인 봉건적 가부장 이데올로기인 삼강오륜의 부위부강(夫爲婦綱), 부부유별(夫婦有別)을 군위신강(君爲臣綱), 군신유의(君臣有義)의 덕목인 충(忠)으로 흡수해버린다.[23]

21 임옥규, 「북한 문학을 통해 본 김정은 체제에서의 국가와 여성: 『조선문학』(2012~2013)을 중심으로」, 『국제한인문학연구』 13, 국제한인문학회, 2014, 233쪽; 박경숙, 「북한 사회의 국가, 가부장제, 여성의 관계에 대한 시론」, 『사회와 이론』 21-1, 2012, 369쪽.

22 이인정, 「조선녀성에 드러난 북한의 가족과 자녀 교육에 관한 연구」, 『도덕윤리과 교육연구』 46, 한국도덕윤리과 교육학회, 2015, 130쪽.

4. 젠더화된 국가담론의 물질성: 배급, 봉쇄, 그리고 역사적 자산들

북에서는 김일성과 김정숙의 관계가 보여주듯이 부부관계도, 부자관계도 군신관계에 종속되어 있다. 이것은 정치적 생명이 육체적 생명보다 고귀한 것처럼 개별 사람들을 하나의 사회정치적 생명체로 결합하는 "혁명적 의리와 동지애"가 가족애보다 우위에 있으며,[24] 어버이인 수령과 자녀인 인민의 관계에서 필요한 '충'이 가족 내에서의 부자관계에서 필요한 '효'보다 더 가치 있기 때문이다.[25]

"수령님께서는 어머니는 아들딸들을 낳고 그들을 육친적으로 사랑하지만 당은 사람들에게 정치적 생명을 주고 그것을 귀중히 여기며 늘 보살펴 줍니다. 사람들에게 정치적 생명은 육체적 생명보다 훨씬 더 귀중합니다고 가르치시였습니다. … 부모를 떠나서 우리의 육체적 생명을 생각할 수 없고 어버이 수령님을 떠나서 우리의 정치적 생명을 생각할 수 없습니다. … 수령님의 혁명사상은 우리들의 정치적 생명을 키우는 유일한 량식입니다. 수령님의 혁명사상으로 무장하지 못한 사람은 비록 육체적 생명을 가지고 있다 하여도 혁명하는 시대의 사람이라고 말할 수 없습니다."[26]

---

23 "사랑도 귀중하지만 동지 간의 사랑은 그보다 더욱 귀중한 것이다. 혁명가들은 부모나, 처자 형제와 친척 친우와는 떨어져서도 혁명을 할 수 있지만 혁명동지들과 떨어져서는 혁명을 할 수 없으며 혁명가로서는 한 순간도 살아나갈 수 없다."(김학봉, 「수령, 당, 대중은 운명을 같이하는 사회정치적 생명체」, 『근로자』, 12, 1987, 16쪽).

24 전미영, 「북한의 통치담론과 전통문화」, 『북한연구학회보』 7-2, 북한연구학회, 2003, 192쪽.

25 "정치적 생명을 제일 생명으로 여기고 생명의 마지막 순간까지 자기의 정치적 신념과 혁명적 지조를 굽히지 말며 정치적 생명을 위해서는 육체적 생명을 초개와 같이 바칠 줄 알아야 한다."(1974년 2월 조선노동당 중앙위원회 결의, 「유일사상체계 확립 10대 원칙」, 월간조선 편, 『북한, 그 충격의 실상』, 조선일보사, 1991, 302쪽).

26 황장엽, 「위대한 수령 김일성 동지의 력사적인 연설은 우리 인민의 끝없는 행복의 원천과 승리의 앞길을 밝혀주는 강령적 문헌이다」, 국토통일원, 『북한 최고인민회의 자료집』 3, 제5기 1차 회의, 1988, 536쪽.

김일성의 호칭, '자애로운 어버이', '어버이 수령', '주체사상의 아버지' 등은 바로 이런 정치적 생명을 준 자로서의 의미를 담고 있다. 또한, 그것을 통해 젠더화된 국가담론은 북의 인민을 정치적 자식들로 상상해 동일화하고 이를 수행하는 자식들로 호명한다. 그러나 이런 호명체계는 순전히 작위적으로, 강압에 의한 세뇌를 통해서만 작동하는 것이 아니다. 거기에는 그들 각각이 맺고 있는 관계를 실제적인 것으로, 그들 자신이 사는 사회적 관계에 대한 상상적 동일화하는 역사적 기억이나 문화적 자산들이 존재한다.

일반적으로 북을 유교국가나 유교 가부장적 권위주의로 규정하는 연구들은 북의 통치 이데올로기에 강력한 힘을 제공하는 역사적 자원을 유교적 전통에서 찾는다.[27] 북에서 통치담론으로 차용하는 대표적인 전통담론이 '인덕정치론'과 '이민위천론'이라는 점에서 이는 설득력이 있어 보인다. 실제로, 김일성이 "이민위천(以民爲天)"[28]의 정치를 내세운 후, 김정일은 "인덕정치(仁德政治)"를 내세웠다. 그는 인덕정치가 "각계각층의 인민들에게 차별 없이 사랑과 믿음을 안겨주는 폭넓은 사랑과 믿음의 정치, … 광폭정치"[29]라고 규정한다.

---

27 브루스 커밍스는 북의 국가를 스탈린의 '위로부터의 하향' 원칙과 한국의 유교 문화적 특징인 위계제와 장유유서의 복종 원칙이 결합된 것으로 파악하면서 정치적 부성(fatherhood)이라는 이미지로 구성된 유기체라고 규정한다(브루스 커밍스, 김동춘 옮김, 「북한의 조합주의」, 『한국현대사』 I, 이성과 현실사, 1982). 그런데 이런 관점이 일반적이다. 최현호, 「북한의 통치이데올로기와 전통사상의 상성 연구」, 『국민윤리연구』 42, 한국국민윤리학회, 1999, 49쪽; 김성보, "북한의 주체사상유일체제와 유교적 전통의 상호관계", 『사학연구』 제 61호, 한국사학회, 2000, 246-249쪽; 이헌경, 「김일성·김정일 우상화를 위한 유교적 정치사회화」, 『세계지역연구논총』 18, 한국세계지역학회, 2002, 96쪽; 전미영, 「북한의 통치담론과 전통문화」, 『북한연구학회보』 7-2, 북한연구학회, 2003, 50쪽.

28 김일성, 『세기와 더불어』 1권, 조선로동당출판사, 1992, 2쪽.

29 김정일, 「사회주의는 과학이다」, 『김정일선집』 13권, 조선로동당출판사, 1998, 487쪽.

하지만 사회정치적 생명체론의 논리구조는 주자학적 가치체계와 상이하다. 주자학적 가치체계에서는 조상의 제사를 매개로 맺어지는 부모 자식의 관계가 그 외의 어떠한 형태의 사회관계보다도 우선시되며, 주군에 대한 충도 이러한 효에 기반을 둔 관계의 확장으로 여겨진다. 하지만 사회정치적 생명체론에서는 수령에 대한 충이 혈연 부모에 대한 효보다 우선한다.[30] 따라서 북의 통치 이데올로기가 가진 역사적 자산은 유교보다는 다른 곳에서 찾아야 한다. 사회주의 대가정이 북 특유의 가족주의인 것처럼 사회정치적 생명체론도 북의 특유의 담론, 즉 '우리식 사회주의', 또는 '조선민족 제일주의'에서 찾아야 한다.

'조선민족 제일주의'는 "조선민족의 위대성에 대한 긍지와 자부심, 조선민족의 위대성을 더욱 빛 내여 나가려는 높은 자각과 의지로 발현되는 숭고한 사상 감정"으로, "위대한 수령을 모시고 위대한 당의 령도를 받으며 위대한 주체사상을 지도사상으로 삼고 가장 우월한 사회주의제도에서 사는 긍지와 자부심"으로 규정된다.[31] 따라서 북의 젠더화된 국가담론은 전통적 유교보다 '우리식', '조선민족'이라는 기표를 통해 상징화되고 있는 '민족주의'를 자양분으로 삼고 있다.

'민족'은 특정한 정치사회에 속한 개인들이 마치 가족공동체의 일원인 것처럼 모두가 함께 특별한 유대관계를 가지고 있다고 믿는, '상상된 정치적 공동체'이다. 그렇기에 여기서 수행되는 젠더화된 국가담론은 "민족의 가족화"를 동반한다. "가족 수사어구는 민족국가라는 상상의 공동체 내에서 구성원 또는 구성집단 간의 위계 및 차이를 매우 자연스럽게 받아

---

30 이윤복, 「사회정치적 생명체론과 사회관계의 성격: 북한 언론문화의 배경에 관한 일고찰」, 『한국언론정보학보』 91, 한국언론정보학회, 2018, 206쪽.

31 김정일, 「조선민족 제일주의정신을 높이 발양시키자」(1989.12.28.), 『친애하는 지도자 김정일 동지의 문헌집』, 1992, 248-273쪽.

들이게 한다. 마치 전통적인 가부장제 가족에서 여성이 남성에 종속되며 아이들이 어른에 종속되는 것이 자연스럽듯이, 민족국가를 가부장제 가족으로 비유함으로써 민족국가 내의 사회적 차이 특히 젠더화된 차이를 매우 자연스러운 범주로 인식하게 한다."[32]

그러나 이런 형상화는 상징자본의 독점체로서 북이라는 국가가 자기 마음대로 만들어 인민들을 세뇌한 것이 아니다. 한 사회나 집단이 만들어 가는 담론은 첫째, 앞에서 본 것처럼 그들이 공유하고 있는 역사적 경험에 대한 기억들 및 문화적 유산이나 가치들을 활용하고, 둘째, 그들이 현재 맺고 있는 사회적 관계나 삶의 방식을 애초부터 그런 것이 아닌, '구성된 것'임에도 불구하고 그들이 살아가는 삶의 현실이 애초부터 그런 것처럼 거기에 자신을 상상적으로 동일화하여 그들이 '자연스럽게', '주체적으로' 이를 수행하도록 그들의 몸과 마음에 특정한 이데올로기들을 각인시키고 그렇게 셋째, 학교, 언론, 대중매체, 병원 등 다양한 형태의 이데올로기적 장치들을 고안, 발전시키는 물질성을 가지고 있다.

이 점에서 보면 무엇보다도 북의 젠더화된 국가담론에서 어버이 수령은 항일무장투쟁이라는 역사적 경험을 불러옴으로써 민족의 아버지가 되는 민족의 젠더화를 통해서 작동한다. 게다가 그들은 현재까지도 미제국주의에 대항해 민족해방투쟁을 벌이고 있다. 와다 하루키가 말한 것처럼 북은 '유격대국가'이다. 여기서 김일성은 유격대 사령관으로, 주민은 유격대 대원으로 형상화된다.[33] 그런데 이것은 아무런 객관적 근거가 없는 것이 아니다. 유대격국가론 자체가 중소분쟁이라는 역사적 계기를 근거로 하고 있듯이 반미 민족해방투쟁은 미국에 의한 대북 봉쇄라는 현실을

---

32 김미숙, 「북한교과서에 나타난 민족국가담론과 젠더」, 『여성이론』 1-4, 여성문화이론연구소 2001, 125쪽.

33 와다 하루키, 고세원 옮김, 『역사로서의 사회주의』, 창작과 비평사, 1994 참조.

반영하고 있다.

게다가 이런 억압적 현실과 시련 및 고통은 트라우마에 대한 전이 및 전치를 통해서 '원한과 복수'의 감정을 부추기고 '집단적인 신경증'을 유발하는 효과를 가지고 있다. 일제 강점기의 식민 트라우마와 해방 후 분단과 전쟁 및 냉전으로 이어진 분단 트라우마 등의 역사적 트라우마는 북에서도 그들을 일체화하는 심리와 신체를 만들어내는 '중핵'이었다.[34] 여기서 젠더화된 민족국가는 민족적 수난의 기억을 불러냄으로써 집을 지키는 가장(家長)이자 적에 맞서 싸우는 지도자로 형상화된다. '민족의 태양', '절세의 애국자', '고마운 동지', '혁명의 천재적 수령', '세계혁명의 붉은 태양' 등의 호칭은 이를 보여주고 있다. 그렇기에 그들이 겪는 고난의 행군기에서 '고난'은 체제의 무능력이 아니라 배신자, 제국주의 등 외부의 탓이며 지도자는 오히려 '희생자'라는 희생양 메커니즘에 흡수된다.[35]

게다가 그들이 먹고 살아가는 삶은 생산수단을 소유한 국가의 배급체제에 절대적으로 의존하고 있다. 따라서 자본주의 물신성처럼 국가 가부장제가 배급체제와 결합되면 삶은 인격화된 어버이 수령이 인민에게 베푸는 '은혜', '은덕'으로 전도되고 인민은 '보살핌', '돌봄'의 대상으로 전락한다.[36] 물론 수령이 베푼다고 믿어지는 물질적 재화를 생산한 것은 인민

---

34 분단의 정신분석이라고 할 수 있는 분단 트라우마에 대한 논의는 김성민·박영균, 「분단의 트라우마에 관한 시론적 성찰」, 『시대와 철학』 21-2, 한국철학사상연구회, 2010을, 분단의 신체학 또는 사회분석이라고 할 수 있는 분단 아비투스에 대한 논의는 박영균, 「분단의 아비투스에 관한 철학적 성찰」, 『시대와 철학』 21-3, 한국철학사상연구회, 2010를, 역사적 트라우마에 관한 논의는 박영균·김종군, 「코리언의 역사적 트라우마에 관한 연구방법론」, 『코리언의 역사적 트라우마』, 선인, 2012를 참조.

35 홍민, 「북한의 도덕담론 교환구조와 사회적 관계의 변화 동학」, 『북한학연구』 2-1, 2006, 221-225쪽.

36 같은 글, 208쪽.

이다. 그렇기에 그들은 보살핌을 받거나 은덕을 입은 것이 아니다. 하지만 그들이 태어나 먹고 살아가는 세계에서 의식주는 국가로부터 제공되며 그의 교육부터 직업까지 사회생활 전체가 '대가정'으로서의 국가에 의해 이루어진다. 그렇기에 상품-화폐-자본이 생명을 가진 것도 아닌데, 상품 자신이 살아 있는 것처럼 가치를 가지고 있고 화폐가 다른 상품들의 가치를 결정하고 자본이 스스로 자신을 증식시키는 듯한 물신성이라는 전도된 환상체계를 만들어내는 것처럼 북에서도 국가 가부장이라는 전도된 환상을 만들어낸다.

즉, 각 개인은 탄생부터 연약한 유아기를 거쳐 성인으로 성장하는 과정에서 부모에게 절대적으로 의존하고 부모가 그들의 삶을 보살핀 것처럼 국가 차원에서도 정치적인 '아버지 수령'과 '어머니 당'이 그들을 보살피고 돌본다는, 유비-상징화한 젠더화된 국가담론 속에서 그것을 믿고, 그들 스스로 그것을 반복적으로 수행하는 것이다. 그렇기에 이데올로기는 그것이 어떤 체제냐 무관하게 그들의 실제적 관계를 상상적으로 동일화해 자신과 일치시킴으로써 순환성과 폐쇄성을 벗어나지 못하며 오히려 그것을 스스로 수행하는 담지자인, 그래서 '주체'인 자들(agent=subject)을 생산하는 것이다. 북의 인민들은 바로 그런 주체들이다.

게다가 북에서 가부장제는 분단국가의 결핍을 메우는 환상의 구조를 만들어낸다. 남도 북도 민족 전체를 포괄하지 못한다. 하지만 항일무장투쟁 및 민족해방투쟁은 '정치적 정통' 및 '민족의 아버지'라는 호명을 통해 '민족=국가'를 '국가(북)=민족'이라는 전치(displacement)를 통해 전도된 환상을 창출한다. 여기서 작동하는 의미의 계열은 '민족'이라는 보로메오의 매듭으로 가족(사적 영역: 아버지-어머니-나)과 국가(공적 영역: 수령-당-인민)를 묶고 민족의 고난을 극복하는 주체로서 수령(김일성)을 특권화함으로써 젠더화된 민족국가담론을 완성하는 것이다.[37] 그렇기에 '백두혈통'

도 생물학적 혈통이 아니라 정치적 혈통으로 자신을 특권화하면서도 여전히 '김씨'라는 생물학적 혈통에 환상에 부여하는 것이다.

5. 나가며: 젠더화된 국가담론과 균열 가능성 및 해체 전략

사회정치적 생명체론에 의해 아버지 수령과 어머니 당, 자녀로서 인민이라는 젠더화된 국가담론이 완성되면 가족과 국가의 유비, 아버지-자녀와 수령-인민의 유비, 남녀의 역할과 수령-당의 유비 등등은 식민과 분단 등의 트라우마를 자극함으로써 국가담론의 환상적 자원이 되면서 정치적 생명을 제공한 아버지 수령 속에 수직적으로 통합되는 국가담론체계가 된다. 자주성, 의식성, 창조성을 가진 주체로부터 시작하지만 이제 그것은 '인민 의지의 뇌하수체'로서 수령의 지도와 이에 대한 충성을 통해서만 가능해지는 것처럼 부자, 부부관계는 '당과 수령에 대한 끝없는 충실성을 기본바탕'에 근거해서만 작동한다.

물론 이를 위해 친족을 기본으로 하는 봉건적 성차별 및 가부장제 질서는 해체된다. 하지만 당-수령의 국가체제는 남성성과 여성성이라는 덕성 및 성 역할을 따라 국가화하고 역으로 이렇게 젠더화된 국가를 따라 직장 내에서의 남성과 여성, 가족 내에서의 아버지, 어머니, 부부관계의 역할

---

37 이런 환상의 창출에서 가장 중요한 역할을 하는 것은 분단트라우마와 아비투스이다. 분단트라우마는 트라우마적 기억을 감추는 것이 아니라 오히려 반복적으로 되살려 내 강박적으로 자신을 분단국가가 요구하는 틀에 맞추고, 적을 단죄하는 '외상 후 스트레스 장애'를 유발한다(김성민·박영균, 「분단의 트라우마에 관한 시론적 성찰」,『시대와 철학』21-2, 한국철학사상연구회, 2010, 34-37쪽). 또한, 이런 대중심리를 기반으로 하여 미제국주의=이승만=매국노/소련제국주의=김일성=매국노라는 등식, 이승만=국부=건국의 아버지, 김일성=항일무장투쟁의 장군=민족의 어버이, 박정희=근대화의 아버지/김일성=주체유일사상이라는 의미계열을 통한 국가담론의 창출을 통해 분단아비투스를 신체화하고 '국민-만들기'를 수행한다(박영균, 「분단의 아비투스에 관한 철학적 성찰」,『시대와 철학』21-3, 한국철학사상연구회, 2010, 387-394쪽).

과 덕목 등 가치 질서 자체를 불평등하게 젠더화한다. 게다가 젠더화된 국가는 정치적 생명의 우위 하에 인간의 존엄 자체를 가치화하기 때문에 개인들의 이기적 욕망뿐만 아니라 생활 자체에서의 혁명적 엄숙주의와 경건주의를 통해 다시 (여)성에 대한 차별, 억압뿐만 아니라 부자, 부부, 친구 사이의 친밀성과 모든 섹슈얼리티에 대한 억압, 즉 '몸' 자체에 대한 억압을 생산한다. 그러므로 우리는 남북의 가치관에 대한 비교 및 통일 (한)국가의 이념 및 사회통합 연구를 위해서 다음과 같은 지점에서 출발할 필요가 있다.

첫째, 북의 가치관을 연구하기 위해서는 젠더화된 국가담론과 일상적인 생활에서 인민들이 몸으로 표현하는 욕망과 정서, 가치충돌을 연구할 필요가 있다. 이제까지의 연구들 대부분은 북이 공식적으로 제공하는 담론을 분석해왔다. 하지만 젠더화된 국가는 젠더 불평등만이 아니라 몸 자체에 대한 억압을 생산하기 때문에 충돌을 야기할 수밖에 없다. 따라서 아버지 수령, 어머니 당과 가족 내의 아버지, 어머니 사이에서 발생하는 균열처럼 젠더화된 국가담론과 일상의 충돌에 관한 연구로 나아가야 한다. 그런데 그렇게 하기 위해서는 담론의 물질성에 대한 분석으로까지 나아가야 한다.

둘째, 담론의 물질성은 객관적으로 주어진 사회관계들 및 그들이 살아가는 삶의 양식들로부터 궁극적으로 주어진다. 따라서 삶의 방식이나 사회적 관계들의 변화가 일어나면 더디기는 하지만 기존의 국가담론을 작동시킨 이데올로기의 원환성과 폐쇄성은 균열을 보일 수밖에 없다. 북은 1990년대 중반 이후, 사회주의의 물질적인 기반인 배급체제가 무너지면서 인민들은 스스로 자구책을 구해야만 했다. 남자들은 직장에 출근해야 하지만 배급을 받지 못하고 여자들은 장마당으로 나가 장사를 하고 돈을 벌어야 했다. 이에 배급제를 토대로 상징화된 수령의 은덕과 돌봄이라도 논리도, 젠더화된 질서를 따라 이루어진 성 차별 및 성 역할에 대한 관념에서도 서서히 균열이 일어나고 있다.[38]

셋째, 북의 젠더화된 국가담론은 유교가 아니라 '민족'이라는 토양 위에서 식민과 분단의 트라우마를 중핵으로 하여 항일무장투쟁의 역사적 자산을 전유하고, 민족을 가족적으로 국가화함으로써 정치적 아버지로서의 수령에 대한 충성이라는 상징체계를 만들어낸 민족의 젠더화 및 국가화의 산물이다. 하지만 이런 국가담론은, 그것이 작동할 수 있는 객관적 조건들을 가지고 있다. 한-미-일 삼각군사동맹을 비롯해 경제제제 등 봉쇄된, 그들이 처한 정치경제 관계들이 바로 그것이다. '항일무장투쟁'이라는 역사적 경험 및 기억은 국가에 의해 일방적으로 선전된다고 해서 '수령의 아우라'를 만들 수 있는 것이 아니다. 일제 식민지처럼 오늘도 그들은 대미항전, 반미 민족해방투쟁을 한다고 믿는다.

거기에는 그만한 조건이 있다. 러시아와 중국은 한국과 정상적인 외교관계를 가지고 있다. 게다가 남북 군사력의 균형은 남쪽의 경제성장과 함께 갈수록 무너지고 있으며 북은 군인들의 양적 숫자와 핵미사일 등으로 균형을 맞추고 있을 뿐이다. 그들에게 상황은 갈수록 어려워지고 있다. 그렇기에 북의 국가담론은 이런 상황을 역으로 활용해 희생자로서 수령에 상상적으로 자신을 일치시키며 '백두혈통'이라는 상징을 따라 수령의 은덕과 돌봄, 민족해방투쟁에서의 고난과 수난에 대한 혁명적 동지애와 의리라는 환상체계를 만들고 인민을 국가-주체화하고 있는 것이다.[39]

---

38 박경숙, 「북한 사회의 국가, 가부장제, 여성의 관계에 대한 시론」, 『사회와 이론』 21-1, 2012, 364쪽. 이인정, 「북한의 시장화와 가족윤리의 변화」, 『윤리교육연구』 51, 한국윤리교육학회, 2019, 521쪽.

39 프로이트는 '신경증적 불안'에 주목했는데, 여기서는 '실제적 불안'이 '신경증적 불안'을 자꾸만 부추기는 형태로 전화시킨다. 이는 분단트라우마가 지닌 특징이기도 하

그러므로 북을 봉건적인 야만 국가라고 비판하거나 '글로벌 스탠다드'를 지키라고 그들에게 요구하는 것은 의미가 없다. 봉쇄라는 상황이 그들의 이데올로기를 강화하도록 만들 것이기 때문이다. 균열을 불러오는 것은 상황의 변화다. 그렇기에 북의 젠더화된 국가담론의 해체는 북이 느끼는 고립과 위협을 벗어나는 것에서부터, 정치 경제적 봉쇄를 풀고 한국이 러시아, 중국과 그렇듯이 미국, 일본과 정상적인 외교 관계를 맺고 휴전선에서의 대치상태를 종식하고 평화체제를 수립함으로써 국가담론의 물질성 자체를 해체해가야 한다.

넷째, 북과의 가치-이념적 차원에서 진행되어야 할 학술적 대화 및 소통은 북의 사회변화를 반영하면서 (여)성 해방적 담론들 및 차이와 욕망의 철학적 사유들을 통해서 그 자신의 삶을 긍정하는 미시적 차원에서의 삶의 긍정성을 나누는 방식이 되어야 한다.[40] 북의 국가담론은 봉건적 가부장 이데올로기가 아니라 젠더화된 국가 가부장제이기 때문에 북에 대한 이데올로기 비판 및 해체에 관한 연구는 수령론을 비롯해 주체사상을 하나의 유사-종교, 또는 봉건적인 왕조 이데올로기로 단죄하는 방식이 아니라 젠더화된 사회질서 및 가치체계, 섹슈얼리티를 포함한 욕망 및 몸에 대한 '긍정'을 이끌어 내는 차원에서 진행되어야 한다. 게다가 여성

다. 따라서 분단트라우마의 치유는 신경증적 불안이 아니라 냉전과 군사적 충돌 같은 '실제적 불안' 및 일상에서 작동하는 구조적이고 문화적인 분단폭력을 제거하는 작업 없이 가능하지 않다(박영균, 「분단의 사회적 신체와 심리 분석에서 제기되는 이론적 쟁점들」, 『시대와 철학』 23-1, 2012, 241-242쪽).

40 일반적으로 '여성해방'은 여성의 정치경제적인 차별을 없애고 남성과의 동등한 정치 경제적인 권리를 확보하고 인권을 보장받는 것을 의미한다. 하지만 이런 여성해방은 여성이라는 단일한 집단을 전제로 해서 성립하며 오히려 상 소수자와 같은 다양한 섹슈얼리티를 배제하는 문제를 낳기도 했다. '(여)성 해방'은 바로 이를 염두에 둔 표현이다. 여기서 (여)성 해방은 여성해방(women's liberation)이면서도 다양한 섹슈얼리티를 가진 성 소수자들의 억압과 차별을 제거하는 성 해방(sexual liberation)을 포함하는 해방을 말한다.

들의 사회 진출 및 젠더화된 가치체계와 균열을 일으키는 담론의 물질성 해체는 이제까지 은폐 또는 억압되었던 섹슈얼리티를 포함하는 다양한 욕망의 분출들로 나아갈 것이다.

다섯째, 주체사상보다 (여)성 해방이라는 차원에서 남북의 학술적 대화와 토론이 진행되어야 한다. 또한, 통일이념과 관련한 가치 연구에서도 남과 북이 공유하고 있는 동질성 또는 공통성을 유교에서 찾는 것은 시대착오적일 뿐만 아니라 '퇴행적'이라고 할 수 있다. 앞으로 건설해야 할 통일국가의 이념 및 헌법적 원리는 북의 젠더화된 국가 가부장제의 해체 및 섹슈얼리티를 포함한 (여)성 해방적 차원에서 구축되어야 한다. 하지만 이것은 북만의 문제가 아니다.

남쪽 또한 최근 (여)성 해방적 차원에서 성 불평등 및 젠더 감수성에 대한 논의들이 진행되고 있지만, 정치경제적으로 가족과 사회, 국가에 구조화되어 있는 남녀불평등과 자본주의적인 성 상품화 및 섹슈얼리티의 다양성을 부정하는 (여)성 자체에 대한 문화적인 폭력이 여전히 작동하고 있다. 따라서 통일의 인문적 비전은 북의 젠더화된 국가담론에 대한 해체뿐만 아니라 남의 (여)성에 대한 구조적-문화적 폭력에 대한 해체 및 몸의 해방을 포함한 (여)성 해방의 차원에서 진행되어야 한다.

남북한 민족주의 가치관의 이중성

이병수

1. 들어가는 말

흔히 한국인의 민족의식에는 혈연적 동질성을 강조하는 단일민족주의적 사고가 강하게 자리 잡고 있다고 지적된다. 이를테면 신기욱은 "한국 사회를 이해하는 가장 중요한 원리는 혈연에 기초한 단일민족주의 내지는 의식"이며 "한국인의 단일민족주의를 이해하지 않고는 20세기 한국사회와 정치의 변화를 제대로 읽을 수 없다"고 주장한다.[1]

고 주장한다. 그러나 정치적, 이념적 지향성을 무시한 채 종족적 정체성이라는 유사성을 근거로 20세기 한반도에 등장한 다양한 민족주의의 경향 특히 분단 이후 전개된 남북의 민족 및 민족주의에 통시적으로 적용, 평가하는 시각은 역사적 다양성을 배제하는 과도한 환원주의다. 하나의 혈통, 하나의 언어라는 민족적 동질성에 대한 확신에도 불구하고 분단 이후 국가체제적 요인이 민족 및 민족주의 이해에서 매우 중요한 역할을

---

1 신기욱, 이진욱 옮김, 『한국민족주의의 계보와 정치』, 창비, 2009, 6쪽.

해왔음을 부인할 수 없다. 분단 이후 남북은 서로 민족국가의 대표성을 자임하면서 민족주의를 활용하여 자기체제의 정당성을 강화하는 경쟁을 벌여왔기 때문이다.

체제가 서로 다른 두 국가이면서도 같은 민족이라는 남북관계의 이중성 때문에 국가우선주의적 시각과 민족우선주의적 시각이 발생한다. 남북의 민족담론에서 나타나는 국가체제중심의 시각과 민족 중심의 시각은 통일론에서 중요한 기준으로 작용한다. 통일론의 문제는 '국가중심의 관점'과 '민족중심의 관점'이 서로 대립적이기 때문에 발생한다. 분단상황에서 '민족=국가'의 열망은 통일의 동력이기도 하지만 동시에 분열과 갈등의 힘으로도 작동해온 이유다. 남북이 분단되어 전쟁까지 하게 되고, 역설적이게도 같은 민족이 가장 적대적인 정치세력으로서 존재하게 된 경험을 했기 때문에 민족담론 내에서 민족성을 강조하는가, 아니면 국가성을 강조하는가에 따라 통일론은 전혀 다른 의미를 지닌다.

이 글은 분단 이후 남북이 표방한 민족담론을 1990년대 이전의 냉전기와 1990년대 이후의 탈냉전기 그리고 현재의 상황에 따라 각각 조감하면서 그 내부에 민족지향과 국가지향이라는 두 가지 상충하는 흐름을 살펴보는 데 목적이 있다. 우선 남한 민족주의의 역사적 전개와 이중성이다. 1990년대 이전 남한 민족주의는 국가지향 가치의 우위가 압도적이었으나, 1990년대 이후 체제 중심의 국가지향 가치와 화해 협력 중심의 민족지향의 가치가 갈등하는 양상을 보이고 있다는 점, 그리고 현재 문재인 정부에서 두드러지고 있는 이른바 '대한민국 민족주의'에서도 민족성과 국가성의 이중성이 지속되는 양상을 보이고 있는 점을 논할 것이다. 다음으로 북한 민족주의의 역사적 전개와 이중성이다. 1990년대 이전 '사회주의적 애국주의'와 '민족' 개념의 재해석을 통해 스탈린 민족담론을 변화시킨 북한은 체제위기를 맞은 1990년대 이후 민족담론을 체제 정당성의 맥락에서 사회주의와 결합시킴으로써 통일론을 근거한 기존의 민족통합적 민족담론과 모순적으로 공존하는 점, 그리고 이러한 북한 민족주의의 이중성은 김정은 시대에도 지속되고 있는 점을 논할 것이다. 요컨대 남북의 민족주의는 공통적으로 체제정통성을 위한 이데올로기이자 민족통합의 이데올로기라는 이중적 기능을 해왔음을 그 역사적 전개과정을 통해 드러낼 것이다. 끝으로 국가 우위의 민족주의론과 민족 우위의 민족주의론이 지닌 한계를 극복하기 위한 민족적 연대의 방향을 논할 것이다.

2. 남한 민족주의의 역사적 전개와 이중성

1) 1990년대 이전: 국가지향 가치의 우위

한국의 민족주의는 정부수립 초기부터 1980년대 중반까지 북한 주적론과 더불어 국가지향 가치가 우위를 차지했다. 북한과의 어떤 교류와 협력도 거부했으며 북한이란 국가는 소멸해야 할 반민족 집단으로 여겨졌다. 일제 강점기 일본제국주의라는 민족 외부에 대한 저항이념으로 기능했던 민족주의는 해방 후 반공주의에 흡수됨으로써 민족 내부의 적대와 증오의 이념으로 전환되었다. 반공주의의 존립근거는 자본주의냐 공산주의냐의 체제이념적 대립의 차원을 넘어 공산주의가 민족적 단일성과 순수성을 오염하는 반민족적 이념이고, 따라서 반공주의는 민족의 동질성을 훼손한 공산주의로부터 우리 민족의 순수성을 지키는 보루와 같은 의미를 지닌 것이었다.[2] 냉전기, 국가가 주도하는 민족주의는 '공산주의=반민족주의'라는 이념적 프레임 속에서 반공주의적 국가주의와 동의어로

---

2 이병수, 『친일 미청산의 역사와 친일의 내적 논리』, 『통일인문학』 76, 건국대학교 인문학연구원, 2018, 21~22쪽.

기능하면서 분단을 심화시키는 한편 권위주의적 통치를 정당화했다. 결국 반공주의와 결합된 '민족주의'는 비록 민족주의적 수사를 남발했지만 체제경쟁 그리고 정치적 정당성 및 동원의 원천으로 활용되어 남북을 하나의 공동체로 표상하는 의미와는 거리가 멀었다.

그와 더불어 반공주의의 영향 아래 민족 개념 역시 같은 핏줄과 언어를 공유하는 귀속적인 종족적 정체성과 반공적 국민의식이라는 정치적 정체성이 결합하게 되었다. 체제적 요인이 민족 이해에 깊숙이 영향을 미쳤다. '민족'과 '국가'가 일치되지 않는 분단현실에서 민족정통성 경쟁을 하면서 정치공동체의 성원자격과 혈통·문화 공동체의 성원 자격이 결합된 것이다. 따라서 반공주의가 강력하게 작동하는 공간에서 국가체제를 뛰어넘는 민족개념은 불온한 것으로 간주되었다. 반공주의의 강력한 자장 때문에 국적과 체제에 갇힌 민족개념은 남과 북의 두 분단국가를 뛰어넘어 한반도 주민을 포괄하지 못했던 것이다. 이처럼 민족과 국가가 분화되지 못한 상태에서 통일정책도 북한체제를 전면 부정하고 남한체제로 흡수하는 것을 목적으로 삼았다. 따라서 북한체제를 용인하는 모든 통일논의는 박정권 시기에서 보듯 여지없이 탄압을 받았다. 정부의 통일정책을 뒷받침한 민족담론은 국가체제와 강고하게 결합됨으로써 남북의 적대적 관계를 심화하고 대립적인 정치 체제를 형성하는데 기여했다. 요컨대 1990년대 이전의 냉전시기에는 '민족주의', '민족', '통일'이란 말이 통용되기는 하였지만 국가주도의 반공주의로 모두 흡수됨으로써 그 본래적 의미를 상실했다.

그러나 1970년대 이후 이러한 국가 주도의 반공주의적 민족주의에 저항하는 밑으로부터의 민족주의도 생겨났다. 민족주의 논의가 실종된 1950년대와 달리 1960년대는 민족주의가 4.19와 5.16을 거치면서 시대의 화두로 떠올랐던 시기였다. 물론 그 핵심은 통일론이라기보다 반일민족주의였다. 1950년대 말과 1960년대 한일협정반대투쟁(6.3투쟁)을 계기로 박정권의 민족주의와 저항세력의 민족주의는 상호 대립되는 양상으로 전개되었고 1970년대에 이르러 민족주의는 한편에서는 반공주의에 바탕한 국가주의적 민족주의로, 다른 한편에서는 자유주의에 바탕한 민족주의로 분명하게 나누어졌다. 국가주의적 민족주의는 개인의 인권이나 자유보다 경제개발에 동원될 대상으로서의 국민을 강조하였다. 반면 1970년대 자유주의, 민주주의, 민족통일을 결합시킨 민족주의론을 제기한 재야지식인들은 시민의 인권, 정치적 권리 주장하고 있었기 때문에 시민적 민족주의의 성향을 강하게 띠고 있었다.[3] 그러나 1970년대 중반 이후 냉전의식을 극복하고 통일을 지향하는 통일민족주의가 제기되었으며 개발독재 하 민중의 고난 현실에 주목하는 반성이 일어나면서 1980년대에 본격화된 민중적 민족주의의 흐름을 예비하였다.

1980년대 민주화 운동이 진행되면서 분단국가를 거부하는 '민족지향'의 통일운동이 민간차원에서 고양되기 시작하였다. 분단은 외세의 개입에 의한 것이기 때문에 분단 극복은 체제문제가 아니라 외세 개입을 거부하는 자주의 문제로 여겨졌다. 이에 따라 두 개의 국가체제를 인정하지 않고 민족적 동질성에 기초한 민족우선의 통일론을 내세우면서 북한은 같은 민족으로써 화해의 대상이며, 분단 극복을 위한 동등한 동반자라는 인식을 확산시켜 나갔다. 그리고 통일문제는 두 국가체제를 뛰어넘는 민족문제이기 때문에 남북 당국 차원만이 아니라 민간차원에서 통일논의 및 그 실천을 주도해야 한다는 움직임이 활발하였다. 이로써 1970년대에 싹이 튼 민족우선의 민족주의가 1980년대에 이르러 정권적 차원의 국가주의적 민족주의와 확연히 갈라졌으며, 이에 정부는 민간차원의 통일론

---

3 박찬승, 『민족·민족주의』, 소화, 2010, 234쪽.

에 제동을 걸기에 이르렀다.

그러나 민족성과 국가성에 각각 중점을 두는 두 흐름의 대립은 특히 1980년대 말 이후 통일운동이 대중화되면서부터 본격화되었기 때문에 1990년대 이전 냉전시기의 남한 민족주의는 전체적으로 볼 때 국가주도의 반공주의적 민족주의, 혹은 민족주의적 정서를 활용한 국가체제 중심의 민족주의가 우위를 차지했다고 평가할 수 있다. 그리고 국가지향과 민족지향의 대립은 재야와 정부 사이에 이루어졌다는 점에서 1990년대 이후 시민사회 대 정부, 보수적 시민사회 대 진보적 시민사회, 그리고 정권교체에 따른 여당과 야당 사이 등의 복합적 대립에 비해 비교적 단순하고 보다 일원적 대립구도로 나타났다. 그러나 그 대립의 본질은 같았다. 대북정책 혹은 통일정책의 향방을 결정짓는 민족성과 국가성의 대립이 그것이었다.

2) 1990년대 이후: 국가성과 민족성의 갈등

정부의 통일론에서 반공이데올로기에 근거한 국가지향 가치의 우위가 변화된 것은 노태우 정부의 1989년 '한민족 공동체 통일방안'에서였다. 이 통일방안은 세계적 탈냉전과 국내의 민주화를 배경으로, 상대체제를 전면 부인하던 냉전기와는 달리, 남북 화해와 협력을 통한 한민족공동체 회복이라는 재야 통일운동에서 중시된 민족지향의 가치가 일정 정도 반영된 것이었다. 이에 따라 1990년대에 이르러 상대 체제를 인정하면서 통일 추구해야 한다는 인식변화가 비로소 이루어졌으며, 1991년 12월 발효된 남북기본합의서는 이를 분명하게 보여준다. 남북이 서로를 국가로 인정하지 않은 냉전시기와는 달리, 상대 체제를 인정하면서 통일 추구해야 한다는 인식변화가 이루어졌다. 그리고 남북은 2000년 6.15 공동선언을 통해 상대방의 체제를 인정하고, 교류·협력을 통해 민족동질성을 회복함으로써 평화적 점진적으로 통일을 이룩해 나갈 것을 합의하였다. 2000년대는 남북정상회담을 계기로 기존의 남북관계가 급격하게 변화되었으며, 분단 이후 지속되어온 반공주의적 국가주의가 약화된 시대였다.

그런데 민족지향 가치가 노태우 정부의 '한민족 공동체 통일방안'에 처음 나타났지만, 통일정책에서 구체적으로 실천되기 시작한 것은 1998년 김대중 정부 출범 후였다. 김대중-노무현 정권기의 통일정책은 통일방안을 우선하기보다는 정부와 민간에 의한 북한과의 교류와 협력, 그리고 한반도에서의 군사적 긴장 완화와 평화체제의 구축 등을 핵심적인 내용으로 하고 있었다. 여전히 국가를 중심으로 한 통일정책이 핵심이었지만, 민족공동체형성에 기반을 둔 통일의 추구로의 변화를 반영한 것이다.[4] 즉 자유 민주주의 체제 통일을 고수하고 있었지만 그에 이르는 과정에서 민족적 화해교류를 확대하려고 했던 것이다. 그러나 정상회담 이후 남북교류와 접촉이 확대되면서 그와 동일한 속도로 우리 사회 내부는 갈등에 빠져들었다. 남북관계 진전에도 불구하고 북한은 만족할 만한 수준으로 변화하지 않았고 IMF 위기 이후 경제적 양극화의 심화로 대북지원은 곧 '퍼주기'라는 인식이 대중에게 수용되었다. 나아가 이명박-박근혜 정부의 연이은 집권과 더불어 남북 관계가 긴장과 대립의 국면으로 전환하면서 '북한붕괴론'이 확산되고 '국가', '안보'의 가치가 다시금 강조되었으며, 심지어는 민족지향의 가치가 종북 프레임 속에서 매도되기까지 하였다.

종합적으로 보면 1990년대 이후, 국가권력에 의한 동원이데올로기인 국가주의적 민족주의의 영향력은 많이 약화되었지만, 탈민족주의론의 등장에도 불구하고 대중적 차원의 민족주의적 현상은 강화되었다. 이러한

---

4 정영철, 「국가 – 민족 우선의 통일론에 대한 성찰」, 『통일인문학』 74, 건국대학교 인문학연구원, 2018, 239쪽.

현상은 2002년 한일월드컵에서 나타난 국민들의 열광적 응원, 미군장갑
차에 의한 여중생사망사건을 계기로 발생한 '촛불시위, 민족문제연구소
의 '친일인명사전' 편찬사업에 대한 네티즌들의 모금사업 등으로 나타났
다.[5] 그렇다면 탈냉전과 세계화라는 변화된 시대상황에서 일반대중들의
민족 개념은 어떻게 변화했을까? 우선, 민족개념의 외연적 확대가 이루어
졌다. 민족개념의 외연이 남한 혹은 한반도에 국한된 냉전기의 시야를
벗어나 전 세계에 흩어져 살고 있는 '해외동포' 전체를 망라하게 되었다.
또한 민족개념의 외연적 확대에 따라 그 내포적 의미도 변화되었다. 한국
인의 민족개념은 더 이상 피의 순수성에 집착하는 것이 아니라. 언어,
생활풍습 등 생활문화적 특성뿐만 아니라 정서적 공감대, 혈연 등 그 지
표가 매우 다양해졌다.[6] 또한 냉전기의 반공주의와 성격을 달리 하는 긍
정적인 대한민국 국가정체성도 밑으로부터 형성되고 있다는 점이 주목된
다. 이러한 대한민국 국가정체성은 한국의 민주화와 경제발전에 대한 일
상적 실감에 기초하면서도 1990년대 중반 이후 북의 경제난과 폐쇄적인
체제와 대비되면서 특히 부각되었다. 이러한 독자적 정체성은 북한에 대
한 비판적 입장을 견지하면서도 화해협력의 대상으로 본다는 점에서 반
공적 국민의식과 다르다.

　1990년대 이후 자유민주주의 및 안보를 중시하는 국가지향의 가치와
민족화해와 교류를 중시하는 민족지향의 가치는 남북관계의 변화와 연관
되면서 끊임없이 갈등하는 양상을 보이고 있다. 특히 김대중 정부의 햇볕
정책 추진과정에서 국가지향 가치와 민족지향 가치 간의 갈등이 사회표
면으로 떠올랐다. 남북의 화해협력에 중점을 두는 민족지향의 가치가 지

5　박용수,「1990년대 이후 남·북한 민족주의의 특성」,『한국정치학회보』41-1, 한국정
　　치학회, 2007, 16쪽.
6　건국대학교 통일인문학연구단,『코리언의 민족정체성』, 선인출판사, 2012, 73쪽.

속되는 한편, 분단국가의 구조적 제약 때문에 남한체제의 우월성에 중점을 두는 국가지향 가치의 구심력도 강하게 작용하였다. 규범적 차원에서 민족지향의 가치가 일정 정도 수용되고 있는 한편, 남북 및 북미의 군사적 긴장과 체제경쟁 등 분단국가의 현실을 배경으로 국가지향의 가치 역시 강한 영향력을 행사하고 있었다.

3) 남한 민족주의론의 현재: 대한민국 민족주의

그런데 2000년대 이후 남북화해를 중시하는 민족지향의 흐름 속에서도 남한체제가 통일한반도의 대안이 되어야 한다는, 그 동안 적극적으로 표면화되지 않았던 기류가 점점 드러나기 시작했다. 이런 경향은 남남갈등에서 드러난 민족성과 국가성의 갈등과는 또 다른 양상으로써, 이를 잘 보여주는 것이 이른바 '대한민국 민족주의'다. 2005년 중앙일보와 EAI(동아시아연구원)가 공동으로 수행한 한국인 정체성 조사에 따르면, 한국인은 자신을 한민족(64%)보다 한국 국민(77%)에 더 가까운 것으로 느끼고 있으며 한국인은 남한과 북한이 현실적으로 별개의 독립적인 국가(78%)라는 인식을 하고 있다.[7] 2005년의 조사 결과에 나타난 이러한 현상을 강원택은 '대한민국 민족주의'라 명명했고 5년 후인 2010년의 재조사를 통해 '대한민국 민족주의'가 더 강화되었다고 보았다. 즉 "혈연적 동질성에 기초한 민족정체성보다 정치체제의 일원으로서 의무를 행하고 권리를 누리는 시민으로서의 국가정체성이 보다 중시되고 있"으며 "이와 같은 '대한민국 민족주의'의 강화는 대한민국에 대한 자긍심의 증대에 따른 결과로 볼 수 있는데 민주주의의 성숙과 같은 우리 사회의 변화, 발전과 깊은 관련을 갖는다."고 결론지었다.[8]

---

7   〈한국인 그들은 누구인가. '대한민국 민족주의' 뜬다〉, 《중앙일보》 2005.10.13

사실 2000년대 이후 한국인의 국민정체성 관련 설문조사 대부분은 위의 중앙일보·동아시아연구원의 조사뿐만 아니라 "한국인의 자격요건으로 혈통과 문화보다는 정치적 소속감과 의무를 더욱 중요시 여기는 것으로 확인되었다.[9] 국민정체성에서 종족적 요인보다 시민적 요인을 우선시한다는 것은 민족과는 구별되는 대한민국 국민의식이 밑으로부터 형성되고 있음을 의미한다. 이는 1990년대 이후 대한민국에 대한 소속감과 긍지가 높아진 데서 유래한다. 1987년 이후 민주화와 경제성장을 두 축으로 한 한국사회의 발전은 구성원의 삶과 의식에 결정적인 영향을 미쳤다. 일상적 민주주의의 경험과 한국자본주의의 물질적 성취를 실감하였고, 이런 독특한 일상적 실감에 기초하여 반공민족주의와도 그 성격을 달리하는 독자적인 정서와 지향들이 나타나게 되었다.[10] 또한 이러한 대한민국의 독자적인 정서와 지향은 1990년대 중반 이후 북의 경제난과 체제위기로 인한 남한의 체제경쟁 승리 그리고, 경직되고 폐쇄적인 북 체제에 대한 한국인의 부정적 경험과도 결부되어 있으며, 나아가 1987년 6월항쟁 이후 성장한 이른바 민주화 세대의 증가와도 맞물려 있다.

그러나 강원택은 이러한 대한민국 소속감 강화에 주목하여 '대한민국 민족주의'라는 개념을 제안했지만, 오히려 그 내용은 대한민국 국민주의 개념에 가깝다. 이용기에 따르면 '대한민국 민족주의'라는 용어를 둘러싸

---

8   강원택, 「1장 한국인의 국가 정체성과 민족」, 강원택·이내영『한국인, 우리는 누구인가: 여론조사를 통해 본 한국인의 정체성』, 동아시아연구원, 2011년, 29~30쪽.

9   윤인진 외, 「한국인의 국민정체성에 대한 인식과 다문화수용성」, 『통일문제연구』 통권 55, 평화문제연구소, 2011, 145쪽. 또한 황정미의 조사결과에 따르면 "한국인들의 국민정체성은 종족-혈통적인 모델이 아니라 시민-영토적 모델에 훨씬 더 가깝고, 국적, 한국어 취득 등 후천적인 요인을 더 중시"하는 것으로 드러났다(「다문화 담론의 확산과 '국민'의 경계에 대한 인식변화: 의식조사 결과 분석을 중심으로」, 『재외한인연구』 24, 재외한인학회, 2011, 20쪽).

10 박명규, 「분단체제, 세계화 그리고 평화민족주의」, 『시민과 세계』8, 참여연대 참여사회연구소, 2006, 423쪽.

고 두 가지 서로 다른 이해가 존재한다. 하나는 보수 세력이 말하는 '대한민국 민족주의'로 반공·반북이념에 입각하여 남한만의 내셔널리즘을 추구하며 국가의 발전(또는 선진화)을 최고 가치로 설정하는 관주도(official) 내셔널리즘의 성격을 갖는다. 다른 하나는 '대한민국'을 중심적으로 사고하면서도, 남북을 아우르는 민족을 상상하고 남북의 화해와 협력을 통한 통일을 적극적으로 지향하며 과거 '민중적 민족주의'의 저항성을 계승하는 혈연적 또는 종족적(ethnic) 내셔널리즘의 성향이며 바로 이것이 '대한민국 민족주의'라는 어휘 본연의 의미에 가깝다.[11] 이런 점에서 '대한민국 민족주의'는 이승만·박정희 정권 등에 의해 만들어지고 수행된 위로부터 강요된 반공주의적 국가주의와 동일한 것은 아니다. '대한민국 민족주의'는 남북화해를 통해 분단체제를 극복하려는 지향을 지니고 있으면서도, 남한체제의 정통성을 강조하는 특징을 지닌다.

대한민국 민족주의의 대표적 사례는 대한민국의 역사적 정통성의 근거가 되는 임정법통론에서 찾을 수 있다. 이용기에 따르면 "과거에는 임정법통론이 보수 세력의 전유물이었으며 보수적 민족주의와 남한체제를 정당화하기 위한 논리로 작용해왔다. 그러나 21세기에 들어서, 특히'역사전쟁'을 경과하면서 임정법통론은 오히려 보수세력의 국가주의 이념에 대항하는 민족주의 논리로 기능하고 있다."[12] 뉴라이트 사관에 기초한 역사수정주의자들은 1948년 8월 15일을 대한민국 건국일로 주장하고 그러한 관점에서 역사교과서를 집필하고 이를 공인하려고 시도하였다. 1948년을 건국절로 비정하는 견해는 북한과의 화해 협력은 원천적으로 불가능

11　이용기, 「임정법통론의 신성화와 '대한민국 민족주의'」, 『역사비평』 2019년 가을호 (통권 128), 역사비평사, 2019, 342쪽.

12　이용기, 「임정법통론의 신성화와 '대한민국 민족주의'」, 『역사비평』 2019년 가을호 (통권 128), 역사비평사, 2019, 340쪽.

하며 공존 상대로 인정하지 않는 분단국가주의의 전형이라고 할 수 있다. 그에 반해 건국절을 1919년으로 보는 임정법통론은 1948년 건국절 주장에 비해, 분단국가 수용을 거부하고 민족적 지반에서 국가 성립을 찾는 방식이다. 남한이라는 지역적 정치적 제약으로서 국가를 현존하는 양식으로 받아들이기를 거부하고 민족이라는 확장된 지반에서 국가를 사유하려는 태도다. 이는 일면 분단체제를 극복하려는 지향을 지니지만 대한민국 임시정부의 법통을 계승하고 한반도와 부속도서를 영토로 주장함으로써 북한체제에 대한 배타적인 태도를 고수하는 지향도 동시에 내포하고 있다. 그러나 북한헌법이 임시정부의 역사를 부정하고 폄훼한다고 해서 임시정부의 역사로부터 자유로운 것도 아니고, 남한헌법이 임시정부의 법통을 계승한다고 해서 임시정부의 법통을 독점하는 것도 아니다. 일제 강점기 민족운동사를 통일한반도가 아닌, 분단정권의 정통성 기초로 삼을 경우 남북분열과 적대만 생산될 뿐이다. 이런 점에서 대한민국 민족주의 역시 비록 그 갈등양상은 다르다 할지라도 탈냉전기에 나타난 민족성과 국가성의 대립을 근본적으로 반복하고 있다고 할 수 있다.

3. 북한 민족주의의 역사적 전개와 이중성

1) 1990년대 이전: 사회주의적 애국주의 및 '민족'개념의 재해석

민족과 국가를 초월한 계급적 연대와 이를 통해 세계혁명을 추구하는 사회주의는 원칙적으로 민족주의와 이념적으로 양립할 수 없다. 사회주의는 민족주의를 자본가의 계급이익을 민족의 이름으로 은폐하는 부르주아 이데올로기로 규정한다. 그러나 사회주의의 역사를 보면, 그 이념적 지향과는 달리 사회주의 국가 간에도 민족분쟁은 종종 발생하였으며, 특정 시기 대중의 민족주의적 정서를 활용하기도 했다. "현실적으로 사회주의 국가들 내에서도 다양한 형태의 민족주의적 감정이 분출했고, 때로는 이를 자신들의 내부 통합과 정당성을 위한 동력으로 활용해왔다. 물론 지금까지 사회주의 국가들은 이러한 현상을 '민족주의'라고 이름붙이기 보다는 '사회주의적 애국주의'라는 이름으로 호명했다."[13] 이때 사회주의적 애국주의는 프롤레타리아 국제주의라는 사회주의의 핵심내용과 결합되어 있기 때문에 편협하고 배타적인 부르주아 민족주의와는 구분되는 의미로 사용되었다.

북한 역시 다른 사회주의 국가들처럼 '민족주의'라는 말을 회피하고 '사회주의적 애국주의'란을 적극적으로 사용하였다. 사회주의적 애국주의가 최초로 강조된 것은 한국전쟁시기였다. 그러나 이때 프롤레타리아 국제주의는 국가를 초월한 계급적 연대와 이를 통한 세계혁명의 추구라는 지향보다는 한국전쟁이 지닌 국제전으로서의 성격과 원조의 현실적 필요성에 근간한 것이었다. 즉 프롤레타리아 국제주의의 핵심적인 함의는 '형제국'들의 원조에 머물렀다.[14] 그러나 1957년 말에 이르러 사회주의적 애국주의는 원조라는 현실적 필요성의 의미를 넘어 사회주의적 내용을 담지한 본래의 의미로 사용되었다. 이는 북한이 생산관계의 사회주의적 개조를 통한 사회주의 제도수립 후 본격적인 사회주의 공업화가 시작됨으로써 생산력 증대에 대중을 동원할 필요성과 관련된다.

이후 사회주의적 애국주의의 내용에 또 한 번 새로운 변화가 나타나기 시작한 것은 중소분쟁과 그에 대한 북한의 대응, 즉 주체노선이 본격화되

---

13 정영철, 「북한의 민족주의와 문화변용: 김정은 시대 북한 문화의 변화」, 『문학정책 논총』 31-2, 한국문화관광연구원, 2017, 291쪽.

14 강혜석, 「북한 민족주의 연구: 적응적 국가민족주의와 정당성의 정치」, 서울대학교 일반대학원 박사학위논문, 2017, 85쪽.

기 시작하면서 부터였다. 사회주의적 애국주의는 "민족주의와 차별성을 강조하는 동시에 자주, 자립, 자위 등 주체노선을 구성하는 핵심 가치들을 옹호하는 고리로 사회주의적 애국주의를 활용하는 방식으로 나타났다."[15] 사회주의적 애국주의'와 '주체노선'이 결합된 것이다. 주체사상을 진정한 사회주의적 애국주의로 규정하고 그 실천적 과제로 자주, 자립, 자력갱생의 구체적인 지침이 제시되었다. 이러한 의미의 사회주의적 애국주의는 1990년대 이전까지 지속적으로 유지되었다.

1950년대 후반 북한에서는 '소련으로부터 배우자"라는 구호가 사라졌고 '자립' 혹은 '주체'라는 개념들이 이를 대신해갔다. 1960년대 초반 사회주의적 애국주의가 주체노선과 결부되어 변화된 것처럼 해방 후부터 통용되었던 스탈린적 민족이론[16]에 대한 수정도 이루어졌다. 북한 역사학계는 1950년대 후반부터 토론과정을 거쳐 민족을 근대 자본주의의 산물로 간주했던 스탈린의 민족이론으로부터 이탈하여, 원초론적 민족이론을 내세우기 시작했다. 북한학계는 『조선통사』 상권 개정판(1962년)에서 조선의 인종문제 해명과 관련하여 처음으로 1946년 백남운이 주장했던 혈통 중심의 민족이론에 바탕하여 서술했다.[17] 1960년대 중반 김일성은 북한의 언어학자들을 대상으로 행한 연설(「조선어를 발전시키기 위한 몇 가지 문제」, 1964년 1월 3일)에서 남북은 공통의 혈통과 언어를 특징으로 하는 하나의 민족이라는 주장을 제시하였다. 남북의 사회경제적 이질화가 심

---

15 강혜석, 「북한 민족주의 연구: 적응적 국가민족주의와 정당성의 정치」, 서울대학교 일반대학원 박사학위논문, 2017, 85쪽.

16 스탈린 민족이론의 핵심내용은 민족은 그 자체가 영속적인 것이 아니라 자본주의시대의 한시적 산물에 불과하다는 민족형성 시기론과 민족이 언어, 영토, 경제생활, 심리상태의 공통성, 네 가지를 기초로 형성된다는 민족구성 요소론이었다. 이때 네 가지 요소 중 경제생활의 공통성을 민족구성의 결정적 요인이다.

17 김광운, 「북한 민족주의 역사학의 궤적과 환경」, 『韓國史研究』 152, 한국사연구회, 2011, 286쪽.

화되기 시작한 1960년대부터 하나의 조선정책을 뒷받침하려는 의도에서 김일성이 스탈린의 민족이론과 전혀 다른 자신의 민족이론이 제시했던 것이다.[18] 1957년 북의 사회주의적 개조가 완성됨으로써 남과 북은 이미 경제제도의 이질성이 뚜렷해졌고 경제생활의 공통성에 집착할 경우, 남과 북은 하나의 민족이 될 수 없다고 보았기 때문이었다.

사실 북한정권이 공식적 차원에서 스탈린적 민족개념에 수정을 가하기 시작한 것은 1970년대에 이르러서였다. 1970년대 초반 이래 북한 사전에 나타나는 북한 민족이론의 체계화는 1960년대 중반 김일성이 제시한 민족이론이 점진적으로 공식화되는 과정을 잘 보여준다. 민족이 자본주의 시대의 산물이 아니라 전근대 중앙집권적 통일국가 시대에 형성된 것이며(1970년 『철학사전』) 경제적의 공통성보다 언어의 공통성을 더 강조하고 여기에 혈통을 추가하는(1973년 『정치사전』) 등의 과정을 밟았다. 그리고 비록 사전류에는 나타나지 않지만, 1970년대 말에 이르면 혈연적 공통성이 민족형성의 핵심징표로 분명하게 부각되었다. 즉, 혈통의 공통성에 기초한 사람들의 집단이 민족을 특징짓는 다른 모든 징표들의 형성 기초이며 그 어떤 다른 민족과도 혈통의 융합을 이루어본 적이 없는 순수한 민족"이란 점에서 민족의 단일성을 나타내는 핵심적 징표라는 점에 있다고 주장된다.[19] 북한의 민족이론은 70년대 말에 어느 정도 완결되었지만

---

18 김태우, 「북한의 스탈린 민족이론 수용과 이탈 과정」, 『역사와 현실』 44, 한국역사연구회, 2002, 267~268쪽.

19 이병수, 「과도기의 북한철학에 나타난 변화와 이론적 특징」, 『통일인문학』 50, 건국대학교 인문학연구원, 2010, 50쪽. 비슷한 시기 북한 철학계뿐만 아니라 역사학계에서도 혈연중심의 민족개념이 공통적으로 등장한다. 『조선통사』(1977년판) 개정판에서도 조선민족이 인류발생의 첫 시기부터 한반도에서 자기의 독자적인 역사와 문화를 창조하며 하나의 핏줄을 이어서 정상적인 발전의 길을 걸어온 단일민족이라는 점을 강조하고 있다(김광운, 「북한 민족주의 역사학의 궤적과 환경」, 『韓國史研究』 152, 한국사연구회, 2011, 292쪽).

주체사상의 이론적 체계화가 일단락된 1985년 『위대한 주체사상 총서』 10권과 『철학사전』이 발간됨에 따라 공식화된다. 민족의 구성요소에서 '경제생활의 공통성'과 심리의 공통성이라는 요소를 삭제하고 '혈통'을 '피줄'이란 용어로 대체하면서 민족 구성의 다른 요소보다 우위에 둔 북한식 민족 개념이 정식화되었던 것이다.

2) 1990년대 이후: 사회주의와 민족주의의 결합

1985년까지 일단락된 민족이론은 '민족' 개념의 변화만을 동반했을 뿐, 민족주의에 대해서는 여전히 부정적이었고 '사회주의적 애국주의'란 말이 사용되었다. 김정일은 1986년 「주체사상 교양에서 제기되는 몇 가지 문제에 대하여」에서 '우리민족제일주의'가 주창되었고 1989년 이를 보다 체계화시켰다. 우리민족의 우월성이 수령이 영도하는 사회주의 제도의 우월성에 근거하고 있다는 점에서 '우리민족'은 내용적으로 북한주민만을 지칭했다. 1985년 정식화된 민족개념은 체제를 넘어 남과 북을 포괄하고 있으나, 이후의 민족'개념은 북한체제에만 적용됨으로써 남한 주민을 배제하고 있는 것이다. 이는 김정일이 1994년 '김일성 민족'이란 표현을 제시하면서 우리민족의 범위를 수령의 지도를 받는 민족으로 국한시킨 점에서 보다 분명하게 드러난다.

북한에서 민족주의란 용어의 등장은 1991년 김일성의 발언이 계기가 되었다. 민족주의에 대한 부정적 입장으로 일관했던 그 동안의 북한 입장 식과는 달리 1991년 김일성은 민족주의에 대한 전향적 입장을 드러내었다. 1991년 8월 발표된 〈우리 민족의 대단결을 이룩하자〉는 담화에서 김일성은 "협소한 리해관계와 편견에 사로잡혀 계급적 리익을 민족적 이익 위에 올려 세우거나 계급적 요구를 실현하기 위한 투쟁을 조국통일을 위한 투쟁과 대치시키는 일이 없어야 할 것"을 강조하면서 '민족'이 '계급'에 우선하는 개념임을 선언했다. 또한 김일성은 "원래 민족주의는 민족의 이익을 옹호하는 진보적 사상으로 발생하였"으나 "자본주의가 발달하고 부르죠아지가 반동적 지배계급으로 되면서 민족주의는 인민대중의 이익을 옹호하는 참다운 민족주의와는 대치되는 사상"이 되었다고 주장했다.[20]

'참다운'이란 수식어를 동반하고 있지만 김일성이 재평가한 민족주의는 북한체제에 초점을 둔 것이 아니라 민족통일론에 근거한 것이었다. 그러나 김일성 사후 고난의 행군으로 체제위기가 심화되면서 김정일은 민족과 민족주의를 체제 정당성의 맥락에서 더욱 강화시켜 나갔다. 그동안 주로 통일론을 근거로 체제초월적 의미에서 사용되던 민족·민족주의 개념은 '우리민족제일주의', '김일성 민족론' 그리고 1997년의 글 "혁명과 건설에서 주체성과 민족성을 고수할 데 대하여"를 거치면서 북한사회주의 체제와의 결합 강도를 높여갔다. 김정일이 호명한 "김일성민족 의 가장 강력한 근거는 그가 사회주의조국의 시조이기 때문이었다. 김일성의 출생년도인 1912년을 주체력의 시원으로 삼아 1997년부터 주체연호를 사용한 것 역시 동일한 논리에 근거하고 있음은 물론이다."[21] '김일성민족'의 호명이 사회주의 조국의 시조에 근거하고 있다는 점은 우리민족제일주의에서 말하는 '우리민족'이 사회주의 체제의 맥락에서 사용되고 있음을 명백히 보여주었다. 요컨대 '우리민족제일주의'와 '김일성 민족'

---

20 김일성, 〈우리 민족의 대단결을 이룩하자〉, 《로동신문》(1991.8.5.) 이 시기에 북한의 입장이 민족우위론으로 선회한 배경에는 "사회주의권의 몰락이 가져온 북한체제의 이념적 정통성의 위기를 민족주의적 정서를 통한 통합력으로 극복"하려는 고민이 깔려있었다.(전미영, 「김정은 시대 북한 민족주의: 담론·문화·정책을 중심으로」, 『북한학보』 43-1, 북한학회, 2018, 226쪽.

21 강혜석, 「북한의 민족건설과 두 개의 민족론: 통일론과의 긴장을 중심으로」, 『한국정치학보』 53-1, 대한정치학회, 2019, 144쪽.

이란 개념은 1990년대 체제위기의 극복을 위해 동원된 민족담론이었다. 그러나 민족담론과 사회주의와의 결합은 단지 실천적 필요에만 그치지 않고 정교하게 이론화되기 시작했다. 김정일 정권 출범 직전 발표한 1997년 글이 그것이다. '주체성'은 북한식 사회주의의 요체이고 '민족성'은 북한이 새롭게 전격적으로 받아들인 민족주의 그 자체였다. 북한식 민족주의가 주체성과 화학적 결합을 이룸으로써, 그동안 북한에서 공식적으로 부정되어오던 민족주의가 국가의 생존전략으로 부상하였다.[22] 주체성과 민족성의 결합은 사회주의와 민족주의의 결합이며, 따라서 민족주의는 북한사회주의 체제 유지 및 발전의 필수적인 이념이 되었다. 이처럼 김정일이 말하는 '민족성'(민족주의)은 북한체제와 내적으로 결합되었기 때문에 남북한 전체를 포괄하는 민족주의 개념과 거리가 있었다.

2000년 들어 북한의 민족주의 인식은 또 한번 강조점이 변화했다. '우리민족제일주의'와 '김일성 민족', '주체성과 민족성'을 통해 북한체제와 결합된 민족주의 이념을 강화해온 김정일은 2002년 2월 "민족주의에 대한 올바른 리해를 가질 데 대하여"를 통해 '민족주의'란 용어를 공식 복권시켰다. 2002년 김정일의 문헌에 따르면 민족주의는 '자기 민족을 사랑하고 민족의 리익을 옹호하는 사상'이며, 공산주의와 민족주의는 애국애족의 공통적인 사상감정을 공유하고 있으며, 민족과 민족주의를 떠난 국제주의란 있을 수 없으며, 공산주의는 진정한 민족주의자가 되어야 한다는 것 등 크게 4가지 내용으로 요약된다.[23]

그러나 수령의 유훈이자 지상과제로서의 민족대단결 사상을 기반으로

---

22 강혜석, 「북한 민족주의 연구: 적응적 국가민족주의와 정당성의 정치」, 서울대학교 일반대학원 박사학위논문, 2017, 191쪽.

23 정영철, 「북한의 민족주의와 문화변용: 김정은 시대 북한 문화의 변화」, 『문학정책 논총』 31-2, 한국문화관광연구원, 2017, 292~293쪽.

한 통일담론의 계승의지를 배경으로, 배타적 의미의 우리민족론, 곧 김일성민족론이 부상하는 과정에서도 민족통일론이 함께 공존하고 있다. 2000년대 등장한 우리 민족끼리 원칙과 민족공조론은 그 대표적 예이다.[24] 〈우리 민족끼리〉이념은 6.15 남북정상회담 공동선언문 제1항 "남과 북은 나라의 통일문제에서 그 주인인 우리민족끼리 힘을 합쳐 자주적으로 해결해나가기로 했다"에 근거하고 있다. 여기서 〈우리 민족끼리〉이념은 그 표현이나 6.15 공동선언의 성격으로 볼 때, 북한뿐만 아니라 남한까지 포함한 민족 구성원 전체를 가리키고 있다. 김일성의 '민족대단결론'이나 김정일의 '민족공조론은 민족통일의 맥락에서 체제초월적 민족개념을 의미한다는 점에서 통일론에 근거한 민족주의의 흐름이 북한사회에서 지속되고 있음을 볼 수 있다. 그러나 북한이 〈우리 민족끼리〉이념을 우월한 사회주의 체제를 전제로 한 우리민족제일주의에 기반하고 있다고 공언하고 있음을 볼 때, '우리 민족'의 범위가 단순히 한반도 전체로 그 외연이 확대되었다고만 보기 힘들다. 이중성을 내포하는 민족민족주의 개념을 대내외적 필요성에 따라 적절하게 활용하고 있다고 보는 것이 타당하다. 요약하면, 북한의 민족·민족주의 개념의 이중성은 민족통일과 관련해서는 체제통합적인 민족개념(민족공조)을, 북한체제 정당화와 관련 하에서는 배타적인 체제적 민족개념을 내세우고 있는 점에서 잘 드러난다.

3) 북한 민족주의론의 현재: 김정은 민족주의

이상에서 보듯 북한의 민족주의는 대내적으로 체제정통성을 위한 이데

---

24 강혜석, 「북한의 민족건설과 두 개의 민족론: 통일론과의 긴장을 중심으로」, 『한국정치학보』 53-1, 대한정치학회, 2019, 138쪽.

올로기이자 민족통합의 이데올로기라는 이중적 기능을 해왔다. 따라서 1990년대 이후 한반도를 포괄하는 민족성 차원(포괄성)과 북한주민에 국한된 국가체제 차원(배타성)이 북한의 민족담론 내에서 공존하고 있다. 북한은 대내적 결속력을 강화하는 차원에서는 북한 사회주의 체제를 중심으로 민족민족주의를 이해하려는 경향이 우세하다. 민족의 범위를 수령의 지도를 받는 민족에 국한시킨 '김일성 민족'이란 표현이나, 북한식 사회주의체제의 정당화와 결부된 '우리민족제일주의'가 그러하다. 그러나 남북화해의 필요성이 고조된 2000년대 들어 주장한 〈우리 민족끼리〉의 이념과 민족공조론은 한반도에 거주하는 민족 구성원 전체를 포괄하고 있다. 이런 점에서 북한의 민족주의는 "민족통합 이데올로기로서의 민족주의와 북한체제의 내적 단결을 강화하기 위한 통치이데올로기로서의 민족주의적 측면이 뒤얽혀 있"으며, "통합이 강조될 때는 초체제적인 민족주의가 제시되고 대내적 단결이 요구될 때는 그것과는 긴장관계를 갖는 북한 민족주의가 강조"되고 있다.[25]

이러한 북한 민족주의의 이중성은 김정은 시대에도 지속되고 있다. 우선 김정은 시대의 이데올로기가 '김정일 애국주의'와 '우리국가제일주의'[26]인데서 보듯 북한 사회주의체제를 중심으로 국가에 대한 강조가 두드러지고 있다. 그러나 지배담론이었던 민족담론을 후퇴시키고 국가담론

25　이종석, 『새로 쓴 현대북한의 이해』, 역사비평사, 2000, 209쪽.

26　정영철에 따르면 김정은 집권 초기 등장하고 지금도 지속되고 있는 '김정일 애국주의'는 김정은의 초기 통치의 이데올로기로써 민족주의적 부름이자 동시에 '국가'를 중심으로 한 국가체제의 재건설을 목적으로 하고 있다는 것을 의미한다.(「북한의 '우리 국가제일주의': 국가의 재등장과 '체제 재건설'의 이데올로기」, 『현대북한연구』 23-1, 북한대학원대학교, 2020, 18~19쪽) 그리고 '우리국가제일주의'는 2018년 남북관계 그리고 북미관계의 변화 속에서 본격적인 경제건설에 나설 수 있는 대외적 조건이 마련되었다고 판단된 조건에서, 한편으로는 민족적, 국가적 자부심과 긍지를 부추기면서도, 다른 한편으로는 발전을 위한 주민들의 동원을 목적으로 한 국가발전 이데올로기다.(23쪽)

을 강조해나가기 시작했다.[27]고 보기는 어렵다. 김정일 시대에 특히 부각된 민족주의론은 남북을 포괄하는 의미가 아니라 김일성민족과 우리민족 제일주의로 나타났으며, 사회주의 이념과 유기적으로 결합되었다. 김정은 시대의 국가에 대한 강조는 이러한 성격의 민족주의론을 계승하면서 북한 주민들을 대상으로 한 북한국가의 정상화와 발전담론의 성격을 지닌다. 다시 말해 김정은 시대에 나타난 '김정일 애국주의'와 '우리국가제일주의'는 김정일 시대에 부각된 민족주의의 이중적 측면 가운데 체제중심의 민족담론과 이어지는 것이다. 다만 민족이나 민족주의란 용어 대신 국가를 중심의 담론을 편다는 점에서 차이가 있으나 민족담론과 구별되는 국가담론이라고 하기는 어렵다.

또한 북한체제의 내적 단결을 위한 민족주의론의 흐름과 별도로 통일론에 근거한 민족대단결 혹은 민족공조의 민족통합적 민족주의론도 김정은 시대에 지속적으로 강조되어 왔다. 2012년 최초의 신년사에서 김정은은 민족적 화해를 통한 남북 관계개선과 통일을 강조했으며 2015년 신년사에서도 마찬가지였다. 2016년 제7차 당 대회에서 김정은은 '주체적 통일노선'으로 명명된 김정은 시대의 통일노선을 제시했으며, 2018년 "북남관계를 개선하며 자주통일의 돌파구"를 열기 위한 대책을 세워야 할 때"라고 강조했다. 이후 평창올림픽 공동입장, 남북 정상회담으로 이어지는 민족화해의 장을 열었다.[28] 그리고 김정은이 2019년 1월 1일 신년사에서 우리 국가제일주의 를 정식 호명하면서도 남북한 간의 민족적 화해와 '우리 민족끼리'를 동시에 강조한 사실은 오늘날 북한의 민족에 대한 두 가

---

27 전미영, 「김정은 시대 북한 민족주의: 담론·문화·정책을 중심으로」, 『북한학보』 43-1, 북한학회, 2018, 232쪽.

28 전미영, 「김정은 시대 북한 민족주의: 담론·문화·정책을 중심으로」, 『북한학보』 43-1, 북한학회, 2018, 241~242쪽.

지 지향을 단적으로 보여준다.[29] 이처럼 단일민족 개념과 '김일성 민족' 개념이 공존하고, 국가체제를 정당화하는 민족주의론과 민족대단결의 통일을 정당화하는 민족주의론이 공존하는 북한의 민족담론은 우리민족제일주의가 대두된 이래 김정은 시대에 이르기까지 지속되고 있다. 다만 민족성과 국가성이 길항하는 남한과 달리 이러한 '두 가지 지향'은 국가에 의한 공식담론의 성격 때문에 공존하는 양상을 보이고 있을 뿐이다.

4. 나가며: 민족적 연대의 방향

2, 3장에서 살펴본 남북 민족주의의 이중성은 민족주의가 체제대립을 극복할 수 있는 이념이라는 상식적 생각이 일면적인 것임을 보여준다. 현재 북한의 '우리민족 제일주의'나 남한의 '대한민국 민족주의'는 체제이념과 밀접하게 연관되어 배타성을 띠기 때문에 남북의 소통과 화해에 부정적으로 작용한다. 국가체제의 생존 혹은 정당화를 위해 민족주의적 정서와 열망이 활용될 경우, 민족통일은 이질적 두 국가체제를 하나로 만드는 체제통합적 방식으로 사유될 수밖에 없다. 하지만 통일을 이렇게 생각하는 것은 남이나 북이나 자신의 국가체제를 중심에 둔 통일을 생각하고 있기 때문에 남북 적대감을 높이고 오히려 분단을 고착화할 뿐이다. 또한 체제통합적 통일은 정치경제적 거시적 체제 통합일 뿐이므로, 평화통일의 가능성으로부터 멀어지며, 설사 통일이 된다고 하더라도 사회문화적 통합의 결여로 치루어야 할 사회적 비용도 매우 크다.

이러한 상황에서 통일논의는 지난 70년 넘게 각자의 처지에서 형성된 국가체제 및 사회문화의 차이를 인정하면서 민족적 소통과 연대를 이루

---

29 강혜석, 「북한의 민족건설과 두 개의 민족론: 통일론과의 긴장을 중심으로」, 『한국정치학보』 53-1, 대한정치학회, 2019, 149쪽.

는 방향성을 지닐 필요가 있다. 남북 민족담론의 이중성 가운데 국가체제 중심의 통일론이 아니라 체제를 초월하는 같은 민족이라는 측면에 통일론의 방점을 두어야 한다는 뜻이다. 그러나 민족성에 토대를 둔 통일론이 분단국가의 현실을 부정하면서 민족의 원형으로 돌아가는 것을 의미하는 것은 아니다. 민족의 이름으로 두 개의 국가체제를 아예 인정하지 않는 민족 우위의 당위론적 통일론은 분단 70여년의 차이를 무시하고 그 이전에 남북이 공유했던 민족적 동질성을 강조하는 과거지향의 낭만적 민족주의로 퇴행하기 마련이다. 따라서 통일논의는 두 국가체제 가운데 하나를 부정하면서 다른 하나의 체제로 통합하는 문제로 여겨서도 안 되지만, 분단국가의 차이를 고려하지 않은 채 민족 동질성에 근거한 당위론적 통일론으로 여겨져서도 안 된다. 그렇다면 앞서 말한 바 있듯이 두 국가체제의 차이를 인정한 바탕에서 민족적 연대를 실현한다는 것은 어떤 의미혹은 방향성을 지니는가?

첫째 분단을 극복하고 남북한을 하나로 묶어줄 수 있는 범주는 체제 차이를 포괄하는 민족뿐이기 때문에 통일이념 모색에서 민족범주는 핵심적 의미를 지닌다는 점이다. 분단된 한반도에서 민족이라는 정서와 공감대가 통합의 동력을 제공할 개연성은 매우 높으며 통일문제와 민족문제와 분리될 수 없다. 그동안 적대관계를 유지하면서도 남북이 서로 동의한 여러 합의문들은 공통적으로 민족범주를 빠트리지 않았다. 또한 남북한 모두 심각한 보안법 체제를 가지고 있지만 이러한 법제도조차 국민성원성과 민족성원성 간의 상충을 완벽하게 규율하지 못했다. 분단체제 아래서 국가적 초자아와 민족적 리비도의 균열은 본디 예정된 것이다. 이런 점에서 적대관계에서 비록 한쪽 체제 정당성 수식하는 말로 활용되었지만 민족은 남과 북을 모두 포괄하는 용어로써 남과 북이라는 분단국가의 적대성에 완전히 포섭되지 않으며 분단체제를 극복하고 저항할 수 있는 가능성의 바탕이라고 할 수 있다. 대중들의 생활세계에 체화된 민족주의적 열망은 분단에 내재한 적대적 감정을 해소하고 우호적 감정과 연대감을 형성하는 데 여전히 의미를 지닌다는 뜻이다. 그러나 열망으로서의 민족주의는 분단극복의 중요 동력 가운데 하나이기는 하지만, 그렇다고 분단극복의 문제를 민족주의적 열망만으로 좁게 이해할 수는 없다.

둘째, 민족적 연대는 민족문제를 전통적인 민족주의의 틀 속에서 이해하는 것을 넘어 평화와 인권 등 보편적 가치를 구조적으로 침해하는 분단체제 극복의 맥락에서 이루어져야 한다는 점이다. 이런 맥락에서 민족문제를 정형화된 민족주의의 틀 속에서만 사유함으로써 평화나 인권의 가치를 도외시하는 특수주의적 편향이나, 민족문제를 한반도에 국한된 특수한 가치로 보고 평화나 인권의 가치를 절대화하는 보편주의적 편향은 모두 극복될 필요가 있다. 이 두 관점은 모두 민족문제와 보편적 가치의 실현을 이분법적으로 대립시킨다는 점에서 공통점을 지닌다. 민족 차별과 억압, 전쟁, 그리고 반인권적 폭력 등의 상처는 분단시대만이 아니라 20세기를 통해 남과 북 그리고 재외동포 등 한민족이 공통으로 겪은 역사적 경험이다. 그렇기 때문에 한민족의 20세기 역사적 경험 속에는 민족문제는 인권과 평화, 민족자결 등 보편적 호소력을 지닐 수 있는 가치와 연결될 수 있는 지점이 풍부하다. 그런 점에서 민족담론은 혈연적 단일성이나 민족적 우수성, 그리고 체제적 정당화라는 배타적 방향이 아니라 비폭력 평화, 친인권 등 보편적 가치와 결합되는 열린 방향에서 재사유될 필요가 있다.

국가주의 철학의 발생과 세부 이행
: 안호상의 철학을 중심으로

박민철

1. 한반도 국가주의의 독특성과 '안호상'이라는 표상

일찍이 함석헌은 남북 분열의 책임에 국가주의가 있으며 국가주의의 극복 없이는 평화가 있을 수 없다고 갈파했다.[1] 이러한 함석헌의 주장은 한국전쟁의 비극을 좌우 갈등의 결과로 단순 해석하는 것이 아니라 국가주의의 충돌로 보는 시각이라는 점에서 보다 정확한 것이었다. 그의 지적처럼 한국전쟁은 자본주의, 사회주의와 같은 이념에 따라 진행되었다기보다 해방 이후 남북 중 어느 '국가'를 선택할 것인가라는 문제로 그 전개 경로 전체가 구성된 것에 가까웠다. 한국전쟁이 끝난 후 서로 다른 국가 토대 아래 남북의 국가권력이 매우 빠르게 강력해져갔다는 점도 이를 실증한다. 하지만 국가주의는 한국전쟁의 이념적 원인 정도로 단순 설명될 수 없다. 그것은 근현대 한반도에 주입된 식민주의의 결과물이었으며 오

---

1   함석헌, 『함석헌 전집 4: 죽을 때까지 이 걸음으로』, 한길사, 1984, 278.

늘날까지도 한반도 분단체제를 유지하는 은밀한 이념적 토대로서 작동하고 있기 때문이다.

일반적으로 국가주의는 국가의 성립과 발전 과정 속에서 구성원들의 결집 그리고 국가권력의 작동을 위해 발생시킨 이데올로기로 설명할 수 있다. 그러나 이것은 엄밀한 규정이 아니다. 국가 그 자체에 최상의 가치와 실재성을 부여함으로써 개인과 사회에 대한 국가권력의 초월적 지위를 선언하는 한반도의 국가주의는 20세기 한반도에서 다른 이데올로기들을 압도했던 이념이었기 때문이다. 전통적인 유기체적 · 가부장적 국가의식에 친화성을 가지고 있었던 조선반도는 서구 제국주의 침략과 함께 강한 근대적 민족국가의 건설을 강조하는 방향으로 나아갔다.[2] 식민지 시기에는 일본의 파시즘 논리로 구성된 국가주의가 식민지 조선에 폭넓게 주입되고 확산되었다. 해방 이후에도 국가주의는 남북 각각에서 반공, 반미 이념과 적극적으로 결합하면서 자신의 생명력을 유지하고 강화시켰다. 결과적으로 1950년대 남북의 분단국가들은 국가권력의 유지를 가능하게 하는 힘과 제도 등이 충분하게 갖춰지지 못했던 '연성국가'에 가까웠던 데 반해, 국가주의는 실제 현실에서 매우 강한 규정력을 행사하고 있었다.[3]

바로 이런 점에서 한반도의 국가주의는 다른 나라에서 찾아볼 수 없는 독특한 자기변용의 모습을 보인다. 특히 오늘날 확인할 수 있는 한반도 국가주의의 독특성은 특정 상대에 대한 극한의 적대감을 자기재생산의 메커니즘으로 삼고 있는 '분단국가주의'라는 현재 모습이다. 하지만 그동안 한반도 국가주의는 주로 통치이데올로기 차원에서 분석되거나, 국가주의의 전개와 심화라는 이념사적 차원, 또는 특정 학문분야에 국한된

---

2 박상섭, 『국가·주권』, 소화, 2009, 174-175.
3 김동춘, 『전쟁과 사회』, 돌베개, 2018, 197.

국가주의의 영향 등이 탐색되어 왔을 뿐이다. 한반도 국가주의의 '현재형'인 분단국가주의에 대한 접근 속에서 그것의 발생 및 전개과정, 핵심원리와 재생산 메커니즘, 나아가 그로부터 구축되고 전파되는 세부적인 가치지향과 그 한계들, 최종적으로는 그 극복 방향을 고민하는 연구들은 여전히 부족한 상황이다.

이 지점에서 만날 수 있는 인물이 바로 안호상(安浩相, 1902-1999)이다. 오늘날 안호상 철학에 대해서는 우리말로 철학을 강의한 1930-40년대 독보적인 철학자와 한국현대철학의 기반을 제공하였다는 긍정적인 평가[4], 단군이념을 빌려서라도 민족철학을 정립한 시도 및 국수적인 성향으로 나아간 철학이라는 중간적 평가[5], 인종주의적 민족주의라는 견해 및 전체주의적 민족주의 이데올로그에 불과하다는 비판적 평가[6]에 이르기까지 다양하다. 하지만 안호상의 사유는 본질적으로 반동적인 국가주의 철학에 가까웠다. 그는 개인보다 전체로서 국가를 앞세우는 이데올로기와 세부 논리 구상에 자신의 철학함을 집중시켰다. 이를 대표하는 것이 바로 그가 주창한 '일민주의(一民主意, 훗날 한백성주의)', '민주적 민족주의' 등이었다. 물론 이것들 모두는 전체를 강조하고 그러한 전체성의 논리에 인민들이 철저하게 복무하도록 강제하는 국가주의의 '변종들'이었다.

그럼에도 불구하고 국가주의 철학의 발생과 세부 이행은 어떤 개인의 철학적 기획과 그 결과로서만 접근할 수 없다. 한반도가 근대화 과정에서 경험한 외세의 위력, 제국주의적인 식민통치, 분단과 전쟁 등은 국가주의

---

4 각각 백종현, 『독일철학과 20세기 한국의 철학』, 철학과현실사, 1998, 46; 이태우, 『일제강점기 한국철학』, 살림터, 2018, 89.

5 각각 이광래, 『한국의 서양사상 수용사』, 열린책들, 2003, 404; 엄정식, 「식민지 시대의 한국철학과 민족주의」, 『동아연구』 제37집, 서강대학교 동아연구소, 1999, 42-43.

6 각각 후지이 다케시, 「족청·족청계의 이념과 활동」, 성균관대학교 대학원 사학과 박사학위논문, 2010, 325; 김재현, 『한국사회철학의 수용과 전개』, 동녘, 2002, 15.

가 공고화될 수 있었던 최적의 물적 토대였다. 안호상의 철학적 기획 역시 이러한 구체적 현실과의 연관 속에서 변화하고 발전해나갔다. 예컨대 이승만과 박정희는 매우 취약했던 자신의 정치기반을 보완하기 위해 친일파 출신 경찰과 군대와 같은 강제적 조치의 동원 이외에도 전체주의적, 반공주의적 국가주의 철학을 적극적으로 활용했다. 그 최종결과가 바로 전체로서 국가에 대한 무조건적 충성, 차이에 대한 억압, 타자에 대한 적대성을 메커니즘으로 하는 한반도의 분단국가주의였다. 이러한 현실과정 속에서 안호상의 철학이 발전하고 있었다. 뒤에서 구체적으로 다루겠지만 안호상이 주장한 일민주의는 "'민족주의=반공주의=국가주의'라는 등식"[7]을 가장 압축적으로 내재화한 이데올로기였다.

본 논문은 바로 이러한 문제의식으로부터 출발한다. 즉 안호상 철학의 세부 논리와 전개과정 전체를 총체적으로 살펴보는 것은 한반도 국가주의의 발생과 세부 이행 그 자체를 파악하는 하나의 사례이자, 동시에 현재 진행형인 분단국가주의를 이해하는 중요한 계기가 될 수 있다는 점이다. 그 동안 안호상 연구는 상대적으로 활발하게 전개되어왔지만 안호상 철학체계를 전체적으로 조망하는 연구는 거의 이뤄진 적이 없었다. 중요한 것은 안호상의 철학을 극우적 민족주의자 내지 정권에 복종해온 이데올로그라는 기존 연구들의 단순 분석을 넘어 제국 일본이 주입한 국가주의의 철학적 기획과 그 결과물로 해석하는 것이다. 구체적으로 본 논문의 목적은 안호상의 국가주의 철학을 일제강점기 당시부터 내재화한 식민주의적 전체주의, 가족주의, 반공주의 등 하위 이데올로기의 종합적 결합으로 해석하는 한편, 나아가 그것이 구축하고자 하는 세부 가치지향 및 논리의 폭력성과 적대성을 여실히 드러내는 것이다.

---

7   김석수, 『한국현대실천철학』, 돌베개, 2008, 99.

2. 식민주의와 민족주의, 그리고 국가주의: '전체'를 강조하는 근원적 동일성

한반도의 국가주의는 내부적 요인과 외부적 요인이 결합하여 만들어진 하나의 거대한 사상적 유산에 가깝다. 실제로 한반도의 국가주의는 외세 대항의 핵심 이데올로기였던 구한말부터 이어진 민족관의 자연적인 체화, 일제강점기 당시 일본 식민주의와 국가주의의 내재화, 해방 이후 분단의 과정과 함께 발달하게 되는 국가주의적 동원체제와 반공주의로의 포섭 등을 기반으로 삼기 때문이다.[8] 그런데 여기서 더욱 중요하게 살펴봐야 할 지점은 식민주의에 반대했던 민족주의적 열망에 역설적으로 식민주의의 기제들이 내재되어 있었다는 사실이다. 즉 식민주의가 식민종주국의 합리화에 활용되었고 그에 대항했던 민족주의 역시 탈식민국가건설의 당위성에 호소했듯이, 이 모두는 국가라는 전체에 가치를 부여하면서 근대적 국가건설에 집중했다는 점에서 공통적이었다. 일본의 제국주의적 식민주의가 본격화되던 1930년대에 한반도의 민족주의가 국가주의와 본격적으로 결합하기 시작했다는 지적[9]은 그래서 매우 중요하다.

물론 이러한 식민주의와 민족주의의 근원적 동일성을 한반도의 상황에 기계적으로 적용시킬 순 없다. 특히 한반도에 내재한 공동체주의적인 전통의 영향, 민족의 집단적 생존이 더 절실하게 부각되었던 당시의 상황, 식민지의 피지배민족 내지 피지배국가에 부여된 특정한 이념적 지위와 가치, 심지어 정서적인 동경이 가져오는 당위성과 호소력 등을 고려하면

---

8 박찬승, 「20세기 韓國 國家主義의 起源」, 『한국사연구』 제117집, 한국사연구회, 2002 참조.

9 전재호, 「한국 민족주의의 반공 국가주의적 성격에 관한 연구: 식민지 시기 '부르주아 우파'와 국가형성 초기 '이승만 세력'을 중심으로」, 『지역과 세계』 제35집 2호, 사회과학연구소, 2011, 119.

민족주의의 흐름을 전체에 대한 강조를 수반하는 국가주의의 경향과 구분해야 한다는 지적은 설득력을 갖는다. 하지만 특정 공동체의 정체성을 확보하려는 노력으로서 민족 내부의 기존 열망이 외부적으로 강조되는 현실 국가와 흡착될 때, 그것이 강력한 왜곡된 국가주의로 변모할 우려가 매우 큰 것도 또한 사실이다. 식민지 조선의 민족주의자들이 식민시기를 관통하면서 개인의 의지와 자율성을 국가와 같은 집합적 목표에 종속시켰던 그 수많은 전향의 장면들이 바로 이를 실증한다.

1930년부터 본격적으로 구축되는 안호상의 활동과 철학체계는 결국 국가주의로 수렴되는 철학적 사유의 타락과정을 보여주는 대표적인 사례이다. 1925년 독일유학을 통해 안호상은 칸트와 헤겔철학, 그리고 브루노 바우흐의 민족이론을 만났다. 그는 민족과 인종을 강력하게 강조하는 지도교수 바우흐의 철학과 강하게 공명했다. 귀국 이후 발표한 1933년과 1935년의 글에서 그는 브루노 바우흐를 '현대세계유일의 민족철학자'로 규정하거나[10], '독일정신을 쫓는 국수주의자'로 평가[11]하면서 민족문화의 중요성을 언급한다. 헤겔의 변증법과 민족이론에 대한 브루노 바우흐의 철학함을 자연스럽게 흡수하면서 안호상이 민족으로 대표되는 보편적인 전체와 개체들의 '변증법적 합일'에 대한 강조로 나아가는 것은 당연한 경로처럼 보였다. 다른 측면에서 볼 때도 이러한 변증법적 발전도식은 식민지 조선의 상황에서 '마땅한' 논리이기도 했다.

하지만 그러한 개체가 합일되어야 할 보편적인 전체에 '지금, 이곳'의 현실국가가 위치하는 것은 극적인 변절에 가까웠다. 정확하게 말해 안호상에게 민족이라는 개념이 중요하게 활용되기 시작한 것은 일제강점기가

---

10 安浩相, 「부루노, 바우흐: 現代世界唯一民族哲學者 (一)-(五)」, 『동아일보』 1933.01. 11.-1933.01.16.

11 安浩相, 「예나大學과 久遠의 理想」, 『新人文學』 2권 1호, 靑鳥社, 1935, 30.

끝난 이후 이승만과 적극적으로 결합하게 되는 바로 그 시점부터였다. 그는 자신이 밝힌 독일유학의 이유[12]에도 불구하고 귀국을 한 1930년대 중반 이후부터 해방까지 아이러니하게도 자신의 글에서 "민족"이라는 단어를 쓰지 않았다. '조선문화의 새로운 창조를 위해 철학적 기반이 필요하다'고 주장하는 글[13]에서조차 '조선민족'이 아닌 '조선민중', '조선사회'라는 단어가 쓰일 뿐이다. 이렇듯 조선으로의 귀국 이후 얼마 지나지 않아 그의 철학에서는 민족이라는 단어가 자취를 감추며, 그러한 민족의 빈자리를 국가로 대체한다. 일제강점이 최고조로 치닫던 시기 안호상은 전체와 개체의 관계를 국가와 개인의 관계로 전치시키는 논리를 명확하게 표현한다. 즉 "우리는 勞動의 價値尺度를 단지 勞動하는 그 한 個人의 一時的 利害得失에서가 아니라 항상 國家全體의 久遠한 利害得失에다가 두지 안으면 아니된다."[14]

국가주의는 '개인 및 사회에 대한 국가의 우위성과 주도성이 전제된 가운데, 국가가 최우선의 가치와 규범으로써 강조되는 이데올로기'[15], '국가가 개인·집단·(시민)사회보다 우월하며 자신의 구성요소를 초월하는 실재성과 가치를 갖는다는 사고'[16], '국가권력이 개인의 자유나 권리보다 우월한 지위에 있다고 하는 주장'[17] 등으로 규정된다. 하지만 국가주의의

---

12 "그때 나의 理想으로는 朝鮮에서 제일 큰 大學을 만들어가지고 朝鮮民族에 대한 精神運動을 해보려 한 것이다." 安浩相, 「예나大學과 久遠의 理想」, 30.

13 安浩相, 「朝鮮文化의 創造性: 哲學, 偉大한 文化形式에는 哲學的 地盤이 必要 (一)-(二)」, 『東亞日報』 1940.01-1940.01.03.

14 安浩相, 「勤勞의 本質과 槪念 ②」, 『每日新報』 1942.01.28., 4.

15 전재호, 「세계화 시대 한국과 일본의 민족주의: 지속성과 변화」, 『한국정치외교사논총』 제24집 2호, 한국정치외교사학회, 2003, 50.

16 강정인, 「박정희 시대의 국가주의: 국가주의의 세 차원」, 『개념과 소통』 제20호, 한림대학교 한림과학원, 2017, 123.

17 박찬승, 「20세기 韓國 國家主義의 起源」, 201.

가장 진정한 모습은, 식민주의와 민족주의가 강조했듯, 개인과 전체의 관계맺음의 방식에서 명확하게 드러난다. 즉 그것은 "'모든 것은 국가 안에서 존재하고, 어떠한 것도 국가 밖에서는 존재하지 않으며, 그 어느 것도 국가에 반대할 수 없다'는 것을 반복해서 상기"[18]하도록 강제하는 특징을 갖는다. 이런 특성을 고려할 때 안호상의 철학은 가장 분명한 국가주의 철학이었다.

물론 일제강점기를 거치면서 유럽의 전체주의 사상, 유기체적 국가관 등 한반도의 식민지 상황과 연관되어 친화성과 당위성을 갖는 이념들이 널리 수용되었다는 점은 적극적으로 고려될 필요가 있다. 하지만 이것들이 곧 식민주의의 통치이데올로기로 적극적으로 활용되기 시작했다는 점 역시도 반드시 고려되어야만 한다. 식민주의가 피식민지인들의 복종이 아니라 자신들의 민족과 국가에 대한 자각을 더 깊게 한다는 점에서 민족주의와 근원적 동일성을 갖는다는 것은 또 다른 사실이었다.[19] 개인적으로 안호상과 친했던 이광수의 논리는 안호상의 철학에서도 동일하게 발견된다. 이를테면 "독일적인 일원적 전체주의"를 찬양하면서 "국민이 일심일체가 되어서 나아온 힘"을 강조하는 이광수의 글[20]은 자유주의를 반대하고 국가주의를 찬성하는 제국 일본의 논리를 보여주고 있는데, 이는 "國家를 爲한 것이며 또 社會를 爲하여 잘한 일이면 그것은 반드시 自己

---

18 테렌스 볼·리처드 대거, 정승현 외 옮김, 『현대 정치사상의 파노라마』, 아카넷, 2006, 366.

19 앙드레 슈미드, 정여울 옮김, 『제국 그 사이의 한국』, 후마니타스, 2012 참조.

20 "독일적인 일원적 전체주의적인 방법에 의해서 이루어진 것임을 깨닫게 되었습니다. 방법만이 아니라 오늘이 있게 한 독일의 그 정신력 국가의 이상이라면 어떠한 곤고라도 견디어가면서 국민이 일심일체가 되어서 나아온 힘, 거기에 우리는 감복하게 되었습니다." 香山光郎, 「新時代의 倫理」, 『新時代』 1, 新時代社, 1941.1, 43(이나미, 「일제의 조선지배 이데올로기: 자유주의와 국가주의」, 『정치사상연구』 제9집, 한국정치사상학회, 2003, 79쪽에서 재인용).

를 또한 爲한 것 [……] 國家에 對하여 잘못한 일은 반드시 個人에까지 惡影響을 주는 법"[21]과 같이 국가에 대한 의무와 책임을 강조하는 안호상의 국가주의 논리와 동일한 것이었다.

이처럼 그가 강조하는 진리로서 '전체'에 대한 강조는 당위론적인 의미의 국가가 아닌 당시 현실에 존재하는 '내선일체(內鮮一體)'의 식민지 국가로 향하고 있었다. 국가라는 존재에 의해 개별자들의 존재성이 확보된다는 논리는 일제강점기의 식민주의적 통치논리에서 최고조에 달했다고 보는 것이 타당하다. 특히 자기희생을 최고의 의무이자 기쁨으로 묘사한 것은 제국 일본의 파시즘의 독특한 모습이었다. '멸사봉공(滅私奉公)'이라는 그 시대의 유행어가 바로 이를 함축하는 대표적인 표어였다. 안호상 역시 그에 충실한 철학체계를 구축하고 있었다. 그것은 "國家와 個人이란 흡사 집과 기둥과도 같아서 온 집이 무너지는데 기둥만이 서 있을 수 없듯이, 기둥이 다넘어지고 집만이 남아 있을 수는 없다. 個人들과 國家는 항상 興亡을 다 같이 하고 있다."[22]는 정리에서 드러나듯, 운명공동체로서 조선민족을 강조했던 방식이 아니라 현존하는 제국 일본과 조선 민족의 운명을 동일화시킬 우려가 있다는 점에서 식민주의적 전체주의에 가까운 모습이었다.

이렇듯 일제강점기의 안호상의 철학은 '통일'과 '전체'를 강조하는 파시즘과 거의 동일한 논리를 갖추고 있었다. 그는 '이론과 실천의 통일', '물체와 정신의 통일', '존재와 비존재의 통일' 등을 강조하면서 이 세상 모든 것들은 "영원한 법칙을 쫓아 일사분란의 통일적 전체"라는 하나의 이념에서만 의미를 갖는다고 주장한다.[23] 안호상의 철학에서 이러한 통일은

---

21 安浩相,「勤勞의 本質과 槪念 ③」,『每日新報』 1942.01.29., 4.
22 安浩相,「勤勞의 本質과 槪念 ③」, 4.
23 安浩相,『哲學講論』, 東光堂書店, 1942, 1-6. 인용은 145.

'단순히 부분의 총화가 아니라 전체로서 바로 부분들을 가능하게 하는 하나의 원리'[24]이자 이념, 영원한 법칙인 것이었다. 그는 일제강점기뿐만 아니라 해방 이후 쓴 자신의 수많은 글 어디에서도 결코 전체주의에 대한 부정적인 평가를 내리지 않았다. 오히려 전체주의의 '시비판단과 가치고하를 여기서 논할 필요가 없다'고 하면서 넘어가거나, 그러한 '전체주의가 곧 헤겔의 철학적 전체론으로부터 막대한 영향을 받은 것은 부정할 수 없다'고 말하면서 은연중에 전체주의의 긍정성을 강조하는 반동적 사유를 보일 뿐이다.[25] 중요한 것은 그에게 전체는 각 부분들을 있게 하는 진리, 즉 "참은 전체로서 온(全) 것이다."[26]라는 점에 있었다.

이처럼 안호상 철학은 일제강점기 동안 자신의 철학적 사유를 '전체'라는 절대 이념의 강조로 집약시켰다. 안호상의 철학에서 '개인'이 분열, 죄악, 혼란, 배반, 파괴, 반동, 반역 등의 단어들과 결합하면서 부정적인 의미를 생성시켰던 데 반해[27], '전체'는 논리적인 선차성뿐만 아니라 부분의 가치를 부여하는 가치론적 우위성, 심지어 인간적 본성에 가깝다고 설명된다.[28] 식민지 해방 이후에도 안호상이 개인주의 비판과 개인의 희생논리의 정당화를 지속적으로 강조했던 것은 어찌 보면 필연적인 결과였다.[29] 국가의 존재 이유와 그에 대한 복종의 근거를 안호상은 바로 이

---

24 安浩相,「朝鮮古來思想과 現代思潮와의 關聯性」,『東亞日報』 1939.01.05., 9.

25 安浩相,「朝鮮古來思想과 現代思潮와의 關聯性」, 9.

26 安浩相,『哲學論叢』, 乙酉文化社, 1948, 239.

27 安浩相,「民族敎育을 외치노라」,『새교육』 1권 1호, 朝鮮敎育聯合會, 1948.07., 22; 安浩相,『일민주의의 본바탕: 一民主義의 本質』, 一民主義硏究院, 1950, 24-26.

28 安浩相,『人生과 哲學과 敎育』, 語文閣, 1964, 217; 安浩相,「우리原理(一) 國家哲學」,『政法』 3-5, 法政社 1948.05., 11-16.

29 문교부장관 당시 안호상은 당시 국민학교 교사를 대상으로 한 어떤 강연에서 일제강점기의 지배방식이 '전체주의'가 아니라 '개인주의'였다고 말했다. 安浩相,「民主的 民族敎育의 理念」,『民主的民族敎育硏究』 제1집, 文敎部, 1949, 4. 이러한 왜곡된 인식을 보일 정도로 안호상에게 전체주의는 훼손되어서는 안 될 하나의 진리와 마찬가

렇게 논증하고 있었다. 정리하자면 일제강점기를 거치면서 안호상의 철학은 "국가 자체를 인격체로 이해하면서 그것을 숭배의 대상이자 모든 가치관의 정점"[30]으로 철학적 기획이라고 할 수 있다.

3. '위대하신' 또는 '영명하신': 자발적으로 복종하는 국민들의 생산, '가족국가'의 모습

해방 이후 한반도의 국가주의는 전체에 대한 강조를 넘어 외부의 적대성과 내부의 폐쇄성을 자기증식의 원리로 삼는다는 점에서 특징적이었다. 우선 외부의 적대성은 타자의 타자성을 거부하는 것으로 나아갔다. 남의 '북진통일론'과 북의 '민주기지론'은 모두 자기가 중앙정부임을 주장하고 상대의 존재를 부인하면서 무력사용도 불사하겠다는 적대적 논리체계였다. 다음으로 내부의 폐쇄성은 몇 가지 이념 지향만을 설정하며 그것을 기초로 내부를 억압하는 방식으로 전개되었다. 하지만 보다 본질적인 것은 남북 모두 특정인을 중심으로 한 독재체제를 구축하고 이를 가능하게 하는 강력한 국가주의의 확립을 추진하고 있었다는 사실이다.

해방 이후부터 1950년대까지 대체로 강력한 국가(+지도자)를 중심으로 절대적인 충성을 강제하는 전시동원체제가 남북에서 공통적으로 유지되었다. 결과적으로 그러한 과정은 "조선민중의 삶과 의식, 사고가 국가와 집단의 목표와 방향에 따라 규제되고 획일화"[31]되는 경험을 한반도에 축적하는 것이었다. 특히 당시 한반도 남쪽의 이승만 정권은 관변단체들을

지였다.

30 조효제, 「애국주의/국가주의 대 인권」, 『내일을 여는 역사』 제58호, 내일을 여는 역사재단, 2015, 118.

31 김영희, 「국민동원체제와 식민지 유산」, 김영희 외, 『민족과 국민, 정체성의 재구성』, 혜안, 2009, 102.

동원해 '사상통일운동'을 추진했다. 여기서 민주주의 심화, 공산주의 극복, 민족의식 앙양, 사대사상 근절, 일민주의 보급, 도의(道義)정신 앙양, 협동정신 함양 등의 7개 영역이 제시되었다. 그런데 민주, 민족, 공산주의 등의 단어보다 눈에 띄는 것은 '일민주의'와 '도의정신'이다.

일제강점기 당시 식민주의의 대표적인 하위이데올로기가 도의담론이었던 것은 널리 알려져 있다. 도의담론은 최초 일본의 윤리학계에서 제시되었고[32] 이후 식민지 조선에 고스란히 주입되었다. 이는 구체적으로 "공적인 것에 봉사하여 사적인 이해를 돌보지 않는 것을 최대의 덕으로 규정하는"[33] 전체주의 윤리관이기도 했다. 안호상은 일민주의의 강화를 위해 이러한 일제강점기의 도의교육을 소환했다. 해방 조선에서 활동하던 안호상에게 번역된 도의 개념은 곧 '개인의 이익을 버리고 오직 조국과 민족을 생각하는 것'[34]이었다. 이처럼 안호상의 전체주의적 국가주의 논리는 일제강점기 동안 습득한 도의담론의 해방정국에서의 재활용에 이르러 또 다시 실증된다.

일민주의는 통치 기반의 취약성을 극복하고 자신의 지지 기반을 다지기 위해 내세웠던 이승만의 국가 이념이었다. "우리민족은 하나다, 국토도 하나요, 정신도 하나요, 대우에도 하나요, 정치상, 문화상 무엇에고 하나다"[35]를 주장한 일민주의는 철저한 전체성과 동일성을 주장한 하나의 이데올로기였다. 일민주의는 이승만 정권의 국시(國是)로 선포되었으

---

32 일본에서 제기된 도의 개념에 대해서는 미야카와 토루, 아라카와 이쿠오, 이수정 옮김, 『일본근대철학사』. 생각의 나무, 2001, 290-327을 참조.

33 강해수, 「제국일본의 '도의(道義)국가론'과 '공공성': 와쓰지 데쓰로(和辻哲郎)와 오다카 도모오(尾高朝雄)를 중심으로」, 『오늘의 동양사상』 제23집, 예문동양사상연구원, 2012, 179.

34 安浩相, 『일민주의의 본바탕: 一民主義의 本質』, 42-43.

35 李承晩, 『一民主義槪述』, 一民主義普及會, 1949, 7.

며, 이승만을 뒷받침하던 대한국민당·민주국민당·자유당에 이르기까지의 당시(黨是)이자, 이승만에게 충성하던 주요 단체들의 단시(團是) 등으로 채택되었다.[36] 누가 일민주의의 최초 입안자인지는 아직까지 논란이 있지만, 어찌됐건 안호상은 그러한 일민주의를 자신의 철학적 세계관과 방법론 속에서 이론화 및 체계화한 인물이었다.[37]

해방 이후 안호상이 주창한 일민주의의 특징은 도의 개념에 내재된 가족주의, 가족국가론에서 도드라진다고 할 수 있다. 가족국가론에 기초한 도의 개념이 궁극적으론 독재의 정당화로 활용되는 방식은 안호상 철학의 기본적인 논리이자 일민주의의 논리였다. 우선 국가가 인격체, 유기체라는 주장은 개인을 국가라는 전체에 속하는 '부분'으로 위치시킨다는 점에서 가족을 전체로 삼는 가족주의와 강한 동근원성을 갖는다. 가족주의가 개인의 존재의미를 가족 안에서 확보하고 가족이라는 전체를 위해 개인의 헌신과 희생을 강조하는 이데올로기라고 한다면, 국가주의는 이러한 가족주의의 국가적 확장과 다름 아니었기 때문이다. '천황-신민'의 위계를 '가부장-가족'으로부터 정당화하면서 가족과 개인을 국가와 일치시키는, '가족국가론'은 일본 메이지 국가의 이론화를 거쳐 일제강점기 당시 식민지 조선에 광범위하게 이입되었다.[38]

---

36 서중석, 『이승만의 정치이데올로기』, 역사비평사, 2006, 15-16.

37 대체로 일민주의는 이승만이 제창하고 안호상이 이론화한 것으로 평가되고 있다. 하지만 선우현은 일민주의가 이승만이 아닌 안호상이 정립한 것이며 내용적으로 단순한 통치이념을 벗어나는 자생적 실천철학의 한 모델로 위치시켜 '비판적 평가'를 수행할 필요가 있다고 주장한다(훗날 다른 논문에서는 이 주장을 철회). 선우현, 「일민주의 철학의 정립자 이승만인가 안호상인가」, 『시대와 철학』 제26권 4호, 한국철학사상연구회, 2015 을 참조. 안호상의 일민주의에 대해서는 이외에도 극우적 민족주의적 입장으로 보는 연구(이병수, 「문화적 민족주의의 맥락에서 본 안호상과 박종홍의 철학」, 『시대와 철학』 제19권 2호, 한국철학사상연구회, 2008.)와 국가지상주의를 기초로 한 민족교육으로 보는 연구(은희녕, 「안호상의 국가지상주의와 '민주적 민족교육론」, 『중앙사론』 제43집, 중앙대학교 중앙사학연구소, 2016.) 등 다양하다.

결과적으로 이러한 가족국가론은 제국 일본과 식민지 조선 모두에게서 생명력과 파급력을 가지고 존속했던 이론이 되었다. 가족국가론은 자연적으로 성립된 가족이 확대된 것으로서 국가를 규정하고 그러한 가족의 혈연성과 당위성을 국가로까지 확장시켜 동일한 위계질서를 형성하고자 했다. 또한 여기에는 역사적이고 일시적인 존재인 국가를 마치 가족의 구성방식과 같은 자연적인 유기체와 그 발전과정으로 설명함으로써 자기 목적성을 갖는 존재로 인식하고 그에 따라 국가를 신성시하도록 하려는 의도가 담겨 있었다.[39] 일민주의는 이러한 가족국가론에 입각하여 국가는 곧 가정의 확장된 형태라는 입장에서 국가와 민족을 절대화하며, 개인들에게는 가족구성원이자 일민으로서의 책임과 의무를 부여하는 한편, 도의라는 명목아래 개인을 규율하고자 했다. 이는 제국 일본이 주입한 가족주의, 가족국가론이 해방 이후의 일민주의에 고스란히 흡수되고 독재의 토대로 나아가는 과정이었다.

그런데 이를 위해서는 두 가지의 논리가 필요했는데, 마치 가족처럼 국가의 개별적 구성원들을 혈연적 동일성으로 묶는 과정, 그리고 가족의 '가장(家長)'처럼 국가의 '국부(國父)'를 탄생시키는 과정이었다. 우선 해방 이후 안호상은 민족 개념에 급작스럽게 천착했다. 이는 혈연적 동질성을 활용한 전체주의의 논리화 방식이었다. "한 겨레인 일민은 반드시 한 핏줄이다. 이 한 핏줄이라는 것이 일민에는 절대적 요소다. 만일 한 핏줄이 아니라면, 한 겨레 한 백성이 될 수 없고 또 만일 한 겨레 한 백성이라면, 반드시 한 핏줄일 것이다."[40]라는 언급처럼, 안호상은 민족의 혈연적 동

---

38 박민철, 「국가주의의 철학적 기획-김두헌의 철학체계를 중심으로-」, 『시대와 철학』 제31권 3호, 한국철학사상연구회, 2020, 85-91.

39 임종명, 「제1공화국 초기 대한민국의 가족국가화와 내파」, 『한국사연구』 제130집, 한국사연구회, 2005, 282-283.

40 安浩相, 『일민주의의 본바탕: 一民主義의 本質』, 26.

질성을 강조한다. 동시에 안호상은 혈연적 동일성을 우리 민족의 운명과 연결시킨다. 그에게 '피의 동일성'은 운명적 '필연성'인 것이다. 혈연이 운명이자 필연으로 강조될 때, 혈연적 동일성을 갖는 민족에 다른 가치들을 우선시하는 모든 사고와 행동은 운명과 자연법칙을 거스르는 절대 있어서는 안 될 '배반'으로 규정된다. 이러한 인종주의적 논리를 강화하면서 안호상의 철학은 국가에 대한 절대적인 복종으로 나아간다.[41]

나아가 안호상은 지도자에 대한 절대적인 충성을 주장하는 것을 수행한다. 가족국가론은 가족의 가장이 있듯이 국가의 절대적인 지도자가 전체 국가의 의지를 생산하고 국가 존립을 위한 모든 권력을 가지며, 그에 속하는 국가구성원들은 모두 이에 충성해야 한다는 의식을 특징으로 한다. 일민주의가 국가에 대한 충성 이외에 지도자에 대한 절대적인 충성을 특징으로 하는 이유는 국가와 민족의 전일적 결합을 위해서는 이를 매개하고 주도하는 인격화된 권력이 필요했기 때문이었다. 안호상에게 이승만, 박정희가 바로 그러한 역할을 담당할 수 있는 인물들이었다. 실제로 안호상은 가정이 가족의 집이라면 국가는 민족의 집이라면서 그러한 국가(지도자)를 "귀중히 여김은 인생의 본성이며 한백성 일민의 본무"[42]라

---

41 안호상의 인종주의를 기존 연구들은 일제강점기의 독일유학이라는 개인적인 체험차원에서 기원을 찾고자 했다. 연정은, 「안호상의 일민주의와 정치·교육활동」, 『역사연구』 제12호, 역사학연구소, 2003, 14-15; 선우현, 「안호상의 일민주의 철학과 자생적 실천철학의 자격 조건」, 『철학연구』 제141집, 대한철학회, 2017, 108-111. 하지만 후지이 다케시는 안호상의 독일유학이 히틀러가 집권하기 이전인 1930년에 끝났음에 주목하면서 안호상의 인종주의적 전체주의를 독일유학의 기원으로부터 찾는 기존 논의의 오류를 지적한다. 후지이 다케시, 「조선민족청년단의 기원에 대한 재검토」, 『역사연구』 제23호, 역사학연구소, 2012, 152-158. 이 지적과 연관하여 주목할 수 있는 것은 식민주의가 "식민주의자들의 잠들어 있는 본능을 일깨워 탐욕과 폭력과 인종차별과 도덕적 상대주의로 나아가게 했"(에이메 세제르, 이석호 옮김, 『식민주의에 대한 담론』, 동인, 2004, 23.)다는 점이다. 즉 안호상의 인종주의는 유학의 경험이 아닌 식민주의의 영향 아래 진행된 것으로 보는 것이 타당하다.

42 安浩相, 『일민주의의 본바탕: 一民主義의 本質』, 32.

고 규정했다.

이미 안호상은 이승만 독재의 선구자를 본 인상을 진지하게 고백한 일이 있었다. 안호상에게 히틀러는 "摩擦의 政治家가 아니라 파괴의 政治家며 또 維推의 政治家가 아니라 建設의 政治家"[43]였다. 그는 해방 이후 이승만에게 동일한 의미를 부여했다. 예컨대, 제국 일본은 천황을 아버지로 두고 그를 섬기는 것을 의무나 복종보다는 자연스러운 덕성으로 설명한다. 여기서 천황은 국민을 사랑하는 아버지와 같은 존재로 묘사된다. 천황제 이데올로기, 그리고 그것에 기초해서 제국 일본이 조선에 이입하고자 했던 파시즘적 통치논리는 이러한 가족주의를 내면화시키는 방식으로 나아갔고, 이는 다시 해방 이후 안호상에 의해 기획된 '국부(國父)' 이승만을 통해 재생산되고 있었다.

안호상에 의하면 일민주의는 "일생을 통해 빛나고 지공 지성한 혁명투쟁과 독립운동의 경험을 집대성하신", 즉 "영명하신 우리 맨 높은 지도자이신 이승만 대통령 각하께옵서 만드신 것이다."[44] 민족국가건설은 지도자에 대한 강한 충성심을 기반으로부터 실현될 수 있다고 생각한 안호상은 이승만을 최고 영도자로 명명하고 그의 지도원리에 모든 국민이 따라야 할 것을 주장한다. 이는 이승만을 국부로 만들어 신생 대한민국을 전통적인 가부장적 가족질서에 또 다시 편입시키려고 한 시도이기도 했다. 여기서 이승만은 "위대한 인격", "뛰어난 능력"과 "훌륭한 사상" 그리고 "밝은 이성, 맑은 양심의 반성, 굳센 의지"를 갖춘 인물이자 심지어 "조국을 독립시키고 현재에도 조국을 보호하는" 지도자로 격상된다.[45] 가부장

---

43 安浩相, 「히틀러, 아인스타인, 오이켄 諸氏의 印象」, 『朝光』 11월호, 朝鮮日報社出版部, 1938, 89.

44 安浩相, 『일민주의의 본바탕: 一民主義의 本質』, 4-7.

45 安浩相, 『일민주의의 본바탕: 一民主義의 本質』, 22-23.

적 지도자 유형에 속했던 이승만의 등장이 가능했던 것은 이처럼 그를 뒷받침하는 이데올로그들의 이데올로기의 봉정만이 아니라 식민주의의 가족주의, 가족국가론의 영향도 무시할 수 없다.

그런데 위와 같은 시도는 비단 남쪽만 아니라 북쪽에서도 동일하게 진행되었다. '북한식 사회주의'와 '한국적 민주주의'가 동전의 양면이었듯이, 북의 '주체사상'과 남의 '일민주의' 역시 최고 권력자들을 절대적으로 우상화하는 이데올로기였다. 이 속에서 '위대하신 수령'과 '영명하신 각하'는 자신의 독재체제를 강화시켜 나갔다. 따라서 일민주의는 "현실권력을 유지 강화하는데 전적으로 자신의 역할을 고정시켜 수행하고 있는 '우상화 및 우민화 논리'"[46]에 가까운 것이었다. 국가주의는 폭력적인 국가기구를 사용하여 인민들의 신체에 직접적으로 개입함으로써 그들의 복종하는 신체를 생산한다. 하지만 실상 국가주의의 최종목적은 이것을 넘어 인민들의 자발적인 복종을 추구한다. 독재의 정당화는 바로 이러한 의도에서 구축되는 것이었다. 그럼에도 불구하고 인민들의 자발적인 복종은 국가주의의 충분조건일 수 없었다. 자발적인 복종은 복종의 주체들, 즉 '복종하는 국민'이 필요했기 때문이다.

4. 반공주의와 분단국가주의: '반공'이라는 강렬한, 그리고 교묘한 알레고리

해방 이후의 국민 만들기 역시 '복종하는 주체의 생산'이라는 일제강점기 당시의 목적과 동일한 의도를 담고 있었다. 이를 위해 국민은 차츰 강화되고 있었던 반공주의의 맥락에서 새롭게 구성되고 있었다. 반공주

---

46 선우현, 「안호상의 일민주의 철학과 자생적 실천철학의 자격 조건」, 『철학연구』 제141집, 대한철학회, 2017, 126.

의는 자신의 이념에 복무하는 이들만 '국민' 내지 '민족'의 범주에 포함시켰으며 그 외는 '비국민', '반민족' 등으로 배격했다. 실제로 안호상은 민족의 규정 아래에서도 공산주의와 민족주의자들을 분리시킨다. 민족정신이 투철한 우리민족과 선도되지 못한 공산주의자들을 구분해야 하며, 특히 후자에 속하는 "빨갱이 개아들"[47]은 여지없이 숙청해야 하는 집단들이다. 안호상은 그의 수많은 저서에서 '국민'과 '짐승(빨갱이 개아들)'을 철저하게 대비시켜 구분하면서 특히 후자는 그 생명성 또한 고려대상이 아니라는 표현을 반복한다.

안호상의 일민주의는 '같은 핏줄'의 충성스러운 국민으로 일치단결해 공산주의를 배척한다는 이념이었다. 이러한 이념 아래 안호상은 국민이라는 개념을 기괴하게 변형시키고 있었다. 여기서 국민은 다른 이데올로기를 가지고 있는 같은 민족을 증오해야 하며, 동시에 내부적으로는 같은 이데올로기와 민족이라는 반쪽짜리 기호 아래 단결해야 하는 적대와 모순의 존재였다. 여기서 반공주의가 그러한 메커니즘을 실현시키는 이념으로 작동하고 있었다. 국민이 외부 적에 대한 대결에도 힘써야 하면서도 그걸 메커니즘으로 삼아 내부적인 결집에도 힘을 써야 했던 것처럼, 결국 반공주의는 '배제와 억압의 원리'이자 '결집과 집중의 논리'였다. 국가주의의 특징은 국가 내 모두 구성원들의 단일성과 통합을 강조하면서 거기에 내재된 '차이들'을 철저하게 억압한다는 점이다. '반공'은 이를 위한 가장 완벽한 이데올로기였다. 해방 이후 한반도의 분단체제는 다른 가치를 압도하는 이러한 반공주의를 중요한 이념적 토대로 국가내부를 통제하고 마침내 적대적인 반공국가로 나아갔다.

하지만 그것보다 중요한 것은 반공주의가 "성격 면에서나 인적인 면에

---

47 安浩相, 「民主的 民族敎育의 理念」, 9.

서나 일제말의 그것을 이어받았다"[48]는 사실이다. 물론 반공주의적 국가
주의 철학이 '식민주의의 이념적 결과물'이라는 점이 사실이라고 하더라
도, 여기에는 한반도 구성원들이 비주체적으로 끌려갈 수밖에 없었던 분
단과 전쟁이라는 구조적 조건 역시 고려될 필요가 있다. 그럼에도 불구하
고 식민주의의 연관성을 제외할 때 반공주의적 국가주의의 특수성을 파
악할 수 없는 것 또한 분명한 사실이다. 실제로 1920년대 이광수는 자신
을 민족주의자라고 공표하면서 당시 사회주의자들을 노예사상을 가지고
민족을 기만하고 욕하는 민족의 죄인으로 규정하였다. 친일의 은폐를 당
시 사회주의자들에 대한 비난으로서 해결하고 있는 셈이었다. 이는 해방
정국에서 친일세력 그리고 이승만과 한민당이 동일한 구호를 가지고 당
시 공산당과 남로당을 공격하면서 극단적인 반공주의로 나아간 것의 선
례였다. 이때 반공주의는 자신들의 생존을 추진했던 친일세력의 '방어의
무기'를 넘어 친일청산을 주장하는 이들에 대한 '공격의 무기'로 진화해나
갔다.[49]

안호상의 민족주의 강조 역시 이러한 맥락으로 해석하는 것이 타당하
다. 앞에서 얘기했듯 해방 이후의 극적으로 전개된 극우 민족주의의 모습
이 그를 민족주의자처럼 보이게 만들었을 뿐 일제강점기 동안의 안호상
의 글에서는 실상 민족과 관련된 고민과 그에 기반한 서술은 거의 등장하
지 않는다. 친일세력이 그러했듯 안호상도 반공의 논리와 효과를 극대화
시키기 위해 공산주의를 민족의 분열을 가져오는 최대의 이데올로기이
자, 일제강점의 부정적 기억과 연계시키기 위해 노력했다. "우리의 최대
의 적인 [……] 공산당파를 박멸하고 [……] 민족의 평화와 국토의 통일"[50]

---

48 서중석, 『배반당한 한국민족주의』, 성균관대학교 출판부, 2005, 27.
49 이병수, 「친일미청산의 역사와 친일의 내적 논리」, 『통일인문학』 제76집, 건국대학
   교 인문학연구원, 2018, 18-20.

을 마련해야 할 것을 그는 강박적으로 반복했다. 그에 따르면 분단의 원인은 공산주의 때문이다. 따라서 분단의 극복 역시 공산주의를 '멸망'시켰을 때 가능하다. 안호상은 이를 "절대적 사명이요 신성한 의무"[51]로서 강조했다.

하지만 여기서 어떤 부작용이 생기게 되는데, 즉 반공주의가 민족공동체 내 다른 일방을 적대시하는 지향이기 때문에 통일에 대한 무의식적인 어떤 기대감을 가지고 있을 국민들에게 일종의 모순적 인식을 갖게 한다는 점이었다.[52] 따라서 반공주의는 단순한 반공주의로만 그칠 수 없으며 그것을 아무런 비판없이 받아들일 기제들을 내포할 수밖에 없다. 이를 위한 시도가 배타적 국가성의 확장이었다. 여기서 북은 같은 민족이 아닌 다른 나라로, 즉 우리 '대한민국'을 위협하는 '조선민주주의인민공화국'으로만 의미가 주어진다. 이것이야말로 분단체제의 본격적인 시작이기도 한 것이었다. 이를 위해서 안호상은 민족개념의 재구성, 반공국가의 건설, 북한이라는 적대적 국가의 의미화를 수행했다.

우선 안호상은 공산주의를 결코 민족 내부로 위치시키지 않는다. 혈연적 동일성을 민족 개념의 최우선에 두었던 데 반해, 해방 이후 민족은 동일한 '민족사상'과 '민족정신'을 공유한 이들만이 해당하는 개념으로 변화한다. 그 이후 그는 공산주의에 당시 한반도를 지배하던 최고의 규정력을 가진 민족주의와 대립시킨다. 즉 공산주의는 민족의 가치를 훼손한다는 것이었다. 민족의 자유와 복리를 훼손시키고 민족적 분열을 가져오는 공산주의는 우리가 끝까지 싸워 이겨야 할 제국주의와 동일한 것이다.[53]

---

50 安浩相, 『일민주의의 본바탕: 一民主義의 本質』, 51.

51 安浩相, 『일민주의의 본바탕: 一民主義의 本質』, 26.

52 조희연, 「박정희 시대의 강압과 동의」, 『역사비평』 제67집, 역사비평사, 2004, 165.

53 安浩相, 『일민주의의 본바탕: 一民主義의 本質』, 25.

당시 민족주의가 가지고 있었던 현실에 대한 막대한 규정력, 그리고 일제 강점기의 제국주의에 대한 커다란 적대심을 활용하는 전략은 반공주의의 핵심적인 메커니즘이자 그 자체로 반공적 국가주의의 출발점이 되었다.

이제 공산주의는 "獨裁, 陰謀, 放火, 殺人, 破壞"를 목적으로 하는 이데올로기이며, 공산주의자들은 "우리 民族을 侵略하고 우리 祖國을 攻擊하는 자"들로 의미화된다.[54] 이어 안호상은 그러한 공산주의에 대한 수단과 방법을 가리지 않는 "餘地 없는 淑淸"[55]을 주장한다. 이러한 논리체계 안에서 안호상에 의하면 공산주의는 '인류의 적이며, 평화의 좀'이다. 그는 공산주의를 분열과 적대의 이데올로기로 설명하고자 노력했다. 안호상에 의하면 공산주의는 복수와 야욕에 집중하여 인간의 질투심과 분열심을 조장할 뿐이다. 이러한 인간 본성을 무시하는 비과학적이고 비합리적인 이론을 따를 때 그 결과는 아수라장이 될 수밖에 없다.[56] 여기서 그치지 않고 그는 공산주의가 정당하지 못한 폭력적인 방식으로 구성원들의 재산과 생명을 빼앗고, 나아가 국가질서 전반을 파괴시킨다고 주장한다.[57]

그가 내세운 이러한 반공주의는 정밀한 이론투쟁이라기보다 감정적인 선동에 가까웠다. 그에 의하면 공산주의의 헤게모니는 '쇠돌같은 단결', '무산계급에 대한 맹렬한 증오심', '죽음을 각오한 무자비한 투쟁', '현재에 대한 철저한 파괴' 등으로 확보된다. 이는 곧 북한 공산당의 특징이기도 한 것이었다. 하지만 그들의 삶은 경제에서는 굶주림과 헐벗음이고, 정치에서는 탄압과 살육만이 있을 뿐이다. 즉 "굶주린 창자와 탄압된 마음에 한번 허리를 펴고 머리를 들어, 자유롭게 웃으며 진심으로 기뻐할 수 없

---

54 安浩相, 「民主的 民族教育의 理念」, 14.
55 安浩相, 「民主的 民族教育의 理念」, 17.
56 安浩相, 『일민주의의 본바탕: 一民主義의 本質』, 35.
57 安浩相, 『일민주의의 본바탕: 一民主義의 本質』, 74-75.

고, 오직 울음과 공포에만 싸인 것이 공산사회의 진실한 현실이다."[58] 결과적으로 반공주의는 국가주의의 중요한 증폭기제였다.

하지만 반공주의는 거기서 그치는 것이 아니었다. 일반적으로 한반도의 반공주의는 공산주의에 대한 적대적이고 배타적인 논리와 정서를 넘어서 있다. 특히 그것은 "북한 공산주의 체제 및 정권을 절대적인 '악'과 위협으로 규정, 그것의 철저한 제거 혹은 붕괴를 전제하고 아울러 한국(남한) 내부의 좌파적 경향에 대한 적대적 억압을 내포"[59]하면서, "일체의 사회적 가치들을 초월하는"[60] 강력한 이데올로기적 효과를 갖는다. 결론적으로 한국에서 반공주의적 국가주의는 민주주의라는 기표 안에 담길 의미들을 추상화하고 더 나아가 민주주의를 압도하는 국가성의 우위를 선언하는 것을 나아간다. 안호상에게 민주주의에 대한 이해는 매우 단순한 것을 넘어 심지어 곳곳에서는 적대적이기까지 했다. 예컨대 안호상은 민주주의를 돈의 힘을 토대로 하는 '구미식 민주주의', 계급의 권력을 토대로 하는 '소련식 민주주의'로 구분하고 이 둘 모두 우리나라에는 맞지 않을 뿐만 아니라 이러한 민주주의가 심지어 소련과 북한의 침략을 가져왔다고 강박적으로 주장한다.[61]

5. 국가주의 철학의 극복은 가능한가

박정희 정권 당시의 '국민교육헌장'의 사상적 구조가 민족중흥과 자주

---

58 안호상, 『민주적 민족론: 한백성이론』, 어문각, 1961, 11-16. 인용은 15.
59 권혁범, 『민족주의와 발전의 환상』, 솔, 2000, 141.
60 김진균·조희연, 「분단과 사회상황과의 상관성에 관하여-분단의 정치사회학적 범주화를 위한 시론」, 변형윤 외, 『분단시대와 한국 사회』, 까치, 1985, 420.
61 안호상, 『민주적 민족론: 한백성이론』, 68-69, 193-197.

독립을 주장하는 '민족주의', 개인윤리와 협동에 기초한 개척의 정신으로 귀결되는 '국가주의', 애국애족과 민족통일을 지향하는 '반공주의'로 구성되어 있으며, 그러한 국민교육헌장의 기초위원으로 안호상이 참여했던 것 역시 우연이라고 볼 수 없다. 그런데 지금껏 살펴본 것처럼 안호상 철학에 내재된 식민주의적 전체주의, 가족주의, 반공주의는 모두 분단국가주의로 수렴된다. "뭉쳐지면 살고, 흩어지면 죽는다는 이 진리"[62]는 이승만 정권을 지나 박정희정권에 이르러까지 안호상이 강조했던 표어이자, 식민주의적 전체주의, 가족주의, 반공주의를 거쳐 최종적으로 분단국가주의로의 완성을 표방하는 표현이었다.

당연한 이행이겠지만 따라서 안호상의 철학체계에서 개인이 존재할 곳 역시 전혀 없었다. 개별주체의 부재를 대신하는 것은 절대화된 국가, 국민, 심지어 지도자였다. 국가는 자유롭고 독립적인 개인들이 결합한 공동체가 아니라, 그것 자체의 목적실현을 위해 개별자들이 유기적으로 결합됨으로써 그 안에 특성을 가지게 되는 집단적 주체였다. 국가의 구성원들 역시 동일한 의미에서 규정되었다. 즉 안호상이 주장한 일민은 국가의 구성원으로 국민 또는 종족적 집단인 '민족'이라는 의미를 넘어서 "고립적이고 분산적인 원자적 개인들의 물리적 집합체가 아니라 서로 간에 강한 결집성을 갖는 유기적 집단"[63]의 의미를 벗어나지 못한 것이었다. 안호상은 자신의 철학체계에 전체에 걸쳐 개별자들의 고유성을 극도로 거부하고 전체에 대한 합일 내지 통일을 '일관되게' 그리고 '극단적으로' 강조했다.

한반도에 노정되고 강조되고 발전해 온 이러한 국가주의와 이에 기반을 두고 창작된 다양한 담론들의 억압 속에서 민주주의를 비롯하여 인권,

---

62 안호상·김종옥, 『국민윤리학』, 배영출판사, 1975, 163.
63 오상무, 「현대 한국의 국가철학: 안호상을 중심으로」, 『범한철학』 제36집, 범한철학회, 2005, 78.

생태, 여성과 같은 다양한 가치들이 국가라는 거대 상징 아래 포섭되어 형해화되거나 위계화된 채로 구속되어버렸다. 동시에 민주주의의 훈련을 받지 못해 결국 다양한 보편 이념과 가치에 대한 섬세한 감수성을 갖지 못한 체제순응적 주체들의 양산이 벌어졌다. 중요한 것은 바로 이러한 조건들이야말로 분단체제를 오늘날까지 지속하게끔 만드는 이념적 토대와 심리적 토양이 되고 있다는 사실이다.

일민주의가 내세우는 통일이 한 핏줄과 한 운명으로서의 공동체의 절대적인 단합을 요청하면서, 다른 차이를 철저하게 억압하고 증오하며 궁극적으로 절멸을 주장하는 논리로 나아갔음을 주지할 필요가 있다. 국가주의의 위험성은 그것이 퇴행적, 병리적 전체주의로 타락할 위험성에 있다. 일제강점기부터 해방과 전쟁, 그리고 오늘날까지 우리를 지배해온 것은 민족과 국가라는 이념이었고, 그것들은 현실적 상황이 전개시킨 굴절 속에서 보편적인 이념의 후퇴와 한반도 구성원들의 인간다움의 조건을 붕괴시킨 결정적 계기들로 작동했다. 따라서 국가주의의 철학적 기획을 추적하는 것은 오늘날 한반도 현실에 있어서도 중요성을 갖는다. 즉 국가주의에 대한 비판적 분석은 한반도에서 인간다운 삶의 실현과 보편적 이념의 실현을 좌절시킨 구조적 원인 및 이에 기반한 이념적 굴절과정에 대한 탐구라는 목적이 전제된다. 안호상의 국가주의 철학을 비판적으로 성찰하는 것 역시 다른 무엇보다 바로 이러한 실천적 의도에서 비롯되어야 할 필요가 있다. 안호상의 국가주의에 대한 철학적 기획은 우선 한반도의 현실 아래 독재와 분단과 같은 한반도 현실과 조응하면서 여러 하위 이데올로기와 논리들을 추가 내지 삭제하면서 변화되어 왔다. 이러한 국가주의 철학의 변종은 오늘날까지 이어지고 있다. 중요한 것은 한반도의 국가주의가 곧 일제강점기부터 시작되어 분단체제라는 조건과 결합하면서 증폭, 확산되었다는 점이다.

제2부

남북 국가담론을 통해 본 일상과 의식의 변화

북한의 체제 변화에 따른 민속학의 임무와 성과

김종군

1. 북한 민속학에 대한 연구의 필요성

북한에 대한 연구는 현재까지 매우 제한적이다. 남북 분단 이후 소통이 제한되었고, 한국전쟁을 거치면서 북한은 적대와 금기의 영역이 되었다. 북한에서 내부적으로 폐쇄 정책을 세워서 불통을 초래한 측면도 있지만 남한에서 금기의 영역으로 묶어서 접근을 차단한 측면도 무시할 수 없다. 분단체제 속에서 국가의 통제는 자기 검열 시스템으로 작동하면서 학자들 스스로 북한에 대한 관심을 제거하고 살아오기도 했다. 그 결과 영토와 체제의 분단은 사람과 문화의 분단으로 이어졌고, 이들에 대해 연구하는 학문의 분단까지 초래하였다.

북한 민속학의 연구 성과를 검토하는 이 자리에서 먼저 고백할 것은 우리가 북한 민속학의 온전한 자료를 가지고 있지 않다는 점이다. 그래서 이 연구는 제한적일 수밖에 없다. 학문적 분단에 대한 부조리를 극복하고 소통과 통일에 대한 열정으로 금기 자료를 해외에서 구입하여 국내로 몰래 유입한 경우도 있었고, 해금 이후 정치적 색채가 적은 전통문화 자료들이 국내 출판업자들에 의해 영인된 경우도 있었다.[1] 2000년 들어 6.15 공동선언과 10.4선언 이후 국가의 인가를 받아 북한의 학술 문화자료를 DB화하여 국내에 판매한 업체도 있었다.[2] 우리가 볼 수 있는 북한 민속학의 자료들은 대체로 이와 같은 경로로 들어왔다. 그래서 온전한 실체라고 장담할 수는 없다. 이후 남북 관계가 경색되면서 북한은 다시 저만치 멀어졌다. 북한의 학술자료는 다시 국내에서 쉽게 구할 수 없는 희귀품이 되었다.

그런데 이렇게 제한적인 자료로나마 북한의 민속학 연구 성과를 파악하고자 하는 이유는 무엇인가? 북한의 민속학 성과를 파악하는 것이 민족 동질성 회복과 통일에 기여할 수 있기 때문이라는 당위성은 이제 설득력을 잃어가고 있다. 실리적인 이유로 접근할 필요가 있다. 그것은 코리아학으로서 민속학의 실체를 온전히 파악하여 구축하는 일이 민속학 연구자들에게 주어진 사명이기 때문이다. 20세기에 구축된 냉전체제는 인류의 삶에 많은 불편을 초래하였다. 그 불편함을 해소하기 위한 부단한 노력으로 냉전체제는 와해되었다. 그 덕분에 우리는 재중조선족과 구소련 고려인들과 소통이 원활하게 되었고, 그들이 구축한 학술 성과들을 자유롭게 활용할 수 있게 되었다. 그런데 유독 북한은 냉전의 중심으로 자리

---

1 1988년 월북 및 납북 작가들이 해금된 후 문학과 민속학 분야의 자료들이 국내에 대거 유통되었다. 그러나 실물보다는 영인 출판의 형식이었다. 『조선고전문학선집』, 『조선현대문학선집』, 『조선문학통사』, 『조선문학사』 등의 국문학 자료와 『조선연극사개요』, 『조선민속탈놀이연구』, 『조선민간극』, 『조선의 민속놀이』 등의 민속학 자료들이 영인 출판되었다.

2 ㈜코리아콘텐츠랩에서 일본 조총련계 사업자와 연계하여 북에서 간행된 『노동신문』 등의 신문과 『천리마』, 『조선어문』, 『김일성종합대학학보』, 『민족문화유산』 등의 학술 및 대중잡지를 DB화하여 CD로 국내에 유통시켰다.

하면서 소통이 안 되는 실정이다. 그래서 온전한 코리아 민속학 구축은 이루어지지 않고 있다. 학문적 온전함을 구축하기 위해서 제한적이나마 북한의 민속학 연구 성과를 파악할 이유가 있는 것이다.

2000년 이후 북한도 이전의 극심한 폐쇄정책을 걷어내고 외부세계와 소통하는 모습으로 변해가고 있다. 서울이나 평양에서 직접적인 학술교류는 쉽지 않은 일이지만 중국이나 유럽 등의 해외에서 남북 학술교류는 빈번하게 이루어지고 있다. 그런데 이 학술교류는 다소 형식적인 교류에 머무는 경향이 있다. 주제 선정에서부터 시작하여 발표문의 내용에까지 북한 학자들의 요구가 강하게 개입하는 경우가 있다. 정치적 사안이거나 북한의 체제에 대한 비판적, 부정적 시각에 대해서는 강한 거부감을 드러낸다. 그래서 학술교류가 기획될 때부터 주제 선정이 민감한 사안으로 떠오른다. 남북의 학술교류에서 북한측의 거부감 없이 수용되는 주제가 민속학 분야이다. 전통문화의 계승과 발전, 현재적 양상 등에 대한 논의를 대체로 선호하는 경향을 보인다.

이제 민속학 연구가 분단된 남북관계에서 어떻게 기여할 수 있는가가 명확해졌다. 남은 실리적으로 온전한 학문적 실체를 구축하는 데 북한의 민속학 연구가 절실히 필요하고, 북한은 외부세계와의 소통의 장치로 체제나 정치적으로 거부감이 적은 민속학 분야가 가장 적절하다. 통일의 당위성을 떠나서 남북의 실질적인 요구가 부합하는 영역이 민속학인 것이다. 여기에서 민속학 연구가 남북 소통과 통합에 가장 적절하게 기여할 수 있다는 논리가 성립된다.

북한의 민속학 성과에 대한 연구는 소수의 민속학 연구자에 의해 진행되었다. 주강현은 해금조치 이후인 1989년까지 수집이 가능한 자료를 가지고 『북한 민속학사』를 단행본으로 출판하였다. 여기에서는 북한 민속학 연구의 시기를 '북한민속학 준비기'·'북한민속학 발전기'·'주체민속학

으로의 확립기'·'주체민속학으로의 정립기'로 구분하여 성과를 정리하였
고, 연구진과 북한 민속학의 방법론에 대해 구체적으로 서술하였다. 그리
고 참고한 연구 논문들을 부록으로 제시하여 자료적 가치를 더했다.[3] 해
금된 후 짧은 시간 동안에 북한의 민속학사를 체계적으로 집필한 필자의
학문적 열정이 돋보이는 노작이라고 할 수 있다. 이후 북한 민속학 연구
성과를 포괄적으로 정리한 연구는 이정재에 의해 이루어졌다. 이 연구에
서는 1990년대 말까지의 북한 민속학의 연구논저를 대상으로 삼아서 10
년 단위로 그 성과와 특징을 논의하였다.[4] 북한 체제의 정치사회적 변동
과 민속학의 연관성을 연구논저를 바탕으로 비교적 소상히 밝히고 있어
주목할 만하다. 그러나 이 두 가지 연구도 모두 연구자들이 개인적으로
접할 수 있는 문헌 자료만으로 정리한 한계를 지니고 있어서 당대까지의
온전한 실태라고 평가하기에는 주저됨이 있다.

　근래에 들어 북한 정부 수립 시기 활발하게 활동한 민속학자 전장석의
연구 성과를 수집하여 한 권으로 편찬한 『전장석 민속학: 혼인과 친척연구
에 기여한 북선민속학자』가 출판되었다. 이 책은 전장석의 연구 성과를 제1
부 민속학과 민속자료, 제2부 혼인과 친척, 제3부 번역서와 저서로 분류하
여 수록하고, 편찬을 맡은 전경수가 해제하였다. 편찬자는 해제에서 이 책
의 출판 의의를 "북선민속학의 기초적인 자료들을 축적하고 공부하는 과정
은 앞으로 다가올 수 있는 '코리아 인류학(KOREAN ANTHROPOLOGY)'을 구
성하기 위한 필연적인 전제라고 생각한다"고 밝히고 있는데, 비록 한 개인
의 연구 성과에 한정된 측면이 있지만 그 자료적 깊이가 주목된다. 특히
이러한 집중적인 자료 축적을 코리아 인류학 구성의 전제 조건으로 의미

3　주강현, 『북한 민속학사』, 이론과실천, 1991.
4　이정재, 「북한 민속학연구의 경향과 특징 연구」, 『한국의 민속과 문화』 6, 경희대
　　민속학연구소, 2002, 115~148쪽.

부여한 시각은 이 글의 연구 목적과도 서로 통하고 있어 고무적이다.[5]

기존 연구에서도 한계를 보인 것처럼 분단 이후 전모를 살필 수 없는 북한의 민속학 연구 성과를 파악하는 방법은 우리가 접할 수 있는 자료를 시대적으로 나열하고 연구의 경향성과 변화 양상을 고찰하는 수밖에 없다. 전통문화나 민속학에 관련된 북한의 자료가 그나마 정치적 색채가 덜하다는 이유로 다른 학술 분야에 비해 국내로 유입되기에 쉬웠다. 이 글에서는 기존의 논저를 포함하여[6] 2000년 6.15정상회담 이후 국내에 유입된 북한의 민속학 관련 연구논저와 잡지, 민속조사 자료들과 탈북민들의 구술까지를 대상으로 삼아 시대별로 특별히 이루어진 조사 사업과 출판 사업에 주목하여 그 경향성을 살피고자 한다. 이 과정에서 북한에서의 민속학의 위상을 불완전하게나마 파악할 수 있을 것이다. 이를 통해 통일의 과정에서 코리아 민속학사 구축에 일조하고자 한다.

2. 북한의 민속학 연구 토대

북한에서 인문학이라는 학문분과는 따로 독립되지 않은 것으로 보인다. 인문과학을 별도로 두지 않고 사회과학의 범주에 포괄하고 있다. 그래서 정권 수립시기부터 조선민주주의인민공화국 과학원을 설치하고 그 산하에 인문사회분야 연구소를 두었다. 경제연구소·법학연구소·언어문학연구소(후에 언어연구소와 문학연구소 분리)·역사연구소·철학연구소 등을 두었고, 민속학은 고고학 및 민속학연구소에서 주로 연구하였다. 1964년

---

5 전경수 편, 『전장석 민속학: 혼인과 친척연구에 기여한 북선민속학자』, 민속원, 2018.
6 기존 연구에서 분석 대상으로 삼은 북한 민속학 자료도 연구자 개인별로 습득 가능한 것들이었다. 이들 자료가 국내에서 공식적으로 출판되거나 공유할 수 없었으므로 이 글에서 분석 대상으로 삼은 자료는 필자가 접할 수 있는 자료로 제한할 수밖에 없음을 고백한다.

에 과학원에서 사회과학원을 분리하여 우리의 인문사회과학 분야를 총괄하는 국가학술연구기관이 독립하게 된다. 현재 조선사회과학원은 고고학연구소·역사학연구소·철학연구소·경제연구소·법학연구소·언어학연구소·문학연구소·주체사상연구소·고전연구소 등 19개의 연구소를 산하에 두고 있다. 또한 분과별위원회를 두고 있으며, 각 연구분야는 이 분과별위원회 관리하에서 운영되고 있다.[7]

민속학 연구전담 기관은 초창기에는 '고고학 및 민속학연구소'였다가 1990년대에는 '역사연구소 산하 민속학연구실'로 축소되었고, 2001년에 들어 '민속학연구소'로 승격된 것으로 보인다. 민속학 연구기관의 위상이 승격되기도 하고 축소되는 과정이 곧 북한의 민속학에 대한 시대별 위상 변화라고 해석할 수 있다. 2001년 이전까지 역사연구소 산하 기관으로 있다가 민속학연구소로 다시 승격한 내막에는 김정일에 의한 조선민족제일주의 주창과 연관이 있을 것으로 추측된다. 비슷한 시기 민족문화를 통한 인민 교양을 위해 대중 교양잡지 『민족문화유산』이 창간된 것과 같은 맥락으로 이해할 수 있다. 이 사회과학원 산하 민속학연구소에서 북한의 민속조사 사업이나 국가 차원의 출판 사업을 전담하는 것으로 보인다. 교육기관으로는 김일성종합대학 역사학부에 고고학 및 민속학과가 설치 운영되고 있다.

북한에서 민속학 연구는 개인 차원보다는 당의 명령과 지원에 의해 기획되고 진행되는 것으로 보인다. 민속조사 사업을 위해서는 조사위원회가 당의 지시에 의해 구성되고, 출판 사업을 위해서는 집필 및 편집위원회가 당의 지시로 구성된다. 이 위원회에는 조선사회과학원 소속 교수 및 연구인력과 김일성종합대학을 비롯한 대학의 전공 교수 및 연구인력이 동원된

---

7 「사회과학원」, 『한국민족문화대백과사전』, http://encykorea.aks.ac.kr/Contents/Item/E0066499 참조(2020.02.28.).

다. 이러한 시스템은 민속학 연구뿐만 아니라 북한의 모든 학술연구에 적용되는 것으로 보인다.[8] 그러므로 북한의 민속학 연구 성과는 개별 학자들의 연구라기보다는 집단연구, 공동연구의 성격을 띤다. 개별 저자로 명시된 출판물에도 저자 이름과 더불어 심사자 이름이 학위명과 직위를 밝혀서 판권에 표시되는 것을 보아도 공동연구의 성격이 강함을 알 수 있다.

북한의 민속학 연구인력에 대한 구체적인 정보도 우리가 접할 수 있는 출판물의 저자나 심사자 이름을 통해 확인할 수밖에 없다. 북한의 초창기 민속학 연구는 1959년에 출판된 논문집 『민속학론문집』과 『문화유산』을 통해 살펴보면 전장석·황철산·김일출 등이 주도한 것으로 보인다. 그 외 개인 저작물의 저자인 한효나 신영돈 등을 꼽을 수 있다. 더불어 북한의 구전문학 체계를 확립한 고정옥을 꼽을 수 있는데, 우리보다 일찍 구전문학 영역을 민속학에서 분리하여 문학의 범주로 정립한 것으로 진단되므로 『인민창작』(1961~1964)·『조선구전문학연구』(1962)는 이 논의에서 제외한다.

1980~90년대에 들어서는 『조선의 민속』을 집필한 선희창이나 『조선민속풍습』을 선희창과 공동으로 집필한 김내창 등과 함께 2004년 『조선민속사전』의 집필진인 문성렵·조대일 등을 확인할 수 있다. 북한에서 최근 국가 차원의 대대적인 출판저술인 『우리 민족의 전통적인 생활문화와 풍습』(2006)의 집필진과 심사진, 『조선사회과학학술집-민속학편』(2009~2015) 집필진을 통해 현재 활동하고 있는 북한의 민속학 연구인력들을 확인할 수 있다.

---

8 필자가 2018년 10월 14일 '두만강포럼 2018' 문학분과에서 만난 김일성종합대학 문학대학 문학강좌 교원 강복실은 최근 『조선문학선집』 작업을 사회과학원 학자들과 공동으로 진행하여 탈고를 마쳤다고 말했다.

<표 1> 북한 민속학의 연구인력

시대별	출판물명	연구인력 및 논저
초창기 (1970년 이전)	『조선연극사개요』(1956)	한 효
	『우리나라의 탈놀이』(1957)	신영돈
	『조선민속탈놀이연구』(1958)	김일출
	『민속학론문집』(1959)	김일출: 농촌 근로자들의 새로운 문화와 생활 풍습에 관하여 김신숙: 우리 나라 협동 조합 농민들의 가족 풍습 황철산: 함경북도 북부 산간 부락 (〈재가승〉 부락)의 기원에 관한 연구 홍희유: 15세기 조선 농업 기술에 대한 약간한 고찰 전장석: 조선 원시사 연구에서 제기되는 몇 가지 문제
	『문화유산』(1959)	리종목: 남칠 농업 협동 조합의 주택에 관한 민속학적 고찰 황철산: 함경북도 회령군 산간 지방의 목공업 정시경: 연백 지방의 축력 농기구에 관한 민속학적 고찰 강석준: 쌍멍에 가대기 전장석: 향토사 편집에서 민속학에 관한 부문을 어떻게 서술할 것인가 황철산: 함경북도의 과거 농업 생산에 관한 고찰
	『조선의 민속놀이』(1964)	서득창
	『조선민간극』(1966)	권택무
근래 (2015년 이전)	『조선의 민속』(1986, 1991)	선희창
	『조선민속풍습』(1990)	선희창·김내창
	『조선민속사전』(2004)	집필: 박사 부교수 조대일·박사 부교수 백옥련·교수 박사 선희창·교수 박사 문성렵·박사 부교수 김내창·박사 리재선·학사 박승길·학사 장명신·학사 계승무·박사 김호섭·박사 천석근·박사 주재걸·학사 리순희 심사: 박사 부교수 박순재·박사 부교수 리제오·학사 조 광·학사 김경순
	『우리 민족의 전통적인 생활문화와 풍습』(2006)	집필 및 심사자 박순재·문성렵·선희창(사회과학원 민속학연구소/박사, 교수) 백옥련·천석근·조대일·박현조·리제오(사회과학원 민속학연구소/박사, 부교수) 김정설·김호섭·리재선·주재걸(사회과학원 민속학연구소/박사) 김경순·최기정·김정설(사회과학원 민속학연구소/학사, 부교수) 리복희·박승길·김지원·리재남·한천섭·장성남·황철호·백일현·임승빈·한태일·김선영·류만혁·최정실(사회과학원 민속학연구소/학사)
	『조선사회과학학술집-민속학편』(2009~2015)	강분옥·계승무·고정웅·공명성·김광조·김내창·김선영·김효섭·류만혁·류복선·리명국·리순희·리재선·리정순·리제오·리철남·문기호·문성렵·박순재·박승길·박진욱·배윤희·백옥련·선희창·오명호·임승빈·장명신·장성남·정성호·조남훈·조대일·조순영·조휘남·천석근·최기정·한중모·황철호

북한의 민속학 연구 성과를 파악할 수 있는 조선사회과학원 민속학연
구실이나 민속학연구소가 주관한 민속조사 및 출판 사업을 국내 유입된
자료를 가지고 정리하면 다음과 같다.

〈표 2〉 북한 민속학의 주요 연구 성과

구분	사업명	조사 시기	개요
조사사업	①조선 민속조사	1949~1968년	관혼상제·의식주·어로수렵·민간극 자료 조사 수집
	②무속자료조사	1955년 12월 초순	무당 최명옥 등을 동원하여 평양지방 잔상 굿 열두거리와 다리굿 재연 조사
	③민요조사	1970~1983년	북한 전역의 현지인을 대상으로 6,000여 곡 조사
출판사업	④조선의 민속	1986년(초판), 1991(재판)	선희창 집필
	⑤조선민속풍습	1990년	선희창·김내창 공동집필, 민속학연구실 편찬으로 표시
	⑥조선의 민속전통	1994~1995년	편찬위원회를 구성하여 식의주생활풍습·가족생활풍습·로동생활풍습·민속명절과 놀이·민속 음악과 무용·구전문학·민속공예 등 7권으로 구성
	⑦민족문화유산	2001년 창간	조선민족제일주의를 대중에게 교양하기 위해 창간된 계간 잡지. 전통문화와 민속학 관련 대중 잡지
	⑧조선민속사전	2004년	편찬위원회를 구성하여 1,820여 항목을 올림말로 편찬
	⑨우리 민족의 전통적인 생활문화와 풍습	2006년	『조선의 민속전통』(7권)을 확장하여 25권으로 구성
	⑩조선사회과학학술집-민속학편	2009~2015년	조선사회과학원 산하 각 연구소에서 600권 규모로 집필 출판한 학술집 중 민속학편 39권

이상의 연구 성과들은 필자가 국내에서 확인할 수 있는 북한의 민속자
료들이다. ①,②,⑦,⑨는 2000년대에 국가 인가를 받아 남북교류 사업을
진행한 ㈜코리아콘텐츠랩에서 국내에 소개한 자료들로서, ①의 조사 자
료를 입력한 원고와 이를 토대로 집필된 ⑨의 내용이 방대하다. ②는
1955년 김일출·전장석·신영돈의 지도로 평양지방의 최명옥·백봉춘·김

원실·리정필 무당이 재연한 평양의 잔상굿과 다리굿의 음성 녹음과 사진 자료, 녹취 사설 등이다. ⑦은 북한에서 발행되는 학술 잡지와 대중 잡지를 DB화하여 2009년까지의 자료를 확인할 수 있다.[9] ③의 자료는 2004년 8월에 서울음반에서 문화방송(MBC) 주관으로『북녘 땅 우리소리』CD 10장을 내놓았다. 자료의 국내 유통 경위는 다음과 같다.

> 이 음반에 수록된 곡들은 북한이 1970년부터 1983년 사이에 음악분야의 학자들을 동원하여 현지 주민들로부터 수집한 것으로, 모두 352곡이다. 이 중 토속민요가 305곡(8CD)이며 전문가 소리, 즉 통속민요가 47곡(2CD)이다. 이 곡들은 원래 북한이 현지 녹음한 약 6,000곡 중에서 음질과 자료 가치를 기준으로 하여 선곡된 것이다. 원래의 녹음자료에는 민요 외에 판소리·단가·무가(巫歌)·유행가 등도 조금씩 포함돼 있지만 선곡에서 제외하였다.[10]

조선사회과학원 민속학연구소 출판 자료인 ④,⑤,⑥,⑧은 국내 출판업자들에 의해 영인 출판되거나 특수 자료로 수입 유통되었다. 그 외 개인 집필의 단행본들은 2000년 들어 다수 출판되었고 역시 국내에 개별적으로 유통되고 있는 실정이다. 이들 자료 가운데 가장 최근 자료인 ⑩은 조선사회과학원 산하의 각 연구소별로 집필 출판한 단행본 학술집 600권 중 민속학편 39권으로, 현재까지 북한에서 출판된 민속학 문헌자료 가운데 가장 방대한 분량이라 할 수 있다. 시대적으로는 원시시대부터 현대까지를 포괄하며, 주제도 의식주를 포함한 생활풍속·음악·악기·무용·체육·설화까지를 광범위하게 다루고 있다.

---

9 ㈜코리아콘텐츠랩이 폐업하면서 이후 증보가 이루어지지 않았으나 최근 조총련계 재일조선인 사업가들이 2020년까지 DB화한 자료를 제시하였다.

10 최상일,『북녘 땅 우리소리』1 음반해설집, 서울음반, 2004, 7쪽.

3. 북한 민속학 연구의 시기별 임무와 성과

북한의 민속학 연구 성과는 국가 정책의 변동과 긴밀하게 관련되어
있다. 북한의 민속학 연구가 시대적으로 어떻게 변화하는지 그 일면을
〈봉산탈춤〉에 대한 기사를 통해 구체적으로 확인할 수 있다. 김일성과
김정일의 관심을 시대별로 정리한 것[11]인데, 이를 통해 보면 북한에서
시대별로 변화한 민속학에 대한 의식을 살필 수 있다.

> 1946년 봄, 김일성 "예술교환의 밤"에 〈봉산탈춤〉 공연 지시
> 1946년 6월 4일, 〈봉산탈춤〉 첫 공연, 김일성·김정숙·김정일 관람
> - 무대예술화할 때 변형을 지시
> - 사설은 잘 들리지 않으므로 춤을 기본으로 형상화할 것 지시
> 1946년 11월, 봉산탈춤 보존회결성 지원
> 1955년, 〈봉산탈춤〉 기록영화 무성으로 완성, 그동안 널리 보급
> 1986년, 김정일이 전국 무용발표모임 주도, 생존한 탈꾼들을 모집하여
>   재연 지시
> 1987년, 〈봉산탈춤〉 기록영화를 유성으로 다시 제작
> 2003년 6월, 김정일 황해도 현지지도 현장에서 〈봉산탈춤〉 관람
> - 훼손된 탈을 평양의 미술전문가를 동원하여 재 제작하도록 지시
> - 봉산탈춤의 내용을 현대적으로 변용할 것을 지시

북한에서는 탈춤이 인민성을 가장 잘 드러내는 공연예술임을 인정하면
서 〈봉산탈춤〉을 대표적인 작품으로 꼽고 있다. 인민들의 행복에 대한
지향, 양반계층에 대한 항거와 풍자를 담고 있으므로 전승의 가치가 크다
는 입장이다. 이러한 긍정적 평가를 받는 작품이므로 김일성과 김정일에

---

11 리재홍, 「민속무용 《봉산탈춤》에 깃든 절세위인들의 숭고한 조국애」, 『민족문화유
     산』, 2007년 1호.

게 관심을 받았다고 한다. 해방 이후 김일성은 일제의 문화말살 정책으로 계승이 끊긴 〈봉산탈춤〉을 민족문화유산으로 인정하면서 관심을 가진다.[12] 그 결과 보존회를 결성하도록 지원하고, 1955년에는 무성기록영화까지 제작하도록 지시한다. 그런데 그 후 30여 년간은 당의 주목을 받지 못하고 거의 폐기 수준에 이른 것으로 보인다. 명맥을 잃어가던 〈봉산탈춤〉은 1986년 김정일이 전국무용발표회에 공연할 것을 지시하면서 회생하게 된다. 김정일은 공연 내용을 유성기록영화로 다시 제작하게 하고, 2003년에는 황해도 현지에서 관람하면서 훼손된 탈을 복원하도록 하고 그 내용도 현대적 감각에 맞게 변형하도록 지시한다.

이러한 부침(浮沈)은 비단 〈봉산탈춤〉에 국한된 것이 아니라 북한의 민속학에 전반적으로 적용된 상황으로 보인다. 정권 수립기부터 1970년 제5차 당대회에서 주체사상을 역사적 원리로 강조하기 전까지는 맑스-레닌주의에 입각한 역사주의 원리와 사회주의 보편성에 입각한 북한 민속학을 정립하는 시기였다. 1970년 주체사상의 공식적 확산과 1980년 6차 당대회에서 주체사상을 유일사상으로 표방하고부터 민속학은 침체기를 맞은 것으로 보인다. 그리고 1986년에 김정일에 의해 조선민족제일주의가 주창되면서 민속학은 새로운 변혁을 맞이하게 되고, 2000년에 들어 민족문화로서 전통문화의 현대적 변용을 강조하는 방향으로 민속학은 새로운 활기를 띠게 된다.

---

12 봉산탈춤은 가면무의 형식으로 서부조선일대에 널리 보급되었으나 일제의 비법적인 조선강점과 악랄한 민족문화말살책동에 의하여 여지없이 짓밟히고 종당에는 그 원형까지 자취를 감추게 되었다. 세월의 흐름과 함께 무용전문가들은 물론 봉산지방사람들의 기억속에서마저 삭막해졌던 《봉산탈춤》을 다시 찾아주시고 귀중한 민족문화유산의 하나로 빛을 뿌리게 하여주신분은 절세의 애국자이시며 민족재생의 은인이신 위대한 수령님이시였다(리재홍, 「민속무용 《봉산탈춤》에 깃든 절세위인들의 숭고한 조국애」, 『민족문화유산』, 2007년 1호).

1) 사회주의사상을 통한 민속학 정립기(1945~1970년)

해방 이후 북한은 새로운 사회주의 체제를 구축하기 위해 일사분란하게 움직인 것으로 보인다. 1948년 정권 수립 후 전쟁과 전후복구를 거치면서 사회주의 국가로 거듭나기 위한 조직적인 움직임들이 있었다. 민속학 연구에서도 이러한 사회 분위기가 감지된다.

1949년부터 과학원 산하 고고학 및 민속학연구소에서 전 지역을 대상으로 민속조사 사업을 진행한다. 민속학을 역사과학의 한 분야로 보면서 기록된 문헌에 의한 연구보다는 현지 조사가 우선해야 한다는 민속학 연구 방법을 수용하여 일찍이 민속조사를 기획하고 시작한 것이다. 1949년부터 1968년까지 진행된 이 조사사업에서는 강원도(58-67년, 10마을)·자강도(63-68년, 13마을)·평안도(50-66년, 25마을)·함경도(49-66년, 34마을)·황해도(50-67년, 31마을)·바다/강/기타(55-67년, 19마을)등 지역별로 조사가 이루어졌다. 이 자료는 필사 원고로 보관하면서 발표하지 않다가 2000년대에 들어서 김정일의 지시로 필사 원고에서 디지털 자료로 입력하는 작업이 진행되었고, 2006년 6월에 정리가 완료되었다. 정리 작업을 마무리한 원고의 표지에 저간의 상황을 다음과 같이 설명하고 있다.

> 조선민속조사자료는 조선민주주의인민공화국 사회과학원 민속학연구소(2001년 이전은 력사연구소 민속학연구실)에서 1968년도까지 수집한 각지의 민속자료와 일부 력사박물관에서 수집한 자료를 일정한 체계에 맞추어 그대로 옮겨 놓은것이다. 해당지역의 주민들이 쓰는 일부 방언에서 리해하기 어려운것도 그대로 두었다. 이 조사 자료의 입력본을 바탕으로 『우리 민족의 전통적인 생활문화와 풍습』(전25권)을 2006년 12월에 집필 완료했다.[13]

---

13 조선사회과학원 민속학연구소, 『조선민속조사자료 입력본』, 2006, 표지 설명글.

입력한 자료는 ①의식주 및 사회생활자료, ②관혼상제자료, ③어로자료, ④수렵자료, ⑤천생산·광업자료, ⑥민간극자료, ⑦주택평면도, ⑧무속자료 등 8개 분야로 분류하였다.

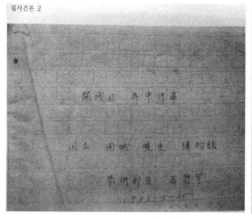

<그림 1> 필사 원고   <그림 2> 입력 원고

이 조사 자료가 당시에 정리되어 연구 자료로 활용되지 못한 정황은 북한이 제5차 당대회(1970년 11월)에서 주체사상을 역사적 원리로 천명하면서 민속전통에 대한 인식이 급격히 침체된 분위기 때문으로 추측할 수 있다.

이 조사사업의 일환으로 1955년 12월 초순에 무속자료 조사가 진행된 점이 특이하다. 북한이 사회주의 체제를 표방하면서 미신 행위에 대한 강력한 규제가 곳곳에서 드러난다. 그럼에도 민속학 연구의 한 축으로 무속자료도 필요하다는 공감이 형성된 결과로 보인다.

> 고고학 및 민속학연구소 민속학연구실에서는 급속히 없어져 가는
> 귀중한 우리 나라의 민속자료들을 수집정리하기 위하여 주체44(1955)
> 년 12월 초순에 평양지방에서 과거에 이름을 날리던 무당 최명옥, 백봉

춘, 김원실, 리정필 등 네명을 동원하여 김일출, 전장석, 신영돈 동지들의 지도하에 평양지방 무속의 대표적인 자료인 잔상굿과 다리굿을 진행하였다. 이 자료는 그 당시 록음, 채보한것에 근거하여 주체46(1957)년에 동 연구소 편찬실에서 기록보충정리한 것이다.[14]

당시 민간에서는 굿이 행해지지 않았던지 김일출·전장석·신영돈의 지도로 최명옥·백봉춘·김원실·리정필 무당이 평양 잔상굿 열두거리와 다리굿을 재연하였다. 잔상굿은 평양의 대표적인 굿으로 재수굿의 일종이라고 설명하고 있다. 그 구성은 첫거리 초가뭉굿, 둘째거리 칠성굿, 셋째거리 조상굿(조상맞이, 드릴피, 소지굿), 넷째거리 영전굿, 다섯째거리 선가뭉굿, 여섯째거리 성황굿, 일곱째거리 토정굿, 여덟째거리 제석굿, 아홉째거리 세인굿, 열째거리 하년굿, 열한번째거리 뜰정굿, 열두번째거리 허궁노리로 되어 있다.

이러한 전국적인 조사사업 이외에 개인적인 차원이나 과학원 산하의 민속학연구실 차원의 조사 연구도 간간이 이루어진 것으로 보인다. 김일출은 『조선민속탈놀이연구』의 서문에서 황해도 지역의 탈놀이에 관심을 가지고 1954년부터 10차례에 걸쳐 현지조사를 수행했다고 밝히고 있으며,[15] 과학원 민속연구실 소속의 서득창은 『조선의 민속놀이』의 편찬하면서 조직원을 동원하여 62개의 민속놀이를 조사 정리하여 출판한다[16]고 밝히고 있다.

정권 수립과 전후 복구의 어지러운 상황에서도 이러한 민속조사 사업이 지속적으로 진행된 것은 매우 놀라운 일이다. 1950년대 후반부터는 이러한 민속조사 작업을 어떻게 정리할 것인가에 대한 이론적 논의가 활

14 조선사회과학원 민속학연구소, 『조선민속조사자료 입력본』 설명글.
15 김일출, 『조선민속탈놀이연구』, 과학원출판사, 1958, 2쪽.
16 서득창 편, 『조선의 민속놀이』, 군중문화출판사, 1964, 3쪽.

발하게 이루어진다. 이런 가운데 북한 민속학의 의의도 밝히고, 사회주의 국가에 민속학이 어떻게 기여할 것인가에 대한 임무에 대해서도 깊이 있는 논의가 진행된다.

1959년에 출판된 북한의 민속학연구총서 제2집 『민속학론문집』의 머리말에서는 북한 민속학의 개념과 의의에 대해서 정리하고 있다.

> 조선 민속학은 우리 인민의 문화와 생활 풍습의 민족적 특성을 연구하는 력사 과학의 한 부문으로서 민족 문화 유산의 계승 발전과 새로운 사회주의적 문화와 생활 풍습의 발생 발전을 촉진시키기 위한 사업에서 거대한 의의를 가진다. 그럼에도 불구하고 조선 민속학은 우리 나라 력사 과학 중에서 가장 청소한 부문으로서 아직 자기의 정확한 과학적 체계를 수립하지 못하고 있는 형편이다.[17]

민속학이 인민의 문화와 생활풍습의 민족적 특성을 연구하는 학문이고, 민족문화유산 계승 발전과 새로운 사회주의적 문화와 생활풍습의 발생 발전을 촉진시키는 의의를 가진 것으로 제시한다. 그리고 민속학의 범주를 역사과학의 한 범주로 강조하면서 아직 과학적 체계를 수립하지 못하였다는 한계를 지적하고 있다. 이러한 한계는 문헌에 의존하여 실생활과 괴리되는 데서 비롯된다고 보고 있다. 그래서 김일출은 "민속학이 력사 과학의 한 부문으로서 문호를 분립하는 근거는 민속학이 취급하는 사료의 특수한 성격에 있다"고 전제하고, 현실에서 생동하는 자료 조사의 중요성을 강조하고 있다. 황해도 탈놀이의 연구 자료는 기존의 문헌이 아니라 생동하는 현실에서 찾아야 하며, 그 변화와 변모하는 자료를 직접적으로 조사 수집하고 정리하여 과학적으로 기술해야 한다고 방법론을

17　조선민주주의인민공화국 과학원 고고학 및 민속학연구소, 『민속학 론문집』, 과학원 출판사, 1959, 머리말.

제시한다.[18] 여기서 북한 민속학의 초창기 사업으로 민속조사 사업이 강력하게 추진된 연유를 확인할 수 있다.

역사과학의 한 분과로서 민속학이 당대의 실생활을 현지 조사하는 방법으로 진행되고 나면 이를 어떻게 정리 기술할 것인가 하는 문제가 대두된다. 이에 대해 김일출은 다음과 같이 명확하게 밝히고 있다.

> 민속학은 기술(記述) 과학에 그칠 수는 없다. 민속학적 연구가 개인적 관찰과 문헌 사료의 연구를 통하여 수집한 사실들을 과학적으로 기술하는 데 만족한다면 그것은 민속 과학을 이른바 풍속지(風俗誌)의 단계에 정지시키는 것이다. 이. 이. 뽀쩨힌의 표현을 빈다면 민속학적 연구의 한계에 관한 이러한 리해는 10월 혁명 이전에 로씨야 민속학계를 지배한 〈낡은 실증주의의 잔재〉에 속하는 것이다.
> 탈놀이에 관한 민속학적 연구는 과학적으로 수집 정리한 자료들의 비교연구와 력사적 분석을 통하여 탈놀이 모습의 특성들을 밝히고, 그 발생 발전의 력사를 구명하며 나아가서는 탈놀이와 인민 생활과의 관련, 그것이 체현하는 계급성, 사상성 및 민족 문화에서 차지하는 위치를 구명하는 것을 그 중요한 과업으로 삼는다.[19]

과학적 방법으로 현지 조사한 내용을 객관적으로 기술하는 것은 풍속지(風俗誌) 단계에 머무는 것이고, 이 자료가 진정한 민속학으로서의 위상을 가지기 위해서는 비교 연구와 역사적 분석을 통하여 그 특성을 밝히고, 발생 발전의 역사를 구명하여 인민들의 생활과 연계시켜야 한다는 입장이다. 그 항목을 계급성·사상성·민족문화로서의 위상으로 제시한다. 민속자료의 수집 정리를 넘어서 그 의미 해석으로까지 진행되어야 진정한 민속학으로서 위상을 갖추게 된다고 주장한다. 즉, 민속학 연구는

---

18 김일출, 『조선민속탈놀이연구』, 과학원출판사, 1958, 2쪽.
19 김일출, 『조선민속탈놀이연구』, 과학원출판사, 1958, 2쪽.

예술적 연구를 뛰어넘어 인민들의 생활풍습과의 연관성을 역사적으로 구명하는 데 있다고 보고 있다.

이렇게 진행된 민속조사 자료를 정리하고 기술하는 방식에 대한 논의도 이 시기에 활발하게 이루어진다. 1959년『문화유산』에서는 향토사인『평양지』중 〈민속〉 기술에 대한 문제를 다음과 같이 제기한다.

> ① 필자들이 향토사의 특성을 살리기 위하여 과거 문화편에 〈민속〉에 관한 장을 설정한 것은 좋은 시도라고 인정한다. 그러나 그 체계와 서술 내용에 있어서 정치성과 과학성이 부족한 것은 커다란 결함의 하나이다.
> ② 우선 민속학은 현재와 과거를 분리하여 론할 수 없다. 민속학은 현실 속에 살아 있는 과거의 문화와 풍습의 민족적 특성을 직접 관찰의 방법에 의하여 연구하는 학문이다. 그런데 필자는 과거의 조선 민속을 소개한다는 립장에서 이미 조선 인민의 현실 생활과는 거의 인연이 없는 사실들을 아무러한 비판적 분석도 없이 서술하고 있다.
> ③ 과거 민속보다 오히려 현재 도시와 농촌에서 새로 발생 발전하고 있는 새로운 사회주의적인 문화와 풍습이 더 큰 비중을 차지하는 것이 응당하다고 생각한다.
> ④ 이러한 결함을 초래하게 된 중요한 원인은 첫째로 필자가 정치적 립장이 미약한 데서 초래되었으며, 둘째로 문헌 기록을 자료 선택의 중요한 원천으로 하였기 때문이다. 민속은 인민의 생활을 통하여 대대 손손으로 그 우수한 전통이 계승되어 가며 부정적 측면들이 점차 소멸되여가는 생동한 현실이다. 그러므로 〈민속〉 자료의 주요 원천은 어디까지나 생동한 인민 속에 살고 있는 현실적인 생활 풍습이 주체로 되여야 할 것이다.
> ⑤ (향토지 서술에서) 중요한 것은 력사 발전의 일반적 합법칙성과 지방적 특수성과의 호상 변증법적 관계에 대한 과학적인 파악에 있다. 일반성을 떠나서 특수성이란 존재하지 않는다. 그러므로 특수성을 통한 일반성의 파악 이것이 향토사 서술에서 과학성을 보장하는 중요한 고리

의 하나이다. 특수성을 강조한다하여 부차적인 에피소드로 전편을 채워 서는 안 된다.[20]

민속조사 사업의 결과로 1958년 향토지 편찬 사업이 시작되었고, 그 시작이 『평양지』였음을 확인할 수 있다. 실물을 확인할 수 없지만 『평양지』가 다른 시군들의 향토지 편찬의 모델로 활용되고 있는데, 이에 향토지 속의 민속 부분에 대한 서술에 대한 문제점을 심각하게 지적하고, 새로운 서술 방안을 구체적으로 제시하고 있다. ①에서 향토지에 〈민속〉편이 포함된 점은 긍정적이라는 평가하면서도 그 서술에 있어서 정치성과 과학성이 결여되어 있음을 문제 삼고 있다. ②에서는 과거 문화편에 〈민속〉을 배치한 것도 인정하고, 민속학이 현재와 과거를 분리하여 논의할 수 없지만 여기서는 현실의 인민 생활은 무시하고 조선시대의 과거 민속만을 비판 없이 서술한다는 문제점을 지적하고 있다. 결국 ③에서는 북한의 민속학은 과거의 민속보다는 현재의 도시와 농촌에서 새롭게 발생 발전하는 사회주의적인 문화풍습에 주목할 것을 요구한다. 그리고 ④에서 이러한 민속 서술의 결함은 필자의 정치의식의 미흡함과 문헌자료를 위주로 민속을 서술한 점을 원인으로 명확히 하고 있다. 결론적으로 ⑤에서 향토사 서술에서 가장 중요한 점은 역사 발전의 일반적 합법칙성과 지방적 특수성과의 상호 변증법적 관계에 대한 과학적인 파악에 있다고 강조한다.

그리고 〈민속〉 서술의 차례를 우선순위별로 항목을 정하고, 그 세부 항목까지 다음과 같이 제시한다.

제 1장 생산 도구 및 생산 풍습
　　1 생산 도구

20　전장석, 「향토사 편찬에서 민속에 관한 부문을 어떻게 서술할 것인가」, 『문화유산』, 과학원출판사, 1959, 78~81쪽.

2 생산 관계

3 수공업 생산에 관한 풍습

제 2장 의식주에 관한 풍습

1 주택

2 의복

3 음식물

제 3장 가족 관계 및 가정 풍습

1 가족 성원들 간의 관계

2 관혼 상제

3 산아 및 유아 양육 풍습

제 4장 사회 생활에 관한 풍습

1 8.15 해방전 근로자들의 사회적 처지와 그의 근본적 변혁

2 해방후 근로자들의 새로운 사회주의적 사회 생활의 창조

3 민족적 명절

4 인민 오락, 구두 창작

5 녀성들의 사회적 처지의 변화[21]

이상의 체계와 차례는 민속학연구소의 공식적인 입장으로 보이며 이후 각 시군의 향토지 편찬에 적용되었을 것으로 추측된다. 이 시기 북한의 민속학에서 가장 비중을 둔 부분은 경제활동에 관련된 생산풍습에 있었고, 그 다음이 일상생활의 의식주문화였음을 확인할 수 있다. 이러한 차례는 당시 민속학에서 비중을 두는 항목의 순서로 배치했음을 같은 책에 수록된 '농업 협동 조합에 관한 현지 민속 자료 수집 요강 목차'를 통해서도 확인할 수 있다. 여기서는 '제1장 협동 조합의 경리'에서 협동조합을 통한 각 생산 분야별 활동을 서술하고, '제2장 부락과 물질 문화'에서는

---

21 전장석, 「향토사 편찬에서 민속에 관한 부문을 어떻게 서술할 것인가」, 『문화유산』, 과학원출판사, 1959, 87쪽.

마을공동체와 의식주를 배치하고 있다. '제3장 가족 및 가족 풍습'에서는 가족관계와 가정의례로서 혼상제례와 명절을 다루고, '제4장 사회 생활'에서는 해방 전후의 농민들의 사회생활과 정치생활 및 여성들의 사회생활의 변화를 배치하였으며, '제5장 문화 생활'에서 해방 전후의 농민들의 문화생활의 변화를 서술 항목으로 배치하였다. 이를 통해 1959년 당시 북한 민속학에서 비중을 두는 민속 항목의 우선순위를 확인할 수 있다.

이 시기는 정권 수립 후 10주년을 맞이하는 시기로서 학문의 각 분야가 사회주의 체제 건설에 어떻게 기여할 것인가에 대한 자기 검열이 진지하게 이루어지고 있다. 민속학 분야에서도 사회주의체제 건설에 어떤 임무를 가져야 하는지 제시하고 있다.

> 이 혁명적 과업 수행과 관련하여 생동하는 현실 속에서 직접적 관철의 방법에 의하여 인민들의 문화와 풍습을 연구하는 것을 자기의 기본 임무로 삼는 민속학이 수행할 임무는 크다. 기술 혁명과 문화 혁명 과정에서 새로 발생 발전하는 문화와 풍습의 새로운 형식의 발전을 연구하며 그것의 가장 선진적이며 진보적인 특징을 천명하며 새로운 문화와 풍습 수립에서 긍정적인 경험을 일반화하는 문제는 민속학이 수행하여야 할 임무이다. 또한 사회주의 건설 과정에서 비문화적이며 우리의 전진을 가로막는 부정적인 낡은 잔재를 급속히 소멸시키는 동시에 우리 선조들이 오래 동안의 생산 로동, 가정 생활, 사회 생활을 통하여 이룩한 인민적이고 긍정적인 요소들을 계승 발전시키는 문제는 민속학이 중요하게 이바지하여야 할 부문이다.[22]

김일성이 1958년 전국 농업협동조합 대회를 대대적으로 개최하면서 내린 교시인데, 농촌에서의 기술혁명과 문화혁명에 민속학이 어떠한 임

---

22 문화유산 편찬위원회, 「전국 농업 협동 조합 대회에서 제시한 과업과 민속학의 당면 임무」, 『문화유산』, 과학원출판사, 1959.

무를 지니는가를 항목별로 구체화하여 제시하였다. 당에서 제시한 농촌에서의 기술혁명의 기존 내용이 수리화, 전기화 및 기계화였으므로 민속학에서는 새로운 영농풍습에 관한 광범위한 사실과 자료를 조사 수집하여 기술하여야 하는 임무가 있다고 밝힌다. 또한 당에서 제시한 문화혁명의 내용이 농촌의 보다 높은 문화 건설이고 그 주요한 사업이 주택 건설인데, 주택은 '내용에 있어서는 사회주의적이고 형식에 있어서는 민족적인 원칙이 적용'되도록 건설되어야 한다고 강조한다. 여기서 민속학은 선조들이 이루어 놓은 주택의 민족적 형식을 조사 연구하여 그 가운데 긍정적이고 인민적인 요소들을 문화주택 건설에 도입할 수 있도록 많은 자료를 제공할 임무를 가진다는 밝힌다. 이렇게 문화혁명에 민속학이 기여할 임무를 각 항목별로 제시한다.[23] 의식주는 물론이고, 교육·문화·위생·편의시설까지 민속학이 조사하여 도시와 농촌의 생활수준 차이를 좁혀가야 한다는 임무의 효용까지를 제시하고 있다.

북한에서는 사회주의 정권이 수립된 후 그 체제를 구축하는데 민속학이 절실히 기여할 것을 요구하였고, 민속학자들은 이를 자신들의 임무로 알고 맑스-레닌주의 연구 방법론에 입각하여 민속학 연구를 수행한 사실을 확인하게 된다. 가장 중요한 사업은 현지에서 민속조사 사업을 수행하고 이를 역사적·과학적으로 기술 정리하는 것이었다. 그래서 당의 지시에 충실하여 우리가 현재 자료로 접할 수 있는 성과들이 마련된 것이다.

---

23 민속학은 새로 건설되는 농촌은 생산 시설과 교육, 문화, 위생, 편의 시설들이 어떻게 정비 배치되고 있으며 새로운 문화 주택과 과거의 주택은 어떻게 다르며 농민들의 복식과 음식은 어떻게 변하여 가는가를 조사하여야 한다. 이러한 조사는 일상 생활에서 도시와 농촌간의 차이가 점차로 제거되어 가는 것을 밝혀 준다(문화유산 편찬위원회, 「전국 농업 협동 조합 대회에서 제시한 과업과 민속학의 당면 임무」, 『문화유산』, 과학원출판사, 1959).

2) 주체사상에 의한 민속학 침체기(1971~1985년)

북한 민속학의 1970~1980년대 성과를 찾기는 쉽지 않다. 주목할 만한 국가 주도의 조사 사업이나 출판 사업 성과를 찾을 수 없기 때문이다. 물론 2장에서 언급한 민요조사는 이 시기에 이루어진 듯한데, 그 외 출판물은 국내에서 찾을 수 없는 실정이다. 〈봉산탈춤〉의 전승 사례에서 본 것처럼 이 시기 전통문화나 민속학에 대한 관심이 다소 침체된 것으로 추측된다. 그 중심에 주체사상이 존재한다. 맑스-레닌주의 사회체제를 구축하던 시기를 거쳐 1960년대 주체사상이 자리를 잡아가는데, 초창기 주체사상은 1960년대 후반에 가서 큰 전환을 맞이한다. 김일성에 의해 초창기 주체사상이 부르주아적이고 관념적이라는 비판을 받고 유물론에 투철한 틀로 재정립되는 것이다. 1967년 김일성이 그때까지 구축된 주체사상을 '역사로서의 주체사상'으로서 반 사회주의적이라고 비판하면서 민족의 역사와 문화적 전통을 내세워 성립된 초창기 주체사상의 종말을 선언한다. 이런 분위기는 민속학 연구에도 적용되어 1967년에 기존 민속학 학술지였던 『문화유산』·『고고민속』·『력사과학』이 폐간된다.[24]

그나마 1970년대에 들어 『고고민속론문집』이 발간되는데, 폐간된 『고고민속』의 후신으로 볼 수 있는 이 학술지가 1980년대까지 북한 민속학의 학술적 명맥을 유지한 것으로 평가된다. 이 학술지에서 민속학 관련 논문은 친족과 무술 및 체력단련놀이를 다룬 것이 고작이었다. 대신 사회주의 혁명에 관련된 논문과 일제와 미제에 대한 강력한 비판 논문들이 주류를 이룬다. 이를 통해 1970년 5차 당 대회에서 천명한 역사적 원리로서 주체사상이 곧 김일성 유일체제 구축임을 홍보하는 데 기여한 것이라

---

24 이정재, 「북한 민속학연구의 경향과 특징 연구」, 『한국의 민속과 문화』 6, 경희대 민속학연구소, 2002, 129쪽 참조.

고 진단할 수 있다.[25]

김일성의 강력한 지시와 숙청에 따른 주체사상의 변혁은 현실의 민속에도 절대적인 영향을 미친 것으로 보인다. 1960년대 말부터 민속학 분야의 뚜렷한 조사나 연구 성과가 없는 가운데, 당 시대를 살았던 사람들의 경험을 통해 당시 북한 민속의 정황을 추측할 수 있다. 당 정책의 변화에 따라 민간의 전통문화에 대한 규제도 가해졌음을 북한이탈주민의 구술에서 찾을 수 있는데 실제 생활 현장에서 경험한 사실을 토대로 하고 있으므로, 국가의 문예정책이 실생활에 미친 결과로 볼 수 있다.

내가 그니까 한 아홉 살 열 살 그때, 우리 집은 평양의 대동문, 대동강 딱 옆에서 살았는데 대동문 옆에 연광정이라는 게 있어요. 거기 이제 내가 친구 따라서도 가고 우리 할머니 할아버지 따라서도 이제 놀러를 가면은, 그 때 연광정 옆에 그 때 막, 그 때 나이로 막 90, 80 된 늙은이들이 아래위로 하얗게 모시랑 치마저고리를 입은 남녀 할아버지들이 모여서 새장구 두드리면서 놀더라구요. 아마 백 명 아마 모인 거 같애 내 짐작으로두. 아주 명창이 많고 노래 잘허구 춤 잘 추고 그런 사람이 많더라구요. (중략)
그 때 내가 생각이 나는 게 가장 인상적으로 본 게 〈배뱅이굿〉이야. 어려서 그 〈배뱅이굿〉 하는 걸 정신없이 본 생각이 나고, 내가 아주 홀딱 반했었다니까 아이 때. 왜 반했냐 하니까, 지금 이제 그런 배우가 한국에도 없구 북한에도 없어요. 혼자 나왔어요. 할아버지 되는 분이, 여자가 아니야. 혼자 나와서 독백하고 할아버지가 얼마나 연기를 잘하는지, 그 때 내가 뭐 〈배뱅이굿〉을 따르다싶이 해서 거기 가가지고 막 듣던 생각이 나요.
그러다가 이제 60년도 딱 되면서부터 북한에 이제 그 어떤 체재의

---

25 이정재, 「북한 민속학연구의 경향과 특징 연구」, 『한국의 민속과 문화』 6, 경희대 민속학연구소, 2002, 129~130쪽.

중심이 생기기 시작한 거라. 그니까 이제 내가 맘대로 놀아도 안 되고. 근데 내가 취미가 있으니까 내가 또 갈거 아냐. 근데 거기 이제 새장구를 건조하는 데가 있었는데 거기도 이제 없어졌고, 가야금도 없어졌고, 거기 노인들이 한 20명, 거기 노인들이 점점점점 줄더라구요. 근데 내가 귓구멍이 들리는 말이 못 놀게 한다는거라.

그때부터는 없어졌는데 뭐가 더 비참하냐 하면은 60년대 그때는 〈아리랑〉〈도라지〉도 못 불렀어요. 이거 부르면, 그 때 난 생각하건데 유행가를 못 부른다면 유행가를 부르는 사람들은 계속 되거든 옛날 나이먹은 60년대 이런 사람들은 유행가 다 알거 아냐. 근데 절대 못 부른다. 이거 부르면은 정치적으로 걸렸단말야, 사상범으로. 그러니까 못불렀단 말야. 그러면서 〈아리랑〉〈도라지〉도 못 부르게 했다구요. 그러니까 〈아리랑〉, 〈도라지〉는 우리 민족의 정취를 부르는 노래가 아냐. 그러니까 이거 부르고 싶은 때가 있다는 말이야 사람이라는 거는. 근데 이거까지 못 부르게 하니까 난 그때 어렸을 때부터 생각이 대체 유행가라는걸 부르면 사람이 나른해지고 혁명성이 없어지고 그러면서 그걸 다 못불러야 된다고, 혁명가만 불러야 된다는 거야.

50년대 때는 아마 좀 불렀겠더라구. 근데 이제 그런 노래가 60년대 이때는 아예 입 밖에도 뻥긋도 못하지. 그니까 아예 못 부르고 그 담에 60년대가 지나가고 한 70년대 중반쯤 하니까, 〈아리랑〉도 다시 불러도 된다, 이런 명령이 또 떨어졌어요. 그 담부터 〈아리랑〉〈도라지〉는 부르기 시작했다구요.[26]

분단 이후 북한의 일상생활에서 민속과 전통의 변화를 탐색하기 위해 기획한 구술조사에서 제보자는 자신이 노래 부르고 춤추는 것을 좋아해서 국가에 의한 전통 민요나 춤에 대한 규제와 해금의 과정을 구체적으로 기억한다고 전제했다. 구술 내용을 요약해 보면 1950년대 말까지는 평양 연광정에서 노인들과 여성들의 민요 여흥이 빈번하게 이루어졌고, 그 가

---

26 한영숙(가명), 2010년 4월 9일 구술.

운데 〈배뱅이굿〉은 남성 노인 1인이 연행하기도 했다는 것이다. 그 이후 1960년대에 들어서 민속 연희나 민속 악기 연주도 금지하고, 얼마 후에는 가장 대중적인 민요인 〈아리랑〉이나 〈도라지〉도 부르지 못하도록 금지했다는 것이다. 그리고 이런 금지 조치는 1970년대 중반에 와서 풀렸다는 진술이다. 그러면서 당 정책에 따라 일상의 놀이문화까지 통제되는 당시를 기억하면서 불만을 토로했다.

구술을 통해 1950년대 후반부터 1970년대 중반까지의 북한 주민들 사이에서 민속예술 향유가 어떻게 변화하는지 고찰할 수 있다. 이를 통해 보면 이 시기 북한의 문예정책은 강제성을 띠면서 당의 의도대로 주민들에게까지 철저하게 적용된다는 사실을 알 수 있으며, 당 대회 등의 중앙 결정 사항이 실제의 생활 현장을 긴밀하게 제약하고 있음도 확인할 수 있다. 결국 이 시기 북한에서는 중앙당의 민속전통정책이 전 주민들에게 하달되어 민속전통은 점점 소멸되는 추세를 보였다. 이러한 정책 변화의 중심에 김일성 유일사상으로서 주체사상의 정립이 있었다고 진단할 수 있다. 또 다른 시각으로 보면 이 시기에 중국에서는 문화대혁명이 치열하게 일어나면서 전통문화를 구습으로 치부하면서 청산의 대상으로 삼은 사실과도 연계할 수 있을 듯하다. 구체적인 사정은 북한의 민속학자를 통해 직접 확인할 수밖에 없다.[27]

3) 조선민족제일주의를 통한 민속학 부흥기(1986~최근)

북한에서 침체기를 맞았던 민속학은 1986년 7월 15일 당 중앙위원회 책임 일꾼들과 나눈 김정일의 담화 「주체사상교양에서 제기되는 몇 가지

---

27 필자가 북한의 민속과 전통문화는 당 정책에 따라 부침을 거듭했다고 서술한 발표문에 대해 2018년 7월 연변대학에서 만난 조선사회과학원 학자들은 강력하게 거부감을 드러내면서 전혀 그런 사실이 없다고 언급하지 말 것을 요청하였다.

문제에 대하여」에서 제시된 '우리민족제일주의'라는 구호에 힘입어 새로운 전환을 맞게 된다. 이즈음에 시작된 소련 및 동유럽사회주의 국가의 붕괴를 바라보면서 내부 결속의 구호로 주창한 것으로 보이는데, 2000년에 들어 더욱 구체성을 띠면서 북한 사회 전역에 확산되었다. 조선민족제일주의의 의미는 "조선민족의 위대성에 대한 긍지와 자부심, 조선민족의 위대성을 더욱 빛내어 나가려는 높은 자각과 의지로 발현되는 숭고한 사상 감정"으로 제시되었다. 이러한 구호를 실생활에서 구체화하는 방안이 북한의 민속전통에 대한 호명이었다.

이런 사회 분위기를 반영하듯이 조선사회과학원 민속학연구실 소속 민속학자들의 민속학 저술들이 이어졌다. 선희창의 『조선의 민속』이 1986년 초판으로 간행되고 1991년에 재판까지 이어졌으며, 1990년에는 사회과학원 민속학연구실 편찬으로 『조선민속풍습』이 출판되었다. 이러한 여세를 몰아 1994~1995년에는 김정일의 지시로 『조선의 민속전통』(전7권)이 출판되기에 이른다.

> 친애하는 지도자 김정일동지께서는 영생불멸의 주체사상에 기초하시여 민속전통을 시대적요구에 맞게 옳게 계승발전시켜나갈수 있는 앞길을 환히 밝혀주시였으며 그 길에서 사소한 편향도 없도록 현명하게 이끌어주고계신다.
> 친애하는 지도자 김정일동지께서는 다음과 같이 지적하시였다.
> 〈나는 우리 시대에 우리 민족의 민속전통에 대한 책을 우리 식으로 완성하여 후대들에게 넘겨주기로 결심하였습니다.〉
> 친애하는 지도자동지께서는 우리 나라의 민속전통을 폭넓고 깊이있게 체계화한 책을 완성하여 후대들에게 넘겨줄데 대한 원대한 뜻을 안으시고 그 편찬에서 나서는 리론실천적문제들을 전면적으로 밝혀주시였으며 력사학자들과 문학예술부문 일군들을 비롯한 해당 부문 일군들로 몸소 편찬위원회와 집필집단을 무어주시고 〈조선의 민속전통〉편

찬에서 제기되는 크고작은 모든 문제들을 하나하나 풀어주시였다.[28]

　김정일이 우리 민족의 민속전통을 담은 책을 엮어서 후대에 남겨야 한다는 뜻으로 역사학자들과 문학예술분야 학자들을 모아 편찬위원회를 구성하고, 집필을 적극적으로 지원해 주었다는 언급이다. 자신이 주창한 조선민족제일주의를 현실화하는 장치로 이러한 대규모 출판 사업을 주도한 것이다. 이 책은 ①식의주생활풍습, ②가족생활풍습, ③노동생활풍습, ④민속명절과 놀이, ⑤민속 음악과 무용, ⑥구전문학, ⑦민속공예 등으로 구성되어 있다. 1950~60년대 민속학 연구에서 우선순위가 노동생활풍습이었는데 이 시기에 와서는 세 번째 순위로 밀렸으며, 구전문학을 민속학 영역으로 다시 끌어온 점이 변화된 모습이다. 이 시기 민속학 연구의 변화 양상 중 또 하나는 초창기 연구에서 부정적이었던 조선시대 문헌자료에 입각한 민속학 서술이 긍정의 측면으로 변화한 점도 눈여겨 보아야 한다.[29]

　2000년대에 들어 이러한 대규모 출판 저술은 더욱 활기를 띠게 된다. 2장에서 언급한 조선민속조사자료 디지털 입력과 병행하여 『우리 민족의 전통적인 생활문화와 풍습』(전25권)이 조선사회과학원 민속학연구소 주관으로 2006년에 출판되었다. 그 목차와 집필진은 다음과 같다.

28　조선의 민속전통 편찬위원회, 「조선의 민속전통(전 7권)을 내면서」, 『조선의 민속전통』, 과학백과사전종합출판사, 1994.

29　일제강점시기 빛을 잃었던 조선의 미풍량속은 해방후 위대한 수령 김일성동지의 현명한 령도밑에 민족적형식에 사회주의적내용을 담은 새로운 민족적풍습으로 빛나게 계승발전되고 있다. 이 책에서는 리조시기를 기본으로 하여 과거 조선인민의 생활풍습과 미풍량속 가운데서 그 일부를 서술하였다(선희창, 『조선의 민속』, 사회과학출판사, 1991(재판), 5쪽).

권번	제목	집필자	심사자
1	민족옷차림과 몸단장	백옥련	천석근
2	옷감과 옷짓기, 옷손질	리복희	천석근
3	무대복과 치레거리, 관복	천석근	백옥련
4	민족음식과 식생활	박승길·김지원	조대일
5	지방의 특색있는 토배기음식(1)	조대일	선희창
6	지방의 특색있는 토배기음식(2)	조대일	선희창
7	고전에 반영된 민족음식과 그 제법	김호섭	조대일
8	살림집의 류형과 집짓기풍습	리재남	리재선
9	살림집의 리용관습	한천섭	리제오
10	가족생활	리제오	박순재
11	가정의례	장성남	조대일
12	로동생활(1)	황철호	김경순
13	로동생활(2)	박승길·백일현	주재걸
14	민속명절과 12달풍습	선희창	리재선
15	무술과 체력단련놀이	리재선	백옥련
16	지능겨루기와 유희놀이	임승빈	리재선
17	민속음악(1)	최기정	문성렵
18	민속음악(2)	문성렵	최기정
19	민속무용(1)	한태일	문성렵
20	민속무용(2)	김선영	문성렵
21	민간극과 교예	류만혁	선희창
22	민속설화(1)	백옥련	박승길
23	민속설화(2)	김정설	임승빈
24	민속공예	주재걸·최정실	박현종
25	민속용어집	선희창	조대일

    이 총서의 속지에는 총서 이름을 '조선민족생활풍습 총서'로 표시한 것으로 보아 출판 사업의 본래 명칭은 '조선민족생활풍습'인 것으로 보인다. 그 출판 목적을 '현 시기 사회생활의 모든 분야에서 민족적 전통을 적극 살려나가는데 도움을 주기 위함'으로 밝히고 있다.[30] 그리고 총서의 대분류 항목을 민족옷차림과 몸단장, 조선옷 만들기와 옷 관리, 민속음식과

식생활관습, 민족주택과 주택생활관습, 가정생활과 가정의례, 노동생활, 민속명절과 놀이, 민속음악과 무용, 민간극과 민속설화 등으로 나누었다. 그 집필 방법은 대분류 항목의 구체적인 내용들을 알기 쉽게 소제목화하여 통속적으로 해설하면서도 해당부문 일꾼들에게 학술적으로 참고가 되도록 다양한 역사자료와 현지조사 자료들을 제시하였고, 생활문화와 풍습의 계승관계와 상식·시·가요·전설·사화·일화·속담·수수께끼·토막지식을 적절히 배합하였다고 제시한다.[31] 결국 직전에 출판한『조선의 민속전통』(전7권)을 확대하면서 구체화하고, 그 문체는 대중서를 지향하면서도 그 내용은 전문학술서에 준하도록 기획했다고 볼 수 있다. 대중성을 확보하기 위해서 팁 형식의 삽화(揷話)를 배치하고, 전문성 확보를 위해서 역사자료와 현지 조사 자료를 적절히 원용한 것이다. 또 이 총서는 기획 과정에서 철저히 공동연구 방식을 취했음을 집필자와 심사자의 교차 배치를 통해 확인할 수 있다.

민속학 분야의 활발한 총서 출판 작업은 2009년부터 시작된『조선사회과학학술지』600권 기획에서도 최대의 성과를 달성한다. 이 총서는 현재까지 북한의 출판 사업에서 가장 방대한 기획으로 보이는데, 조선사회과학원 산하 연구소들이 민속학·문학·역사·철학·혁명역사·법률·경제·민족고전 등의 분야로 대거 참여하였다. 이 가운데 민속학편은 39권에 달한다.

---

30 조선사회과학원 민속학연구소,『우리 민족의 전통적인 생활문화와 풍습』1, 사회과학출판사, 2006, 1쪽.

31 조선사회과학원 민속학연구소,『우리 민족의 전통적인 생활문화와 풍습』1, 사회과학출판사, 2006, 2쪽.

번호	권번	제목	주내용	저자	출판 연도
1	25	민족음악사에 비껴있는 일화	음악사	문성렵	2009
2	545	민속학연구론문집 10	의식문화	천석근·백옥련	2010
3	547	민속학연구론문집 11	악기/무용	문성렵·배윤희	2010
4	475	민속학연구론문집 9	식의주/무기	장명신·리재선·박진욱	2010
5	407	민속학연구론문집 8	떡/사냥풍습	공명성·조순영	2010
6	252	민속학연구론문집 7	술/고려풍속/친척	임승빈·고정웅·선희창	2010
7	201	민속학연구론문집 5	조선풍속/고구려 풍속	리제오	2010
8	215	민속학연구론문집 6	문방구/무용의상 도구	리순희·문기호	2010
9	172	조선풍속사 1	삼국~고려풍속	선희창	2010
10	174	민속학연구론문집 4	미풍양속/관복	박승길 외	2010
11	179	조선풍속사2	생활풍속	김내창	2010
12	176	조선의 민속과 정서생활	생활풍속	문성렵·조대일·백옥련	2010
13	163	사회주의생활문화사연구	근대의식주/생활문화	백옥련	2010
14	136	민속학연구론문집 3	민속놀이/치레거리	강분옥	2010
15	129	조선민족체육과 민속놀이	민족체육/민속놀이	한중모	2010
16	109	민속학연구론문집 2	발해풍속/미풍양속/조선상제례	황철호·장성남·리철남	2010
17	108	조선공예사(원시-중세편)	공예사	조대일	2010
18	95	조선민족살림집발전사연구 (원시-근대)	살림집	박순재·리제오	2010
19	90	조선음악사(리조-근대편)	조선/근대음악사	문성렵	2010
20	77	조선무용사연구	무용사	김선영	2010
21	72	조선체육사 (1)	체육사	선희창·조남훈	2010
22	62	민속학연구론문집 1	세시풍속/미풍양속	리정순·천석근·김효섭	2010
23	60	조선가족생활풍습사(원시-고려)	가족생활풍습	계승무	2010

24	59	조선교예사연구(원시-근대)	교예사	류만혁	2010
25	53	우리 나라의 민속유산	생활문화풍속	사회과학원 민속학연구소	2010
26	34	조선민속놀이편람	민속놀이	리재선	2010
27	29	지방음식편람	지방음식	조대일	2010
28	254	조선음악사(고대-고려편)	음악사	문성렵	2011
29	266	조선중세회화들에 반영된 생활풍습연구	회화/생활풍습	박순재	2012
30	416	조선의 농악무	농악무	김선영	2013
31	424	칠보산의 력사와 문화	칠보산소개	문성렵·오명호·류복선	2013
32	391	조선의 민속화	민속화	조휘남	2013
33	361	우리 나라 관복에 대한 연구	관복사	정성호	2013
34	339	우리 나라 서도지방의 민속음악	서도민요	최기정	2013
35	454	조선마상무술체육사 연구	체육사	리명국	2014
36	502	조선식생활사 2	식생활사	조대일	2015
37	501	조선식생활사 1	식생활사	조대일	2015
38	535	발해풍속사연구	풍속사	사회과학원 민속학연구소	2015
39	527	조선의 민속설화	설화론	김광조	2015

이 총서에서는 기존의 총서 기획과는 다른 점을 발견할 수 있다. 두
차례에 걸쳐 출판된 민속학 총서의 집필 항목이 1950년대에 확립된 민속
지 서술방식을 우선순위만 바뀌는 수준에서 대동소이하게 답습했는데,
여기서는 기존 총서에서는 볼 수 없는 흥미로운 주제들이 다수 포함되어
있다. 고대가요에서부터 계몽기가요(유행가)에까지 노래에 얽힌 일화를
한 권으로 편제하기도 하였고, 문방구·사냥풍습·회화 속 풍습 등 기존
총서에서 다루지 않은 소재들을 집필 대상으로 삼았다. 그리고 역사적으
로도 원시시대부터 근대까지의 소소한 풍속자료들을 세분화하여 집필하
기도 하였다. 추측컨대 기획 과정에서 집필진들의 주된 관심사를 수렴한
결과로 보인다. 39권의 저서가 600권 중에 비연속적으로 배치되어 있고,

그 출판연도도 2009~2015년까지 권번에 따라 순차적으로 진행되지 않은 것으로 보아 기존의 총서 출판에 비해 집필진의 자유재량이 일정정도 보장되었다고 추측할 수 있다.

2000년대 들어 북한 민속학은 『민족문화유산』이라는 대중잡지 창간으로 더욱 활기를 띠게 된다. 2001년 김정일의 지시로 창간된 이 잡지는 기존 『천리마』나 『문화어학습』에 포괄되었던 민속학이나 전통문화 분야를 독자적으로 다루는 민속학 전문 대중잡지로 성격을 규정할 수 있다. 잡지의 창간사를 통해 이를 확인할 수 있다.

> 새로 발간되는 잡지 《민족문화유산》은 대중교양잡지로서 민족문화유산을 옳게 계승발전시켜 나가는데서 쌓아 올리신 백두산3대장군의 불멸의 령도업적을 비롯하여 우리 당의 문화보존정책에 대한 해설선전자료, 민족문화유산과 관련한 해설선전자료, 민족문화유산과 관련한 학술자료와 보존관리를 위한 과학기술적문제, 력사유적유물들과 명승지들, 우리 나라의 민속, 력사이야기와 전설, 상식, 세계문화유산 그리고 민족문화유산에 대한 보존관리와 그를 통한 선전교양사업을 잘하고 있는 단위를 소개하는 글과 사진, 삽도를 다양하게 편집하려고 한다.[32]

이 잡지의 성격은 대중교양잡지이고, 주 내용은 김일성·김정일의 민족문화유산 계승 발전 업적, 당의 문화보존 정책, 민족문화유산, 역사유물 유적과 명승지, 민속, 역사이야기, 세계문화유산, 민족문화유산 보존관리 등에 대해 해설 선전 자료를 글과 사진·삽화로 제시하겠다는 편집 방향을 제시하고 있다. 계간지로 연 4회 발간되는 이 잡지에서는 전통문화와 민속에 대한 풍부한 기사와 자료들이 수록되어 있다.

『천리마』나 『문화어학습』과 같은 기존 종합잡지에서 다루던 문화유산

---

32 조선문화보존사, 「잡지를 내면서」, 『민족문화유산』 2001년 1호.

과 민속 관련 기사를 이처럼 별도로 분리한 이유도 창간사에서 찾을 수 있다.

> 위대한 령도자 김정일동지께서는 현시기 사회주의적애국주의교양에서 민족문화유산이 차지하는 위치와 의의를 깊이 헤아리시여 새 세기가 시작되는 첫해부터 대중교양잡지 《민족문화유산》을 내오게 하시였다. 그러시면서 우리 민족의 유구한 력사와 찬란한 문화, 당의 문화보존정책의 정당성과 생활력을 널리 해설선전하여 인민들로 하여금 혁명과 건설에서 주체성과 민족성을 고수하고 조국을 열렬히 사랑하며 조선민족제일주의정신을 높이 발양시켜 나가도록 하게 하는것을 잡지의 사명으로 하여 주시였다.[33]

이 잡지의 창간 목적은 인민들에게 주체성과 민족성을 고취하여 애국심과 조선민족제일주의정신을 떨치고 나가도록 하기 위함이라고 천명하고 있다. 결국 조선민족제일주의의 선전도구로써 역할이 부여된 것이다. 김정일은 이 잡지를 자신이 구상하는 문화정책을 선전하고 선포하는 장치로 직접 활용하였다. 이전 세기 주체사상의 자장에서 부정하고 폐기했던 다양한 전통문화 요소들을 해금하고 부활시켜 권장하는 기사들이 다수 등장한다. 설을 비롯한 정월대보름·한가위 명절의 부활, 민속놀이 장려, 미풍양속 권면, 표준문화어 권장, 민족의복 및 민족음식문화 권장, 민족문화예술 계승 등 전통문화의 구체적인 항목들을 장려하고 있다.[34] 1970년 이후 30년 이상 통제하고 방치하거나 폐기한 전통문화를 부활시키기 쉽지 않음을 알고 지속적으로 반복하여 기사를 게재하도록 하는 방법도 취하고 있다. 또한 일제의 잔재로 금지했던 일제강점기의 문학과

---

33 조선문화보존사, 「잡지를 내면서」, 『민족문화유산』 2001년 1호.
34 조선문화보존사, 〈사설〉「조선민족제일주의정신을 높이 발양시켜 우리인민의 우수한 민족적전통을 활짝 꽃피우자」, 『민족문화유산』 2007년 1호.

유행가를 계몽기문학, 계몽기가요로 새로운 명칭을 부여하여 근대전통문화로서 위상을 정립하는 등 문화 해금도 시도하였다. 이런 경향은 북한의 민속전통의 계승 시각에서 우리 것에 대한 폭을 최근으로까지 확대하여 최대한 수용하겠다는 자세로 보이며, 당대를 살았던 인민들의 애환을 모두 수용하겠다는 열린 자세로의 변화로 진단할 수 있다. 이는 현대의 민속학에서 매우 긍정적인 요소라고 할 수 있으며, 이러한 전향적인 변화의 바탕에는 조선민족제일주의정신의 발양이라는 문화정책의 목적이 자리하고 있다.

4. 북한 민속학 연구 성과의 의의

분단 이후 전개된 북한의 민속학 연구 성과들을 제한된 자료로나마 고찰했을 때 그 위상과 연구 방법은 남한과는 사뭇 다름을 확인하게 된다. 사회주의 국가에서 국가의 교육정책이나 학문 연구 방향을 결정하고 주도하는 역할을 사회과학원이라는 국가학술기관이 전담한다고 하더라도 조선사회과학원 민속학연구소는 그 역할이 중국이나 구소련의 그것보다 더 강조된 측면을 발견하게 된다. 그러니 학문적 자유가 보장된 남한의 민속학 연구와 비교했을 때는 많은 부분 차이가 발견된다.

북한의 민속학이 중국이나 구소련과 같은 사회주의 국가보다 강조된 이유는 남북 분단체제와 긴밀하게 연관된 것으로 볼 수 있다. 같은 민족으로 살아온 한반도의 주민들이 남북으로 분단되고, 상호 적대하는 가운데 서로가 체제 우위와 정통성 선점을 위해 경쟁하는 특수한 관계에서 북한은 민속학을 적극적으로 활용한 측면이 강했다. 그 결과 민속학 연구의 성과가 국가 차원으로 양산되기도 하였다.

정권 수립기부터 현재까지 북한 민속학 연구는 국가의 정책에 철저하게 복무하면서 성과들을 양산한 것으로 보인다. 정권 수립 후 전통적인 방식으로 살아온 주민들의 생활방식을 사회주의 방식으로 개조해야 한다는 국가적 사명을 민속학은 적극적으로 수용하여 연구 방향을 정한다. 일상 생활과 문화생활을 사회주의식으로 개조하기 위해서는 이전 문헌에 기록된 전통적인 민속이 아니라 당대 현실의 민속 실체를 파악하는 일이 최우선해야 한다는 방향을 정하고 일찍이 민속의 현지 조사를 전국 단위로 수행한 점은 선도적이라고 평가할 수 있겠다. 그리고 그 정리 방식도 자료 정리 차원을 넘어서서 그 발생과 발전에 대한 역사적 고찰과 현실적 의미까지를 깊이 있게 구명한 것은 높이 사야할 지점이다. 남한의 민속학이 전통문화의 전승에 주목하여 연구를 수행할 때 북한은 일찍이 전통과 현실, 농촌과 도시 민속의 접점을 고민했다는 점은 서구의 도시민속학 연구와 유사하고 남한 민속학에 비해 선진적이라고 인정해야 할 지점이다.

이런 선진적인 민속학 연구가 1970년 이후 주체사상의 전면적 도입으로 침체기를 맞은 것은 향후 통일의 과정에서 구축될 코리아 민속학사에서 불운이 아닐 수 없다. 남한이 1970년대 산업화·근대화 과정을 거치면서 전통방식의 민속이 퇴락하였으므로 이 시기의 민속학을 북한의 민속을 통해 보완이 가능할 것으로 기대하였는데, 북한은 이보다 더하여 국가적 차원에서 전통 민속의 폐기를 유도한 점은 매우 안타까운 실정이다.

그나마 1986년 김정일에 의해 주창된 조선민족제일주의가 북한 민속학의 부흥의 단초가 된 것은 고무적이라고 할 수 있다. 극도의 폐쇄적인 국가 운영 방식 속에서 주민들의 결속력을 강화하고 국가에 대한 충성심을 강요하기 위한 불순한 의도는 감안하고 코리아 민속학 연구사로만 보자면 조선민족제일주의는 민속학 연구에 복음과 같은 구호였다. 북한의 민속학은 이를 통해 새롭게 부흥하게 되는데, 초창기 민속학이 사회주의 생활 방식을 확산하는데 기여하면서 전근대시대 민속에 대해 일정정도 배제했던 연구 방법의 규제도 풀고 역사적으로 원시시대부터 현대에까지의 민속을 연구 대상으로 삼은 것이 우선 주목할 지점이다. 또한 현실 생활문화 속에서 민족전통문화를 복원하기 위한 노력이 2000년대에 들어 주창되는데, 이를 통해 북한 민속학 연구는 더욱 활기를 띠게 된다. 물론 30년 이상 국가 주도로 폐기 수순을 밟아서 현실문화 속에서 이전의 민속 상태로의 복귀는 불가능하겠지만 이를 위한 국가 차원의 지원과 선전은 민속학 연구에서는 괄목할 만한 성과들을 산출하게 된 것이다. 특히 민족문화유산의 범주를 확대하기 위해 일제강점기 향유된 유행가를 계몽기가요로 명명하고 근대문화유산으로 자리매김한 정책은 한국에서도 아직 확립하지 못한 혜안이라고 할 수 있겠다.

북한에서 2000년대에 들어 민속전통의 계승을 강조하는 이유를 '민족성 고수'에 두는데, 민족성 고수는 제국주의로부터 사상 문화적 침투를 막아내고, 나아가 6.15공동선언에 입각하여 '우리 민족끼리' 조국의 자주통일을 실현하는 데 중요한 역할을 할 수 있기 때문이라고 강조하고 있다.[35] 미국 주도의 봉쇄정책과 6.15남북공동선언이 이루어지는 일련의 역사적 흐름 속에서 한반도의 통일을 남북이 당사자가 되어 자주적으로 해결해야 한다고 주창한 '우리 민족끼리' 구호를 가장 현실화하는 장치가 민속전통이 된 점 역시 통일의 과정에서 민속학의 역할이 한껏 강조되어 고무적이다.

김정일이 급작스럽게 사망한 사건은 북한 민속학 연구에서는 위기일 수도 있다. 현재 북한 사회는 급변하고 있다. 김정일시대까지 강조하던 민속전통 대신에 '경제'와 '과학'이 김정은 체제의 주요 키워드로 읽힌다. 이를 달성하기 위해 미국과의 협상을 갈망하는 모습이다. 이런 시류에서

---

35 리희순, 「우리 인민의 우수한 민족적전통을 적극 살려나가는데서 지침으로 되는 력사적문헌」, 『민족문화유산』, 2004년 1호.

북한의 민속학 위상이 어떻게 변화하고 있는지 주목할 필요가 있다. 그나마 2009년부터 추진된『조선사회과학학술집-민속학편』이 김정일 사후에도 지속되어 2015년까지 결실을 본 것으로 미루어 봤을 때 북한에서의 민속학 부흥은 일정 시간 유지될 것으로 보인다.

적대적이고 폐쇄적인 남북관계 속에서 북한의 민속학 연구 성과를 체계적으로 파악하기에는 한계가 있다. 그래서 이 글에서는 현재 접할 수 있는 출판 및 조사 사업의 연구사를 통해 표면적인 연구 성과를 밝히는 데 그쳤다. 이러한 한계를 넘어서기 위해서는 남북 민속학자들의 실질적인 학술 토론이 절실하다. 그런데 학술 토론도 남북의 공동 추진 사업이 있어야 실현 가능하다고 본다. 국어학계에서 '겨레말큰사전 편찬'이라는 공동 사업을 추진하고, 역사학계에서 '개성 만월대 복원'이라는 공동 사업을 추진한 선례를 본다면, 민속학계에서도 '남북 전역 민속조사 사업'과 같은 공동 추진 사업을 기획하고, 그 성과를 정례적으로 점검하고 논의하는 가운데 남북 민속학자들이 함께 구축하는 코리아 민속학의 온전한 실체가 실현될 것으로 보인다. 통일의 과정에서 민속학이 기여할 수 있는 가장 적절하고 절실한 현안으로 인식하고 정부 차원의 기획과 지원이 이루어지기를 소망한다.

'분단적대성'의 역사적 발원과 감정구조

김종곤

1. 집단감정으로서 분단적대성

2차 세계대전의 종식과 아울러 패전국이자 전범국이었던 독일은 동서로 분단되었다. 잘 알다시피 서독은 미국 그리고 프랑스와 영국이, 동독은 구소련이 각각 분할 점령하였다. 독일의 분단은 승리한 연합군이 패배한 독일에 대해 전쟁의 책임을 묻는 과정이지만 자본주의 대 공산주의 진영으로의 분리였다는 점에서 이데올로기적 냉전의 산물이다. 하기에 1991년 구소련이 해체되고 탈냉전의 시대에 접어들자 독일은 46년 만에 통일을 이룰 수 있었다.[1] 그렇다면 비록 독일과 같이 전범국은 아니지만 한반도의 분단 역시 미·소를 중심으로 한 냉전체제에 그 바탕을 두고 있었다는 점에서 냉전체제의 해체와 아울러 남북도 통일이 되었어야 하

---

1   이는 독일의 통일이 전적으로 냉전체제의 해체에 기인한다는 의미가 아니다. 독일의 통일에는 빌리브란트의 동방정책을 비롯하여 오랫동안의 상호 교류가 밑바탕을 이루고 있다. 하지만 냉전체제가 해체되지 않았다면 독일의 통일은 기대하기 힘들었을 것이라는 점 역시 부정할 수 없다.

지 않는가. 하지만 남북은 그러지 못했다. 분단된 지 70여 년의 세월이 훌쩍 넘은 지금까지도 남북은 여전히 분단된 상태를 유지하고 있다.

이는 남북 분단이 지속되는 이유를 단지 냉전적 이데올로기적 대립이나 더 넓게는 두 세계관 사이의 갈등에서만 찾을 수 없다는 것을 말해준다. 이러한 맥락에서 백낙청은 '분단체제'라는 개념을 통해 한반도의 분단이 체제(system)라 부를 만큼 분단을 지속하는 자생력과 안정성을 갖추고 있다고 분석한 바 있다. 이에 박명림은 분단체제론 역시 분단체제를 세계체제의 하위체제로 놓음으로써 분단을 냉전의 산물로 보는 기존의 관점에서 벗어나지 못하였다고 비판한다. 그는 분단이 냉전의 산물이기는 하나 냉전이 한반도에서 "변형전이"(metamorphic transformation)를 겪었다는 점에 주목할 필요가 있다고 말한다. 이를 통해 그가 핵심적으로 내세우는 개념은 "거울영상효과"(mirror image effect)이다. 남북의 정치세력이 자신들의 권력을 유지/재생산할 목적으로 분단을 활용하면서 결국 남과 북은 적대적 공생, 공생적 적대의 관계를 맺어왔으며[2] 그 결과 "상호 의심과 상호위협의 상승작용에 의한 경쟁구도"를 통해 분단이 지속되고 있다는 것이다.[3]

그의 이러한 논의는 분명 한반도의 분단이 지닌 독특성을 새롭게 설명하고 있다는 점에서 의의가 있다. 그렇지만 남는 의문은 그러한 적대와 의존의 변증법적 관계를 가능하게 한 '동력'은 어디에서 나왔는가는 점이다. 박명림은 남과 북 사이의 정치적 대쌍관계라는 외부에 초점을 두고 논의를 하고 있지만 그것은 더 본원적으로는 내부, 즉 적대성을 중심으로

---

2 백낙청 역시 분단체제론을 설명하면서 이 부분을 핵심적으로 언급하고 있다. 그러한 점에서 박명림의 비판은 백낙청의 논의를 과도하게 오해하고 있는 것으로 보인다.

3 박명림, 「한국분단의 특수성과 두 한국: 지역냉전, 적대적 의존, 그리고 토크빌 효과」, 『역사문제연구』 13호, 역사문제연구소, 2004, 249-250쪽.

형성된 대중들의 심리적 토양에서 자양분을 제공받는 것일 수 있다. 기성정치는 말할 것도 없고 교육에서부터 일상적인 문화에 이르기까지 분단적대성은 '국민으로서' 지녀야 할 덕목으로 강조되어 왔으며 이를 통해 분단국가는 자국민에 대한 감시와 통제를 정당화하고 강화시키기도 했다. 또한 선거철이 되면 일부 정치세력은 국가안보의 위기를 강조하고 색깔논쟁을 펼치면서 대중들의 불안심리를 활용하였다.

이에 이 글이 주목하고자 하는 바는 바로 '분단적대성'이라는 '감정'(emotion)[4]이다. 지금까지 분단의 문제를 다루는 데에 있어 감정은 주요한 요인으로 주목받지 못했다. 어쩌면 이는 이성과 감정의 이분법적 구도 속에서 감정을 "부적절한 분석 범주로 간주"한 전통적 관점과도 무관하지 않을 것이다. 앞서 보았듯이 분단의 지속 요인을 정치적 이데올로기 혹은 세계관에서 찾거나 정치세력의 합리적 판단 행위 속에서 찾으려는 시도도 감정보다는 인식이나 이성에 무게를 둔 논의였다고 할 수 있다. 하지만 1970년대 서구에서는 감정은 인지과정과 무관한 것이 아닌 상호작용에서 기인하는 것이라는 주장이 제기되기 시작했다.[5] 특히 잭

---

4 래저러스 부부는 감정이 몸과 마음 둘 모두와 관련된 복잡한 반응이라 본다. 이 반응에 대해서는 세 가지로 나누어 다음과 같이 말한다. "첫째는 분노, 불안, 사랑의 느낌 같은 주관적인 정신 상태다. 둘째는 공개적으로 표현되든 되지 않든, 달아나거나 공격하는 것 같은 행동의 충동이다. 셋째는 심장박동이 증가하거나 혈압이 증가하는 것 같은 커다란 신체 변화다. 이런 신체 변화들 가운데 어떤 것은 대처 행동을 준비하거나 유지해준다. 또 어떤 변화들, 예를 들어 자세, 몸짓, 얼굴 표정은 다른 사람들에게 우리가 느끼고 있는 것을 전달하거나, 다른 사람들이 우리가 느끼고 있는 것을 믿게 하려는 의도를 가진다."(리처드 래저러스·버니스 래저러스, 정영목 역, 『감정과 이성』, 문예출판사, 2018, 232-233쪽.)

5 철학에서는 스피노자와 니체가 이미 감정과 이성의 상호성에 대해 논의를 진행한 바가 있다. 하지만 스피노자는 감정을 이성의 지배하에 두고 있다는 감정에 대한 이성의 우위화라는 전통적 관점을 넘어서지지 못하고 있다. 이런 이유에서 스피노자에 매료되었던 니체는 "지성을 신체적 충동의 도구로 파악"하면서 그에게서 등을 돌렸던 것이다. 이에 대해서는 박기순, 「스피노자와 니체의 관계: 감정과 기억의 문제를 중심으로」, 『시대와 철학』 27(1), 한국철학상연구회, 2016을 참조.

바바렛은 "이성 역시 그것의 배후 감정(back-ground emotion)을 필요로 한다"면서 이성을 촉진하는 것은 감정이라고 주장하고 감정에 대한 이성의 우위화에 반기를 들었다. 즉, 인간 세계는 이성만으로 움직이는 것이 아니며 도리어 "감정의 관여 없이는 사회에서 어떤 행위도 일어날 수 없"다는 것이다.[6]

흥미로운 점은 잭 바바렛은 여기에서 그치지 않고 감정이 '사회적인 것'(the social)이라는 주장까지 나아간다는 것이다. 그는 감정이 육체 속에서 주관적 느낌으로 경험된다고 할지라도 그것은 자신이 처해 있는 상황과 타자와의 관계가 없다면 결코 경험될 수 없기에 "감정은 분명히 사회적 관계 속에 존재한다"고 말한다. "감정은 사회구조와 사회적 행위 간을 이어주는 데 없어서는 안 되는 것이다."[7] 같은 맥락에서 박형신과 정수남은 "감정은 사회화를 통해 학습되고 구성된, 환원될 수 없는 사회문화적 산물"이라고 본다. 우리는 여기에서 감정이 단지 생물학적 반응이거나 모든 인간 존재에게 보편적인 것이 아니라 한 사회의 문화적 성격에 따라 독특성을 지니고 있다는 점을 읽어낼 수 있다. 감정은 그 집단이 어떠한 역사적 과정을 그쳐왔으며, 그에 따라 어떠한 상징체계를 지녔는가에 따라 다르게 표출된다는 것이다.[8]

그렇다면 오늘날에도 여전히 집단 감정(group emotion) 형태로 나타나는 분단적대성 역시 이러한 관점에 따라 분단이 낳은 상징체계 즉, 분단문화[9]의 사회적 결과물로 볼 수 있지 않을까? 물론 분단문화와 분단적대성을 연결시키는 논의가 지금까지 없었던 것은 아니다. 대표적으로 윤덕

---

6 잭 바바렛, 박형신 역, 『감정과 사회학』, 이학사, 2010, 8쪽.
7 잭 바바렛, 같은 책, 13쪽.
8 박형신·정수남, 『감정은 사회를 어떻게 움직이는가』, 한길사, 2016, 41-42쪽.
9 분단문화에 대한 구체적인 논의는 김종곤, "통일문화의 세 가지 키워드: 분단문화, 헤테로토피아, 문화-정치", 『시대와 철학』 28(2), 한국철학사상연구회, 2017 참조.

희는 분단문화의 특징으로 "권위주의체제와 권위주의적 문화 유지 확산", "군사문화의 확산", "다원주의 약화", "민족주의의 왜곡화 현상 초래" 등을 들면서 "민족 간의 대결의식과 적대감으로 표출되는 냉전적 문화"라고 정의한다.[10] 김기대 역시 분단문화의 핵심이 "분단 혹은 냉전지향적인 가치관"에 있다면서 분단문화는 "상대에 대한 악마적 감정/인식"을 견지하게 만든다고 지적한다.[11] 이들은 분단문화의 특징을 다소 차이 나게 분석하지만 그것이 적대적이고 대결적인 감정을 형성하는 원천이라는 점에는 입장을 같이 하고 있다.

하지만 이들의 논의가 분단문화의 특성을 밝히는 데에 초점을 두다 보니 분단적대성 그 자체에 대해서는 충분한 해명을 하지 못하고 있다는 것은 사실이다. 이에 이 글은 첫째, 감정은 역사적이고 문화적인 산물이라는 관점에서 분단의 역사를 되짚어 보면서 분단적대성의 역사적 발생 배경을 살펴보고자 한다. 그리고 둘째, 분단적대성이 오늘날에도 정치적 효과를 발휘하고 있다는 점에서 어떤 이유에서 힘을 잃지 않고 지금까지 우리 사회의 대표적인 집단 감정으로 이어져 오고 있는지 그 재생산의 매커니즘을 밝히고자 한다. 그리고 끝으로 이상의 분석을 바탕으로 분단 적대성을 완화하기 위한 실천적 방향성을 시론적으로 제시하고자 한다.

2. 역사적 산물로서의 분단적대성

잠정적으로 정의를 내리자면, 분단적대성은 외적으로는 북한, 내적으

---

10 윤덕희, 「통일문화 형성의 방향과 실천과제」, 『한국정치학회보』 31권 1호, 1997, 176-177쪽.
11 김기대, 「분단문화와 통일문화-가치관의 변화를 중심으로」, 『사회과학연구』 35호, 강원대학교 사회과학연구원, 1996, 221쪽.

로는 좌파/종북/빨갱이로 분류되는 자들을 대상으로 분노(anger), 원한(grudge), 증오 또는 혐오(hatred)의 형태로 표출되는 집단 감정이라 할 수 있다. 이러한 감정 대상들은 무엇보다 지금, 여기의 우리 삶과 사회를 위태롭게 하는 '위협적 대상'으로 여겨지며, 따라서 그러한 대상에 대한 적대적 감정을 발산하는 것은 따질 필요 없이 '마땅한 것'으로 여겨져 왔다. '마땅한 것'은 설명이나 증명을 요하지 않으며 그런 이유로 대상을 다르게 볼 상상력을 제한하고 자신의 관습이나 신념에 대한 비판을 불가능하게 한다. 그래서 지금까지도 '북한'이라고 하면 차이를 지닌 존재로서 대화와 타협의 대상이기보다는 우리의 삶을 침범하고 한반도의 평화를 깨뜨리는 악한 존재, 기괴하고 낯선 존재, 나아가 공포스러운 타자로 받아들여진다. 마찬가지로 우리 사회 내부에서는 소위 '빨갱이'는 실제로 그의 이념적 정체성이 공산주의(혹은 사회주의)인지와 상관없이 그 기표가 대상에 달라붙는 순간 줄리아 크리스테바가 말하는 '아브젝시옹'(abjec-tion)[12]과 같이 취급되어 알레르기 반응을 보이고 심지어 그에 대한 폭력을 정당화하는 정치적 효과를 발휘해 오고 있다.

이는 분단적대성이 반드시 남북 간에 물리적 충돌이 일어나거나 혹은 한국 사회 내에서 갈등이 가시적으로 첨예화될 때에만 나타나는 것은 아니라는 점을 아울러 말해준다. 실제로 어떤 사람들은 '북한', '좌파', '종북' 등의 단어만을 듣고도 불안, 공포와 같은 수동적 감정을 느끼며 심지어 혐오, 분노, 증오와 같은 능동적 감정을 폭발적으로 표출하기도 한다. 분단적대성은 시기에 따라 그 강도의 변화는 있을지언정 조그만 연상적 자

---

12 "폐기(廢棄), 혐오(嫌惡), 비천(卑賤)한 것, 방기(放棄), 폐물(廢物), 비체(卑體) 등으로 번역"되는 아브젝시옹은 오물, 쓰레기, 고름, 체액, 똥, 토사물과 같은 것들로 그 자체로 '역겨운 것'이다.(송명희, 「폭력과 아브젝시옹」, 『비평문학』 61, 한국비평문학회, 2016, 85쪽.)

극에도 발현되며 대단히 일상적인 감정이다. 따라서 분단적대성은 감정 대상들에 단단히 고착되어있는 (과잉화되고 왜곡된) 표상 이미지를 매개로 하며 자극이 주어졌을 때 자동적으로 감정을 표출하는 무의식적 메커니즘을 가진 것처럼 보인다. 다시 말해 분단적대성은 일회적이고 우연적인 감정 반응이 아니라 감정적 가치를 가진 표상, 즉 무의식적 콤플렉스(Komplex)[13]를 스치면서 나타난 결과라는 것이다. 그렇기에 같은 맥락에서 김동춘은 콤플렉스를 "개인이나 집단이 갖고 있는 어떤 무의식, 의식의 부정적인 이미지의 덩어리 때문에 다른 부분을 제대로 생각하지 못하고 그것에 과도하게 집착해 그것을 벗어나려고 하는 정신적 태도"라고 정의하고 분단적 상황에서 특히 레드 콤플렉스는 "북한 또는 좌익과 관련된 것은 무조건 없애야 한다는 사고나 행동"과 같은 히스테리적 태도로 귀결된다고 말한다.

여기에서 우선 주목할 점은 일련의 '자극-표상-감정' 반응이 지닌 역사성이다. 보았듯이 분단적대성이 무의식적으로 고착되어 있는 콤플렉스를 매개로 한다는 것 자체가 이미 역사적으로 구성되어 온 집단 심리가 있다는 점을 증명해 보이기 때문이다. 오늘날 전 세계적인 현상으로 대두되고 있는 난민이나 타민족, 타종교에 대한 혐오와 증오를 연구해온 카롤린 엠케 역시 집단적으로 분출되는 적대적 감정은 "미리 정해진 양식이 필요하"며 "모욕적인 언어표현, 사고와 분류에 사용되는 연상과 이미지들, 범주를 나누고 평가하는 인식틀이 미리 만들어져 있어야 한다"고 말한다. 이렇게 본다면 적대적 감정은 느닷없이 폭발하는 것이 아니라 "오랫동안 냉철하게 벼려온, 심지어 세대를 넘어 전해온 관습과 신념의 결과물이"라는 것이다.[14]

---

13 지그문트 프로이트, 임홍빈·홍혜경 역, 『정신분석 강의』, 열린책들, 2011, 148쪽.
14 카롤린 엠케, 정지인 역, 『혐오사회』, 다산지식하우스, 2018, 23; 76쪽.(강조는 필자)

물론 특정 대상에 대한 적대적 감정은 인류 역사에서 사라진 적이 없으며 또 모든 문화영역에서 보이는 일반적인 현상이다.[15] 그리고 이때의 적대성이 자신들의 사회에 피해나 위협을 가한다고 주장하는 이데올로기에 기반해 있다는 점에서도 동일하다고 말할지 모른다. 하지만 이는 무엇보다 감정 그 자체의 사회역사적 맥락을 무시한 반론이다. 에바 일루즈가 말하듯 감정은 "사회 이전(pre-social), 문화 이전(pre-cultural)의 어떤 것"이 아니다.[16] 감정은 문화적 상징체계에 따라 표출되는 것이다. 더구나 방금 엠케도 말했듯 감정은 '역사적 문화적 틀'을 간과할 수 없는 것이다.[17] 따라서 분단적대성 역시 발현 형태에 있어서는 동서고금을 떠나 어느 사회에서나 나타나는 적대적 감정의 일반성을 공유하고 있을지는 모르나 그것이 형성된 배경과 내용은 다를 수밖에 없으며, 이를 파악하고자 한다면 그것이 '한반도의 분단'이라는 독특한 역사적 과정의 산물이라는 관점에서 파악되어야 할 필요가 있는 것이다.

3. 분단적대성의 역사적 발원

우선, 분단적대성이 형성된 역사적 배경 혹은 발원을 규명하기 위해 시간을 거슬러 해방 시기로 돌아가 보자. 1945년 한반도는 드디어 일제 식민지로부터 해방된다. 해방공간은 식민지지배로 인해 발생했던 '민족

---

15 진화 심리학에서는 감정을 "살아남는 데 필요한 기능으로서 생물 진화의 역사를 통해서 서서히 누적되어온 것"으로 본다. 예를 들어 분단적대성과 관련된 '분노'는 상하관계를 확립하기 위해 위협을 표현하기 위한 것이기도 하며 문명사회에서는 개인이나 집단의 권리를 지키는 심리적 대응이다.(이시카와 마사토, 박진열 역, 『감정은 어떻게 진화했나』, 라르고, 2016, 5; 49-64쪽.)

16 에바 일루즈, 김정아 역, 『감정자본주의』, 돌베개, 2013, 15쪽.

17 카롤린 엠케, 같은 책, 76쪽.

≠국가'의 어긋남으로부터 벗어나 오랫동안 열망해오던 '민족=국가'를 건설할 수 있다는 희망으로 가득 채워졌다. 하지만 해방이 코리언 스스로의 힘으로 이루어진 것이 아니라 연합군에 의해 이루어진 탓에 그 희망은 결국 실현되지 못한다. 당시 대중들의 압도적인 반대여론에도 불구하고 모스크바 3상 회의에서 신탁통치안이 통과되면서 한반도는 남과 북으로 분단되고 만다.

식민지지배 시절부터 품어왔던 '민족=국가'를 향한 열망은 좌절되었다. 그리고 코리언 집단의 거의 전체가 이로 인해 심리적 상처를 입었다. 그렇다고 좌절된 그 열망이 사라진 것은 아니다. 다만 억압되었을 뿐이다. 48년 2.7 구국투쟁이나 김구·김규식·김일성·김두봉의 4자회담만 보더라도 하나의 민족국가를 건설하겠다는 열망은 실현되기를 멈추지 않았다는 것을 알 수 있다. 하지만 남북의 분단이 미·소를 중심으로 한 냉전체제에 바탕을 두고 이루어졌다는 점에서 그 열망의 실현은 쉬운 일이 아니었다. 무엇보다 분단 이후 남과 북이 각각 자본주의와 사회주의 노선에 따라 각자의 정치적 정체성을 형성하고 미·소 냉전의 대리인으로 등장하면서 상대를 정적(政敵)으로 삼았기 때문이다. 뿐만 아니라 대내적으로는 정치권력을 장악하고자 하는 세력들(이승만과 친일파들로 구성된 한민당)이 냉전적 정체성에 입각하여 자신의 정통을 내세우고 이를 국가 정통의 서사로 만들면서 상대를 이단(異端)으로 몰아붙였기 때문이다.[18]

이는 분단적대성이 남북의 분단 그 자체로부터 나온 산물이 아니라는 점을 말해준다. "감정은 정치의 우연한 분열자가 아니라 정치에 본질적인 것"[19]이라는 잭 바바렛의 말처럼 분단적대성은 애초에 남북 분단에 냉전

---

18 강성현, "'아카'(アカ)와 '빨갱이'의 탄생―'적(赤-敵) 만들기'와 '비국민'의 계보학", 『사회와 역사』 100, 2013, 256쪽.

19 잭 바바렛, 같은 책, 18쪽.

질서의 논리가 오버랩되어 상대를 정적과 이단으로 삼는 정치논리에 착근(着根)되어 있는 감정/인식이었던 것이다. 다시 말해, 적대성으로 인해 상대를 정적과 이단으로 삼은 것이 아니라 정치적 목적을 위한 정적과 이단 만들기에 적대성이 필요조건으로 달라붙어 있었다는 것이다.

여기에서 하나의 역설이 발생한다. 그것은 하나가 되고자 하였던 에로스적 열망이 상대를 적대적 정적·이단으로 삼는 감정/인식[20], 즉 '미vs소=남vs북=아(我)vs적(敵)=정통vs이단'과 같은 의미계열의 장벽에 충돌한다는 점이다. 분단적대성의 자가당착적 분열성은 바로 이 지점에서 발생한다. 세계사적 냉전 논리를 내면화한 남북의 대립으로 인해 오히려 자신의 오래된 열망을 성취할 수 없게 되고, 이는 시간이 흐를수록 더욱 폭력적인 감정으로 발전하는 에너지가 되었다. 하나가 되고자 하는 남/북의 에로스적 열망은 타나토스적 열망으로 바뀌어 갔던 것이다. 당시 이승만이 내세웠던 북진통일론이나 김일성의 민주기지론은 이러한 욕망의 선언으로 읽을 수 있다. 뿐만 아니다. 실제로 3.8선 부근에서는 소규모 군사적 충동이 빈번하게 발생하였으며, 제주4.3과 같이 내부의 적을 소탕하겠다는 명목 아래 민간인에 대한 대규모 학살극이 벌어지기도 했다. 따라서 분단적대성은 남북의 냉전정치에 착근되어 탄생하였지만 '민족=국가'를 향한 자신의 열망을 역설적이게도 좌절시켜 그로부터 적대적 에너지를 수혈받는 히스테리(Hysterie)적 감정인 것이다.[21]

---

20 이 글이 감정에 대한 이성의 우위화에 대해 반대하는 관점을 견지하는 있지만 그렇다고 이성에 대한 감정의 우위화를 지지하는 것은 아니다. 오히려 감정과 이성은 상호 결합되어 있으며 상호 인과적 관계에 있다는 관점을 취한다. 그렇기에 정치 논리에 착근되어 있는 적대성 역시 인식론적 차원에서 상대를 정적과 이단으로 간주하면서 동시에 원한과 증오가 표출되는 감정으로 보는 것이다.

21 "히스테리 환자는 보통 욕망의 충족을 지연시키고 '지금은 아니지만 언젠가는 내 욕망을 실현할 거야'라고 말하면서 그 지연된 상태 자체를 즐기는 사람이다."(김석, 『프로이트&라캉』, 김영사, 2013, 55쪽.) 분단적대성이 지닌 히스테리적 특징은 통일의

그러나 분단적대성이 대중적으로 일반화되고 재생산되는 조건을 갖춘 결정적 계기는 한국전쟁이었다. 전쟁은 으레 수많은 죽음과 무자비한 폭력을 낳을 수밖에 없는 참극이기에 사람들의 마음에 씻을 수 없는 상처를 남기고 가해자에 대한 원한과 증오를 낳기 마련이다. '민족=국가'를 향한 열망이 극단적이고 폭력적인 방식으로 표출된 한국전쟁 역시 마찬가지였다. 이 전쟁으로 인해 국토는 유린당하고 남북 할 것 없이 수많은 사람들이 다치거나 목숨을 잃었다. 살아남은 자들은 전쟁의 야만성과 공포가 남긴 기억 속에서, 사랑하는 사람을 잃은 슬픔 속에서 살아가야 했다. 민족의 반쪽은 이제 단지 이데올로기적으로 상이한 입장을 가진 정적이나 이단에 머물지 않고 인간의 탈을 쓴 늑대, 괴기스러운 형체를 하고 동족을 살해한 공포의 대상이 되었다. 더구나 한국전쟁은 완전히 끝난 것이 아니라 휴전협정을 맺고 휴식기에 들어간 것에 불과하다는 점에서 그 존재 자체가 만성적 불안 요소로 자신의 삶을 위협하는 악마적 존재로 인식되었다.

이는 분단적대성을 지속적으로 재생산할 수 있는 조건으로서 상처의 기억과 담론 그리고 감정 대상의 표상-이미지를 전쟁이라는 역사적 경험을 통해 갖추게 되었다는 것을 의미한다. 그러나 일반적으로 보았을 때 기억은 시간이 갈수록 흐려진다는 점에서 이와 같은 설명은 휴전협정을 맺은 지 70년이 다 되어 가는 오늘날까지 분단적대성이 크게 힘을 잃지 않고 있는 이유를 충분히 밝힌 것이라고는 할 수 없다. 그렇다면 어떤 이유에서 분단적대성은 지금까지도 지속되면서 실질적인 정치적 효과를 내고 있는 것일까? 그것은 분단국가의 억압적 통치의 결과일까? 아니면 어떤 자율적 재생산 메커니즘이 있기 때문일까?

욕망 충족을 지연시켜 적대성에 기반한 권력을 유지하거나 재생산하는 남북의 관계, 즉 앞서 말한 공생적 적대의 관계를 보여주는 것이라고 할 수 있다.

감정은 한편으로는 역사적인 산물이면서 또 그 사회가 지닌 문화적 조건에 기반하고 있다는 점을 기억한다면 이 물음에 답하기 위해 살펴보아야 하는 것은 분단적대성을 재생산하는 사회문화적 조건으로서 '감정구조'(emotion structure)일 것이다. 이때 감정구조란 단지 개인적 감정의 내적·주관적 구조를 의미하는 것이 아니다. 그것은 레이먼드 윌리엄즈의 개념에 따라 "사회적 성격처럼 공동체 구성원들이 공통적으로 공유하지는 않지만, 공동체 구성원들 사이에서 폭넓고 심도 깊은 의사소통이 그것에 의해 실제적으로 가능하게 되는 감정적 문화"라 이해될 수 있다.[22] 분단적대성 역시 모든 사람들이 그것을 같은 내용이나 같은 강도로 지닌 것은 아니다. 하지만 우리 사회에서 분단적대성은 많은 사람들이 공유하는 감정으로서 정치적 판단 및 결정의 배후감정이 되거나 사회적 관계 맺기의 성공여부를 결정하는 주요한 감정이다. 이러한 맥락에서 다음 장에서는 분단국가의 감정정치와 감정공동체 간의 관계 속에서 분단적대성이 어떻게 재생산되는지를 살피고자 한다.

4. 분단국가의 감정통치

국가는 막스 베버가 말하는 것처럼 폭력의 독점체이기도 하지만 상징적 생산의 영역이기도 하다. 부르디외에 따르면 "국가는 관료제적 절차, 교육적 구조, 사회적 의례들을 통해 여러 의식 구조들을 주조하고 이 속

---

22 정유정, 「윌리엄즈의 '감정구조' 개념과 계급에 대한 제(諸) 개념들의 검토」, 『한국콘텐츠학회논문지』 17(8), 한국콘텐츠학회, 2017, 132쪽. 윌리엄즈는 베네딕트의 '문화패턴'이나 에리히 프롬의 '사회적 성격'이 "일정한 사회나 문화에서 구조화된 고정의 형식을 보려고 하는 것"이라고 비판하고, "동일한 문화적 상황에 살고 있는 사람들의 변화와 모순으로 가득찬 실제의 경험에 기초해 성립되어가는 공통의 요소라는 의미에서" 감정구조의 개념을 정립하였다.

에서 개인들에게 국가 정체성과 같은 공통된 원리를 부여하면서 합법적인 국가 문화를 구성"[23]한다. 우리는 경험적으로도 물리적 폭력 자본과 상징자본을 국가가 집중적으로 소유하고 권력기구와 교육 그리고 사회적 의례 등을 통해 이데올로기를 생산/유통하면서 '국민들의 의식 구조'를 장악해왔음을 알고 있다. 따라서 분단적대성의 감정구조를 밝히는 문제는 분단국가와의 관련성 속에서 사유할 수밖에 없다.

이에 우선 주목하고자 하는 점은 전후(戰後)에도 남북은 여전히 '민족 ≠국가'의 어긋남[24]을 지닌 '결손국가'(a broken nation states)로 남았다는 분단국가의 특성이다. 일반적으로 신생독립국가는 민족을 국민의 단위로 흡수하고 그로부터 정통성을 세우고 출발한다. 그에 비해 남과 북은 같은 민족 간에 전쟁까지 했지만 그 전과 마찬가지로 민족 전체를 온전히 대표할 수 없다는 치명적인 결핍을 안고 있었다. 남과 북은 어찌되었건 동족을 죽인 국가이면서도 민족의 완전체가 아니기에 민족이 욕망('민족=국가')하는 국가가 될 수 없었다. 그런 이유로 전후 남과 북은 내적 통합을 이루고 통치를 정당화하기 위해 필요한 "정신적 에너지의 원천"이 거의 고갈된 상태였던 것이다.[25] 따라서 분단국가가 시급히 해결해야 할 과제는 어떤 방식으로든 전쟁의 책임소재를 명확하게 하고 민족의 완전체가 아니라는 결핍을 은폐하거나 봉합하는 것이었다.

이를 수행하는 데에 주요한 감정 에너지로 징발된 것이 바로 분단적대

---

23 강진웅, 「문화적 전환 이후의 국가론」, 『한국사회학』 48(1), 2014, 181쪽.

24 임현진·정영철, 『21세기 통일한국을 위한 모색』, 서울대학교출판부, 2005, 1-17쪽. 이때의 어긋남은 식민지지배로 인한 그것과 동일한 것이 아니다. 식민지지배로 인한 어긋남은 일제에 의해 국가가 축출되면서 발생한 것이라고 한다면 분단으로 인한 어긋남은 하나의 민족이 두 개의 국가로 나뉘지면서 발생한 것이기 때문이다.

25 서영채, 「민족, 주체, 전통: 1950~60년대 전통논의의 의미」, 『민족문학사연구』 제34권, 2007, 17쪽.

성이다. 이는 크게 두 가지 측면에서 진행된다. 첫째는 담론과 기억을 통한 분단적대성의 윤리화를 통해서이다. 전후 남과 북은 '피해자 vs 가해자'라는 이분법의 논리에 따라 자신만이 전쟁의 피해자이며 반면에 상대는 그에 대해 책임 있는 가해자로 전치시켜 놓는다. 누가 먼저 시작했든 전쟁의 과정은 서로 죽고 죽이는 참극이라는 점에서 가해자와 피해자의 경계는 모호해질 수밖에 없고 어느 일방만이 피해자라고 주장할 수 없다. 전쟁은 남북 모두에게 상처였다고 하는 것이 맞을 것이다. 그럼에도 분단국가는 동족을 죽였다는 죄의식을 억압한 채 피해자의 입장에 서서 전쟁의 책임을 오롯이 상대에게 전가한다. 동시에 전쟁으로 인해 사람들이 입은 마음의 상처를 중핵으로 삼아 원한과 증오의 감정을 축출하고 상대를 전쟁의 원흉이자 민족을 살해한 배신자 그래서 절대 악(惡)으로 상징화한다. 그리고 자신은 그러한 절대 악에 맞서 숭고한 방어전을 펼친 절대 선(善)으로 상대화한다.

그렇기에 예를 들어 반공주의는 악에 반대하고 선을 수호한다는 의미에서 국민이면 당연히 지녀야 하는 윤리의식이며 용공(容共)을 척결하는 것은 악을 제거하는 정의의 실천이 되었다. 분단적대성은 지극히 합리적이고 정상적인 감정이며 오히려 그러한 감정을 공유하지 않는 것이 비정상으로 분류었고, 분단국가에서 사람들이 따라야 하는 하나의 '감정규칙'으로 자리 잡았다. 과거 보다는 많이 나아졌지만 학교에서는 분단적대성을 윤리로 학습시키는 감정 교육을 실시하고, 일상적인 사회적 관계 속에서는 적대적 감정의 공유 여부가 친밀/배타를 결정하는 기준이 되었다.[26]

---

26 박형신·정수남, 같은 책, 73쪽. 이는 분단국가와 구분되는 분단의 감정공동체와 관련되어 있다. 원활한 사회적 관계를 맺고 배제되지 않기 위해서는 유사한 감정을 공유하며 감정적 연대를 형성해야 한다. 만약 그렇지 않을 경우 국가로뿐만 아니라 사회적으로도 배제되기 때문이다. 이에 대해서는 뒤에서 다시 다루도록 한다.

둘째, 분단국가는 위기담론을 통해 불안과 공포의 대중심리를 자극하여 분단적대성을 재생산하여 왔다. 한국의 경우 위기담론은 안보담론이라 바꾸어 불러도 좋은데, 이는 북한 혹은 그와 연계되어 있는 세력으로서 좌파, 종북, 친북이 우리의 국가와 사회를 위협하고 있다는 진단을 통해 불안과 공포를 불러일으키고 안전에 대한 욕구를 적대적 감정으로 전화시킨다. 더구나 한반도는 전쟁이 완전히 끝난 것이 아니라 휴전되어 있는 준(準) 전시상태라는 점에서 이 담론의 효과는 빠르고 강하게 나타난다. 어떤 사람들은 북한과 작은 마찰이라도 발생하면 전쟁이 날까 불안해하고 심지어 공포심을 느끼면서도 한반도의 안전을 지켜내기 위해서는 (모순되지만)전쟁까지 불사해야 한다는 주장을 하기도 한다. 뿐만 아니라 우리 사회 내부에서는 정부 정책을 비판하거나 헌법에서 권리로 보장하라고 있는 노동자 파업권 마저도 곧잘 사회질서를 교란하고 적화시키려는 술책으로 해석되고 내부질서 확립을 위한 공권력의 발동을 지지한다.

이러한 효과의 가장 큰 수혜자는 국가이다. 왜냐하면 근대영토국가가 그렇듯 대내·외적 위협으로부터 자신의 안전을 보장할 최후의 보루는 공권력(경찰과 군대)을 독점하고 있는 국가이기 때문이다. 그렇기에 위기-안보 담론은 종국적으로 국가에 대한 애착감을 낳고 국가와의 감정적 연대를 강화하며 나아가 국가에 대한 충성심과 애국심을 고취시키는 이중적 효과를 낳는다.[27] 즉, 분단적대성은 불안과 공포의 대중심리를 국가 통치성[28]의

---

27 마벨 베레진에 따르면 1648년 베스트팔렌조약 이후 영토주권국가에 있어 "안전은 그것이 수반하는 신뢰감과 위안감과 함께 근대 정치조직의 주요 형태-민주적 민족구가-의 감정적 원형"이 되어 왔다. 즉, 영토 국가는 시민들의 재산과 생명을 보호하는 안전을 제공함으로써 감정적 연대를 발전시키고 시민들에게서 충성심과 애국심을 고취한다는 것이다.(마벨 베레진, 「안전 국가: 감저의 정치사회학을 향하여」, 잭 바바렛 엮음, 박형신 역, 『감정의 사회학』, 2010, 73쪽.)

28 푸코의 통치성 개념은 다음과 같이 설명된다. "첫째, 통치성은 권력이 주요 과녁으로서 〈인구population〉를, 주요 앎의 형식으로서 〈정치경제(학)economie politique〉를,

보증 및 강화의 수단으로 활용하는 '감정통치'에 활용되었던 것이다.

때로는 이러한 감정통치는 조작적으로 이루어지기도 했다. 북에게 휴전선 근처에서 총을 한번 쏴달라고 요청했던 총풍(혹은 북풍)사건에서 보듯 정치권력은 정치적 위기 상황을 극복하고 권력을 유지하기 위해 의도적으로 남북 간의 긴장을 조성하기도 하였다.[29] 또 "국내의 일체의 도전을 냉전원수와의 연계세력으로 공격하는 것은 가장 효과적인 통치수법"[30]이기에 정치권력의 치부를 가리거나 공안정국을 만들어 권력을 강화할 목적에서 집권세력의 정치적 경쟁자나 비판자들을 간첩으로 둔갑시켜 내부의 적을 만들어 내기도 하였다. 심지어 쿠데타를 통해 권력을 찬탈한 신군부세력은 광주5.18과 같이 민주화를 요구하는 시민들의 목소리를 군홧발로 짓밟으면서 국가테러를 자행하기도 했다. 이때 이를 정당화했던 명분은 '공산 폭동'의 진압이었다.

이처럼 분단적대성은 분단국가가 자신이 지닌 결핍을 은폐/봉합하고 통치성을 보증/강화하려는 목적에서 활용한 담론 및 기억에 착종되어 유통되는 것이었다. 하지만 이러한 분단적대성의 유통 구조에는 분단국가

주요 기술 도구로서 〈안전 장치dispositifde securite〉를 가지는 이러한 특수한 형식을 실행하게 하는 제도, 절차, 분석과 반성, 계산과 전술로 구성되는 집합을 말한다. 둘째, 통치성은 서양에서 아주 오랫동안 여타 권력 유형(주권 권력, 규율 권력 등)보다 우위를 차지한 〈통치〉라 부를 수 있는 권력의 이런 유형을 향해 인도되는 것을 멈추지 않는 경향, 힘의 선이다. 셋째, 15세기와 16세기의 행정 국가가 되어갔던 중세의 정의 국가가 조금씩 통치성을 발견하게 되었던 과정 또는 과정의 결과이다. 간단히 말해 푸코가 말하는 통치성은 인구, 정치경제, 안전 장치라는 전술들을 통해, 좁게는 16세기에서 18세기까지, 넓게는 16세기에서 오늘날까지 점점 더 세력을 넓혀가는 경향, 힘의 선이라 말할 수 있다."(이정희, 「미셸 퓨코의 통치성의 계보학: "국가 이성"을 중심으로」, 『시대와 철학』 22(1), 한국철학사상연구회, 2011, 61-62쪽.)

29 그렇기에 남북의 관계를 배링턴 무어의 개념을 빌려와 '공생적 적대', '적대적 공생' 관계로 해석할 수 있다. 앞서 보았던 백낙청의 분단체제론 역시 이러한 관계가 분단의 자율적인 재생산 효과를 내다는 점을 간파하고 있다.

30 박명림, 같은 글, 254-255쪽.

만이 그 역할을 맡고 있는 것이 아니다. 논의의 맥락에서 어느 정도 드러났고, 또 엄밀하게 보자면 분단국가는 분단적대성을 산출하기 보다는 대중들로 하여금 적대적 에너지를 발산하도록 감정이 결합되어 있는 담론과 기억을 재생산/유통할 수 있는 사회적 구조를 형성하는 역할을 하고 있다. 그리고 국가는 오히려 그러한 감정에너지를 징발하여 활용하는 데에 더 집중해있다. 오히려 분단적대성은 조직화되어 있지는 않지만 분단국가에 연대적 감정을 지닌 신체들을 통해 산출된다. 이를 분단의 '감정공동체'(emotional community)라 부를 수 있을 것이다.

5. 분단의 감정공동체

감정공동체란 타인의 고통을 보고 슬픔을 공유하는 감정적 관계나 동일한 감정을 지닌 상시적인 조직체를 지칭하는 것이 아니다. 여기에서 말하는 감정공동체는 "감정 에너지를 표출하는 특정한 시기 동안 개인들을 경계 지어진 공적 공간 속으로 결합"시키고 "정체를 지지하거나 반대하는 감정 에너지를 산출"[31]하는 몰구조적인(a-structural) 집단적 감정적 반응을 의미한다. 정리해서 보자면 감정공동체는 ①비록 일시적일수 있지만 감정에너지를 표출하는 동안 일정한 감정적 경계를 만들고 ②정체에 대한 반대 혹은 지지를 보내는 감정 에너지를 산출하는 개인들의 집합이라고 할 수 있다. 마벨 베레진은 그러한 감정공동체가 산출되는 경우의 예로 "퍼레이드, 국경일, 공적 의례, 집회"[32]를 들고 있다.

이는 무엇보다 6.25기념 행사를 떠올리게 한다. 매년 6월이 되면 '잊지 말자 6.25', '무찌르자 공산당'와 같은 슬로건을 내세우고 종전도 아닌 개

---

31 마벨 베레진, 같은 글, 75쪽.
32 마벨 베레진, 같은 글, 76쪽.

전일을 기념하는 행사를 대대적으로 개최하고 각종 무기를 앞세운 군사 퍼레이드를 펼치곤 했다. 오늘날에도 슬로건에 변화만 있을 뿐 상처의 기억을 망각하기 보다는 기억하기를 주문하고 분단선 너머에 있는 민족 절반을 절멸시키겠다는 증오에 찬 각오를 다진다는 점에서 큰 변화는 없다. 또다른 예로는 각종 전시 공간을 들 수 있다. 전쟁 기념관이나 각종 박물관 등을 보면 그 안은 전쟁의 공포를 환기시키고 상대의 침략행위를 규탄하며 수난의 역사를 강조하는 서사로 채워져 있다. 'OOO 평화 박물관'과 같이 평화를 박물관의 이름에 붙이고 있지만 그 스토리텔링은 평온하고 화목한 관계 형성 보다는 박물관을 나서면서 분노와 적개심을 가지는 것이 옳은 것이라고 말하는 것 같다. 그래서 이러한 "국경일, 페스티벌, 퍼레이드, 기념식은 제도화된 정치적 열정과 헌신의 불꽃에 불을 지르고자 하는 주기적 시도들"이라 할 수 있다.

그렇지만 분단의 감정공동체는 이보다 더 일상적이고 광범위한 영역에서 산출되어왔다. 학교·시민 교육에서부터 일상적으로 접하는 영화, 음악, TV와 같은 매스미디어에 이르기까지 전쟁이 남긴 상처의 기억을 환기시키고 분단의 적에 대한 왜곡되고 뒤틀린 이미지를 반복적으로 접해왔다. 래저러스 부부가 말하는 것처럼 문화가 감정을 불러일으키는 자극을 평가하기 위한 기초를 제공한다면, 구체적으로 말해 "문화는 무엇이 모욕적이고 불쾌한 언행인지(분노의 경우), 무엇이 실존적인 위협인지(불안의 경우), 무엇이 도덕적인 금지를 침해한 것인지(죄책감의 경우) (...)를 규정"한다면 분단국가 내에서 우리가 접하는 일상적인 문화는 적대적 감정의 표출을 지지하는 내용들이었던 것이다.[33]

---

33 리처드 래저러스·버니스 래저러스, 정영목 역, 『감정과 이성』, 문예출판사, 2018, 287쪽. 이어서 이들은 "모든 문화는 감정이 어떻게 통제되고 또 표현되는가에 대한 가치와 규칙을 유지하고 있다. 우리는 그런 것들을 그 문화 속에서 성장하고 살면서

이처럼 분단의 감정공동체가 비일상적인 사회적 의례뿐만 아니라 일상적인 문화에 이르기까지 전방위적 영역에서 산출되는 것이라고 한다면 적대적 감정의 표출을 국가가 굳이 강제하지 않는다 하더라도 개개인들은 그것을 도덕적 감정으로 받아들이는 자율적 감정체계를 갖출 가능성이 크다. 왜냐하면 그렇지 않을 경우 그 개인은 감정적 연대를 형성하지 못하고 친밀적인 사회적 관계를 형성할 수 없기 때문이다.

이는 분단적대성이 감정적 분위기(emotional climate)의 형성을 통해 집단화되는 과정을 보여준다. 잭 바바렛에 따르면 "감정적 분위기는 공통의 사회구조와 과정에 연루된 개인들로 구성된 집단에 의해 공유될 뿐만 아니라 정치적·사회적 정체성과 집합행동의 형성과 유지에 중요한 일련의 감정 또는 느낌"으로서 "사회적·정치적 조건과 그것을 다른 사람들과 공유할 기회 및 제약과 관련한 느낌과 감상의 준거점으로 기능"[34]한다. 따라서 어떤 개인은 적대성을 표출할 것을 요구하는 자극 신호와 감정 수용 사이에 간극이 발생한다 하더라도 섣불리 불편함을 드러낼 수 없다. 더욱이 분단국가의 권력기구가 상시적인 감시와 처벌을 통해 공포정치를 일상화해왔다는 점에서 불편함을 드러내는 일은 위험한 일이었다. 안전한 것은 그 간극이 주는 '감정 고통(emotional suffering)'을 수행하면서(예를 들어 내적 검열) 감정을 교정하는 것이었다.[35]

배우게 되며, 이것 때문에 다른 문화에 속한 사람들과 달라지게 된다. 사회는 분노, 슬픔, 죄책감, 수치심, 긍지에 대처하는 방식을 매우 중요하게 여기기 때문에, 이런 감정들은 그 가치와 규칙이 우리의 감정들을 형성하는 데 어떤 역할을 하는지 보여주는 탁월한 예들을 제공한다."고 말한다.(리처드 래저러스·버니스 래저러스, 같은 책, 290-291쪽)

34 박형신·정수남, 같은 책, 91쪽 재인용; 잭 바바렛, 박형신·정수남 역, 『감정의 거시사회학: 감정은 사회를 어떻게 움직이는가?』, 일신사, 2007, 2007쪽.

35 신동규, 「전쟁과 홀로코스트의 기념을 통해 본 감정정치: 유럽 박물관의 고통 재현과 집단감정」, 『서양사론』 135, 한국서양사학회, 2017, 208-209쪽.

물론 모든 개인이 그런 것은 아니다. 하지만 분단국가와 사회에서 분단적 대성은 국민이라면 당연히 갖추어야 하는 덕목이며 자신이 내부의 적이 아니라는 정치적 선명성을 증명하는 징표라는 점에서 배제/포함의 경계에서 자기 내·외적으로 빈번히 강요된다. 이는 엔티엔 발리바르가 집단적 동일성의 두 가지 극단적인 형태를 지적하면서 말하는 것 중 하나인 "집단적 동일성의 히스테리화"처럼 보인다. 즉, "개인을 집괴(集塊)적이고 배타적인 동일성, 유일하고 일의적인 동일성으로 환원하는" 가운데 한국인이 한국인이 되려면 갖추어야 하는 조건으로서 제시되는 것이 바로 분단적대성이라는 감정이라는 것이다.[36] 요컨대, 분단의 감정공동체는 "집합적인 국가적 자아(national selfhood)"[37], 달리 말하면 분단의 감정규범을 내면화하고 실천하는 분단의 신체[38]가 생산되는 곳이다. 그곳에서 그 신체는 분단적대성의 감정에너지를 산출하고 정체로 전송하는 발원지가 되어 왔던 것이다.

6. 통일과 평화의 감정공동체를 위하여

끝으로 분단적대성의 완화 방안을 시론적이나마 제시하기 위해 이상의 논의를 간략하게 정리해보자. 우선, 이 글은 분단적대성의 역사적 발원을 해방시기까지 시간을 거슬러 올라가 살피고자 하였다. 그 결과 분단적대성은 남북 분단에 냉전질서가 오버랩되어 상대를 정적과 이단으로 삼는

---

36 문성규, 「적대의 지구화와 정치의 조건들」, 『철학논집』 28호, 서강대 철학연구소, 2012, 172쪽. 나머지 하나는 "집단적 동일성의 평범화 또는 완전한 탈인격화"이다. 이는 "아무런 고정적인 동일성도 없이 그때그때마다 상이한 동일성으로 〈유연하게〉 전환하는, 끝없이 부유하는 집단적 동일성의 형태"를 지칭한다.

37 마벨 베레진, 같은 글, 85-86쪽.

38 분단의 신체에 관해서는 박영균, 「분단의 아비투스에 관한 철학적 성찰」, 『시대와 철학』 21(3), 한국철학사상연구회, 2010을 참조하라.

정치논리에 착근되어 탄생한 감정/인식이었다. 하지만 역설적이게도 분단적대성은 '민족=국가'를 향한 자기 욕망의 충족을 지연시키면서 그로부터 적대적 에너지를 수혈받아 생명을 이어가는 히스테리적 감정이었다. 그리고 한국전쟁을 통해 마침내 분단적대성은 전쟁으로 인한 상처의 기억과 담론, 감정 대상의 표상-이미지를 재생산 조건으로 갖추게 되었다.

하지만 이것만으로는 분단적대성이 오늘날까지 우리 사회의 지배적인 집단감정으로 자리 잡고 있는 이유를 충분히 설명하였다고 할 수 없었다. 이에 분단적대성이 재생산되는 사회-문화적 조건, 즉 감정구조를 두 가지 차원에서 분석하였다. 그 첫 번째는 분단국가의 감정통치였다. 분단국가는 담론과 기억을 통해 분단적대성의 감정을 윤리화하고 위기-안보 담론에 기대어 분단적대성이 재생산될 수 있는 사회적 구조를 형성하고 있었다. 그렇지만 여기에서 분단국가의 역할을 분단적대성의 산출이 아니라 구조적 조건의 형성으로 한정지었다. 왜냐하면 감정을 산출하는 것은 오히려 분단국가가 아니라 그러한 조건 속에서 결합되는 감정공동체였기 때문이다. 분단의 감정공동체는 분단국가의 사회적 의례를 비롯한 문화 전반에 걸쳐 분단적대성의 표출을 지지받고 집합적인 국가적 자아를 (재)생산하면서 감정 에너지를 정체로 실어나르고 있었다. 요컨대, 분단국가의 감정통치와 분단의 감정공동체는 순환구조를 통해 분단적대성을 재생산해 온 것이었다.

그렇다면 분단적대성의 완화를 위한 실천이 개입해야 하는 지점은 바로 그 순환구조에 단락(段落)을 만드는 것이다. 이는 첫째, 분단국가의 감정통치가 기대어 있는 분단역사의 기억과 담론 나아가 표상-이미지가 더 이상 분단적대성의 재생산 조건이 되지 않게 하는 것일게다. 특히 기억과 담론은 감정과 별개가 아니라 그 자체로 감정의 구성체로서 한 몸이라 할 수 있는데, 분단국가는 그것을 각종 장치들을 통해 공식화(official)해 왔다. 그것은 곧 분단국가가 그 기억과 담론에 권위를 부여해왔으며 반복을 통해 관습화해왔다는 것이다. 분단적대성이 힘을 잃지 않는 것은 "권위적 관습의 반복"[39]이며 그것의 반복적 인용의 결과인 것이다. 따라서 하나의 대안은 분단국가와의 전이적 관계를 단절하고 그 관습을 반복하지 않는 것, 인용하기를 멈추는 것이다. 분단국가의 안보담론은 되려 군비경쟁을 부추기는 '안보 없는 안보'였다는 점을 말하기, 원한과 증오의 감정을 학습시키는 전쟁 박물관이 아닌 전쟁의 기억을 공통의 상처의 역사로 기억하고 주체적으로 공감하는 공간 짜기 등이 그 예가 될 것이다.

이는 곧 분단의 감정공동체가 아니라 통일과 평화의 감정공동체를 산출하는 과정이기도 하다. 그래서 둘째, 분단적대성의 순환구조의 단락은 대안적 감정공동체를 산출하는 데에서 가능할 것이다. 마벨 베레진 역시 감정공동체에 대해 논의하면서 그것이 정체를 지지할수도 있지만 역으로 '반대'할 수 있다는 점을 열어두었다.[40] 오늘날 반공 이데올로기와 종북 프레임이 그 이전과 달리 낡아 보이는 것은 지난한 민주화 과정에서 부터 분단국가의 기억과 담론에 "두 세계가 하나의 유일한 세계 안에 현존하는 불일치를 현시"[41]해왔던 피땀어린 노력이 있었기 덕분이다. 그것은 나와 다른 대상을 미워하고 증오하는 감정 에너지가 산출되는 공동체가 아니라 자유, 평등, 사랑과 같은 감정이 더 힘을 가지는 '코뮤니타스'(communitas)[42]가 가능함을 보이는 것이었다. 그렇다면 분단적대성의 순환구조를 끊은 것은 관습의 반복이 아니라 불일치의 반복을 멈추지 않는 실천이 아닐까?

---

39 주디스 버틀러, 유민석 역, 『혐오발언』, 알렙, 2016, 102쪽.

40 마벨 베레진, 같은 글, 75쪽.

41 자크 랑시에르, 양창렬 역, 『정치적인 것의 가장자리에서』, 길, 2008.

42 앞선 주체적 공감의 공간짜기와 코뮤니타스 논의는 김명희, 「이행기 정의의 코뮤니타스와 공공역사: 두 개의 전쟁박물관에 재현된 감정기억」, 『거시적 감정사회학을 위한 탐색적 연구 2차년도 결과발표회 자료집』, (2018.08.23. 연세대)을 참조하였음을 밝힌다.

남·북·중의 산아제한정책과 코리언 여성들의 출산문화 및 의식세계

박재인

1. 남·북·중의 산아제한정책과 코리언의 여성문제

'출산'은 코리언의 삶에 매우 중요한 의미를 차지한다. 부모와 자녀의 정서적 관계가 특별하고 모성에 대한 기대가 큰 것이 코리언의 특징이기도 하다. 그리고 유교적 문화 전통으로 개개인보다 가문의 존속과 발전을 중시했던 한국형 가족주의가 코리언의 일생에서 출산의 의미를 강화시키는 데에 많은 영향을 미친 것도 사실이다. 그래서 출산은 사람의 생명·성·젠더 의식에 긴밀한 영향을 맺고 있으면서도, 특히 코리언 사회와 가정문화 그리고 여성문제에 있어 많은 의미를 담고 있는 생애 핵심적 사건이라고 할 수 있다. 이에 이 글은 '출산'과 관련된 여성들의 구술생애담을 분석 대상으로 삼으려고 한다.

국내에서 출산에 대한 연구는 주로 의학과 보건학, 인구학분야에서 이루어져 왔다가, 1990년대부터 여성들의 삶을 구체적으로 살펴보는 출산과 모성에 대한 질적연구들이 발표되기 시작했다. 이 연구들은 대체로 모성경험에 대한 여성들의 의식과 행위성을 분석하거나[1] 여성들이 '어머니로서 자기인식' 혹은 시대적 흐름에 따른 '모성에 대한 여성들의 인식적 특성'을 밝히면서[2] 생활문화사와 여성사의 지평을 확장해왔다. 이러한 연구사적 맥락과 함께 본 연구는 산아제한정책의 강화로 '소자녀가족'에 대한 의식이 공고해졌던 분위기 속에서 가정주부로서의 여성들이 '피임문화'를 어떻게 받아들였는지 생생한 구술자료로 확인하려고 한다. 생애담은 사람의 삶을 '이야기한다'는 점에서 역사성과 문학성을 지닌 자료[3]이기 때문에, 여성이 주체가 된 생활문화사를 이해하고 여성들의 의식세계를 함께 살펴보는 연구의 적실한 자료라고 할 수 있다.

이 글에서 특히 주목하고 있는 바는 1970-80년대 산아제한정책 시기 남·북·중 코리언 여성들의 임신 및 출산 관련 기억이다. 남한과 북한, 그리고 중국조선족 사회에서는 '출산'과 관련하여 유사한 경험을 해왔다. 세 공간은 유교문화권에 있으며, 한국전쟁을 직접 경험하였고, 전쟁 직후 다산장려정책에서 산아제한정책으로 전환되었던 과정이 동일하다. 그리

---

1   김은실, 「출산문화와 여성」, 『한국여성학』 12-2, 한국여성학회, 1996, 119-153쪽; 한경혜·노영주, 「50대 중년 여성의 모성경험에 관한 질적 연구」, 『한국가족관계학회지』 5-1, 한국가족관계학회, 2000, 1-22쪽.

2   윤택림, 「생활문화 속의 일상성의 의미=도시 중산층 전업주부의 일상생활과 모성 이데올로기」, 『한국여성학』 12-2, 한국여성학회, 1996, 79-117쪽; 신경아, 「한국 여성의 모성 갈등과 재구성에 관한 연구: 30대 주부를 중심으로」, 서강대학교 박사학위논문, 1998, 1-237쪽; 배은경, 「구술생애사를 통해 본 산업화 시기 한국 어머니의 모성 경험: 경제적 기여와 돌봄노동, 친족관계 관리의 결합」, 『페미니즘연구』 8-1, 한국여성연구소, 2008, 69-123쪽; 박혜경, 「한국 중산층의 자녀교육 경쟁과 '전업 어머니' 정체성」, 『한국여성학』 25-3, 한국여성학회, 2009, 5-33쪽; 이선형, 「구술생애사를 통해 본 한국여성들의 모성인식에 대한 세대비교연구」, 『페미니즘연구』 11(1), 한국여성연구소, 2011, 59-99쪽.

3   신동흔, 「시집살이담의 담화적 특성과 의의 -'가슴 저린 기억'에서 만나는 문학과 역사-」, 『구비문학연구』 32, 한국구비문학회, 2011, 1-36쪽.

고 이 연구는 이전보다 적극적인 형태로 피임과 임신중절이 권유되고, 둘 혹은 한 자녀 낳기가 강요되었던 시기인 1970-80년대에 주목한다. 피임과 임신중절에 대한 사회적 강요는 여성의 신체에 대한 국가의 억압이면서도, 여성의 몸과 마음에 지대한 영향을 미친 문제이기 때문에, 본 연구는 이 시기에 출산을 경험한 여성들의 기억을 연구하고자 하는 것이다.

이를 위하여 먼저 남·북·중 사회에 내려진 산아제한정책을 살펴보면 다음과 같다.[4] 먼저 남한에서는 1960년대에 산아제한정책이 시작되었다. 1961년 11월 가족계획사업을 추진하면서 출산 감소를 위한 정책을 공식적으로 채택하였고, 피임에 대한 의료행위의 확산과 더불어 국민의 의식개혁을 위한 갖가지 운동이 시작되었다. 1973년부터는 인공유산에 관한 모자보건법이 제정되었고, 1981년에는 인구증가억제정책이 발표되면서 적극적인 형태로 출산을 제한하였다. 이후 1996년부터는 인구억제에서 인구증가로 정책이 변화되었고, 현재는 저출산과 고령화 문제를 극복하고자 하는 인구정책이 실시되고 있다.[5]

북한의 경우도 유사하다. 북한 사회는 한국전쟁에 따른 인명손실을 만회하기 위해 인구증가에 힘쓰다가, 1970년 초부터 출산억제정책을 도입했다. 재생산정책이라는 이름으로 혼인적령기를 늦추고, 여성들의 사회진출에 대한 자각을 높이게 하면서, 각 산원에 부인상담과를 설치하여 무료로 피임서비스를 제공했다. 1978년에는 "하나도 낳지 않아도 좋습니다"라며 출산억제에 대한 인민들의 동참을 강조하고, 1980년에는 자궁 내 피임도구를 적극적으로 보급하고, 1983년에는 낙태수술을 공식적으

---

4 여기 남·북·중의 산아제한정책에 대한 서술은 김종군 외, 「구술생애담을 통해 본 남·북·중 코리언 여성들의 아들 낳기 문제와 젠더의식」, 『다문화콘텐츠연구』 33, 문화콘텐츠기술연구원, 2020, 331-367쪽의 내용을 인용하였다.

5 이경희, 「현대화 과정에서 한국과 중국의 산아제한정책 비교연구」, 『교육연구』 40, 성신여대 교육문제연구소, 2006, 405쪽.

로 허용했다. 이러한 산아제한정책은 1990년 후반에 와서 다시 출산장려정책으로 변화하였고, 여성의 역할과 다산을 강조하는 '모성영웅' 개념이 대두되기도 하였다.[6]

중국의 경우는 1953년부터 피임 교육이 확산되었고, 인공유산 방법이 인준되었다. 계획생육정책이라는 이름으로 본격적인 산아제한정책이 시작된 것이다. 그러다가 1979년 하반기부터 전 국민에게 '한 부부 한 자녀 낳기 운동(响应国家号召 一对夫妇一个孩)'을 적용하고, 위반하면 거액의 벌금을 강요하거나 인공유산을 강요하기도 하였다. 그 가운데 소수민족지구에 한해서는 인구증가를 허용하고 개인적인 선택에 맡기기도 하였다.[7] 이후 중국에는 2000년대에 이르러서야 한 자녀 정책에 대한 비판이 일어났고, 2016년부터 두 자녀 정책이 실행되었다.

이처럼 각국에서 강력하게 산아제한정책이 적용되던 시기는 1970년대 후반에서 1980년대라고 할 수 있다. 이때는 피임과 인공중절수술 등 여성의 재생산권에 대한 국가의 통제가 강력하게 이뤄졌던 것이다. 그리고 다산이데올로기가 강요되던 과거로부터 생활사적 전환이 이뤄지던 환경이었다고 할 수 있다. 이렇게 국가가 여성의 신체를 제한하면서 여러 가지 사회 현상들이 출몰하는데, 그 가운데 본고는 남·북·중 코리언 여성들의 공통의 경험, '피임생활로의 전환'에 대해서 살펴볼 것이다. 이는 곧 모성 건강과 관련된 재생산권에 대한 문제이며, 여성들의 여성주의적 자각 동기와도 관련되기 때문이다.

---

6 김지희, 「북한의 인구관과 인구정책 분석」, 이화여자대학교 석사학위논문, 2018, 1-81쪽.

7 유병호, 「중국 조선족의 인구위기에 대한 연구」, 『재외한인연구』 9-1, 재외한인연구회, 2000, 135-159쪽.

2. 산아제한정책기 코리언 여성들의 출산문화와 의식세계

1) 출산경험담 구술조사 방법

이 연구에서는 산아제한정책시기 코리언 여성들의 삶을 구체적으로 살펴보고자 구술생애담을 조사하였다. 1970-80년대 산아제한정책이 강화되던 시기를 중심으로 하여 남한·북한·중국에서 출산을 경험한 여성들을 대상으로 그 생애담을 조사하였는데, 특히 피임시술이나 중절수술이 성행했던 바와 같이 각지에서 가장 강력하게 산아제한정책이 실시되었던 사실을 기억하는 여성들로 조사 대상을 꾸렸다.

화자	기본 정보	출산 연도와 지역	자녀수	출산 순서	특이 사항
남한 여성	1952년 충남 출생 (조사시기: 2019년 11월 10일)	1978, 1982년 / 서울	2명	여아 2	1960년대 후반부터 서울 거주, 서울 출신 남성과 혼인
북한 여성	1951년 중국 출생 (조사시기: 2019년 9월 9일)	1972, 1975, 1978년 / 북한 양강도	3명	남아 1 여아 1 남아 1	중국 연길시에서 출생하고, 8살에 평양으로 이주, 가정 문제로 양강도로 추방당하고, 고난의 행군 시기에 남편 사망, 1999년 탈북하여 2005년 한국에 입국하여 서울 거주. 북한 양강도 출신 남성과 혼인.
중국 조선족 여성	1958년 중국 출생 (조사시기: 2019년 10월 7일)	1979, 1988년 / 중국 연길	2명	여아 1 남아 1	중국 연길시에서 성장하여, 같은 조선족 남성과 혼인, 2013년 사별 후 2015년 한국으로 이주.

남한 경우는 산아제한정책에 예민하게 반응하였던 서울지역 여성에 초점을 맞추었다. 서울은 국가 정책에 따라 빠른 변화가 가능했고 산업화와 현대화 및 의료기술의 변화가 신속하게 이뤄진 공간이기 때문이다. 남한 여성의 경우는 여아만 출산하여 아들 난임으로 고생하였고, 남편의 권유로 셋째 아이를 중절 수술한 경험이 있었다. 그리고 남편이 피임수술을 받았다.

다음 북한 여성의 경우는 탈북민을 대상으로 조사되었다. 이 여성은 중국 연길에서 출생하였으나 8살 때 평양으로 이주하였고, 이후 집안 문제로 18살에 추방당해 양강도 두메산골에 거주하였다고 한다. 그녀의 출산 경험은 1970년대 양강도에서의 기억이며, 당시 피임시술을 받은 이력이 있다. 게다가 고난의 행군 시기에 극빈과 기아를 경험하였고, 탈북과 한국 입국 등의 특별한 사회적 경험을 간직하고 있었다.

중국 조선족 여성는 중국 연변자치주 화룡시에서 태어났으며, 출생지에서 혼인하고 출산하였다. 이 여성은 중국 계획생육정책에 맞추어 1979년에 아들 한 명만 출산하였다가, 이후 남편의 권유로 1988년에 여아를 출산하였다. 이 여성의 경우는 조선족 사회에 적용되었던 계획생육정책의 실체를 잘 기억하고 있는 특징이 있었다.

이들에게 주로 물어본 질문은 "자녀들을 출산하였던 당시에 대해서 자유롭게 이야기해주세요."였다. 이 조사에서는 '출산'과 관련된 모든 화제를 허용하였으며, 조사자의 개입은 최소화 하는 '듣기' 위주의 인터뷰 방식을 취했다. (1)주인공으로서의 경험담, (2)목격자로서의 경험담, (3)2차적 경험담(남의 경험담)을 모두 포괄하였는데,[8] 직접 경험하지 않은 사연이어도 화자가 살았던 공간의 생활문화와 화자의 의식세계를 발견할 수 있는 이야기라면 그 역시 화자의 출산경험담으로 인정하였다. 그리고 그 담화는 '출산 사건 + 당시 생활양식 + 화자의 의식세계'가 결합된 형태를 기본 축으로 하였고, 그것에 집중하여 화자에게 질문했다. 특히 산아제한 정책과 관련한 출산 문화에 대해 질문하였고, 이 시기 여성들이 어떠한 의식 변화를 경험하고, 그것이 현재와 어떠한 관련성이 있는지 파악하기 위한 추가 질문을 덧붙였다.

---

8 신동흔, 「경험담의 문학적 성격에 대한 고찰: 현지조사 자료를 중심으로」, 『구비문학연구』 7, 한국구비문학회, 1997, 157-182쪽.

지금까지 구술생애사 방법의 연구들은 "생물학적 임신·출산으로서의 모성(maternity)와 양육노동으로서의 모성실천(mothering)"[9]을 포괄한 범위에서 논의되었는데, 이 여성들의 출산경험담 구술 현장에서도 역시 임신과 출산, 양육의 과정은 분리될 수 없는 화제였다. 그리고 그것은 다시 부부관계, 시댁과의 관계, 자녀와의 관계는 물론 여성들의 사회적 정체성이나 지역적 특색하고도 깊은 관련이 있었다. 그래서 이 연구에서는 임신, 출산, 양육 및 이 여성들의 사회적 정체성 등의 문제들을 포괄한 범위에서 생애담을 살펴보고자 한다.

2) 다산(多産)의 억압에서 벗어난 삶

출산경험담에서는 산아제한정책과 맞물려 여성들의 삶이 변화했던 장면들이 발견된다. 그 중 이 글에서 다룰 문제는 다산(多産)을 권장했던 전통적 관념에서 '피임' 문화로의 변화이다. 남·북·중 코리언 여성들의 기억에서는 장기간의 출산 고통과 양육 부담으로부터 벗어날 수 있었던 문제와 함께 생활양식의 변화가 포착되었다. 또한 피임과 관련하여 각 국가의 사회적 상황과 맞물린 개인의 욕구 문제도 발견되었다.

산아제한정책에 대한 질문에는 늘 '피임 문제'가 화제로 나타났다. 즉 그녀들의 의식 속에서는 국가의 산아제한은 곧 피임시술로 기억되었던 것이다. 먼저 남한여성의 구술에서 살펴보면, 그녀는 딸만 2명 출산하였다가 아들을 간절히 원해서 1984년에 셋째를 임신하였으나 남편의 의사에 따라 중절수술을 하였다.

> 남한여성: 남편이 안 낳겠다고 그러더라고. 셋째가 들어서니까 (남편

---

9 이선형, 「구술생애사를 통해 본 한국여성들의 모성인식에 대한 세대비교연구」, 『페미니즘연구』 11-1, 한국여성연구소, 2011, 60쪽.

이) 나는 안 낳겠다고 하면서 TV위에 돈을 놓고 오늘 당상 산부인과 다녀오라고 하더라고. 내가 고집을 피우면서 안 가니까, 다음날 또 확인하고, 또 가라 그러고. 우리 남편은 자유롭게 취미생활 하면서 살고 싶다면서 뭐 아들 낳자고 더 안 낳겠다고. 〈중략〉 산아제한 하니까 (남편이) 예비군 가서 쩸매고 왔더라고.

이 여성의 발언에서는 '남편' 입장에서 산아제한정책을 긍정적으로 수용하였다는 점을 확인할 수 있다. 남한여성은 딸 2명을 출산하고 '아들 난임'을 경험한 경우인데, 본인은 아들을 낳고 싶어서 셋째를 원하였지만 남편은 이를 거부하였다고 말했다. 남편은 아들이 있는 삶보다는 경제적으로 여유로운 삶을 선택한 것인데, 여기에서는 아들을 낳아 가문을 보전하고자 했던 전통적인 관념과 달라진 지점을 확인할 수 있다.

위의 사례로 보면, 남한 사회에서 산아제한정책이 잘 흡수될 수 있었던 사회적 환경이 이미 조성되어 있었던 사실을 확인할 수 있다. 그것은 근대적 가족 문화라고 할 수 있는 '가족계획', 즉 소자녀 가정에 대한 욕구이다. 보통 산아제한정책을 실행하는 정부에서는 피임이나 중절수술 등 의료적인 정책을 확산하면서 동시에, 국민의 의식 개혁을 위한 다양한 교육을 추진한다. 과거의 다산문화에 큰 가치를 두고 있는 코리언들의 의식을 개혁하기 위해서 일종의 계몽운동 차원으로 여러 방책이 추진되었는데, 그래서 사회학과 인구학 연구에서는 정책 실행 후 국민들의 의식 변화에 미친 영향력을 논의해왔다. 그런데 이 구술자료에 의하면, 먼저 민중들의 의식에서부터 변화가 시작되었다는 점을 확인할 수 있다. 이미 다산 이데올로기를 비판적으로 바라보고 소규모의 핵가족화에 대해서 긍정하며, 가문 중심의 사고에서 벗어나 개인의 삶을 중시하는 의식 변화가 이미 시작되었던 것이다.

피임 문화에 대한 긍정적인 의식은 북한여성의 발언에서도 드러났다.

북한여성: 산아제한이 70년대부터 있었지. 그때는 산아제한이라는 걸 몰랐어, 70년대 전까지는. 〈중략〉 오누이 낳고선 산아제한법이 나왔다니까 좋은 거야. 그래서 셋째를 안 낳으려고 하다가 어찌어찌해서 임신이 되니까 할 수 없이 낳았어. 낳고 그 이듬해 소식이 들리니까 금방 이거, 피임을 했지. 우리 고을에 내 나이 여자들은 다 했지. 그래서 내 나이부터는 애가 서너 명 밖에 없지. 옛날에 엄마들은 애를 열둘을 낳았다니까. 〈중략〉 나는 애 서이 날 때까지는 직업이 없었어. 애 서이 낳고 피임 고리 하고, 애가 돌 지나니까 일 시작했지.

북한여성는 산아제한정책이 시작되자 다산의 고통에서 벗어날 수 있어서 좋았다고 말했다. 화자가 막내아들을 출산한 1978년 이후 북한 양강도 산골에는 피임 시술이 제공되었던 것으로 보인다. 이때 화자는 이전과 달리 아이를 적게 출산해도 되는 사회적 변화를 긍정적으로 받아들였다고 말했다.

또한 이 여성의 경우는 아이를 낳는 동안은 경제활동을 하지 않다가, 셋째를 출산한 후에 피임시술을 하고 난 후 일을 시작했다고 말했다. 개인의 삶에서 극빈을 극복할 수 있는 방안으로 다산을 중단하고 피임생활로 접어든 것이었다. 실제로 북한의 산아제한정책은 여성들의 혁명화·로동계급화를 위한 도구이자, 여성을 노동시장에 적극 참여시키기 위한 방안이었다.[10] 이 시기의 북한정권은 '선군시대 모성영웅'을 강조했는데, 다자녀 출산에 초점을 맞춘 것이기 보다 '사상적 교양자'로서의 모성 역할과 가정과 사회에 더 많은 부담을 지닌 형태의 모성 역할이 강조되었다.[11] 출산을 억제하고 여성들의 사회참여를 확대하며 경제적인 문제를 타개하

---

10 김지희, 「북한의 인구관과 인구정책 분석」, 이화여자대학교 석사학위논문, 2018, 34-35쪽.
11 안지영, 「김정일 시기 이후 북한의 '인구재생산'과 영화 속 모성담론」, 『여성연구』 88, 한국여성정책연구원, 2015, 43쪽.

려는 조치였던 것이다. 이렇게 북한여성의 기억 속에서는 출산과 노동의 문제가 직접적으로 관련되고 있으며, 피임문화의 시작이 곧 여성의 경제 활동 진출로 이어지던 생활상의 변화를 확인할 수 있었다.

한편 조선족여성의 경우는 산아제한정책과 함께 일어난 삶의 변화를 다음과 같이 기억하였다.

> 조선족여성: 그때부터 계획생육을 했었다. 우리 공사(公社)[12]에서 한 집에서 독신증을 내서 대대적으로 홍보하고 선진적 인물이 되었재. 그니깐 그때부터 산아제한을 했었지. 독신증이면 그때는 완전히 대단했지. 〈중략〉 그때는 지표가 없으면 막 벌금하고 그랬지. 지표 없는 사람들이 벌금을 냈지. 〈중략〉 독신증을 받은 집은 (국가에서) 돈이 나왔다. 그래서 선진(先進)인물이 되었다. 그래서 그 집은 잘 나갔다.

조선족여성은 중국의 산아제한법에 맞추어 5년 터울을 두고 둘째 출산을 계획하였으나 뜻대로 되지 않아 9년 뒤에 둘째 여아를 출산하였다. 그러면서 당시 연길 조선족사회에서 있었던 산아제한법의 특성이 드러난 일화를 이야기하였다. 당시 조선족사회에서는 행정구역 별로 인구수를 제한하던 법에 따랐는데, 가령 한 구역에서 일정 수의 출산율이 채워지면 둘째 출산을 금지하였던 것이다. 이 여성이 말하는 '지표'와 '벌금'은 이때의 출산법을 나타내는 말이다. 행정구역 별로 출산율에 따라서 지표가 발행되면 둘째 아이를 낳을 수 있는 것이고, 지표가 없는 경우에는 벌금을 물어서라도 출산을 했던 것이다. 한족과 다른 소수민족에게 적용되었던 중국의 출산정책의 실제 범주를 이해할 수 있는 발언이었다.

또한 그녀는 왜 조선족사회에서 산아제한을 엄격하게 지켜냈는가를 확

---

12 공사(公社)는 인민공사의 준말로, 1950년부터 70년대까지 중국 농촌에서는 그 공동체를 인민공사와 생산대대, 생산대 등 3부류로 나누었으며, 이 화자가 말한 '공사'는 '우리 마을에서는' 혹은 '우리 인민 공동체에서는'이라는 의미로 해석할 수 있다.

인할 수 있는 발언을 했다. '한 부부 한 자녀 낳기 운동'에 동참하는 조선족에게는 '독신증'[13]이 발급되었는데, 국가의 경제적 지원과 함께 '선진인물'로 칭송받는 명예가 부여되기도 했던 것이다. 당시 중국정부는 인구억제정책을 실시하면서 소수민족지구에 한해서는 계획적인 인구 증가를 부추겼고, 계획생육에 있어 소수민족은 개인의 선택에 맡겼다. 그럼에도 조선족 사회에서는 '전국소수민족계획생육모범자치주'라는 명예를 위하여 당국의 조치에 적극적으로 협조하였고, 실제 연변의 조선족 인구는 1996년 이후 뚜렷한 감소세를 보였다고 한다.[14] 이렇게 조선족여성의 기억에서는 디아스포라[15]로서 삶의 전략과 관련하여 출산문화가 변화된 지점을 확인할 수 있었다. 즉 자녀를 적게 출산하고 국가로부터 사회적 지위를 보장 받는 삶을 선택한 경우로, 조선족 사회에서는 국민정체성을 구축할 수 있는 기회로서 피임문화가 적극적으로 수용되고 있었던 것이다.

이렇게 남한과 북한, 중국의 코리언 여성들의 기억에서는 출산억제정책을 긍정적으로 수용한 사례들이 확인되었는데, 이때 피임문화로의 전환은 여성들에게 다산의 억압으로부터 해방되는 통로가 되었으며, 개인이 사회적 분위기에 조응할 수 있는 여건으로 작용하기도 하였다. 이로써

---

13 독신증은 '독생자녀증(獨生子女證)'의 준말이며, 당시 조선족사회에서는 한 부부에서 한 자녀만 양육할 경우 독생자녀증을 발급받아 여러 혜택을 받을 수 있었다.

14 유병호, 「중국 조선족의 인구위기에 대한 연구」, 『재외한인연구』 9-1, 재외한인연구회, 2000, 135-159쪽.

15 디아스포라는 유대인의 유랑을 의미하는데, 우리말로는 '민족분산' 또는 '민족이산'으로 번역될 수 있다. 그 가운데, 20세기 일제강점기와 분단의 역사 속에서 한반도에서 밀려난 재중조선족·재일조선인·재러고려인 등은 특별한 의미에서의 코리언 디아스포라로 규정될 수 있다(건국대학교 통일인문학연구단, 『통일인문학』, 알렙, 2015, 236쪽). 즉 모국인 한반도를 떠나 타민족이 주류인 다른 나라에 살고 있는 '한민족' 집단이라고 할 수 있는데, 일제강점기와 한반도 분단이라는 역사적 배경과 타 국가에서 소수민족으로 살아가는 이산 트라우마를 고려하면, 이들의 거주국으로부터의 인정 욕구는 생존을 위한 하나의 전략이라고도 할 수 있다.

피임문화로의 전환이 국가의 정책과 사회적 환경 및 개인 욕구가 역동적으로 관련된 문제였음을 확인할 수 있었는데, 다만 국가의 산아제한정책 속에 가려진 집단주의 한계점 또한 간과할 수 없었다.

3) 여성의 몸과 마음에 가해졌던 상처들

산아제한기 코리언의 출산경험담에서는 특히 '피임'과 '중절수술'에 대한 이야기가 자주 거론되었다. 산아제한정책의 의료적 실천이 이 두 가지 문제로 실현되었기 때문인데, 그 안에는 모성 건강이 위협되고 재생산권이 침해되었던 여성문제가 깊이 관여되어 있다.

먼저 남한여성의 구술을 논하자면, 이 여성의 발언에서는 당시 출산제한을 위한 중절수술이 허용되었고, 남성 피임이 확산되던 현상 또한 확인할 수 있었다.

> 남한여성: 산아제한이라고 하니까 남편이 예비군 가서 쨈매고 왔더라고. 거기서 무료로 해주었나봐. 겁도 없이 그냥 하고 왔더라니까. 애 많이 낳고 구질구질하게 살기 싫다고. 그때 정관수술이 잘못 되어 도로 풀려버리는 일이 많았거든. 그래서 이혼을 하네 마네 이런 사고가 많았어. 그래서 남편은 아예 불로 지지는 수술을 한 모양이야. 복구가 안 된다고 그러대.

남한여성의 경우는 당시 남한사회에서 확산되던 남성 피임법인 정관수술에 대해 이야기하였다. 북한과 중국에 비하여 서울여성에게만 정관수술에 대한 기억이 있었다. 1980년대 남한에서는 산아제한정책이 강화되면서 남성 피임 권유가 확산되었는데, 당시 예비군 훈련 장소에서 무료로 시술되었고 정관수술을 한 남성에게는 예비군 훈련을 면제해주는 특혜가 있었다고 한다. 그리고 그녀는 정관수술을 여성을 존중하는 피임문화로

기억하고 있었다.

사실 코리언들은 대체로 남성 피임에 대하여 부정적인 견해를 가지고 있었다. 가부장제적 문화 배경과 남성 성기능을 중시하는 분위기 속에서 정관수술이 남성 성기능이 감퇴시키고 건강에 위험하다는 풍문은 심각하게 받아들여졌기 때문이다. 그래서 북한과 조선족여성의 발언에서는 여성 피임 이야기만 등장하고 남성 피임을 이야기 하지 않았다. 반면 서울여성의 발언에서는 남성 피임법에 대한 기억이 더 뚜렷한 것이다. 실제로 남한의 경우 남성의 정관수술이 성행했었는데, 1982년 조사에 따르면 75만 건에 달했다고 한다.[16]

이처럼 사회주의 국가에서는 여성의 피임수술을 확대시킨 반면, 남한의 경우는 남성 피임수술을 보급하였다. '예비군훈련'을 집합 수단으로 활용하여, 효율적으로 대한민국 기혼남성들에게 피임시술을 적용할 수 있었다. 그것이 여성 존중의 의미를 우선시 하였던 정책이라고는 볼 수 없음에도, 남한여성은 이것이 여성의 건강을 존중한 사례로 기억했다. 당시의 사람들은 남성 피임법에 대한 우려도 있었지만 여성 피임법에 대한 위험도 함께 인지하고 있었기 때문에, 남한여성에게는 정관시술 보급이 여성의 신체에 대한 의료적 제어를 모면하게 했던 일로 각인되어 있었던 것이다. 인위적인 피임에 대한 두려움이 이러한 사고를 야기했던 것으로 해석된다.

그런데 문제는 이 부부의 피임 문제에 있어서, 앞서 제시한 구술에서는 남편이 중절 수술을 강요하는 태도를 보였다는 점이다. 당시 중절수술이 가족계획의 한 방식으로 선택되던 사항이었는데, 그것이 오로지 여성 혼자 짊어지는 형태였다는 점이 구술을 통해 확인된다. 남편은 출근길에

---

16 고응린·이정균·박항배, 「정관수술과 동맥경화증과의 상관관계에 관한 역학적 예비 조사연구」, 『한양의대 학술지』 3-1, 한양대 의과대학 1983, 241쪽.

아내에게 중절 수술 하고 오기를 강요하고, 여성은 혼자 병원에 다녀오는 풍경이었다. 서울여성은 1980년대초 당시 산부인과 진료나 중절수술 시 남편이 동행하는 일은 드물었다고 하며 남편의 행동을 도덕적인 기준으로 평가하고 있지 않지만, 남편이 TV위에 돈을 두고 나가며 재촉했다는 말을 반복하면서 당시의 서운함과 외로움을 현재에도 생생하게 기억하고 있었다.

이렇게 남한여성은 자신의 신체와 정신적 건강이 도외시되었던 강한 기억이 있음에도, 남편이 정관수술을 수용했다는 점만으로도 자신이 보호받았다고 생각했다. 이는 당시에 임신과 출산에 있어서 그 책임과 부담을 오롯이 여성이 감당해야 하는 문제로 인식하고 있었기 때문이며, 남성 피임이라는 처치만으로도 긍정적인 판단을 하게 된 것이다. 이는 당시의 여성문제를 어떻게 바라봐야 하는지 깨닫게 해준다.

반면, 북한여성의 경우는 피임에 관한 기억이 다른 양상을 보였다. 이 여성은 자신이 출산할 때 나라에서 산아제한정책을 시작했다고 말하며, 자신의 출산경험에 대한 자부심이 드러나는 이야기를 하였다. 다른 구술자들과 달리 북한여성은 난임 혹은 아들 난임을 경험하지 않았고, 아들 2명의 딸 1명이라는 자녀 출산 경력을 스스로 이상적이라고 평가하고 있었다. 그래서 다른 조사 대상들은 난임의 고통을 주로 구술한 데 반해, 이 여성은 출산에 대한 '자부심'을 강조하는 특성이 있었다.

그런데 북한에서 산아제한정책이 실행되고 피임법이 확산되면서, 그녀의 출산 경험에 대한 기억은 또 다른 이야기로 구성되었다. 그것은 건강문제였다.

> 북한여성: [조사자: 북한에서 70년대에는 한 집에 몇 명씩 나아요? 생기는 대로 낳았어요?] 내가 작게 낳은 거지. [조사자: 아, 3명이 적게 낳은 거예요?] 그런데 내 때부터 피임법이 나왔어. 〈중략〉 그때는 피임

법이 자궁으로, 먹는 약이 없었어. 발전하지 못해서. 그래서 고리라는 거야. 이렇게 똥그랗게 만든 거. 그 고리를 피임을 해서 여 주면, 그게 자궁 안에서 뱅뱅뱅뱅 돌면서 애가 착상 못 되게 벽에 붙지 못하게 한다네. 그래서 그걸 내 때부터 나왔어.

그녀가 셋째 아들을 출산 직후 1978년에 나라에서는 피임 시술을 받으라고 권장했다고 한다. 나라에서 권장하던 피임시술은 여성이 받는 차단 피임법으로 루프시술이었는데, 보통 사회주의 국가에서 주로 쓰는 출산 억제 방법이었다. 그녀는 마을의 대부분 여성들이 이 시술을 받았고, 탈북 후 중국에서 만난 여성들도 이 시술을 받은 여성들이 대부분이었다고 했다. 1970년대 후반부터 북한사회의 대표적인 피임법인 것으로 추측되며, 남성 피임시술이 흥했던 남한과는 차이를 보이는 지점이다.

그런데 문제는 이 시술이 나중에 건강 악화의 원인이 되었다는 점이다.

북한여성: 내가 자궁 들어냈다니까, 여기 와서. 그게 피임을 했다, 하고부터는 애가 안 생기더라. 얼씨구 좋다 하고 댕겼는데. 그 다음에는 지고 매고, 먹고 살려고 이렇게나 하다보니까, 이걸 빼야 되겠다는 생각을 내가 못한 거야. [조사자: 언제 빼라고 했는데요?] 그게 아마 3-4년 있으면 또 교체해야 한다고 그러더라고. 뭐 북한여자들이 무슨 내가 자기 애착이 있어서, 3-4년을 있어서 꼭 그거를 뺀 여자가 없단 말이야. 지금 당장 아프지 않으면 되는 거야. 그 나라는. 그래서 나도 고카고 왔어.
그러고 탈북을 했는데. 중국에 있을 때인가? 그때부터 자꾸 좀 이, 불쾌한 냄새도 나는 거 같고, 쪼금 뭐 흐르는 거 같기도 하고 그래. 그래서 또 한국으로 왔어. 왔는데, 내가 이거 몇 년도에 수술했니. 아, 2012년도에. 내가 점점 출혈이 있더라고. 쾅쾅 있는 게 아니라, 계속 있는 게 아니라. 어느 때 보면 밑에가 착- 어떨 땐 많이 묻고, 어떨 땐 살짝 묻고.

그녀는 탈북 후 중국에서부터 이상증세를 경험하다가, 2012년 남한에서 자궁적출수술을 받았다. 북한에서 받은 피임시술이 원인이 되었는데, 3-4년에 한 번씩 교체하라고 하였으나 환자는 잊고 그 시기를 놓쳐 그것이 질병이 되었다고 했다. 먹고 살기 바쁘고, 고난의 행군 시기와 탈북을 겪으면서 자기 몸을 챙길 여력이 없었다고 말했다. 또한 북한에서 루프 교체시기를 잘 지키며 제 몸 아끼며 살았던 여성은 없었다고 하며, 북한 사회에 대한 비판적인 시선을 드러냈다.

> 북한여성: 지금은 암 때문에 무서워하잖아. 근데 무슨 피임 고리 때문에 그럴 거라고 생각도 안했지. 무서워 가지고 국립의료원에 갔어. 가니까 어쨌든 출혈을 하니까 약을 주더라고. 먹는 약을. 몇 달 먹었다. 근데 안 들어. 그러니까 그 다음에 보자 하더니만. 보니까 그래.
> 내가 그 말을 했지. 피임을 한 적이 있다 하니까. 약을 먹어도 안 나으니까, 이건 무조건 피임도구 때문이다. 라고 병원에서 그러더라고. 그랬더니만, 소파 하는 것처럼, 애 중절하는 것처럼, 그 기구를 빼려고 노력을 하더라고. 하는데 너무 세월이 오래 돼서 그 피임 기구가 피부에 파고든 거야. 그래서 파고 들어가면서 염증이 생겨 갖고 이제 그게 출혈을 하는 거야. 안 되겠다. 못 빼겠다 그래. 그러면 우리 자궁을 들어내자 그래. 〈중략〉
> 그래서 선생님들이 북한의 기구를 봤단 말이야. 내 꺼를 통해서. 뭐 처음 봤는지, 몇 번을 봤는지 난 모르나, 나는 안 봤어. 수술을 하면은 의사들이 경과 보고를 하잖아. 의사들이 들어와서. 말하면서리, 너무 잘 되었고, 그게 비닐이더라고. 나보고 말해 주더라고. 내가 비닐인지 알았어? "예, 알았습니다. 수고했습니다. 수고했습니다." 이 정도였지. 이런 말 하는 줄 알았으면 더 자세히 알아 봤겠는데. 그때는 그런 생각 하지도 않았지.

그리고 남한에 와서 그 피임도구가 '비닐'이었다고 의사들이 말했던 상황을 설명하며, 부끄러움 내지 수치심을 드러내기도 하였다.

북한여성의 구술에서는 피임과 관련하여 여성 건강이 고려되지 않았던 당시 북한 사회의 풍경을 짐작하게 한다. 실제로 1970년대부터 권장된 북한의 피임용 기구는 "부작용이 많고 자주 바꾸어야 하는 번거로움이 있는데다가 피임기구를 했음에도 임신이 되는 경우 비정상적인 임신으로 인해 생명의 위험을 느끼기도 하였다"고 보고된다.[17] 남한여성이 남성 피임에 대해서 기억하고 남편으로부터 모성 건강을 보호받았던 만족감을 드러낸 것과 달리, 북한여성의 경우는 다른 양상을 보였던 것이다.

그리고 정관수술에 대하여 질문하였더니, 당시 정관수술이 있었던 것은 기억하지만 양강도 산골까지 의료기술이 보급되지는 않았다고 대답했다. 그리고 "안하지, 북한 남자들은 안하지, 안해."라며 당시 북한남성들이 정관수술에 대해 거부감이 있었다고 말했다.

> 북한여성: 북한은 나라 자체가 아주 비정상적으로 굴러가잖아. 하니
> 까 그 안에서 산 사람들의, 산 사람의 생각이나 개념이나 모든 게 다
> 비정상이야.

이렇게 그녀는 당시의 북한사회가 모성 건강에 대해 신경 쓸 만큼 경제적 여유가 없고, 여성의 인권이 존중되지 않았다고 하며, 북한 사회에 대해 비판하는 의식이 강했다. 이는 북한 사회에 대한 반감을 강하게 드러내는 탈북민들의 공통된 특성과도 관련된다.

그리고 루프시술과 같은 피임법은 북한식 사회주의가 추진한 무상의료의 특수한 맥락이 내재되어 있는데, 특히 이 시술은 여성 또는 남성이 직접 스스로 선택·제어할 수 있는 피임법이 아니라, 의료기술과 전문가

---

17 이애란, 「출산도구로만 생각하는 여성 인권 침해와 불법낙태가 자행되는 북한 - 북한의 다산정책과 불법 낙태 실태」, 『북한』 439, 북한연구소, 2008, 167쪽.

의 개입이 필수적인 방식이다. 루프 시술을 한 여성의 몸을 관리하거나, 교체와 제거 시에도 전문가의 개입이 반드시 필요한 것이다. 그런데 여기서 문제는 여성에 몸에 대한 접근권이 개인의 의사로만 결정되지 않았다는 점이다. 당시 북한 당국도 루프시술만 제공했을 뿐 그것의 관리는 적극적으로 행하고 있지 않으며, 그로 인한 피해는 결국 이 여성이 혼자 감당해야 할 짐이 되고 말았던 것이다. 이는 개인 신체에 대한 국가의 통제가 지닌 근본적인 문제점이라고 할 수 있다.

한편 중국 조선족여성의 경우, 초산과 경산에 5년 터울을 두라는 국가의 명령으로 둘째 난임으로 고생했다는 기억이 있었다.

> 조선족여성: 산아제한 할 때, 5년 터울을 두고 둘째를 낳아라 했다. 그니깐, 우리는 첫째보고 5년 뒤에 아를 낳으려고 하니깐 생겨야 낳지, 생기지 않아서 지나고 지나서 9년이나 지났단 말이다. 5년 터울이 있는 사람들은 그냥 지표를 준다는 말이다. 〈중략〉 올해는 이 공사에서는 몇 명을 낳아도 된다는 것이다. 낳아도 되는 집에서 (아이가) 생기지 않아서 못 낳은 집이 있으면 그 지표가 남은 거다. 그래서 내 친구도 그냥 생기면 낳으라고 해서, 벌금 없이 낳았대.

지역마다 일정한 출산율에 대한 제어가 있었던 방침에 따라, 조선족여성은 첫 아이를 출산하고 5년 터울을 두었다. 그 시기가 지나고 둘째 아이를 임신하려고 하다가 난임으로 고생했다고 말했다. 이 여성은 청소년 시기부터 월경이 잘 되지 못하거나, 골반이 작아 출산이 어려웠다는 개인 사정을 이야기하며, 가득이나 임신이 어려웠는데 국가의 출산억제로 인하여 어려움이 더욱 커졌다고 했다. 결국 9년 만에 둘째를 낳을 수 있었고, 9년이라는 시간은 국가의 통제와 개인 건강이 요인으로 작용했던 고통의 시간이었다.

아기를 원하는 여성들에게 난임은 엄청난 고통이며, 난임으로 고생하는 여성들에게 '나이'는 매우 중요한 출산력으로 여겨진다. 특히 이 여성과 같이 자신의 생식기능에 대해 우려하는 상황에서 5년이라는 출산억제 기간은 매우 고통의 시간으로 기억되었을 것이다. 또 어떤 여성의 경우는 우연히 그 지역의 지표가 남아 5년 터울을 지키지 않고서 임신할 수도 있었는데, 이러한 우연성이 그녀에게 난임이라는 상처를 견뎌내기 더욱 어려운 요인으로 작용했다. 출산에 대한 국가의 통제가 정신과 신체를 모두 포함한 전인격적인 영역에 대한 상처가 될 수 있음을 이 여성의 사연을 통해 확인된다.

조선족의 경우에는 국가의 출산억제로 난임을 경험한 것 이외에도, 국가의 강력한 제한을 피해서라도 출산을 지속하고자 했던 움직임도 있었다.[18] 특히 이 문제는 '아들 낳기 욕망'과 관련되는데, 국가의 출산억제는 코리언들의 아들 출산 욕망을 더욱 강하게 만들었다. 이전에는 아들을 낳을 때까지 출산하였던 것이 코리언들의 공통 문화였다면, 출산이 제한된 시기에는 자녀 1-2명 사이에 꼭 아들을 출산하여야 한다는 압박이 생긴 것이다. 이 문제는 조선족뿐만 아니라 남한 여성들에게도 심각한 사안으로 나타났는데, 조선족의 경우에는 그것이 '위법'의 형태로 출몰했다.

> 조선족여성: ○○새끼는 그 5천원을 벌금하고 낳은 거다. 어~우~ 그 때 5천원이면 얼마나 큰돈이야, 그래서 그때 당시 3천원 내고 한 거다. 그전까지는 기획생육을 하지 않아서 줄줄이 낳을 수 있었는데, 딱 ○○이 부터는 벌금을 했었다. 〈중략〉 많이 했어. 벌금해서 호구를 올린거야, 그런 사람이 많아. 몰래몰래 올린 사람도 많고, 그래서도

---

18 '아들 낳기 문제'와 관련한 이 항목은 김종군 외, 「구술생애담을 통해 본 남·북·중 코리언 여성들의 아들 낳기 문제와 젠더의식」, 『다문화콘텐츠연구』 33, 문화콘텐츠 기술연구원, 2020, 331-367쪽에서 인용하였다. 그리고 위 논문에서도 논술하였으나, 이 문제에 대한 여성들의 억압은 다만 조선족의 사례에 한정하지 않으며, 남·북·중 코리언의 동질성이었다.

딸 낳으면 어쩔 수 없지, 또 벌금 하는 거지.

앞서 말한 바와 같이 중국 조선족 사회 특히 연변지역에서는 '지표'를 발행하여 둘째 출산을 허가하는 등 일정 수준의 출산율을 정해놓았거나, 기혼여성의 출산을 5년 터울을 두도록 제한하였다. 그런데 만약 아들을 못 낳은 경우에는 '벌금'을 물어가며 계속 출산을 감행했던 것이다. 조선족 여성은 주변에서 벌어졌던 두 사례를 예로 들며 계획생육 시기 벌금을 많이 내면서까지 시도되었던 아들 낳기 노력에 대해 이야기하였다.

벌금을 물어가면서까지 아들 낳기를 계속 시도했다는 점은 단순히 '위법'으로만 한정되는 문제가 아니었다. 앞서 설명한 바와 같이 당시 중국 당국은 소수민족에게 한 자녀 낳기를 강요하지 않았는데, 조선족 사회에서 '한 부부 한 자녀 낳기 운동'에 동참하는 일은 우수 국민으로 인정받는 중요한 사항이었다. 그러한 상황 속에서도 조선족들의 아들 낳기 욕망은 국가로부터의 인정 욕구보다 앞선 것이었다. 당국의 눈치를 이겨내면서까지, 그리고 벌금을 내면서까지 아들 출산을 고집하였던 조선족 사회의 풍경은 한민족에게 아들 낳기 과제가 얼마나 중대한 사안인지를 확인하게 한다.

이처럼 여성들에게 강요되었던 출산억제정책과 아들 낳기 과제는 그 사회가 발전되는 상황과는 다른 방향으로 여성의 재생산권을 침해하는 두 가지의 형태로 강요되었다. 국가의 억압과 남성 중심의 가정문화에서 강요한 억압 사이에서 여성들은 그것이 자신의 의무이자 욕망인양 몸과 마음을 희생하고 있었다. 이는 사회와 가정 내에서 작동하는 거대한 폭력의 구조 속에서 숨어서 출산을 지속할 수밖에 없었던 여성의 이중고(二重苦)이자, 가부장제적 억압을 내면화하면서 자신이라는 본래적 주체를 소외시켜버린 아픈 시간들이었다고 할 수 있다.[19]

---

19 이에 대하여 남한의 경우는 '여아 중절 수술' 문제로 붉어졌다. 이 때에는 반복되는

이처럼 국가의 출산 정책은 개인 삶에 대한 침해와 억압의 폐해를 야기했다. 국가의 정책과 개인의 개별성이 상충되는 문제로, 이는 개인 신체에 대한 국가의 통제가 지닌 근본적인 문제점이다. 그리고 인류의 역사에서 사라지지 않은 여성문제이기도 하였다. 여성문제에 늘 큰 원인이 되었던 지점인 집단을 위한 개인의 희생이 이러한 근대적인 인구 정책에서도 여전히 잔존하였던 것이다.

3. 세상의 변화에 맞선 코리언 여성들의 몸과 마음의 기억

산아제한정책은 다산(多産)을 긍정하던 전통적 출산 문화를 급변하게 한 사회적 사건이면서, 여성의 신체에 대한 국가의 '제한' 행위이기 때문에 여성들의 삶에 많은 변화를 야기하였다. 그래서 1970-80년대 출산경험담에는 그 사회적 환경에 따라 여성들 생활양식과 의식세계의 변화가 발견되며, 남한과 북한, 중국조선족 사회 등 각기 다른 환경 속에서 살아온 코리언 여성들의 개별적 경험에서 일정한 질서들을 발견할 수 있으면서도, 각자 환경에 맞춰 변개된 특수성이 드러나기도 했다.

특히 다산 이데올로기라는 한민족 동질성이 사회적 변화를 만나 각지의 코리언 여성들에게 어떻게 수용되었는지 파악할 수 있었다. 1970년대 말에서 1980년대초 출산에 대한 국가의 통제가 강력하게 이뤄지던 사회적 시기를 중심으로 남한과 북한, 중국 조선족여성들의 출산경험담에는 늘 '피임' 문제가 이야기되었다. 그리고 이때 남·북·중 코리언 여성들의

수술로 신체가 상하고, 딸이기 때문에 사라져야 하는 심리적 고통, 그리고 딸에 대한 죄의식 등이 심각한 문제로 나타났다. (김종군 외, 「구술생애담을 통해 본 남·북·중 코리언 여성들의 아들 낳기 문제와 젠더의식」, 『다문화콘텐츠연구』 33, 문화콘텐츠기술연구원, 2020, 331-367쪽.)

공통된 경험은 다산이데올로기가 강요되던 과거에서 벗어나 문화적 전환이 이뤄지던 환경에 있었다는 것이다. 피임문화의 시작은 다산 억압으로부터 탈출하고, 근대적 가족계획을 가능하게 하는 계기가 되었는데, 이 여성들의 기억에서는 피임문화로의 전환을 긍정적으로 수용했던 풍경도 존재하고, 그것과 어긋났던 지점도 발견되었다.

우선 한민족의 전통적 가치였던 다산 문화는 그녀들이 살아가던 공간의 사회적 상황과 개인적 욕구와 맞물려 다양한 요인에 의해 변형되었다. 그녀들은 긍정적으로 피임문화를 수용하였는데, 남한여성의 경우는 소자녀가족을 지향하며 보다 여유로운 삶을 위해 가문보다는 개인을 중시하는 삶을 추구했던 바를 확인할 수 있었다. 근대적 가족문화의 변화가 민중에서부터 긍정적으로 수용되었던 당시의 사회상이 드러나는 사례라고 할 수 있다.

그리고 북한여성의 경우는 피임 생활이 여성의 사회적 진출과 직결되었던 기억이 있었는데, 국가의 산아제한정책이 어떠한 방식으로 경제적 고난의 타개책으로 활용되었는지 짐작할 수 있는 구술이었다. 여성들의 혁명화·로동계급화를 위하여 북한 정부가 인구정책을 어떻게 활용하였는가를 이해할 수 있으며, 여성을 노동시장에 참여하게 하면서 경제적 문제를 해결하려는 국가의 전략을 확인할 수 있었던 것이다.

그리고 중국 조선족여성의 기억에서는 디아스포라로서의 생존 전략이 발견되기도 했는데, 소수민족으로서 국가의 인정을 중시하였던 특징이었다. 보편적으로 출산억제정책은 가족계획에 철저한 문명화된 근대인을 지향하는 선동의식이 포함되어 있는데, 조선족의 경우에는 국가정책에 충실한 국민이 되고자 하는 국민정체성과 관련되어 있었던 것이다.

이렇게 그녀들이 피임시술을 받아들인 이유들은 남한과 북한, 중국 조선족 사회의 분위기 및 집단의 요구와 밀접한 관련이 있었고, 그 안에서는 여성들은 자신들의 욕구와 일치하는 지점에 집중하며 피임문화를 받아들였던 것이다. 피상적으로는 피임 정책과 개인 욕구가 합치된 풍경으로 보이나, 그 이면에는 국가의 산아제한정책 속에 가려진 집단주의 한계점도 존재하였다.

그와 관련하여 그녀들의 모성 건강이 침해되었던 기억을 살펴볼 수 있었다. 남한여성은 남성 피임시술의 확산으로 자신의 건강이 존중받았다고 기억하고 있으나, 중절수술을 강요받거나 홀로 감당하는 등의 재생산권 피해 문제는 여전히 존재했다. 또 북한여성은 여성 피임시술로 건강이 악화된 경험이 있었으며, 모성 건강을 돌볼 수 없었던 당시 북한사회에 대한 비판의식이 있었다. 그리고 조선족여성은 국가의 정책과 여성의 건강상태가 어긋나서 생긴 난임의 고통을 기억하고 있었고, 이를 통해 개인 신체에 대한 국가의 통제가 지닌 근본적인 문제점을 파악할 수 있었다. 그리고 조선족 사회에서는 '아들 낳기'라는 한민족의 동질적 관념에 사로잡혀 '위법'을 자처하면서 벌이는 출산 지속의 문제도 발견되었는데, 출산에 대하여 국가의 억압과 가부장제의 억압 사이에서 이중적으로 고통받는 여성문제를 노골적으로 비춰주는 사례였다고 할 수 있다. 여성들의 기억에서는 출산에 대한 국가의 통제가 신체뿐 아니라 전인격적인 영역에 대한 상처로 남아 있었던 것이다.

이렇게 남·북·중 여성들의 출산경험담은 한민족 공통의 다산문화가 국가정책-사회-개인의 관계 속에서 각각의 방식으로 변화된 상황을 구체적으로 나타내며, 공적 역사에 기록되지 못한 여성문제에 접근하여 재생산권에 대한 성찰을 가능하게 하였다. 그러면서 국가의 정책 변화에 맞서 '다산'이나 '아들 낳기' 등 가부장제의 과제들을 어떻게 받아들였는가 역시도 코리언 여성들의 삶에서 그대로 드러났다. 또 그것은 현재 코리언 여성들의 의식세계에 어떤 힘을 발휘하고 있는지 짐작하게 한다.

현재 코리언 공간에서는 여성의 성적 자율권 및 재생산권에 대한 의식 변화가 신속하게 이뤄지고 있으며, 여성주의적 자각 또한 이전과는 다른 단계로 진입했다고 할 수 있다. 이에 남한, 그리고 북한과 중국 코리언 여성들의 출산경험담은 현재 코리언의 민족적 공동체성, 특히 여성문제와 관련한 생활양식과 의식세계의 변화를 확인할 수 있는 중요한 자료라고 할 수 있다. 특히 이 여성들의 이야기는 코리언의 출산문화와 젠더의식에 많은 영향을 미쳐온 '어머니들의 이야기'로서 그 변화의 역사적 맥락을 파악하는 연구대상으로 적실하였기 때문이다. 또한 과거의 전통문화에서만 찾아냈던 민족 동질성의 탐구에서 한 걸음 진척되어, '코리언은 누구인가?'의 문제에서 역동성과 현재성을 읽어낼 수 있는 연구가 가능했다고 본다. 다만 몇몇 소수의 사례만을 제시하였다는 것이 분명한 한계점으로 남았는데, 향후 다양한 연령대와 지역을 대상으로 한 출산경험담에 대한 연구가 지속되면, 그리고 북한과 조선족 사회에 거주하는 더 많은 여성들의 구술 인터뷰가 실행될 수 있다면 코리언의 공동체성[20] 연구가 더욱 정밀하게 이뤄질 것이라 기대한다.

---

20 여기에서 말하는 코리언의 공동체성은 매우 현재적인 면에 집중한 개념이면서도, 동시에 코리언들의 같으면서도 다른 그 '다양성'을 중시한 개념이다. 특히 공동체성(commonality)은 'community'와 구별되는 개념으로 통일인문학에서 사용하는 '민족 공통성' 용어에서 빌려온 말이다. 통일인문학 연구에서는 "'commonality'를 '타자의 타자성'이 가지고 있는 '차이들'이 만나서 그 관계성 속에서 형성되는 '공통성'이다."라고 설명한다. 이 글에서 공통성이 아닌 공동체성이라고 달리 번역어를 선택한 까닭은 동질성의 의미와 확연하게 구별하기 위해서이다(김성민·박영균, 「인문학적 통일담론과 통일인문학: 통일패러다임에 관한 시론적 모색」, 『철학연구』 92, 철학연구회, 2011, 152쪽).

제3부

국가건설과 혁명,
그리고 문화

북한의 "녀성해방"과
공산주의 어머니 교양

도지인

1. 서 론

본 연구는 북한 체제 성립의 과정에서 1946년 남녀평등권법령으로 시작된 "녀성해방"의 과업이 1960년대에 들어서 강조되는 "공산주의 어머니" 교양으로 인해 어떠한 성격, 특징, 그리고 결과를 갖게 되었는지 분석하고자 한다. 북한에서 "녀성해방"은 해방 후 김일성의 "반봉건 반제 민주개혁"중 가장 대표적인 혁명 과업의 하나로써, 1946년에 시행된 토지개혁과 중요 산업 국유화 법령과 함께 조선민족 중에서도 특히 가중된 차별과 억압에 시달린 여성의 해방이라는 차원에서 중요한 상징적 의미를 갖고 있다. 1946년 남녀평등권법령은 해방 이후에도 여전히 봉건적인 속박에 놓여있는 자본주의 한국의 여성에 대비해 대폭 강화된 정치적, 경제적, 그리고 사회적 권리를 갖는 "조선녀성"이라는 새로운 계급 및 민족 정체성을 가진 여성이 북한에 존재한다는 정권의 주장을 뒷받침하였다. 그리고 한국전쟁 이후부터 여성이 급격히 "노동계급화"되면서 해방 전 한반도에서 이상적 여성상이었던 전업주부로서의 "현모양처"와는 구별되며 "공장과 기업소에서, 건설장과 운수 부문에서 농촌과 어촌에서 학원 및 과학 예술 부문에서 창조적 열정과 애국적 헌신성을 발휘"하는 "사회주의 건설을 위한 투쟁에서 믿음직한 역군으로 나선 공화국 북반부 녀성(이후부터는 "조선녀성")"이 존재하게 되었다.[1] 북한 정권이 한국과 달리 진정한 정치적 해방, 독립, 그리고 근대성을 성취했음을 주장하는데 있어서 "평남도 개천군 광명 농업협동 조합 관리 위원장," "함흥 고무 공장 제화공" "금속 공업성 기술국 금속기사" "평양 제 26인민학교 교원"과 같은 업무에 종사하는 봉건주의와 제국주의의 속박에서 "해방된" 여성의 존재는 체제정당성과 우월성의 논리의 한 축을 뒷받침하였다.

이러한 배경을 고려한다면 1961년 최초로 개최된 "전국어머니대회"는 북한 혁명적 여성정책의 본질, 목표, 그리고 결과에 대한 중대한 의문을 제기한다. 기존 해석은 처음에는 북한의 여성 정책이 혁명적이고 해방적인 성격을 띠었으나 1960년대부터 역행(rollback) 또는 축소된 것으로 보면서, 한국전쟁과 군사주의 산업화로 인해 해방적 성격이 "굴절"되었다고 본다.[2] 예를 들어서 "1960년대 들어서 어머니의 역할이 사회적 노동보다 더 중요해졌다"[3]는 주장, "한국전쟁과 군사화된 산업화가 남녀평등을 위한 해방 후 개혁들을 후퇴시켰다"[4]고 보는 것이 대표적이다. 박영자에

---

1 〈3.8 국제 부녀절 기념 평양시 경축 대화에서 한 조선 민주 녀성 동맹 중앙위원회 위원장 박정애 동지의 보고〉, 《노동신문》, 1956. 3. 8., 1쪽.

2 김재웅, 「해방된 자아에서 동원의 대상으로: 북한 여성정책의 굴절, 1945-1950」, 『한국사연구』170, 한국사연구회, 2015, 389~428쪽; 박영자, 『북한 녀자: 탄생과 굴절의 70년사』, 엘피, 2017, 23쪽; 박현선, 「북한사회와 여성문제」, 『역사비평』 2, 역사비평사, 1988, 80쪽.

3 박현선, 「북한사회와 여성문제」, 『역사비평』 2, 역사비평사, 1988, 80쪽.

4 박영자, 『북한 녀자: 탄생과 굴절의 70년사』, 엘피, 2017, 272쪽.

따르면 "근대화 과정에서 국가 전략에 따라 필연적으로 발생할 수밖에 없었던 구조적 문제"로 인해서 "초기 사회주의 개혁 조치를 통해 양성평등을 실현하고자 했던 국가적 기획이 굴절되었다"고 주장한다. 또 "김일성의 어머니 강반석 및 1970년대 세습 후계 구도가 잡히고 김정일의 어머니 김정숙을 모델로 하는 봉건적 여성상을 강제하는 정책"이 실시되었다는 주장이다.[5] 아울러 가부장제 국가의 젠더관계에 대한 영향에 대해서 조영주는 "사회주의 국가의 전략과 조치들은 여성을 봉건적 질서에서 해방시키고, 개인이자 주체로 구성하는 과정이었다. 동시에 국가와 여성의 관계를 새롭게 구성하여 국가 권력의 지배력을 높이는 결과를 낳았다. 그로 인해 기존 젠더관계에서 개별 남성이 누렸던 가부장적 권력을 국가가 대신하고 대표하게 되었을 뿐만 아니라 국가의 개입이 확대됨에 따라 여성의 역할과 의무는 확대되었다"고 보았다.[6] "전국어머니대회"를 "탈사회주의"적 젠더 시각으로의 전환으로 해석하면서 김일성이라는 절대적 가부장의 "국가 가부장제"로 규정한다.

이처럼 처음에는 해방적으로 보이던 여성 정책이 김일성의 권력 절대화, 군사주의 및 산업화, 기존의 가부장제가 결합하면서 역행, 좌초, 축소, 변질되었다는 해석이 일반적이다. 이에 대한 반론으로 최근의 연구 중에 북한은 애초부터 기존의 가부장제 질서를 변혁하려고 시도한 적이 없다는 주장도 있다.[7] 이러한 시각에 따르면 북한의 가부장제는 민족통일, 군사화, 그리고 절대권력화라는 세 가지 요소들이 맞물려서 냉전 상

---

5 박영자, 『북한 녀자: 탄생과 굴절의 70년사』, 엘피, 2017, 347쪽.

6 조영주, 「북한의 '인민만들기'와 젠더 정치」, 『한국여성학』, 29-2, 한국여성학회, 2013, 120쪽.

7 Suzy Choi, "Gender Politics in Early Cold War North Korea: National Division, Conscription, and Militarized Motherhood from the Late 1940s to 1960s," *Journal of Peace and Unification* 8(2), Ewha Institute of Unification Studies, 2018, 5.

황 속에서 전개되었다고 본다.[8] 해방직후 시기 민주개혁의 한 일부로 진행된 "녀성해방"의 성격에 대한 상반된 시각에도 불구하고, 가부장제, 또는 사회주의 가부장제 (또는 사회주의 가부장)에 초점을 맞추어 위계화된 젠더질서의 존속과 여성의 종속/주변부화를 다룬다는 점에서 공통점을 가지고 있다.

그러나 기존 연구는 1961년 "전국어머니대회"부터 본격적으로 강조되는 "공산주의 어머니" "조선의 어머니" 이상형이 북한에서 이루어진 "녀성해방"과 어떤 관계를 갖는 것인지 분명한 설명을 제시하지 못했다. 기존의 연구는 이념적 편향을 갖고 있거나(붕괴론적 관점 또는 비정상국가), 오늘날의 페미니즘적 관점에서 북한의 "녀성해방," 가계혁명화, 그리고 주체 사회주의를 분석하기 때문에 설득력이 부족하다.[9] 왜냐하면 애초의 해방적 성격으로부터 역행했다는 기존연구의 단편적인 시각 안에서는 전통과 혁명의 상호관계, 선전적 "녀성해방"과 남존여비의 현상적 괴리, 여성의 사회정치적 권리 강화와 남성의 지배적 지위의 존속, 삼강오륜에 충실한 노동계급화된 여성과 같은 모든 다양한 현상들의 공존, 상호관계, 그리고 모순이 포착되지 않기 때문이다. 다른 나라의 여성들과 마찬가지로 북한 여성을 바라보는데 객체/주체, 종속/지배, 우월/열등, 전통/근대의 고정된 이분법적 시각은 한계가 있다. 북한 여성은 단순히 봉건 제국주의 그리고 남성 우위질서의 피해자가 아니라 밥벌이의 "주체"로 등장한다는 시각도 있지만,[10] 경제의 "주체"로 등장한 여성조차도 "남존여비"를

---

8   Suzy Choi, "Gender Politics in Early Cold War North Korea: National Division, Conscription, and Militarized Motherhood from the Late 1940s to 1960s," *Journal of Peace and Unification* 8(2), Ewha Institute of Unification Studies, 2018, 21.

9   Suzy Kim에 따르면 냉전, 페미니즘과 같은 용어 자체의 의미에 대한 논의가 새롭게 이루어지고 있다. (Suzy Kim, "Cold War Feminisms in East Asia: Introduction," *Positions: Asia Critique* 28(3), Duke University Press, 2020, pp. 501-516).

여전히 예사로 여길 수 있다. 월급이 없어서 가족을 먹여 살리지 못하는 남편을 대신해서 아내가 생계를 책임진다고 하더라도 가사, 육아, 시부모 봉양까지 다 한다는 오늘날 한국의 언어로 말하자면 "슈퍼우먼" 의식에 빠져 있다면 이러한 여성을 무엇 때문에 "주체"라고 부르는가? 단순히 돈만 벌어오면 "주체"가 되는가? 그렇지 않다.

억압과 차별은 다양한 원인과 복잡한 양상을 띄고 양면적이고 모순적인 결과들을 야기한다.[11] 어머니가 강조된다고 해서 단순히 진보적 여성정책의 퇴보라고 단정지을 수 없다. 따라서 "조선녀성" 또는 "조선의 어머니"를 구성하는 다양한 요소들의 교차성과 연계성을 포착할 수 있는 탈이념적인 시각을 만들어 나가고자 한다. 이러한 관점에서 본다면, 북한의 "녀성해방"의 모순성, 제한성, 현실과의 괴리를 지적하기에 앞서서 분석되어야 할 것은 "녀성해방"과 "공산주의 어머니"라는 용어가 가진 특수한 기원, 특징, 그리고 결과이다. 본 연구는 사회주의 가부장제나 오늘날의 페미니즘적 시각으로부터 "녀성해방"과 "공산주의 어머니"의 관계를 해석하기 보다는 혁명역사의 조선화(Koreanization) 관점에서 사고할 것을 제안한다.[12] 이는 북한 고유의 "여성해방"개념의 전개와 변용을 고찰하는데 있어서 젠더 억압이나 유교적 봉건주의와 같은 기존의 틀을 벗어나 냉전과 남북체제 경쟁, 탈식민주의(post-colonialism)등 군사안보와 사회문화적 요인을 복합적으로 다루는 접근이다 뜻한다. 이것이 필요한 이유는 북한에서 "녀성해방"은 기본적으로 특정 인물의 정치적 자산으로

---

10 박영자, 『북한 녀자: 탄생과 굴절의 70년사』, 엘피, 2017.

11 Hyun Ok Park, "Ideals of liberation: Korean women in Manchuria," In E. H. Kim & C. Choi (Ed.), *Dangerous Women: Gender and Korean Nationalism*, New York: Routledge, 1998, pp. 229-248.

12 Koreanization을 "조선화"로 번역한 것은 본 연구에서 다루는 대상인 북한 역사에 대해서 "한국화"라고 하는 용어가 맞지 않기 때문이다.

기획되었고, "남녀평등"이 이루어졌다고 했지만 고정된 젠더질서와 역할
에 대한 큰 변화가 없다는 모순된 결과가 두드러지기 때문이다.

"조선녀성의 해방"은 일차적으로 국가주의적 목표에 충실함으로써, 사
회주의가 건설됨으로써, 수령에 충실함으로써 달성된다. 북한의 관점에
따르면, 과거 시기 여성을 억압했던 것은 "봉건주의" 또는 "제국주의"라는
제도이며, 남성 그 자체가 아니다. 남성이 여성을 억압한 것이 아니라
제도와 구습이 억압한 것이기 때문에 "녀성해방"은 정치적, 경제적, 사회
적인 혁명 아젠다는 될 수 있어도 오늘날 북한 사회 밖에서 얘기하는
"페미니스트"적인 아젠다는 될 수 없다.[13] 북한의 여성정책은 부계혈통,
가부장 중심의 가정(가부장이 아내를 가사, 양육, 시부모 봉양의 노예로 부리는
제도) 또는 고정된 전통적 남녀위계질서로부터 여성을 자유롭게 하는 것
을 애초부터 목표로 한 적이 없기 때문에 오늘날의 외부세계의 젠더적
관점에서는 "해방된 녀성"도 "공산주의 어머니"도 그 고유한 의미와 역할
이 분명하지 않다. 북한의 독자적 녀성담론의 특징은 가부장제로 인한
진보적 녀성담론의 퇴보 그 자체가 아니라 (김일성의) 항일혁명투쟁 역사
속의 "조선의 어머니"가 혁명적 여성상의 유일한 모델로 단일화 되었다는
것이다. 1960년대 고정된 이러한 혁명적 여성상은 복합적인 정체성(노동

---

13 하이디 하트만(Heidi Hartman)은 사회주의 맑시스트 체제에서 여성문제를 다루면서
  페미니스트 문제를 루지 않은 경우가 많았음을 지적하였다(Suzy Kim, *Everyday Life
  in the North Korean Revolution*, Ithaca, Cornell University Press, 2013, 179에서 재인
  용). 젠더관계에서 나타나는 위계와 차이들을 해소, 통합하기 위해 여성을 남성과 동
  등한 주체로 위치시킴으로써 더 이상 젠더문제는 존재하지 않는 것으로 공식화한 것
  이 결국 여성과 남성이라는 사회적 관계의 차이를 제거함으로써 사회통합을 도모하
  고자 했고, 이는 "젠더-균질화 전략"(gender-homogenization strategies)으로 나타났다
  (Joanna Goven, "Gender and Modernism in a Stalinist State," *Social Politics:
  International Studies in Gender* 9(1), Oxford Academic, 2002, pp. 6-8, 조영주, 「북한
  의 '인민만들기'와 젠더 정치」, 『한국여성학』, 29-2, 한국여성학회, 2013, 119에서 재
  인용).

영웅+수령의전사+현모양처형어머니)으로 구성되기 때문에 남성의 우위/여성의 종속과 같은 시각으로 정확히 포착할 수 없다. 더구나 우리가 분석하는 북한사람들은 "가부장제," "페미니즘," "젠더"와 같은 언어 자체를 거의 모른다는 점에서, 북한사람들과도 소통할 수 있는 북한여성연구의 분석적 틀과 시각을 재정립하여 지속가능한 남북의 학술적 소통을 모색할 필요가 있다.

북한에서 여성의 노동계급화가 강조되다가 1961년부터 "공산주의 어머니"교양이 강조되는 것은 초기 혁명정책의 굴절이나 좌초, 실패를 나타낸다고 볼 수 없다. 가부장제, 또는 군사주의 산업화로 여성정책의 혁명성이 후퇴한 것이 아니라 (가부장제와 군부위주의 정책은 그 전에도 존재했음으로) 1960년대부터 "녀성해방"의 기원을 항일무장투쟁에서 찾게 되면서 "녀성해방"은 남녀의 고정된 위계질서나 성역할을 의문시하고 이에 대한 도전을 하는 젠더적 의미의 아젠다와 분리되게 되었다. 북한에서 해방된 여성은 개인적 자율성이나 인권을 가진 여성이 아니라 진정한 공산주의 혁명가이며, 이에 상응하는 가장 이상적인 모델로 강반석으로 대표되는 혁명가의 "안해" "조선의 어머니"가 굳어진 것이다. 따라서 남성 (또는 남성이 장악하고 있는 국가권력)이 여성을 지배하기 위해서 "녀성해방" 정책을 후퇴시키고 어머니 이상형을 영웅시했다기보다는 1960년대에 특수한 사회주의 체제수립의 역사적 조건 속에서 이해할 필요가 있다. 그 본질적 성격상 젠더적인 의미보다는 국제적 냉전 구도 안 에서의 남북 간의 체제 경쟁과 분단 체제 공고화의 측면에서 더 정확하게 드러날 수 있는 "녀성해방"과 "공산주의 어머니"의 의미를 파악할 것이다.[14]

---

14 북한에서 남녀평등은 남녀가 똑같이 일한다는 것을 의미한다. 탈북민들과의 면접조사에 따르면, 많은 경우 여성들은 "가부장제"라는 표현을 잘 쓰지 않거나 들어본 적이 없으며, 무슨 의미인지 모르겠다고 하기도 했다. "남존여비"는 많이 쓰는 표현이

본연구에서는 다음과 같은 질문들을 고찰하고자 한다.

북한에서 여성이 "해방"된다는 것은 무엇을 뜻하는가? 1960년대에 나타나게 된 "녀성해방"과 여성의 혁명화의 본질과 특징은 무엇인가?

북한이 경제와 안보위기에 처하고 한국으로부터의 경제적 도전을 받게된 1960년대에 병진노선의 채택으로 전 국가를 군사화했을 때, 이 과정에서 조선녀성의 혁명적 정체성은 어떤 영향을 받게 되는가?

해당시기의 항일무장유일혁명전통(반수정주의)은 혁명적 여성과 여성해방담론에 어떤 영향을 미치는가?

북한에서 "해방된 여성"과 가부장제를 거부하지 않는 여성이 공존할수 있는 이유는 무엇인가? 여성이 주체화되는 과정과 "주체화" 되더라도 가부장제가 유지되는 것을 어떻게 설명할 수 있는가?

"해방된 여성"과 "가부장제 하의 여성"의 공존이 북한의 사회주의의 어떠한 특성을 보여주는가?

북한의 1960년대 당시 특수한 정치, 사회, 문화, 역사적 조건으로부터 파생되는 "녀성해방" 아젠다와 "공산주의 어머니" 이상형은 여성에 대한 차별과 주변부화의 현상이 유난히 북한에서만 두드러지는 현상임을 보여주기 위해서가 아니다. 본 연구의 목표는 북한에서 혁명적 여성이 남성과 평등한 여자, 또는 남성의 지배적 위치와 부계혈통중심의 가부장제를 정

기는 한데, 이것은 당연한 것, 또는 심지어 여성이 받들어야 할 질서로 생각하기도 했다. 한편 북에서 온 한 남성 학자는 "1950년대 북조선은 가부장제가 아니며" 민주개혁 시기 봉건제 유습이 다 철폐되고 "사회주의 건설로 나서고 있는 시기"임을 강조하였다. 각각 이유는 다르겠지만, "가부장제"와 관련성을 부인하는 것을 볼 수 있었다. 북한이 가부장제가 아니라고 생각하거나, 그것이 무엇인지 정확히 모르는 것 같은 인상을 받았다. 정치적으로 사회주의 개조 및 혁명을 하는 상황에서는 가부장제는 이미 극복되었다는 교육을 받았기 때문이라고 추측할 수 있기는 하지만, 이에 대해서는 더 본격적인 조사가 향후 필요하다. 탈북민들과의 인터뷰조사와 북한학자들과의 학술 교류를 경험하면서 어떠한 언어와 분석틀을 가지고 남북이 서로 소통 가능한 북한여성 연구를 할수 있을지 고민하게 되었다.

면으로 비판/도전 여자가 아니라 항일유격대원식으로 김일성에게 충성하는 여자, 강반석과 같은 "조선의 어머니"모델로 축소되면서 "녀성해방"의 의미가 북한의 체제성립사 안에서 토착화되었음을 규명하는 것이다.

2. "조선의 어머니"-혁명적 여성상의 단일화

1) "녀성해방"의 기원

한국전쟁이후부터 가시적으로 확대되기 시작한 여성의 노동계급화는 과거 시기 사회적 노동을 전혀 하지 않고 가사, 양육, 시부모 봉양을 전담한 전업주부로서의 "현모양처"로부터 "조선녀성"을 차별화시켰다. "근로녀성들 속에서 배출된 수많은 녀성 일군들은 국가 기관들과 과학, 문화, 예술, 보건, 교육 등 각 기관에서 **남자들과 동등하게 일하고 있다**"던가 (강조는 저자)"[15] "녀성들은 정치, 경제, 문화 모든 부문에 남자와 동등한 권리로 참가 하고 있다"고 주장하였다.[16] 따라서 "가정에 파묻히는 녀성"은 이른바 "낡은 사상"에 젖은 여성, "과거 남편에게 의지하고 가정의 협소한 울타리 속에서 경제적 자립이란 생각도 못하던 우리 녀성"[17] "가정에 파묻혀 놀고 먹는 "유한 부인"생활이나 할 것을 꿈꾸면서 농촌을 떠나려는 낡은 사상에 물젖은 녀성" "가정에 숨어서 허송 세월하여 남편의 덕으로 할아 가려는 수치스러운 사람"[18]은 이제 정치적으로, 사회적으로

---

15 〈3.8 국제 부녀절 기념 평양시 경축 대회에서 한 조선 민주 녀성 동맹 중앙위원회 위원장 박정애 동지의 보고〉, 《노동신문》, 1956. 3. 8., 2쪽.

16 〈공화국 녀성들은 사회주의 건설의 믿음직한 력량이다〉, 《노동신문》, 1959. 3. 8., 1쪽.

17 〈사회주의 건설에서 녀성들의 역할을 높이기 위한 사상 사업을 강화할 데 대해서-전국 녀성 열성자 회의에서 한 조선 민주 녀성 동맹 중앙 위원회 박정애 위원장의 보고〉, 《노동신문》, 1956. 3. 8., 3쪽.

정당성을 완전히 상실한 존재가 되었다.[19] 이러한 추세에 맞추어 1961년에는 전국에 7천 600여 개소의 탁아소와 4천 450개소의 유치원이 설립되었다.[20] 북한에서 발표한 바에 따르면 전후 10년동안 노동계급화를 통해 여성의 지위는 다음과 같이 격상되었다.

- 최고 인민회의로부터 리(읍, 로동지구) 인민회의에 이르기까지 각급 인민 주권 기관들에서 2만 5,000여명의 녀성들의 대의원으로 사업
- 63명의 공화국 영웅과 로력 영웅을 비롯하여 4만 7,000여명의 국가 수훈자
- 700여명의 공훈광부, 공훈사양공, 공훈 교원, 인민 배우, 공훈 배우
- 인민 경제 각 부문과 기관들에서는 박사, 학사를 비롯한 7만 명의 녀성 기술자, 전문가[21]

이렇듯 전후 시기부터 여성들의 노동 계급화는 꾸준히 확대되었다. 여기서 주목할 것은 전후 50년대와 60년대의 근본적인 차이는 이러한 친여성정책의 또는 "남녀평등권"의 기원이 어디에 있는가에 대한 해석의 변화이다. 1960년대 이전에는 "위대한 해방자 소련의 군대가 우리나라에서 악독한 일제 식민지 악랄자들을 구축한 후 조선 로동당과 인민 정권"[22]

---

18 〈녀맹 단체들의 사업 체계를 확립하며 사업 방법을 개선할데 대하여-조선 민주 녀성 동생 중아위원회 제 6차 확대 전원회의에서 한 김옥순 부위원장의 보고〉, 《조선녀성》, 1960, 7월호, 11쪽.

19 이에 비해 한국에서는 아직도 대다수 여성, 심지어 대졸여성도 사회적 지위를 가진 여성은 흔하지 않았고, 결국 전업주부로서의 "현모양처" 이상형이 유지되었다(박정희, 『이이효재: 대한민국 여성운동의 살아있는 역사』, 다산초당, 2019).

20 김옥순, 「후대들을 앞날의 공산주의 건설자로 교양 육성하기 위한 어머니들의 과업에 대하여」, 전국 어머니 대회에서 한 조선 민주 녀성 동맹 중앙위원회 제1부위원장 김옥순 동지의 보고 (1961년 11월 15일), 『전국어머니대회문헌집』, 조선녀성사, 1962, 53~58쪽.

21 〈조선 민주 녀성 동맹 제 3차대회 우리의 영웅적 녀성들의 대회를 열렬히 축하한다〉, 《노동신문》, 1965. 9. 1., 1쪽.

"우리나라에서 수립된 사회주의 제도" "사회주의 농업 집단화" "우리나라의 인민 민주주의 제도" "조선 로동당" "녀성들의 행복한 생활을 위한 우리 당의 정확한 정책과 김일성 동지를 수반으로 한 당 중앙 위원회의 현명한 령도"[23]와 같은 표현이 사용되었다.[24] 김일성 한 개인 (또는 그의 가족)으로 국한되지 않고, 초기에는 소련의 기여도도 명시되었음을 알 수 있다. 사회주의 제도와 집단 노동생활에 참여 함으로써 비로써 "남존 녀비의 해독적 결과"를 극복하게 된다는 인식을 볼 수 있다.[25] 그러나 다음과 같은 낡은 사상을 가진 여성도 잔존했고 지속적으로 비판과 교양의 대상이 되었다.[26]

- "로동을 영예로운 일로 생각 하는 것이 아니라 천한 일로 생각하며 국가와 혁명의 리익보다 자기의 리익을 앞세우는 일부 녀성"
- "계급적 처지와 자각을 망각하고 직장에서 리탈하려고 하거나 일정한 직종에 고착하지 않고 있는 녀성"
- "로동에 주인다운 태도로 참가하지 않는 이러한 녀성"
- "미신적인 낡은 유습과 비과학적인 인습에 매달리는 녀성"

---

22 〈3.8 국제 부녀절 기념 평양시 경축 대화에서 한 조선 민주 녀성 동맹 중앙위원회 위원장 박정애 동지의 보고〉, 《노동신문》, 1956. 3. 8., 1쪽.

23 〈공화국 녀성들은 사회주의 건설의 믿음직한 력량이다〉, 《노동신문》, 1959. 3. 8., 1쪽.

24 "우리 조선 녀성들이 사회주의 건설에서 위훈을 떨치며 국내외적으로 영웅적 조선 녀성으로서의 높은 긍지와 영예를 지니게 된 것은 오직 김일성 원수를 수반으로 한 우리 당 중앙 위원회와 공화국 정부의 정당한 정책과 현명한 령도가 있었기 때문이다."

25 〈사회주의 건설에서 녀성들의 역할을 높이기 위한 사상 사업을 강화할 데 대해서-전국 녀성 열성자 회의에서 한 조선 민주 녀성 동맹 중앙 위원회 박정애 위원장의 보고〉, 《조선녀성》, 1957. 4. 12., 2쪽.

26 〈사회주의 건설에서 녀성들의 역할을 높이기 위한 사상 사업을 강화할 데 대해서-전국 녀성 열성자 회의에서 한 조선 민주 녀성 동맹 중앙 위원회 박정애 위원장의 보고〉, 《조선녀성》, 1957. 4. 12., 2쪽.

- "지식의 습득과 언행에 있어서 가져야 할 고상한 인민적 상섭 작풍을
가지지 못하고 있으며 인민들에게 모범을 보여주지 못한 인테리 녀성"
- "소브르죠아적 개인 리기와 투기적 현상들을 완전히 극복하지 못한
상업, 기업가 녀성"

이처럼 전후 50년대에는 소위 해방된 여성도 해방되지 않은 여성도
젠더적 차원에서 평가되지 않았다. 오직 사회주의적 차원에서 평가되었
다. 즉 여성이 사회주의 건설 사업에 얼마나 열의를 가지고 주체적으로
그리고 창조적으로 이바지하는가 이것이 "녀성 해방"의 기준이 되었다.
1958년 북한에서는 사회주의가 개조가 완료되었기 때문에 "녀성해방"과
"남녀평등"은 이미 모두 성취된 것으로 간주하였다.[27] 이제 남은 과업은
이미 성취된 "녀성해방"과 "남녀평등"을 잘 따르지 못하는 사람들을 교양
하여 전면적으로 여성을 혁명화 하면서, 이를 안정적으로 관리하는 것,
이에 대한 전사회적인 동의와 지지를 창출해 낼 수 있는 혁명적 여성상이
필요하게 되었다. 이러한 필요로 인해서 정치경제적으로 남성과 "동등하
게" 일하면서도 가정에서는 전통적 어머니, 아내, 며느리의 역할을 충실
히 하는 것이 여성의 혁명화의 척도가 되었다.

---

27 중국에서도 이와 유사하게 혁명의 정치적 성취와 여성해방의 성취가 결합한 것으로
보았다. 그러나 Wang Zheng 연구는 중국에서는 남성 간부들 중심의 공산당이 "부녀
문제"(오늘날 언어로는 "젠더문제" "젠더의식")이 미흡한 점에 대해 비판적 의식을 가
진 "페미니스트" 여성 정치인들이 있다는 주장을 펼친다. 이들은 5.4운동과 관련이
있거나 국공내전시기부터 활발하게 활동했던 공산주의 "페미니스트"로써 All-China
Women's Association(ACWA, 中华全国妇女联合会 중화전국부녀연합회)의 간부이자
『중국부녀』와 같은 기관지(북한의 『조선녀성』)를 담당하고 있었다. 이와 비교해 북
한에서는 3.1운동 관련 여성지도자, 근우회 등 김일성이 항일무장투쟁과 관련이 없
는 인사들은 공산주의 여성 운동가, 혁명가라도 모두 배제하고 그에 대한 공공기억
을 억압하고 있다 (Wang Zheng, Finding Women in the State: A Socialist Feminist
Revolution in the People's Republic of China, 1949-1964, Oakland: University of
California Press, 2017).

1961년 9월 제4차 당대회 이후 개최된 "전국어머니대회"는 그 명칭에서만 보면 마치 모든 북한 여성을 가정에 가두려는 것처럼 보인다. 여성을 "어머니"로 호명하면서 자녀의 양육과 교육에 있어서 어머니의 일차적 책임을 강조한 것, 여성의 사회적 역할보다는 생산적 역할을 강조한 점, 여성의 출산과 양육을 공적인 의무로 규정한 점등이 본 대회의 특징이다.[28] 1968년까지 112,000 "어머니학교"가 수립되어 모성교양 뿐만 아니라 살림지식이나 문맹퇴치 교육도 수행하였다. 그러나 아래의 1956년 문건에서 볼 수 있듯이 여성이 전통적 부덕을 간직하면서 공산주의 양육자가 되어야 한다는 주장 그 자체는 새롭지 않다.

> 력사적으로 우리 조선 녀성들은 자기 조국을 사랑하며 로동에 근면하며 생활을 사랑하는 빛나는 전통을 가지고 있습니다. 옛적부터 조선녀성들은 자기 조국을 열렬히 사랑하여 목숨바쳐 싸운 일이 한 두번이 아니였으며 또한 참된 어머니로서 자기 자식을 훌륭한 사람으로 양육한 사실이 적지 않습니다. 이러한 자랑스러운 민족적 애국 전통은 수천년의 력사와 함께 우리들에게 계승되고 발전되어 왔으며…. 일제시대의 암담한 시기에도 조선의 참된 녀성들과 어머니들은 일본 제국주의자들의 억압과 착취의 혹심한 조건하에서 조국의 자유롭고 행복한 래일을 확신하면서 의병 운동과 3.1운동을 비롯한 반일 민족 해방 투쟁에서 전체인민들과 함께 목숨을 아끼지 않고 싸웠으며 자식들을 애국 정신으로 교양하였으며 훌륭한 혁명투사로 키웠던 것입니다…특히 1930년 조선의 우수한 딸들은 김일성 동지가 지도하는 빨치산 대렬에서 직접 손에 무기를 잡고 함산 준령을 넘으면서 혹은 부녀회회원으로서, 지하에서 일제를 반대하여 불굴의 투쟁을 전개하였습니다. 우리의 조선 녀성들은 이와 같이 애국적 전통을 가지고 있을 뿐만 아니라 자식들을 훌륭

---

28 Suzy Kim, "Revolutionary Mothers: Women in the North Korean Revolution, 1945-1950," *Comparative Studies in Society and History,* 52(4), Cambridge University Pres, 2012, pp. 742-767.

하게 교양한 빛나는 전통을 가지고 있습니다. 또한 옛적부터 조선 녀성들은 가정에서 훌륭한 어머니와 안해로 되는 것을 자기의 미덕으로 삼아왔습니다…. 력사적으로 보아 자기 조국을 영웅적으로 수호한 애국자들이나 유명한 사람들도 모두 어머니들의 모성애에 의하여 양육되었으며 성장되었습니다.[29]

따라서 모성을 통한 애국심의 장려 그 자체는 1961년 "전국어머니대회" 이후 북한의 혁명적 여성상의 특징으로 볼 수 없다. 1960년대에 들어와서 두드러지는 차이는 김일성의 항일무장투쟁이 "녀성해방"운동의 가장 직접적인 기원으로 정의된다는 것과 혁명적 여성상의 원형이 김일성의 항일무장투쟁을 지원한 녀성으로 제한된다는 것이다. 1956년 3월 8일 국제 부녀절 기념 평양시 경축 대회에서 한 여맹 위원장 박정애의 위의 보고는, "김일성 동지가 지도하는 빨치산 대렬"이 언급되기는 하지만 3.1운동도 언급되어 있는 점, 그리고 김일성의 항일무장투쟁과 "녀성해방"운동의 직접적 연계는 나타나지 않는 것이 1960년대 이후의 상황과 대비된다.

그런데 1960년대부터 "녀맹"의 주요 지도자들은 "녀성해방"을 김일성의 원수의 "령도"하의 항일무장투쟁과 직결시키기 시작했다. 핵심적인 주장은, "김일성 원수"가 1932년 항일유격대를 조직하면서 조선혁명의 길도 제시하고 그 안에서 "녀성해방"의 앞길도 명시하였다는 것이다.[30]

우리나라에서 진정한 녀성 해방 투쟁이 시작된 것은 조선인민의 민족

---

29 〈3.8 국제 부녀절 기념 평양시 경축 대화에서 한 조선 민주 녀성 동맹 중앙위원회 위원장 박정애 동지의 보고〉, 《노동신문》, 1956. 3. 8., 1쪽.

30 〈녀맹 단체들의 사업 체계를 확립하며 사업 방법을 개선할데 대하여-조선 민주 녀성 동생 중아위원회 제 6차 확대 전원회의에서 한 김옥순 부위원장의 보고 (요지)〉, 《조선녀성》」, 1960, 7월호, 조선녀성사, 21쪽.

해방 투쟁이 김일성 원수의 령도 하에 조직 전개된 항일 무장 투쟁 단계에로 들어 선 때부터이다. 1932년에 김일성 원수는 항일 유격대를 조직하고 조선 혁명의 정확한 로선을 제시함과 동시에 녀성 해방의 앞길을 명사하시였다. 녀성들의 환전한 해방을 위하여서는 맑스-레닌 주의와 가르치는바와 같이 법률상 평등뿐만아니라 정치 경제 및 사회적 평등을 실시할 수 있는 실제적 조건이 보장되어야 한다. 우리 나라 녀성들의 처지와 형편을 과학적으로 분석한 기초 우에서 김일성 원수는 녀성 해방을 위하여서는 "량반, 상민 기타 불평등을 베제하고 남녀, 민족, 종교 등 차별 없는 일률적 평등과 부녀의 사회상 대우를 제고하고 녀자의 인격을 존중할 것" (조국 광복회 강령 제7조) 이라고 제시하였다. 그리고 식민지 조건 하에서 녀성들의 해방과 평등을 위한 투쟁은 일제를 격멸하고 조국의 자유와 독립을 달성해야하는 민족해방 투쟁과 밀접히 결부되어야 한다는 것을 가르쳤다. 김일성 원수를 선두로 한 공산주의 자들은 항일 무장 투쟁을 조직 전개하는 첫 시기부터 각종 반일 단체들과 함께 반일부녀회를 각지에 광범히 조직하였다.

이 때부터는 "김일성 동지" 한 개인이 "항일 무장 투쟁의 첫 시기부터 우리 나라 녀성 운동에 큰 의의를 부여하면서 혁명적인 녀성 단체들을 조직 지도하고 수 많은 녀성 혁명 투사들을 피양 육성"하였으며 바로 "항일 무장 투쟁의 불길 속에서 조선 녀성 운동의 가장 빛나는 전통과 고귀한 경험이 이루어졌다"고 주장하게 되었다.[31] 여맹중앙위원회 부위원장 김옥순은 다음의 보고서에서 알 수 있듯이 북한에서 문제시하는 불평등은 "사회적" 차원으로, 이는 "봉건제도와 일본 제국주의 식민지 통치"에 기인한 것이지만 (남성의 지배나 차별은 등장하지 않음) "김일성 동지"의 항일 무장투쟁으로 "녀성운동"이 획기적인 전환점을 맞게 되었다. 따라서 민족이 해방되면 "녀성해방"도 성취된다는 논리로 이어지는 것이다.[32]

---

[31] 〈우리의 영웅적 녀성들의 대회를 열렬히 축하한다〉, 《노동신문》, 1965. 9. 1., 1쪽.

우리나라에서 녀성운동은 봉건제도와 일본 제국주의의 식민지 통치로 인한 온갖 질곡 속에서 녀성들의 민족적 자각과 계급적 각성이 점차 높아짐에 따라 발생 발전하였으며 특히 1930년대에 와서 비로서 정확한 로선을 따라 활발히 진전하게 되었습니다. 2김일성 동지에 의하여 조직 전개된 항일 무장 투쟁은 우리 나라 민족 해방투쟁의 높은 단계에로 발전시켰을 뿐만 아니라 우리 나라 녀성 운동의 발전에서 획기적인 전환점으로 되었습니다….우리 나라에서의 민족해방투쟁과 공산주의 운동의 맑스-레닌주의적 강령에는 남녀의 차별없는 일률적 평등을 보장하며 녀성들의 사회정치적 지위를 높이고 인격을 존중히 할 것이라고 천명되어 있습니다. 김일성 동지께서는 항일무장투쟁시기에 "조선 녀성들이 해방되어 정치, 경제 사회 생활의 각 분야에서 진정한 자유와 권리를 쟁취하자면 봉건 제도와 식민지 통치제도를 없애 버려야 하며 이것을 없애 버리려면 일본 제국주의 침략자들을 쫓아 내고 민족의 해방과 독립을 달성하여야 합니다. 이를 위해서는 녀성들이 반일 민족 해방 투쟁에 적극 참가하여 남자들과 함께 싸워야 합니다."라고 교시하시였습니다…김일성 동지께서는 항일 무장 투쟁 시기에 우리 나라의 근로 녀성들을 비롯한 각계 각층의 애국적 녀성들을 단결시켜 민족 해방 투쟁에 광범히 동원하기 위하여 부녀회를 비롯한 반일 녀성 단체들을 조직하시고 그것을 강력한 혁명적 조직으로 장성 발전시키는 동시에 수 많은 녀성 혁명 투사들을 직접 교양 육성하시였습니다(강조는 저자).

여기서 주목할 것은 김일성 권력의 절대화 ("우상숭배")를 정당화하기 위해서 항일무장투쟁이 강조되었다는 사실보다는, 이와 같은 혁명적 여성상의 단일화가 여성문제 프레이밍에 미친 영향이다. 첫째는, 후술하듯 북한에서는 여성문제가 오늘날의 페미니스적인 아젠다가 아니라 특정 인

---

32 〈조선 민주 녀성 동맹 제3차 대회에서 한 녀맹 중앙 위원회 김옥순 제 1부위원장의 보고-조선 민주 녀성 동맹 중앙 위원회 사업 총화에 대하여〉, 《노동신문》, 1965. 9. 2., 3~5쪽.

물의 권력 절대화를 위한 정치적, 상징적 자산으로 되었기 때문에 "조선 녀성"은 노동계급화 측면에서는 "해방"된 존재라고 하더라도 전통적 가족 질서와 성역할을 유지하는데 무리 없이 동원될 수 있었다. 두번째는, 항일운동의 다양한 스펙트럼 가운데서 오늘날의 시각에서 봤을 때 실제로 "페미니스트"적인 시각이나 활동을 했던 조직이나 인사라도(근우회, 유영준, 정칠성, 정종명과 같은 공산주의적 인사까지 포함)[33] 김일성의 항일무장투쟁과 관련 없다면 모두 배제되거나 주변부화 되었다.

2) 공산주의 어머니의 특징

그렇다면 1932년부터 "녀성해방"을 위해서 투쟁했다는 김일성은 어떤 목표를 달성하기 위해서 공산주의 어머니교양에 박차를 가했는가? 공산주의 어머니 교양과 북한식 "녀성해방"은 어떤 관계를 가지고 있는가? 1946년 남녀평등권법령 실시 이후 1950년대 사회주의 개조를 완료하면서 북한에서는 "녀성해방"과 "남녀평등권"이 이미 완료된 것으로 보았다. 북한에서 "녀성해방"은 "사회정치활동에 남자들과 똑같은 권리"를 갖는 것을 의미했다. 예를들어서 1961년 김일성은 "우리 녀성들이 가지고 있는 남녀 평등권도 사회적 활동에 적극 참가하지 않고서는 실질적으로 실현될 수 없다"고 했는데, 여기서 중요한 것은 정치적 권리로써의 "남녀평등권"은 이미 가지고 있다고 주장한 것이다.[34]

따라서 1960년대 여성정책의 핵심 목표는 "녀성해방" 또는 "남녀평등권"이 아니라 진정한 공산주의자, 충실한 공산주의자, 즉 항일혁명정신으로 무장한 공산주의자 여성을 만드는 것이다. 이는 북한에 특수한 정치

---

33 이임하, 『조선의 페미니스트』, 철수와 영희, 2019.

34 김일성, 「자녀 교양에서의 어머니들의 임무-전국 어머니 대회에서 한 연설 (1961년 11월 16일)」, 『전국어머니대회문헌집』, 조선녀성사, 1962, 81쪽.

적, 주체 사회주의적인 의미를 나타낸다. 다시 말해서 북한에서 해방된 여성은 가부장제나 남존여비에 도전하는 일반적인 의미의 "페미니스트"가 아니라, 수령님의 충실한 전사, 공산주의 양육자, 사회주의 건설에 참여하는 노동자 여성이다. 진정한 공산주의자 어머니는 전사, 양육자, 천리마 기수 등 다양한 역할을 수행하였다. 김일성은 이런 여성이 "가정에서는 알뜰한 주부이고 어머니이며 일터에서는 근면하고 유능한 영예로운 천리마 기수가"되기를 원했다.[35] 1960년대부터 항일무장투쟁역사가 조선혁명의 유일한 전통이 되면서 이 모든 역할을 충실히 수행하는 공산주의자 여성의 가장 이상적인 혁명가 모델은 항일무장투쟁을 지원한 "어머니"로 고착화되었다.

①1961년 "전국어머니대회"의 김일성의 연설에 따른다면 "공산주의 어머니"는 단순히 혁명가의 "안해," 어머니, 또는 며느리가 아니다. "공산주의 어머니"는 우선 "사회주의 건설에 열성적으로 참가"하는 노동자이며, 개인의 이익보다는 집단을 생각하며(자기 자식만 챙기는 어머니가 아니라), 수령을 받들어 모시는 여성이다. 수령을 받들어 모시는 것이지 남편만 모시라는 것은 아니다. 문제는 상술한 바와 같이 혁명적 여성상의 기원을 항일무장혁명시기의 "조선의 어머니"로 연결시키면서 수령을 받들어 모시는 것과 남편(시어머니)을 받들어 모시는 것이 실제 여성들의 삶 속에서 뚜렷하게 구분되지 않는 방식으로 "공산주의 어머니"교양이 개념화되고 추진된 점이다.

김일성의 연설에서 "공산주의 어머니"에 대한 방점은 "사회주의 건설에 열성적으로 참가해야"한다고 독려한 점이다. 그는 "녀자들이 집단적으로 로동하고 집단적으로 생활하게 되면 그들의 정치 수준과 계급 의식

---

35 김일성, 「자녀 교양에서의 어머니들의 임무-전국 어머니 대회에서 한 연설 (1961년 11월 16일)」, 『전국어머니대회문헌집』, 조선녀성사, 1962, 82쪽.

이 높아지고 그들은 당당한 사회주의 건설자의 영예감을 갖지게 될 것입니다. 그렇기 때문에 녀자들이 나가서 일하도록 하는 것은 매우 중요한 문제입니다"라고 역설했다.[36]

놀고먹는 사람은 공산주의 어머니가 될 수 없습니다. 공산주의 어머니가 되기 위하여서는 우선 사회주의 건설에 열성적으로 참가하여야 합니다. 사회주의 건설에 적극적으로 참가함으로써만 부단히 발전하고 있는 현실에서 뒤떨어지지 않을 수 있으며 공산주의 사상을 빨리 체득할 수 있습니다. 지금 우리 나라에서는 대학을 졸업하도고 일은 안 하고 집에서 놀고 있는 녀성들이 천 수백명이나 있습니다….물론 녀자들을 공부시켜야 합니다. 녀성들 가운데서도 학사, 박사들이 많이 나와야 합니다. 지금 우리 녀성들 가운데는 아직 박사가 없습니다. 이것은 유감스러운 일입니다. 녀성들 속에서 정치,경제, 문화의 모든 부문의 훌륭한 간부들이 더 많이 나와야 합니다…… 나쁜 것은 시집을 가고 아이를 낳기 위하여 배우기도 하고 모든 일을 하는 것 같이 생각하는 녀성들의 그릇된 사상입니다. 시집 가고 아이를 낳고도 공부를 계속하여 학사와 박사도 될 수 있으며 또 그렇게 되어야 합니다.[37]

여성들의 사회적 활동을 지원하는 것을 "녀성문제의 완전한 해결"로 보았기 때문에 이를 지원하기 위해서 탁아소와 유치원을 적극적으로 확대하고 있음을 강조했다. 1965년 여맹 중앙위원회 부위원장 김옥순은 "오늘 우리나라에서는 녀성들이 일하는 곳마다 탁아소와 유치원들이 설치되어 있으며 세탁소, 재봉소 등 각종편의 시설들이 마련되어 있습니다. 우리 녀성들은 어린이를 기르는 것으로부터 옷과 부식물을 만드는 등 가

---

36 김일성, 「자녀 교양에서의 어머니들의 임무-전국 어머니 대회에서 한 연설 (1961년 11월 16일)」, 『전국어머니대회문헌집』, 조선녀성사, 1962, 81쪽.

37 김일성, 「자녀 교양에서의 어머니들의 임무-전국 어머니 대회에서 한 연설 (1961년 11월 16일)」, 『전국어머니대회문헌집』, 조선녀성사, 1962, 81쪽.

정일의 부담에서 점차 해방되어가고 있으며 자기의 소리과 희망과 체질에 따라 자유롭게 직업을 선택하고 사회주의의 건설에 적극적으로 참가할 수 있게 되었습니다"라면서 당과 수령의 배려를 강조했다.[38]

> "식량공급소"에서는 "아침 출근하는 쌀자루와 그릇을 맡기면 미리 다 준비하여 놓기 때문에 퇴근할 때 잠간 들려 시간이 걸리지 않게" 해주었다....녀맹 단체는 주택 지구 별로 "5호 담당제"를 조직하여 장판, 도배, 김장을 비롯한 서로 도와야 할 일이 있으면 친척들처럼 모여 돕게 하고 있다. 김장 때도 무, 배추는 물론이고 소금, 파, 고추, 젖갈에 이르기까지 녀성들은 서로 오와 직장에서 매 가정에 까지 날라간다. 살림 살이의 크고 작은 일들을 이렇게 서로 도와 가며 하게 되니 매 녀성들은 지난 날처럼 가정 일 때문에 많은 시간을 빼앗겨 창발적인 생각을 할 수 없었던 현상이 없어지게 되었다.

가사 노동의 부담을 덜어주기 위한 조치들과 더불어 1966년에는 내각 결정 제23호 "모성 로동자들의 로동시간에 관한 규정"을 승인하여 국가 기관, 기업소와 사회협동단체들에서 육체로동을 하고있는 모성로동자들 중 만13세까지의 자녀를 3명이상 가진자들의 로동시간을 하루 6시간으로 하였다. 자녀가 많은 모성로동자들에게는 8시간 로동을 할 때와 같이 식량과 로동보호물자를 공급하며 사회부장 및 사회보험에 의한 년금보조금을 계산지불하고 정기휴가를 준다.[39]

② 공산주의자 어머니가 되기 위해서 우선 사회주의건설에 뛰어드는 1960년대 북한의 혁명적 이상형은 군사화된 존재이기도 했다. 해당 시기

---

38 〈조선 민주 녀성 동맹 제3차 대회에서 한 녀맹 중앙 위원회 김옥순 제 1부위원장의 보고-조선 민주 녀성 동맹 중앙 위원회 사업 총화에 대하여〉, 《노동신문》, 1965. 9. 2., 3~5쪽.

39 〈모성로동자들에 대한 당과 정부의 또 하나의 배려〉, 《조선녀성》, 조선녀성사, 1966, 11월호, 13쪽.

의 군사화된 여성(militarized women)역시 가부장제와의 연관성 안에서 이해할 수도 있다.[40] 그러나 가부장제 보다 더 설득력을 가지는 것은 실제로 유사전쟁동원 수위까지 갈 수 밖에 없었던 당시의 중첩적인 안보와 경제 위기 상황이다. 당시는 1962년 12월 조선노동당 중앙위원회 제4기 5차 전원회의 에서 4대군사노선의 국방력강화 방침이 제기된 1963년부터 전군의 간부화, 전군의 현대화, 전민의 무장화, 전국의 요새화가 추진되었다. 김일성은 "오늘 우리의 혁명투쟁과 건설사업에서 가장 중요한 것은 조성된 정세의 요구에 맞게 사회주의건설의 전반적 사업을 개편하며 특히 원쑤들의 침략책동에 대비하여 국방력을 더욱 강화할 수 있도록 경제건설과 국방건설을 병진시키는 것"이라고 하면서 병진노선을 공식화했다. 이후 과다한 군방비 지출로 인해 (1967-1969년 전체 예산의 30퍼센트 이상을 국방비에 지출) 인해 7개년계획이 좌초되고 있었고 결국 1966 제2차 당대표자대회 7개년계획의 연장이 발표되었다.

베트남에서의 확전, 한국의 베트남 참전과 한일조약체결, 중국의 문화대혁명 발발과 북중관계의 악화, 소련의 "수정주의" 노선(스타하노프식 노동영웅의 퇴조)와 같은 당시의 환경은 북한에서 혁명의 후퇴에 대한 긴장과 위기의식을 극도로 고조시켰다. 따라서 1960년대 『조선녀성』에는 아들이나 남편을 군대에 보낸 여성(항일무장투쟁에 남편과 아들을 보낸 여성)의 애국주의가 흔히 영웅시 되기는 하였지만,[41] 이것 역시 가부장제 그 자체 때문이 아니라 실제 북한이 당시에 처한 대내외적 안보, 경제 위기에 대

---

40 Suzy Choi, "Gender Politics in Early Cold War North Korea: National Division, Conscription, and Militarized Motherhood from the Late 1940s to 1960s," *Journal of Peace and Unification* 8(2), Ewha Institute of Unification Studies, 2018, p. 19.

41 Suzy Choi, "Gender Politics in Early Cold War North Korea: National Division, Conscription, and Militarized Motherhood from the Late 1940s to 1960s," *Journal of Peace and Unification* 8(2), Ewha Institute of Unification Studies, 2018, p. 19.

한 하나의 대중동원 방식으로 이해해는 것이 더 정확하다.

특히 1960년대 중반은 문화혁명으로 인해 중국과의 관계가 악화되면서 베트남전쟁 확전이 겹치는 시기로 수정주의 뿐만 아니라 교조주의까지 동시에 반대하면서 주체사상을 강조하게 된다. 1967년 들어서 개인숭배 체제로 빠지게 된 데는 북중갈등의 영향이 컸다. 전통적인 혈맹이었던 중국과의 갈등으로 인해 북한에서는 "내외의 적"에 대처하기 위한 국방력 강화가 전사회적으로 더욱 강조되었고, 모택동 사상에 대항해서 북한 사회주의 건설의 독자적 지도사상이자 김일성 사상으로 규정된 주체사상도 한층 강조되게 된 것이다.[42] 베트남전쟁과 한일조약이 체결되는 1965년 부터 녀맹원들이 "한 손에는 총을, 다른 한 손에는 낫과 마치를 들고" 구호가 제기 되었다[43] 그리고 강반석이 항일무장투쟁 시기 혁명적 녀성의 가장 이상적인 모델의 독점적 위상을 갖게 되었다 ("1967년 9월 "강반석 여사의 모범을 따라 배울 데 대하여").

수령의 투사로 활약했던 여인들에 대한 국가적 서사에 군사적 용어가 지배하게 되었다. 항일 빨찌산 대렬에서 "조선의 우수한 딸들은 손에 총을 들고 일제를 무찌르는 전투원으로, 작식대원으로, 재봉대원으로, 간호원으로 용감하게 싸웠다" 라던가 "항일 빨치산 투쟁에 고무된 녀성들은 자기들의 사랑하는 아들 딸들과 남편들을 항일 유격대에 보내였으며 일제의 가혹한 탄압에도 굴하지 않고 유격대의 투쟁을 성심 성의 원호 하였다"와 같은 식이다.[44] 원래는 무권리했던 조선 녀성들이 김일성 영도 하의 항일무장투쟁과 그가 조직한 부녀회 활동들을 통하여 "계급의식과 반일사상"을 갖게 되었고, 혁명대렬에 나선 아들과 남편을 지원할 뿐 아니

---

42 이종석, 『북한의 역사2-주체사상과 유일체제 1960-1994』, 역사비평사, 2018, 48쪽.

43 이종석, 『북한의 역사2-주체사상과 유일체제 1960-1994』, 역사비평사, 2018, 48쪽.

44 홍진규, 〈항일무장투쟁과 조선녀성〉," 《조선녀성》, 조선녀성사, 1962, 5월호, 20~21쪽.

라 자신도 그러한 지원활동을 통하여 혁명화되었다는 것이다. 이러한 여대원들은 "혁명 조직의 리익을 자기의 생명보다 귀중히 여겼으며 전우들을 혈육과 같이 사랑"했고 "한몸처럼 굳게 뭉쳤으며 수령과 조직의 명령이라면 물과 불을 가리치 않고 끝까지 관철하였다."[45]

이와 같은 군사화된 여성 혁명가의 이미지는 1960년대 4대군사노선으로 인해 경제 건설이 지체되자 병진정책에 대한 반발이 가중되는 가운데 방위력을 강화하는 과업에서 여성의 역할이 강조되는 것과 맥을 같이 하게 된다. "녀맹 조직들은 녀성들을 군민일치의 사상으로 교양함으로써 언제나 인민군대와 생사 고락을 같이할 각오를 가지게 하며 인민군대를 극진히 사랑하고 존경하며 그들을 모든 정성을 다하여 원호"하도록 하라고 주문했다.[46] 병진정책을 뒷받침하는데 여성의 역할이 강조되면서 교조주의, 수정주의를 배력하고 주체를 내세우는 역할을 할 것을 주문한다.

….나라의 방위력을 강화하는데서 녀맹단체와 녀성들 앞에는 중요한 과업이 나서고 있다. 전체 녀성들은 전민무장화와 전국의 요새화에 대한 당의 방침을 철저히 관철하여야 한다. 녀성들도 누구나 군사기술과 지식을 소유하며 항일무장투쟁시기와 조국해방전쟁시기 투쟁경험을 배우며 항상 긴장되고 동원태세에서 경각성 높게 생활하여야 한다. 녀맹조직들은 녀성들 속에서 맑스-레닌주의 원리를 쉽게 해설해주며 좌우경기회주의의 본질과 해독성을 인식시키며, 그를 철저히 반대하는 우리 당의 립장으로 튼튼히 무장시킴으로써 맑스-레닌주의와 기회주위를 똑바로 분별할 수 있게 하며 온갖 적대적 사상 조류를 반대하여 적극 투쟁하도록 해야한다. 또한 사대주의를 반대하고 주체를 철저히 확립하기위한 교양 사업을 강화함으로써 사상에서 주체, 정치에서 자주, 경제에서

45 홍진규, 〈항일무장투쟁과 조선녀성〉," 《조선녀성》, 조선녀성사, 1962, 5월호, 20~21쪽.
46 〈당이 가리키는 새 승리의 길을 따라 더욱 힘차게 전진하자〉, 《조선녀성》, 조선녀성사, 1966, 11월호, 3쪽.

자립, 국방에서 자위의 원칙을 고수 하여야 한다.[47]

군사화된 어머니의 최고 미덕은 "김일성 장군님 슬하에 자식을 맡기는 어머니"와 자식을 "수상님의 전사"로 키우는 것인데, 대중적 인물가운데 자주 등장하는 사람이 "불굴의 혁명투자 마동희 동지의 모친 장 길부 녀사"이다.[48] 장길부는 1936년 "당 창건을 준비하여 국내 혁명 운동에 대한 지도를 강화하기 위하여" 장백지대로 "조선인민 혁명군 주력 부대"를 친솔하여 진출했는데, 이에 참군한 마동희라는 인물의 어머니이다. 강길부는 아들 마동희 뿐만 아니라 딸 마국화, 며느리 김용금, 남편 마호룡 모두의 혁명사업을 원호한 참된 "조선의 어머니"이다.『조선녀성』이 기억하는 혁명적 이상형으로써의 항일무장투쟁 시기 장길부의 삶은 다음과 같다.

어머니는 자식들을 자신이 슬하에 두고 애지 중지 하는 것도바도 김일성 장군님의 슬하에 맡기는 것이 더 없이 마음 든든했으며 영광스러웠다. 어머니는 그 어려운 역경 속에서도 남편 마호룡 동지와 함께 조국 광복회의 련락 사업을 하고 유격대원들의 밥을 지어주며 옷을 기워 보내 주는 등 혁명 사업을 돕는 일에 밤낮을 가리지 않았다. "집에는 저녁이 되여도 찾아 드는 식구도 없이 나 혼자 뿐이오. 그러나 나는 결코 외롭지 않소. 내 아들과 딸처럼 당과 혁명을 위해서 몸바쳐 싸우는 수천수만의 수상님의 전사들이 모두 내 아들이고 딸이요." 어머니의 이 말 속에서 우리는 참다운 조선의 어머니의 높은 뜻과 고결한 풍모를 찾게 된다. 견결하고 검박하고 강의한 조선의 어머니-장길부 녀사에게서 우리의 어머니들과 젊은 당원들은 배우고 또 배워야 할 것이다. 그리 하여 우리의 후대들을 마동희 동지처럼 훌륭한 불굴의 혁명 투사로 키워 내며 누구나가 그처럼 수령의 충직하고 강의한 전사로 되기 위하여

---

47 〈남조선 녀성들에게 보내는 호소문〉, 《조선녀성》, 조선녀성사, 1966, 11월호, 3쪽.

48 조근원, 〈불굴의 혁명투사 마동희 동지의 모친 장 길부 녀사〉, 《조선녀성》, 조선녀성사, 1965, 10월호, 11~14쪽.

더욱 힘써야 할 것이다.

③그러나 여성들이 수령의 투사, 천리마기수, 또 전사를 양육하는 어머니와 같은 혁명성을 갖는다고 하더라도 가정에서는 전통적 부덕과 가치를 구현해야 한다는 점에 매우 강력한 방점이 있었다. 바로 이 측면에서 북한에서의 녀성해방은 전통과 불가분의 관계를 갖는데, 이는 북한의 혁명역사를 주체사상이 압도하는 것과 궤를 같이한다. 김일성은 "예로부터 가지고 있는 재능 있고 지혜로운 조선 녀성들의 무궁무진한 창조력을 남김 없이 발휘하여 사회주의 건설에 이바지 하여야" 할 것임을 강조함으로써 혁명적 성취가 전통적 기반을 바탕으로 이루어져야 함을 역설하였다.[49] "우리 조선 사람들은 예로부터 화목하게 사는 좋은 습성을 가지고 있습니다. 우리는 이와 같은 전통적인 미덕을 더욱 살려야 하며 모든 곳에서 화목하고 명랑한 분위기를 조성하도록 하여야 하겠습니다."[50] 비슷한 맥락에서 여맹위원장 김옥순은 "예로부터 내려오는 미풍양속을 더욱 발전시키는 녀성"을 다음과 같이 묘사하였다: "겸손하고 례절이 바른 녀성으로서, 가정에서는 효성이 지극한 며느리로서, 현숙한 안해로서, 자애로운 어머니로서 인민들의 사랑과 존경을 받고 있습니다."[51] 이 대목에 와서부터 특별히 강조되는 것은 조선녀성이 예로부터 "자체의 힘으로" 살림을 꾸려나갔다는 것, 근면하고 검소했다는 것, 그리고 시부모 공경을 잘 했다는 것이다. 아래는 항일유격대와 조선녀성의 "고유한 품성"으로

49 김일성, 「자녀 교양에서의 어머니들의 임무-전국 어머니 대회에서 한 연설 (1961년 11월 16일)」, 『전국어머니대회문헌집』, 조선녀성사, 1962, 81쪽.

50 김일성, 「자녀 교양에서의 어머니들의 임무-전국 어머니 대회에서 한 연설 (1961년 11월 16일)」, 『전국어머니대회문헌집』, 조선녀성사, 1962, 82쪽.

51 〈조선 민주 녀성 동맹 제3차 대회에서 한 녀맹 중앙 위원회 김옥순 제 1부위원장의 보고-조선 민주 녀성 동맹 중앙 위원회 사업 총화에 대하여〉, 《노동신문》, 1965. 9. 2., 2쪽.

내세우는 특징들이다.

항일 유격대와 조선 녀성들은 자신의 해방과 권리, 평등을 위하여 무장을 들고 영웅적인 투쟁을 전개하면서 동시에 예로부터 조선 녀성들이 가지고 있는 고유하고 아름다운 품성이 계속 꽃피게 하기 위하여 투쟁하였다. 조선 녀성들은 고난 속에서도 자체의 힘으로 자기의 살림을 꾸려 나가며 생활에서 검박하고 그의 도덕적 품성에 있어서 매우 아름답다. 유격대의 작식대원들은 풀죽을 쑬 지언정 그 속에 자기의 온갖 성의를 다 기울였으며 식량이 덜어져서 며칠씩 낟알 구경을 못할 경우에 처하였을 때에도 사전에 풀을 뜯어다가 식사를 보장하였다.[52]

동시에 녀맹원들과 녀성들로 하여금 항일빨찌산들의 자력갱생 혁명정신을 본받아 자체의 힘으로 조국의 자주적 통일 독립을 실현하며 자기의 로동과 국내자원으로 우리 나라 사회주의, 공산주의를 건설하기 위하여 모든 난관들을 용감하게 뚫고 나가도록 하여야 할 것입니다.[53]

우선 자본주의적 낡은 생활 인습의 침습을 반대하여 투쟁하며 부화와 안일을 배격하고 모두다 검박하게 생활하는 혁명적 품성을 소유하여야 하겠습니다. 우리는 앞으로 북반부에서 사회주의 건설을 완성하며 나라를 통일시키고 나아가서는 전 조선 땅에 사회주의와 공산주의를 건설해야 할 어렵고도 방대한 과업이 남아 있습니다. 그러무르 우리에게는 계속 근면하고 검박한 혁명적인 생활 태도가 욕구됩니다. 근면하고 검박한 것은 조선 녀성들이 예로부터 이어 내려 오는 아름다움 품성이며 이것은 사회주의 건설자들의 가장 기본적인 특성의 하나입니다.[54]

우리 조선녀성들은 예로부터 근면하고 례절 바르고 검박한 도덕적 미풍으로 하여 자기를 빛나게 하고 있습니다. 그러나 일부 녀성들은

---

52 홍진규, 〈항일무장투쟁과 조선녀성〉," 《조선녀성》, 조선녀성사, 1962, 5월호, 21쪽.
53 〈녀성해방운동의 기원: 민족해방투쟁시기〉, 《노동신문》, 1962. 9. 1., 1쪽.
54 〈공산주의적 도덕 기풍 철저히 확립〉, 《노동신문》, 1961. 11. 15., 1쪽.

생활에서 검박하지 못하며 언어 행동, 옷차림에서 단정하지 못하며 극히 부분적 사실이기는 하나 부패하고 타락적인 서구라파 양키 문화에서 오는 퇴폐적인 생활 풍습을 모방하려는데서 보기에도 흉하고 천한 모양을 하고 다니는 사람들이 있습니다. 선조들로부터 물려 받은 미풍량속을 더욱 발전시키며 언어와 행동, 옷차림을 단정히 하고윗사람을 존경하며 서로 돕고 협력하는 미풍을 더욱 발양시켜야 하겠습니다.[55]

이러한 맥락에서 "4천만 우리 인민의 경애하는 수령 절세의 애국자이시며 탁월한 령도자 김일성동지를 낳아키운 조선의 어머니 강반석녀사는"의 모범은 혁명과 전통 모두를 실천한 것이며, 혁명과 전통의 구분이 무너지고 전통 그 자체가 바로 혁명이 된다. 강반석은 "혁명가의 훌륭한 어머니뿐만 아니라 김형직선생의 혁명사업을 적극 도운 충직한 안해이며 자유와 독립과 녀성들의 사회적해방을 위해 헌신분투한 열렬한 녀성활동가"이다.[56] 그러나 동시에 "시부모에게 어느 한때 말대답을 하거나 변명하시는 일이 없었다고 한다. 녀사는 동서와 시누이들이 잘못하여도 어느 때나 시부모들 앞에서 '제가 잘못했습니다. 앞으로 고치겠습니다'"고 했다고 한다.[57] 김일성 가계 숭배화를 위해서 이러한 서사가 동원된것보다 중요한 것은 북한의 강반석 기념에 어떤 특징들이 있는지 탈이념적으로, 그리고 필요에 따라 탈젠더적으로 고찰하는 것이다. 이 관점에서 북한의 "녀성해방"과 공산주의어머니 교양, 그리고 주체 사회주의에 대한 객관적 이해가 가능할 것이다. 아마도 이렇게 독특한 하이브리드 여성혁명가는 다른 나라에서 찾아보기 어려울 것이다. 중국에서도 1950년대 후반 여성

---

55 〈녀맹 단체들의 사업 체계를 확립하며 사업 방법을 개선할데 대하여-조선 민주 녀성 동생 중아위원회 제 6차 확대 전원회의에서 한 김옥순 부위원장의 보고〉, 《조선녀성》, 조선녀성사, 1960, 7월호, 12쪽.

56 〈조선의 어머니 강반석 녀사〉, 《조선녀성》』, 조선녀성사, 1967, 7월호, 6쪽.

57 〈조선의 어머니 강반석 녀사〉, 《조선녀성》』, 조선녀성사, 1967, 7월호, 8쪽.

들에게 사회주의 건설과 가정의 운영이라는 "double diligence" 정책을 취했지만, 그럼에도 불구하고 『중국부녀』의 커버에 아이나 노인을 돌보는 등 가정여인이 거의 등장하지 않았을 뿐만 아니라, 문화혁명시기에는 모택동 어록을 근거로 며느리가 시어른이나 남편을 비판할 수 있도록 하기도 하였다.[58]

3. 결 론

그렇다면 항일혁명전통에 기원을 갖고 있는 "녀성해방"과 노동영웅, 전사, 그리고 전통여성상의 특징을 모두 가진 "공산주의 어머니"는 북한의 여성문제 프래이밍에 어떠한 영향을 가져왔는가?

첫째, 북한에서 "녀성해방"은 결과적으로 가부장제로부터의 여성을 해방시키고, 역사속에서 왜곡된 남녀관계와 여성에 대한 차별, 여성의 종속, 여성의 피해를 바로 잡는데 있어서 근본적인 변화를 가져오지 못했다. 여성들이 정치사회적 권리를 남성들과 동등하게 행사하게 된 것은 부인할 수 없지만, "남존여비"의 현상은 변화되지 않았다. 주체사회주의 안에서 여성은 남성으로부터 억압을 받는 것이 아니라 사회적, 역사적, 문화적, 정치적으로 원래 천대를 받은 것이다. 여성이 남성에 종속된 것이라기 보다는 여성문제가 다른 정치문제에 종속되었다. 따라서 주체사회주의 안에서 여성들이 사회적 참가를 하는 것은 공산주의적 목표달성하기 위함이지 페미니스트적인 목표를 달성하기 위해서가 아니다.

둘째, 북한에서는 여성 개인의 자유, 자율성과 같은 가치는 "녀성해방"

---

58 *Wang Zheng, Finding Women in the State: A Socialist Feminist Revolution in the People's Republic of China, 1949-1964,* Oakland, University of California Press, 2007, p. 102.

의 정치적 성격과 "남녀평등"의 정치사회적 의미와 부합하지 않고 부르주아 자본주의의 낙후된 사상적 유산으로 간주한다. 여성은 자기 자신을 위해서 해방을 추구하는 것이 아니라 계급과 민족이 전위당에 복종함으로서 해방된다는 고유의 관점을 견지한다.[59] 여성 스스로 해방되는 것이 아니라 (남성이 지배하는) 전위당에 복종함으로써 (정치적으로) "해방"된다.

셋째, 특정 인물의 역사적 활동과 관련된 어머니상을 혁명적 녀성의 이상형으로 기념하고 교양하기 때문에, 일제시대 때 실제로 "페미니스트" 적인 문제의식을 가지고 활동했던 (그러나 김일성의 항일혁명투쟁과는 관련 없는) 인물들은 공공기억에서 배제당한다. 또는 혁명역사의 "조선화"를 지지하는 사람으로 재해석 된다.

넷째, 수정주의와 교조주의를 반대하는 추세 사회주의의 역사 과정 안에서 "녀성 해방" "공산주의 어머니"가 만들어졌기때문에 여성의 "전통적" 역할이 두드러졌다.

다섯째, 한국과는 매우 다른 녀성문제 프레이밍을 하게 되었다. 한국에서는 국가가 정해놓은 단일한 이상형을 모두가 따라야 한다는 대중 교양은 가장 독재적인 시기에도 없었기 때문에 유교 가부장제의 같은 조건에서도 상대적으로 개별 여성 운동가들의 다양한 사상과 운동이 시작될 수 있었다. 북한에서 국가가 정해놓은 이상적 여성상을 비판하고 거부할 자유가 없는 것은 국가가 가부장적이기 때문이 아니라 정치적 특성 때문인 이유가 더 크기 때문에, 북한 여성이 처한 현실과 "녀성해방"의 의미는 주체 사회주의의 역사적, 사회문화적 영향 안에서 다루어져야 한다.

---

[59] Alexei Yurchak, *Everything was Forever, Until It Was No More: The Last Soviet Generation*, Princeton: Princeton University Press, 2015, 10.

1960년대 북한의 '붉은 인텔리' 만들기

정진아

1. 머리말

스탈린 사후 흐루시초프 정권은 평화공존론을 주창하면서 그동안 사회주의 동맹이 구축해 온 반제, 반미의 입장을 변화시켜 나갔다. 베트남전 참전에 소극적인 중국을 비판하는 김일성을 홍위병들이 "수정주의"로 비판하면서 북중관계도 악화되었다. 1960년 대 한일협정 체결과 베트남전 참전 등으로 한미일 삼각 동맹은 강화되어 간 반면, 북중러 삼각 동맹은 약화되고 있었다.

북한은 대내외적인 위기를 돌파하는 방법으로서 당과 수령에 대한 충성을 강조하는 유일체제를 구축해 갔다. 기존 연구는 북한이 대외적인 위기를 돌파하기 위해 사상혁명을 강조하면서 유일체제를 구축해 간 일련의 과정을 규명하는 데 주력해 왔다.[1] 갑산파 숙청 역시 유일체제 구축

---

1 이종석, 『현대 북한의 이해』, 역사비평사, 1995; 이태섭, 『김일성 리더십 연구-수령체계의 성립 배경을 중심으로』, 들녘, 2001; 정영철, 『김정일 리더십 연구』, 선인, 2005.

에 대한 반대라는 측면에서 조명되었다. 그러나 1960년대는 북한이 '인텔리'에 대한 대대적인 개조 작업을 추진한 시기이기도 하다. 과연 북한 사회 내부에는 무슨 문제가 발생하고 있었는가? 본 연구는 이 점에 주목하고자 한다.

1960년대 들어서면서 대외적 위기와 함께 북한의 경제적 위기도 심화되고 있었다. 제1차 5개년계획을 조기에 완수하고, 1961년 9월 제4차 조선로동당대회를 "승리자의 대회"로 명명하면서 인민경제발전7개년계획(이하 '7개년계획')을 의욕적으로 시작했던 것과는 달리 경제성장률이 급속히 둔화되고 있었다. 경제 위기를 극복하고 사회주의 건설에 박차를 가하기 위한 해법을 모색하는 과정에서 김일성, 김정일과 인텔리 사이에 이견이 발생했고, 이러한 긴장 상태는 결국 인텔리 개조 작업으로 귀결되었다.

이태섭과 이정철은 당시의 경제 논쟁을 정리하면서 경제 상황이 악화됨에 따라 경제 문제에 대한 다양한 이견이 제출되었음을 밝혔다.[2] 그러나 경제 논쟁 자체에만 주목함으로써 인텔리에 대한 김일성의 인식 변화와 1960년대 후반 인텔리에 대한 대대적인 검열 작업·개조 작업이 추진된 이유를 규명하지는 못했다. 한편, 변학문은 1960년대 전반부터 김일성의 인텔리에 대한 비판의식이 고조되고 있음을 예리하게 포착했다.[3] 그러나 이 문제를 기술혁명의 부진과 직결된 과학기술 인텔리에 대한 비판으로 파악함으로써 당시 김일성 세력이 인텔리 전반에 대해 가지고 있

---

2 이태섭, 『김일성 리더십 연구-수령 체계의 성립 배경을 중심으로』, 들녘, 2001, 428~436쪽; 이정철, 『사회주의 북한의 경제동학과 정치체제: 현물동학과 가격동학의 긴장이 정치체제에 미치는 영향을 중심으로』, 서울대 정치학과 박사학위논문, 2002, 73~79쪽.

3 변학문, 「북한의 기술혁명론: 1960-70년대 사상혁명과 기술혁명의 병행」, 서울대 과학사 및 과학철학 전공 박사학위논문, 2015, 145~159쪽 참조.

던 문제의식에 천착하지 못하였다.

따라서 본 연구에서는 북한이 직면한 대내외적인 문제를 검토하는 가운데, 인텔리에 대한 북한 정권의 인식 변화와 인텔리 개조 작업의 방향과 특징에 대해 살펴보고자 한다. 이에 2장에서는 인텔리 정책 변화의 배경으로서 1960년대 북한이 직면한 대내외적인 위기를 검토하는 한편, 국제 수정주의, 교조주의 비판의 내용을 살펴볼 것이다. 3장에서는 보수주의, 소극주의 비판, 사회주의 경제 건설 논쟁을 통해 김일성, 김정일의 인텔리 비판의 핵심이 무엇인지를 검토할 것이다. 4장에서는 인텔리 문제를 근본적으로 해결하고자 한 김일성 정권의 방식과 특징을 규명할 것이다. 북한의 '붉은 인텔리' 만들기 작업을 통해 우리는 1960년대 북한 사회가 어떤 모습으로 변모해 가는지 이해할 수 있을 것이다.

2. 위기의 심화와 국제 수정주의, 교조주의 비판

1) 북소 관계 악화와 경제 위기의 심화

북한은 1961년 9월 제4차 조선로동당 대회에서 7개년계획의 추진을 공식화했다.[4] 6.25전쟁 이후 채택된 "중공업 우선, 경공업 농업 동시 발전 노선"[5]은 7개년계획에도 그대로 관철되었다. 다만, 7개년 계획의 목표는 전반기 3년 동안은 인민생활의 개선을 위해 경공업과 농업을 발전시키는 데 주력하고, 후반기 4년에는 중공업 기지를 확장하여 생산을 고도화하는 데 집중하기로 결정했다.

---

4 김일, 〈조선민주주의인민공화국 인민경제발전 7개년 계획에 대하여〉, 《로동신문》, 1961. 9. 17.

5 북한이 이러한 경제정책론을 수립해 간 과정에 대해서는 서동만, 『북조선사회주의체제성립사 1945~1961』, 선인, 2005, 603~626쪽 참조.

북한은 7개년계획을 추진하면서 소련의 지원을 얻어 내고자 했다. 전후 재건 과정에서 북한은 소련과 동유럽의 전폭적인 원조를 받은 바 있었다. 외부의 지원은 경제 발전에 큰 동력으로 작용했다. 김일성은 1961년 6월과 10월 두 차례에 걸쳐 소련을 방문했다. 그러나 김일성은 두 차례의 소련 방문에서 원조에 대한 그 어떤 약속도 얻어내지 못했다.[6]

외부 자원의 유입이 차단되자 북한 경제가 가지고 있는 취약성이 노정되기 시작했다. 북한의 공업 생산액은 제1차 5개년계획(1957~1960) 기간 동안 연 평균 36.6%의 급속한 성장률을 기록했고, 1959년 이미 1961년의 계획을 15%나 초과 달성했다.[7] 하지만 제1차 5개년계획을 추진하면서 내부 자원은 고갈되었다. 새로운 자원이 뒷받침되지 않는다면 경제성장률의 둔화는 불가피했다.[8]

북한은 외부 자원이 유입되지 않는 상황을 기술혁명을 통한 전면적 기술 혁신으로 돌파하고자 했다. 원자재의 도입과 유휴 노동력 동원과 같은 '예비'가 고갈된 상황에서 경제 발전의 속도를 유지하기 위해서는 선진 기술 도입에 의한 자원의 효율적 이용과 노동생산성 향상이 반드시 이루어져야만 했다.[9] 전면적 기술 혁신은 사회주의 경제 발전의 높은 속도를 보장할 수 있는 "결정적 고리"로 간주되었다. 외부 자원의 유입이 차단된 상황에서 그 필요성은 더욱 높아지고 있었다. 모든 분야에서 기술혁명이 강조되었다.

---

6 서동만, 『북조선사회주의 체제 성립사 1945~1961』, 선인, 2005, 842~843쪽.

7 편집국, 「인민경제 지도에서 중심 고리를 틀어잡을 데 대하여」, 『근로자』 1962년 9월(상), 제14호, 3쪽.

8 이태섭은, 이를 "외연적 성장의 한계로 인한 경제 효율성 저하"라고 표현했다(이태섭, 『김일성 리더십 연구-수령 체계의 성립 배경을 중심으로』, 들녘, 2001, 245~249쪽).

9 편집국, 「도처에서 요구되는 것은 새로운 기술이다」, 『근로자』 1962년 7월(하), 제11호, 2~4쪽.

1961년 12월부터는 모든 생산 단위에 대한 기사장의 역할을 확대하는 한편, 조선로동당의 지도를 강화했다. 대안의 사업체계를 통해 공장 당위원회를 중심으로 노동자와 과학기술자들의 협조와 단결을 강조한 것이다.[10] 이와 더불어 김일성 정권은 경제학자들에게 북한 사회주의 건설에서 제기되는 문제들에 대한 이론화를 주문했다.[11] 외부 자원 유입에 문제가 발생하자 경제 시스템의 개편과 기술혁명, 북한 사회주의 경제건설에 대한 이론화 작업을 진행함으로써 대응하고자 한 것이다.

사회주의 진영 내부의 갈등은 1950년대 후반부터 대두되고 있었다. 갈등의 계기는 1956년 소련공산당 제20차 대회였다. 소련이 평화공존론을 주장하고 스탈린의 개인숭배를 비판하자 중국이 불쾌감을 표시했으며, 1959년 중국과 인도의 국경 충돌에서 소련이 인도를 두둔하자 갈등이 표면화되었다. 중국은 소련을 수정주의로, 소련은 중국을 교조주의로 비판했다. 북한은 중국과 입장을 같이하면서도 1961년까지는 표면적으로는 실리적이고 중립적인 입장을 취하고 있었다.[12]

당시 북한은 선택의 기로에 서 있었다. 소련의 평화공존론과 반제국주의 투쟁의 포기 압력을 받아들이면서 경제 건설에 대한 지원을 받을 것인가, 아니면 소련의 노선을 비판하면서 자력갱생이라는 길을 갈 것인가. 북한의 선택은 후자였다.[13] 7개년계획에 대한 소련의 원조를 얻지 못한

---

10 대안의 사업체계에 대해서는 『조선전사 30 현대편-사회주의건설사 3』, 평양: 과학, 백과사전출판사, 1982, 58~61쪽; 사회과학출판사 편, 『주체사상 총서 7-사회주의 경제건설 이론』, 태백, 1989, 229~250쪽 참조.

11 편집부, 「경제학자들의 사업을 당 대회가 요구하는 수준에로 높이자」, 『경제연구』 1962년 제1호, 1~7쪽.

12 이종석, 『새로 쓴 현대북한의 이해』, 역사비평사, 2000, 150~152쪽.

13 이태섭은 소련공산당 제22차 대회를 전후한 1961년 10월과 11월 사이에 평화공존 문제에 대한 소련의 압력이 있었을 것으로 추정했다. 1961년 12월 김일성이 자력갱생을 강조한 것이 소련의 압력에 대한 북한의 대응이라는 것이다(이태섭, 『김일성

것이 결정적인 원인이었다.

1962년 봄부터 북한은 소련에 대한 비판의 날을 세우기 시작했다. 1962년 3월 8일 조선로동당 중앙위원회 제4기 제3차 확대 전원회의에서 김일성은 수정주의자들이 반제투쟁을 그만둘 것을 요구한다고 공개적으로 언급한 후, 반수정주의 투쟁을 강화할 것을 제안했다. 로동신문도 일제히 수정주의와 반제투쟁에 대한 레닌의 논설을 실어 소련이 레닌의 노선에서 벗어나고 있음을 비판했다.[14]

북한과 소련의 갈등은 1962년 여름 코메콘(상호경제원조회의)의 경제통합론과 쿠바 사태를 계기로 한층 악화되었다.[15] 1962년 여름 코메콘 총회에서 소련은 비교 우위에 입각한 사회주의 국제 분업이라는 원칙을 채택하는 한편, 코메콘을 통해 사회주의 각국에 대한 통제를 강화하고자 했다. 소련의 시도에 대해 북한은 중국, 베트남과 함께 이를 거부했다.

북한은 1962년 10월 쿠바의 지원 요청에 부응하여 핵미사일을 배치하기로 했다가 미국과의 협상을 통해 이를 철수한 소련의 태도에 큰 충격을 받았다. 이를 통해 북한은 경제 문제뿐 아니라 군사 문제 역시 소련에 의존해서는 안 된다는 사실을 절감했다. 1962년 12월 북한은 조선로동당 중앙위원회 제4기 제5차 전원회의에서 경제건설과 국방건설을 병진시키기로 결정하고, 국방건설에 보다 큰 힘을 넣도록 했다.[16] 이른바 경제·국방 병진 노선의 제기였다.[17]

리더십 연구-수령 체계의 성립 배경을 중심으로』, 들녘, 2001 285쪽).

14 김일성, 「당 조직사업과 사상사업을 개선 강화할 데 대하여(1962. 3. 8.)」, 『김일성 저작집 3』, 평양: 조선로동당출판사, 1975, 321~320쪽; 〈수정주의를 철저히 반대하자〉, 《로동신문》, 1961. 3. 8; 〈반제투쟁의 기치를 높이 들자〉, 《로동신문》, 1961. 3. 12.

15 이태섭, 『김일성 리더십 연구-수령 체계의 성립 배경을 중심으로』, 들녘, 2001, 285~286쪽; 이종석, 『현대 북한의 이해』, 역사비평사, 1995, 152~153쪽.

16 고정웅·리준항, 『조선로동당의 반수정주의투쟁경험』, 평양: 사회과학출판사, 1995, 104쪽.

그러나 1963년부터 북한의 경제성장률은 급속히 둔화하기 시작했다. 제1차 5개년계획에서 유지되었던 연평균 36%를 넘는 공업 생산액 성장률은 1961년 14%, 1962년 20%, 1963년에는 8%로 떨어졌다. 1964년 다시 17%, 1965년 14%를 기록했지만 1966년에는 -3%의 성장률을 기록했다. 1967년에는 17%, 1968년에는 14%를 기록했던 공업 생산액 성장률은 1969년 -0.26%로 떨어졌다. 식량 생산도 1962년을 정점으로 하여 감소세를 보이고 있었다.[18]

그럼에도 불구하고 1966년 10월 조선로동당 대표자대회는 경제건설과 국방건설을 병진시킨다는 노선을 공식화하고, 7개년계획을 3년 동안 연기하기로 결정했다.[19] 미국의 지역 통합 전략이 가시화되면서 한미일 삼각군사동맹이 강화되고,[20] 미국과 한국이 베트남전에 개입하면서 안보 위기가 격화되었기 때문이다.[21] 베트남 이후는 북한이라는 위기의식도 고조되었다.

내부 자원의 예비를 총동원하고 기술혁명을 강화하는 것으로 버티던 북한 경제는 경제·국방 병진 노선의 실제적인 추진으로 치명타를 입었다. 공업 생산액 성장률이 1966년 마이너스를 기록한 것이다. 1963년부

---

17 북한의 경제·국방병진 노선에 대해서는 한모니까, 「1960년대 북한의 경제·국방병진 노선의 채택과 대남정책」, 『역사와 현실』 50, 한국역사연구회, 2003 참조.

18 이태섭, 『김일성 리더십 연구-수령 체계의 성립 배경을 중심으로』, 들녘, 2001, 314쪽 〈표 4-4〉의 1960년대 공업생산액 성장률, 316쪽 〈표 4-5〉의 1960년대 곡물생산량과 증가율 참조.

19 김일성, 「당 중앙위원회 사업 총화 보고(제5차대회, 1970. 11)」, 『북한조선로동당대회주요문헌집』, 돌베개, 1988, 273쪽.

20 한일협정과 베트남파병을 계기로 강화된 한미일 삼각군사동맹의 의미에 대해서는 박진희, 「한·일협정 체결과 '지역통합전략'의 현실화-한·미·일 3국의 인식과 대응을 중심으로」, 『역사와 현실』 50, 한국역사연구회, 2003 참조.

21 한모니까, 「1960년대 북한의 경제·국방병진노선의 채택과 대남정책」, 『역사와 현실』 50, 한국역사연구회, 2003, 142쪽.

터 1963년과 1966년, 1969년 3년 주기로 공업 생산액 성장률이 하락을 거듭하면서 북한 경제는 위기에 봉착하고 있었다.

2) 국제 수정주의, 교조주의 비판

북한은 소련을 '수정주의'로 비판했다. 김일성은 수정주의를 맑스-레닌주의를 뜯어고치는 행태이자, "맑스-레닌주의 기본 원칙을 거부하고 혁명을 하지 말자는 사상"[22]으로 규정했다. 그렇다면 수정주의 비판의 핵심 내용은 무엇일까? 첫째는 평화공존론을 표방하며 반제투쟁을 포기하는 태도였다. 6.25전쟁에서 미국과 전면전을 치르고 반미주의의 기치를 높이 든 북한에게 소련의 대미 평화공존론은 도저히 받아들일 수 없는 주장이었다.[23]

> 안으로는 부르죠아적 영향의 포로가 되며 밖으로는 제국주의적 압력에 투항하는 것, 이것이 수정주의 발생의 근원입니다.[24]

북한은 미국이 냉전 종식, 평화 협조 정책을 제안하자 "이성적 제국주의" 운운하면서 미국으로부터 흘러들어온 부르주아적 영향을 차단하지 못한 것, 미국의 핵 우위에 따른 압력에 투항하여 평화공존론을 제창한 것이 소련이 수정주의의 나락으로 굴러떨어진 원인이라고 비판했다.[25]

---

22 김일성, 「량강도 당 조직들 앞에 나서는 과업(1963. 8. 16)」, 『김일성 저작집 17』, 평양: 조선로동당출판사, 1982, 368쪽.

23 북한의 반미주의에 대해서는 한성훈, 「북한 민족주의 형성과 반미애국주의 교양」, 『한국근현대사연구』 56, 한국근현대사학회, 2011 참조.

24 김일성, 「당 조직사업과 사상사업을 개선 강화할 데 대하여(1962. 3. 8)」, 『김일성 저작집 16』, 평양: 조선로동당출판사, 1981, 176쪽.

25 고정웅·리준항, 『조선로동당의 반수정주의 투쟁경험』, 평양: 사회과학출판사, 1995, 11~12쪽.

북한은 쿠바 사태를 투항주의의 명백한 사례로 간주했다. 미국의 요구에 굴복해서 미사일을 철수시킨 것이 그 증거였다. 북한은 이러한 조치들로 사회주의의 보루이자 요새였던 소련공산당의 존엄과 권위가 땅에 떨어졌다고 비판했다.

둘째는 스탈린 격하 운동에 대한 비판이었다. 소련은 스탈린을 비판하면서 집단 지도체제로 선회했다. 북한은 이를 노동계급 수령의 권위를 부정하고 당의 영도를 반대하는 행위로 비판했다. 북한이 김일성의 영도를 스탈린의 영도와 직결시켜 절대화해왔기 때문이었다.[26] 북한은 스탈린을 자본주의 포위 속에서 짧은 기간에 공업화와 농업 집단화를 완성해서 나라를 강력한 사회주의 공업국가로 전변시킨 위대한 지도자이자 파쇼 독일을 물리치고 전쟁의 종국적인 승리를 보장한 탁월한 지도자로 추앙했다. 뿐만 아니라 좌우 기회주의로부터 맑스-레닌주의의 순결성을 지켜낸 존재로서 높이 추커세웠다.[27]

셋째는 평화적 이행론과 자본주의적 요소의 도입에 대한 비판이었다. 1961년 10월 소련공산당 제22차 대회에서 소련공산당은 계급문제가 완전히 소멸되었고 자본주의 부활의 가능성도 사라졌다는 판단하에 프롤레타리아 독재를 폐기하고 "전 인민적 국가"를 선언했다. 흐루시초프는 소련의 향후 과제로서 급속한 경제 발전을 추구하는 한편, 경제 관리 분야에서 물질적인 자극과 이윤 등 자본주의적인 요소를 적극 도입하고자 했다.

북한은 이를 기껏 청산한 자본주의를 되살려서 사회주의를 내부적으로 와해시키는 행태로 간주했다.[28] 북한은 혁명이 아니라 두 제도 간의 평화

26 정진아, 「북한이 수용한 '사회주의 쏘련'의 이미지」, 『통일문제연구』 22-2, 평화문제연구소, 2010, 160쪽

27 고정웅·리준항, 『조선로동당의 반수정주의 투쟁경험』, 평양: 사회과학출판사, 1995, 15~16쪽.

28 김일성, 「우리의 인민군대는 로동계급의 군대, 혁명의 군대이다. 계급적 정치교양사

적 공존, 평화적 경쟁, 평화적 이행이 사회주의가 자본주의에 승리하는 길이라는 주장을 수정주의 노선의 이론적 기초로서 지목하고[29] 예의 경계했다.

넷째는 소련의 대국주의적 경향과 내정 간섭을 문제 삼았다. 1962년 소련이 사회주의적 국제 분업을 기본 원칙으로 채택하고 분업에 기초한 생산 전문화와 코메콘으로의 경제 통합을 강요하자, 북한은 "통합 경제 노선을 내리먹이는 태도"라며 강하게 반발했다. 또한 소련이 코메콘으로의 경제 통합에 반대하는 북한에 대해 "민족주의적 편향", "사회주의 체제로부터의 고립화", "폐쇄 경제"로 비판하자, 이를 "경제적 예속 책동"으로 비판하면서 강하게 성토했다.[30]

북한은 중국의 교조주의에 대해서도 경계했다. 베트남 전쟁이 발발함에 따라 소련은 사회주의 진영의 공동 대응을 제안했으나 중국은 소련의 수정주의를 구실로 이를 거부했다. 북한이 베트남 전쟁에 소극적으로 대응하는 중국을 비판하면서 양자 관계가 냉각되었고, 급기야 중국의 홍위병들이 김일성을 수정주의자로 공격하면서 북중 관계는 악화일로로 치달았다.[31] 뿐만아니라 1966년부터 시작된 문화대혁명으로 모택동의 후계자였던 유소기가 제거되고 등소평과 주은래 등 혁명 1세대가 숙청되는 중국의 상황은 북한에게 혁명의 미래에 대한 심각한 문제의식을 안겨 주었다.[32]

업을 계속 강화하여야 한다(1963. 2. 8)」, 『김일성 저작집 17』, 평양: 조선로동당출판사, 1982, 79~80쪽; 김일성, 「교통운수부문에서 정치사업을 앞세우며 군중로선을 관철할 데 대하여(1964. 1. 22)」, 『김일성 저작집 18』, 평양: 조선로동당출판사, 1982, 148쪽.

29 고정웅·리준항, 『조선로동당의 반수정주의 투쟁경험』, 평양: 사회과학출판사, 1995, 17~18쪽.

30 위의 책, 97~98쪽.

31 이미경, 「1950-60년대 북한·중국·소련 삼각관계의 형성과 균열」, 『중소연구』 26-4, 한양대학교 아태지역연구센타, 2003, 102~103쪽.

1960년대 들어서면서 사회주의 진영의 사회주의 건설 노선은 공동보조를 맞추는 방식이 아니라, 각개 약진의 방식으로 분화하고 있었다. 소련은 생산력 발전과 물질적 유인을 중심으로 하는 실용주의 노선을 추구했고, 중국은 이데올로기와 계급투쟁을 절대화하는 급진적인 방식으로 나아갔다.[33] 북한의 입장에서 소련의 방식은 기껏 제거한 자본주의적 요소를 다시 등장시킬 위험성이 있었고, 중국의 방식은 계급 갈등을 심화시킬 뿐 아니라 혁명의 연속성을 파괴하고 국가의 역량을 경제건설에 집중하지 못하게 할 위험성이 있었다. 또한 수령과 공산당의 영도를 위태롭게 할 위험성이 있었다. 사회주의 혁명을 고도화시켜야 할 과제를 안고 있던 북한은 자본주의적 요소를 철저히 제거하고 당과 수령, 대중을 단결시킴으로써 사회주의의 위업을 계승하고 경제건설을 추동하는 방식으로 나아가고자 했다. 그러나 이러한 노선이 관철되기 위해서는 내부의 치열한 논쟁과 투쟁을 거쳐야만 했다.

3. 인텔리에 대한 비판 고조

1) 수정주의 비판의 내면화

북한은 1961년부터 1962년까지 소련과 동유럽으로 파견했던 유학생들을 전격 소환했다. 소련과 동유럽에 불어닥친 수정주의를 미연에 차단하기 위한 조치였다. 이후 유학생들은 수용소에 집단 수용되어 40일간 정치사상 교육을 받고 혹독한 자아비판을 함으로써 사회주의 형제 국가에서 전염된 수정주의 바이러스를 퇴치하도록 강요받았다.[34] 귀국 유학

---

32 정영철, 『김정일 리더십 연구』, 선인, 2005, 111~119쪽.

33 이태섭, 『김일성 리더십 연구-수령 체계의 성립 배경을 중심으로』, 들녘, 2001, 390쪽.

생과 동유럽에 남아 있는 아내들과의 편지 왕래도 1961년부터 1963년까지 지속되다가 1963년 중단되었다. 하지만 1960년대 초반까지만 해도 수정주의는 외부에 국한된 문제로 간주되었다. 김일성은 국제적으로는 수정주의가 횡행해서 사회주의 국가들 간에 혼란을 조성하고 있지만, 그 영향이 아직 국내에는 나타나지는 않고 있다고 판단했다. 사회주의 건설 과정에는 수많은 난관이 있을 수 있고, 난관에 봉착하면 수정주의가 고개를 들 수 있으니 경각심을 늦추지 말자는 언급을 원론적인 수준에서 했을 뿐이었다.[35]

그러나 김일성의 우려는 현실이 되어 가고 있었다. 1961년부터 시작되는 인민경제발전7개년계획에 소련의 지원을 얻지 못했고, 1962년부터는 북소 관계가 더욱 악화되었다. 결국 1962년 12월 조선로동당 중앙위원회 제4기 제5차 전원회의에서 경제건설과 국방건설을 병진시키고 국방건설에 보다 큰 힘을 쏟기로 결정하면서 경제건설에 난관이 조성되기 시작했다.

> 만일 우리가 어렵게 살고 앞으로도 잘 살 수 있는 전망이 보이지 않는다면 혹시 수정주의자들의 '은혜'로 좀 잘 살 수 있지 않겠는가 하여 동요하는 사람이 나올 수도 있습니다. 그러므로 경제건설이 잘 안 되면 수정주의가 들어올 수 있는 것입니다. (…) 올해는 수정주의의 위험성이 대단히 큰 해로 될 것 같습니다. 정치, 경제, 문화의 모든 분야에서 수정주의자들의 강한 압력이 있을 것을 예견하여야 합니다. (…) 당이 강하고 경제토대가 튼튼하면 수정주의가 못 들어옵니다. 농사도 잘하고 천도 많이 짜고 물고기도 더 많이 잡아서 인민들이 잘 먹고 잘 입도록 하여야 합니다. 공업이 발전하고 농사가 잘되고 모두가

---

34 이유재, 「북한사람들의 지구화 경험」, 『한국현대 생활문화사: 1950년대』, 창비, 2016, 261쪽; 유권하, 『아름다운 기다림: 레나테』, 중앙북스, 2010, 56쪽.

35 김일성, 「인민군대 내에서 정치사업을 강화할 데 대하여(1960. 9. 8)」, 『김일성 저작집 14』, 평양: 조선로동당출판사, 1981, 370쪽.

다 흥성거리며 살아나가면 수정주의자들이 별소리를 다 해도 우리 인민
들은 곧이듣지 않을 것이며 계속 우리 당을 따라 사회주의 건설에서
열성을 발휘할 것입니다.[36]

김일성은 경제성장의 실패가 북한 사회 내부를 동요시킬 수 있는 관건
적인 문제라는 사실을 그 누구보다 잘 알고 있었다. 그래서 경제건설과
국방건설의 병진을 추진하는 1963년을 "수정주의의 위험성이 대단히 큰
해"로 지목하고 경제 성장을 위해 만반의 준비를 다할 것을 강조했던 것
이다. 그럼에도 불구하고 1963년 공업 생산액 성장률은 1962년 20%에서
8%로 급락했다. 경제 위기에 봉착하면서 김일성은 외부의 문제뿐 아니라
내부의 문제에도 주목하기 시작했다.

김일성은 사회주의 건설 과정에서 인텔리에게 큰 기대를 걸었다. 사회
주의자들은 맑스-레닌주의를 과학적인 사상으로 이해했고, 사회주의 건
설에도 과학이 결정적인 기여를 할 것이라고 생각했다. 1960년대 초까지
만 해도 인텔리에 대한 긍정적인 인식이 넘쳐났고, 그들의 "반제국주의적
혁명성"이 강조되었다.[37] 일제의 억압 속에서 지주, 자본가의 편이 아니
라 인민의 편에 섰다는 사실이야말로 조선의 인텔리가 갖는 혁명성의 증
거였다.[38] 일제에 복무했던 인텔리라고 하더라도 1945년부터 15년에 이
르는 기간 동안 조선로동당의 지도를 받으면서 단련되었기 때문에 혁명
적 인텔리로 개조되었다는 것이 김일성의 판단이었다.[39]

---

36 김일성, 「당사업과 경제사업에서 나서는 몇 가지 과업에 대하여(1963. 1. 3)」, 『김일
성 저작집 17』, 평양: 조선로동당출판사, 1982, 24~25쪽.

37 허인혁, 『우리 나라에서의 사회주의 인테리의 형성과 장성』, 평양: 조선로동당출판
사, 1960, 5쪽; 김일성, 「량강도 당 단체들의 과업」, 『김일성 저작집』 12, 평양: 조선
로동당출판사, 1981, 293쪽.

38 허인혁, 위의 책, 5~9쪽; 김일성, 「함경북도 당 단체들의 과업(1959. 3. 23)」, 『김일성
저작집 13』, 평양: 조선로동당출판사, 1981, 209쪽.

김일성은 과학과 생산의 결합을 강화하면 과학기술이 급속히 발전할 수 있을 것이라고 생각했다. 그러나 과학기술 부문 인테리들은 생산현장에서 대두되는 과학기술적인 문제를 해결하기 위한 연구를 적극적으로 추진하지 않았다. 조선로동당은 모든 과학 역량을 기술혁명에 기여할 수 있는 연구에 집중할 것을 요구했지만, 상당수 과학자들은 이를 수용하지 않았다. 일부 과학자들은 자립적 과학기술 발전에 대해서도 회의적이었다.[40] 실제 1960년대 북한 과학기술 부문의 연구성과들 중 북한경제에 도움이 된 것은 많지 않았다. 북한이 전량 수입해야 하는 코크스와 석유를 대체하기 위해 의욕적으로 추진한 환원단광·환원구단광 연구, 무연탄 가스화 연구가 제대로 성과를 거두지 못한 채 불발되거나 상당 기간 지체된 것이 대표적인 사례였다.[41]

김일성이 인텔리에 대한 비판의 포문을 연 것은 1964년 12월 조선로동당 중앙위원회 제4기 제10차 전원회의부터였다.[42] 전원회의에서는 기대와 달리 사회주의 건설 과정에서 드러난 인텔리의 소극적이고 보수적인 태도가 성토되었다.[43] 반제반봉건민주주의혁명 과정에서는 인텔리들이 노동계급과 동맹하여 인민의 편에 섰으나, 사회주의혁명 과정에서는 적극성을

39 김일성, 「당 사업 방법에 대하여(1959. 2. 26」, 『김일성 저작집 13』, 평양: 조선로동당출판사, 1981, 140~141쪽; 허인혁, 『우리 나라에서의 사회주의 인테리의 형성과 장성』, 평양: 조선로동당출판사, 1960, 25쪽.

40 변학문, 「북한의 기술혁명론: 1960-70년대 사상혁명과 기술혁명의 병행」, 서울대 과학사 및 과학철학 전공 박사학위논문, 2015, 35쪽·93쪽.

41 위의 논문, 96~99쪽.

42 조선로동당출판사 편, 『위대한 수령 김일성 동지의 불멸의 혁명업적 15-사회주의 경제관리문제의 빛나는 해결』, 평양: 조선로동당출판사, 1999, 166쪽.

43 김일성, 「고등교육사업을 개선할 데 대하여(1965. 2. 23)」, 『김일성 저작집 17』, 평양: 조선로동당출판사, 1982, 216쪽; 조선로동당출판사 편, 『위대한 수령 김일성 동지의 불멸의 혁명업적 15-사회주의 경제관리문제의 빛나는 해결』, 평양: 조선로동당출판사, 1999, 166~176쪽.

나타내지 않는다는 것이 비판의 핵심이었다.[44] 김일성은 소극주의, 보수주의의 원인을 소부르주아 사상 잔재로 규정했다. 그는 소부르주아 사상은 노동자, 농민에게도 있을 수 있지만, 생산 활동에서 분리되어 있는 인텔리에게 더 많이 남아 있다고 언급하면서 인텔리를 직접 겨냥했다.[45]

그렇다면 사회주의가 건설되고 있음에도 불구하고 소극주의와 보수주의, 이기주의가 발생하는 원인은 무엇일까? 김일성은 그 원인이 봉건주의와 자본주의라는 낡은 착취 제도는 사라졌지만, 북한 사회 내부에 그 잔재가 남아 있기 때문이라고 언급했다. 또한 자본주의와 수정주의 사상이 외부로부터 끊임없이 들어오기 때문이라고 지적했다.[46] 김일성은 만일 경각심을 높이지 않는다면 내부에 남아 있는 사상 잔재가 되살아날 수도 있고, 밖으로부터 들어온 수정주의가 영향을 미칠 수 있다고 판단했다. 이러한 낡은 사상 잔재의 영향을 가장 많이 받는 존재가 인텔리였다.[47] 지금까지 인텔리의 혁명성이 강조되었다면,[48] 이제는 동요성이 부각되기 시작했다. 사회주의 건설에 소극적인 인텔리의 태도를 소부르주아 사상으로 연결시키면서 "의식적 반당 행위"로 지목하고 강도 높게 비판한 이유가 바로 그것이었다.[49] 이는 인텔리에 대한 개조 작업이 본격화될 것을

44 김일성, 「고등교육사업을 개선할 데 대하여(1965. 2. 23)」, 『김일성 저작집 17』, 평양: 조선로동당출판사, 1982, 189~190쪽.

45 위의 글, 191~192쪽,

46 위의 글, 197쪽.

47 『위대한 수령 김일성 동지의 불멸의 혁명업적 15-사회주의 경제관리문제의 빛나는 해결』, 평양: 조선로동당출판사, 1999, 163쪽.

48 허인혁, 『우리 나라에서의 사회주의 인테리의 형성과 장성』, 평양: 조선로동당출판사, 1960, 5쪽; 김일성, 「량강도 당 단체들의 과업」, 『김일성 저작집』 12, 평양: 조선로동당출판사, 1981, 293쪽; 김일성, 「함경북도 당 단체들의 과업(1959. 3. 23)」, 『김일성 저작집 13』, 평양: 조선로동당출판사, 1981, 209쪽; 김일성, 「당 사업 방법에 대하여(1959. 2. 26)」, 『김일성 저작집 13』, 평양: 조선로동당출판사, 1981, 140~141쪽.

49 김일성, 「고등교육사업을 개선할 데 대하여(1965. 2. 23)」, 『김일성 저작집 17』, 평

알리는 서막이었다.

2) 사회주의 경제건설 논쟁

1962년 『경제연구』 권두언에서 김일성 정권은 경제학자들에게 7개년계획이 시작되면서 사회주의 경제건설이라는 새로운 단계에 들어섰으므로 "연구사업에서 종전의 방법과 상태를 결정적으로 시정"하라고 촉구했다.[50] 당 정책을 충실히 뒷받침하고 조선의 사회주의 건설에서 나서는 문제에 대한 해법을 찾는 것이 김일성 정권이 7개년계획을 추진하면서 경제학자들에게 부여한 임무였다.

이러한 요구는 경제 위기에 봉착하면서 "반수정주의 이론의 체계화"라는 화두로 발전했다. 1963년 공업 생산액 성장률 둔화라는 경제위기를 틈타 수정주의가 침투할 것을 우려한 김일성은 당원과 노동자들에 대한 반수정주의 교양의 강화를 역설하는 한편,[51] 사회과학 부문의 인텔리들에게 북한이 사회주의 건설에서 봉착하고 있는 문제들에 대해서 창조적인 이론을 내놓으라고 요청했다.[52] '주체'를 세우고 수정주의를 이론적으

양: 조선로동당출판사, 1982, 190쪽·200쪽.

50 권두언, 「경제학자들의 사업을 당 대회가 요구하는 수준에로 높이자」, 「경제연구』 1962년 제1호, 1962, 1~2쪽.

51 김일성, 「당일군들의 사업방법과 사업작풍을 바로잡을 데 대하여(1963. 9. 5)」, 『김일성 저작집 17』, 평양: 조선로동당출판사, 1982, 422~423쪽.

52 김일성, 「현 시기 우리 혁명의 요구에 맞게 사회과학의 역할을 더욱 높일 데 대하여(1963. 12. 30)」, 『김일성 저작집 17』, 평양: 조선로동당출판사, 1982, 552쪽; 김일성, 「올해 사업방향에 대하여(1964. 1. 16)」, 『김일성 저작집 18』, 평양: 조선로동당출판사, 1982, 114~115쪽. 김일성은 「현 시기 우리 혁명의 요구에 맞게 사회과학의 역할을 더욱 높일 데 대하여」에서 "사회과학분야에서 나서는 과업들을 더 원만히 해결할 목적"으로 사회과학원을 과학원에서 분리하기로 했다고 언급했다. 이를 통해 김일성이 북한 사회주의 건설 문제를 이론화하는 작업을 얼마나 중요하게 생각했는지를 알 수 있다. 사회과학원은 1964년 2월 17일 내각결정 제11호에 의거해 과학원에서 분리·

로 분쇄할 수 있는 이론적 체계를 만들어야 하는 중차대한 임무가 사회과학 부문 인텔리에게 부여된 것이다.

핵심 쟁점은 크게 세 가지였다. 경제 성장의 속도와 균형 문제, 사회주의 건설에서 물질적 자극의 활용 문제, 과도기와 프롤레타리아 독재 문제가 그것이었다. 이는 결국 어떠한 사회주의 국가를 건설할 것인가의 북한 사회주의의 미래가 달린 중차대한 문제였다.[53]

우선 경제 성장의 속도와 균형 문제에서는 균형론과 속도론이 경합했다. 사회과학 부문 인텔리들은 성장률이 안정되지 못하고 등락을 거듭하는 경제의 파동성에 주목하고, 이를 극복할 방법을 찾고자 했다. 균형론자들은 공업 부문 간의 균형을 보장하여 기업소의 생산을 정상화하는 것이 계획경제의 발전에 중요한 의의를 갖는다고 주장했다. 이들은 속도를 높이면서 발생한 생산 부문 간의 균형 파괴가 파동성의 원인이라고 생각했기 때문에 균형을 통한 생산의 정상화가 경제의 파동성을 극복할 수 있는 방법이라고 판단했다.[54] 또한 경제가 발전하고 규모가 커질수록 원료와 자재, 생산도구의 예비가 적어져서 초고속 성장은 불가능하므로 인민경제계획의 목표치를 4~5%, 최대 6~7%선에 맞출 것을 주장했다.[55] 속도를 높인다고 하더라도 일정한 선에서 조절하면서 생산의 균형을 맞추

설치되었다.

53 논쟁을 복원할 수 있는 자료가 부족한 상황에서 사회과학부문 인텔리들 사이의 논쟁은『경제연구』(과학원 발행)에 수록된 논문과 토론,『김일성 저작집』과『김정일 선집』의 내용을 통해 재구성했다. 기존 연구는『김일성 저작집』과『김정일 선집』에 전적으로 의존했다. 그러나 김일성과 김정일의 언술에만 의존할 경우, 당시의 논쟁 구도와 논의 수준을 객관적으로 파악하지 못할 가능성이 높다. 그래서 이 논문에서는 부족하지만『경제연구』에 수록된 논문과 기사를 통해 사회과학부문 인텔리의 입장을 반영하고자 했다.

54 한환규,「현 시기 공업생산의 장성과 생산의 정상화」,『경제연구』1966년 2호, 14~15쪽.

55 김일성,「사회주의경제의 몇 가지 리론 문제에 대하여」,『조선중앙연감』1970, 평양: 조선중앙통신사, 1쪽~2쪽.

고 이를 통해 파동성을 극복하자는 주장이었다.

반면, 속도론자들은 사회주의 경제에서 균형은 그 자체에 목적이 있는 것이 아니라 경제 발전의 높은 속도를 보장하는 데 있다고 주장했다.[56] 속도를 중심에 놓고, 균형을 속도에 복종시켜야 한다는 주장이었다. 경제의 파동성 문제에 대해서도 사회주의 사회에서는 계획경제를 통해 이를 해소하므로 불균형이 생길 수 없다고 반박했다. 한 걸음 더 나아가 높은 속도를 보장하는 결정적인 요인은 물질적 요인이 아니라 "사람들의 높은 혁명적 열의"와 같은 주체적 요인이므로 당과 수령에 대한 높은 충성심으로 이를 돌파해 나가야 한다고 주장했다.[57]

다음으로 자본주의적 요소의 활용 문제에 있어서는 물질적 자극 배합론과 정치도덕적 자극 우선론이 대립했다.[58] 물질적 자극 배합론자들은 노동자들의 생산 의욕 고취를 위해 물질적 자극을 정치도덕적 자극과 배합하자고 주장했다. 안광즙은 인민경제의 계획적 발전을 실현하는데 있어 가치법칙이 다양하게 이용될 수 있다고 주장했다. 안광즙은 가치법칙을 ①사회적 재생산의 정확한 균형을 설정하고 유지하기 위한 사회적 노동의 계산수단으로, ②경제 각 부문 간에 생산수단과 노동력의 계획적 분배를 매개하는 수단으로, ③가격, 노임, 독립채산제, 재정, 신용 등 가치공간을 통해 경제계획의 통제와 자극을 실현하는 수단으로, ④계획작성에서 있을 수 있는 부정확성을 시정하고 보완하는 수단으로, ⑤주민소

---

56 김상학, 「우리나라에서 사회주의 공업화의 빠른 속도와 그 요인」, 『경제연구』 1965년 제2호, 20쪽.

57 김정일, 「정치도덕적 자극과 물질적 자극에 대한 올바른 리해를 가질 데 대하여-조선로동당 중앙위원회 과학교육부 일군들과 한 담화(1967. 6. 13)」, 『김정일 선집 1』, 평양: 조선로동당출판사, 1992, 227~228쪽.

58 김정일은 당시의 논쟁구도를 물질적 자극론과 정치도덕적 자극론의 대립으로 설정했지만, 사회주의 건설과정에서 인텔리들이 물질적 자극만을 강조했다는 것은 납득하기 어렵다.

비품의 계획적 공급을 조절하는 수단으로 이용하는 것이 효과적이라고 말했다.[59] 박홍규 역시 가치법칙을 경제적 타산에 대한 계산수단이자, 자극수단으로 이용해야 한다고 주장했다.[60] 또한 차정주는 건설부문의 계획 수행에서 상금제 도입을 제안했다. 그것은 조업개시 기일을 단축하면 조업개시촉진상금을 제공하고 조업개시 기일을 지연시키면 벌금을 부과하며, 해당 월의 기준 노동량 계획을 초과 실행하면 월 계획 수행 상금을 제공하는 방식이었다. 그는 이러한 물질적 자극을 통해 노동 생산능률을 높일 수 있다고 주장했다.[61]

이들은 이처럼 계획경제 운용에서 가치법칙을 적극 이용할 것을 제창하는 한편, 노동자들의 생산의욕을 높이고 경제를 발전시키는데 있어서 효과가 있으므로 물질적 자극을 경제 관리 영역에 적극 도입할 것을 주장했다. 사회주의 사회에서도 상금과 가격 등을 경제 관리의 수단으로 활용해야 한다는 주장이었다.

반면, 정치도덕적 자극 우선론자들은 물질적 자극 배합론을 사회주의 경제를 자본주의 경제로 되돌아가게 하는 반사회주의적이며 수정주의적인 이론으로 간주했다. "돈을 위하여 일하게 하여서는 대중 속에서 집단적 영웅주의가 발양될 수 없다"는 것이 정치도덕적 자극 우선론자들의 판단이었다. 이들은 정치도덕적 자극을 위주로 하고 인민대중의 혁명적 열의와 생산 의욕을 높이는 것이 사회주의 건설을 힘 있게 다그치는 가장 올바른 길이라고 주장했다.[62] 김정일은 경제관리에 자본주의적 방법을

---

59 「학계소식: 김일성종합대학 창립 20주년 기념 전국 경제학부문 과학토론회」, 『경제연구』 1966년 3호, 43쪽, 안광즙 토론 참조.

60 「학계소식: 김일성종합대학 창립 20주년 기념 전국 경제학부문 과학토론회」, 『경제연구』 1966년 3호, 42~43쪽.

61 차정주, 「기본 건설 계획화에서 현물 평가 지표의 도입」, 『경제연구』 1966년 1호, 15~16쪽.

받아들이려고 획책한 반당반혁명분자들이 심지어 생산은 사회주의적으로 하지만 관리는 자본주의적으로 해야 한다고 주장하고, 황해제철소에서는 가화폐 제도를 운용하기까지 하였다고 비판했다.[63]

위의 문제는 결국 과도기와 프롤레타리아 독재 문제와 연결되어 있었다.[64] 논쟁이 어떠한 사회주의 발전경로를 추구할 것인가 하는 근본적인 문제를 제기하고 있었기 때문이었다. 과도기 종결론자와 프롤레타리아 독재 완화론자들은 북한에 사회주의 제도가 수립되었으므로 과도기가 종결되었다고 주장했다. 과도기의 과제를 수행하기 위해 등장한 프롤레타리아 독재도 과도기가 마무리되었으므로 완화되어야 한다고 판단했다. 이들은 계급 대립이 소멸되었기 때문에 소련과 같은 전 인민적 국가를 수립하고, 경제의 균형을 맞추며 물질적 자극을 배합해서 경제 성장에 주력하자고 제안했다.[65]

반면, 과도기 지속론자와 프롤레타리아 독재 강화론자들은 과도기를 사회주의 건설이 완성되는 시기까지로 상정했다.[66] 이들은 과도기는 한편으로는 사회주의 제도가 수립되어 자본주의와는 질적으로 구별되는 시기지만, 다른 한편으로는 착취 사회의 낡은 사상 잔재가 많이 남아 있는

---

62 김정일, 「정치도덕적 자극과 물질적 자극에 대한 올바른 리해를 가질 데 대하여-조선로동당 중앙위원회 과학교육부 일군들과 한 담화(1967. 6. 13)」, 『김정일 선집 1』, 평양: 조선로동당출판사, 1992, 220~226쪽.

63 김정일, 「반당반혁명분자들의 사상여독을 뿌리 빼고, 당의 유일사상체계를 세울 데 대하여(1967. 6. 15)」, 『김정일 선집 1』, 평양: 조선로동당출판사, 1992, 234~235쪽.

64 북한은 민주개혁이 완수되고 인민정권이 공고화된 1947년 초를 과도기가 시작된 시점으로 설정했다(조재선, 『과도기에 있어서의 조선로동당의 경제정책』, 평양: 조선로동당출판사, 1958, 32쪽).

65 고정웅·리준항, 『조선로동당의 반수정주의 투쟁경험』, 평양: 사회과학출판사, 1995, 63쪽.

66 김일성, 「자본주의로부터 사회주의에로의 과도기와 프로레타리아독재 문제에 대하여(1967. 5. 25)」, 『사회과학의 임무에 대하여』, 평양: 조선로동당출판사, 1969, 407쪽.

시기이므로 프롤레타리아 독재를 통해 과도기의 과제를 해결해야 한다고 주장했다.[67] 과도기의 가장 중요한 과제는 속도전을 통해 사회주의 건설에 박차를 가하는 한편, 인민들을 정치도덕적으로 성장시키며, 자본주의 사상 잔재를 반대하는 사상투쟁을 본격적으로 벌이는 것이었다. 사상적으로 뒤떨어진 농민과 인텔리들이 사상투쟁의 집중적인 대상이 될 수밖에 없었다.[68] 당의 주류가 과도기 지속론과 프롤레타리아 독재 강화론을 견지하는 가운데 인텔리 개조 작업은 과도기의 중요한 과제이자, 프롤레타리아 독재국가의 임무로서[69] 떠오르고 있었다.

4. 인텔리 개조사업

1) 갑산파 숙청과 김일성의 집중 지도사업

1967년 당중앙위원회 제4기 제15차 전원회의에서는 중요한 결정이 내려졌다. 먼저 반당 수정주의자들의 죄행을 폭로하고 박금철, 리효순, 김도만 등 주동분자들을 당 대열에서 제거하기로 결정했다. 다음으로는 당안에 광범위하게 유포된 부르주아 사상과 수정주의 사상, 봉건 유교 사상을 청산하기 위한 사상투쟁을 조직화하기로 했다. 이른바 "갑산파 사건"이 발생한 것이다.

---

67 김정일, 「정치도덕적 자극과 물질적 자극에 대한 올바른 리해를 가질 데 대하여 (1967. 6. 13)」, 『김정일 선집 1』, 평양: 조선로동당출판사, 1992, 220쪽; 사회과학출판사 편, 『주체사상 총서 5-사회주의, 공산주의 건설이론』, 태백, 82~83쪽.

68 김일성, 「우리 당의 인테리 정책을 정확히 관철할 데 대하여(1968. 6. 14)」, 『김일성 저작집 22』, 평양: 조선로동당출판사, 1983, 376쪽.

69 김일성, 「자본주의로부터 사회주의에로의 과도기와 프로레타리아독재 문제에 대하여(1967. 5. 25)」, 『사회과학의 임무에 대하여』, 평양: 조선로동당출판사, 1969, 411~413쪽; 최중극, 『과도기와 사회주의 경제발전의 합법칙성』, 평양: 과학, 백과사전출판사, 1987, 43쪽.

당중앙위원회가 지목한 갑산파의 죄목은 크게 세 가지였다.[70] 첫째는 김일성의 혁명 사상을 반대하고, 수령의 권위와 위신을 훼손한 행위였다. 둘째는 자립적 민족경제 노선과 경제·국방 병진 노선, 대안의 사업 체계, 천리마운동 등 당의 노선과 정책을 비방하고 집행을 방해하는 행위였다. 셋째는 봉건 유교 사상과 수정주의 사상, 부르주아 사상 등 반동적인 사상을 유포시킨 행위였다.

그렇다면 실제로 갑산파와 인텔리는 어떤 관계였을까? 갑산파와 인텔리들이 조직적인 결속력을 가지고 활동했다는 증거는 없다.[71] 다만 김일성과 김정일은 갑산파 숙청을 계기로 인텔리들의 사회주의 경제건설에 소극적인 분위기, 당과 수령으로의 권력 집중에 불만을 갖는 태도를 다잡고자 한 것으로 보인다. 당 정책에 대한 비판, 균형론에 대한 강조, 가치법칙을 강조하면서 물질적 자극을 배합하려는 행위, 과도기 종결론과 프롤레타리아 독재 완화 주장 등 그동안 인텔리들이 경제위기를 해결하기 위해 제안한 진단과 처방이 반당 수정주의로 지목되면서[72] 인텔리들은 크게 위축되었다.[73]

갑산파 숙청 후 김일성은 1967년 6월 함경남도와 과학기술자들이 모

70 김정일, 「반당반혁명분자들의 사상여독을 뿌리 빼고 당의 유일사상체계를 세울 데 대하여(1967. 6. 15)」, 『김정일 선집 1』, 평양: 조선로동당출판사, 1992, 230쪽; 조선로동당출판사 편, 『위대한 수령 김일성 동지의 불멸의 혁명업적 7-주체형의 혁명적 당 건설』, 평양: 조선로동당출판사, 1998, 393쪽; 고정웅·리준항, 『조선로동당의 반수정주의 투쟁경험』, 평양: 사회과학출판사, 1995, 77쪽. 갑산파의 죄행에 대한 고발은 김정일이 주도했다(김응교, 『조국 (하)』, 풀빛, 1993, 78~90쪽 참조).

71 이는 북한의 공식 문헌에서도 인정하는 바였다(고정웅·리준항, 『조선로동당의 반수정주의 투쟁경험』, 평양: 사회과학출판사, 1995, 77쪽).

72 김정일, 「반당반혁명분자들의 사상여독을 뿌리 빼고, 당의 유일사상체계를 세울 데 대하여(1967. 6. 15)」, 『김정일 선집 1』, 평양: 조선로동당출판사, 1992, 234~235쪽.

73 강호제는 갑산파 사건에 당 과학교육부장 허석선이 연루되면서 김일성이 인테리에 대한 신뢰와 지지를 철회했다고 주장했다(강호제, 「과학기술정책의 후퇴」, 『민족 21』 2010년 3월호 참조).

여 있는 과학도시 함흥에 대한 현지지도를 시작으로 인텔리에 대한 집중 지도사업을 전개했다. 함경남도와 함흥시에 대한 비판의 초점은 인민경제계획을 수행하는 데 있어 그들이 보인 "혹심한 소극성"이었다.[74] 물론 이것이 함경남도와 함흥시에 국한된 문제는 아니었다. 하지만 김일성이 함경남도와 함흥을 문제 삼았던 이유는 이곳이 사회주의 경제건설의 핵심 분야인 화학공업이 집중된 도시이자, 과학원 분원이 존재하는 곳이라는 점 때문이었다.

김일성은 무연탄가스화 공사와 제1요소비료공장 건설 이후, 자재가 준비되어 있음에도 불구하고 함경남도와 함흥시가 노동자들의 혁명 열기를 추동해서 곧바로 제2요소비료공장 건설을 하지 않은 행태를 문제 삼았다. 김일성은 이를 조선로동당 중앙위원회 제4기 제15차 전원회의 결정인 노동자, 농민, 인텔리의 혁명화와 경제건설과 국방건설을 병진시키고자 하는 당의 노선을 관철하기 위한 투쟁을 적극적으로 벌이지 않은 결과로 지목하고 강하게 비판했다.[75]

다음으로 김일성은 함경북도를 현지지도하면서 함경북도에 대해서는 계급 구성도 좋고, 해방 후 당이 길러 낸 새로운 인텔리로 구성되어 있어 크게 문제되는 점이 없다고 평가했다. 그럼에도 불구하고 우월감을 갖고 노동자들을 깔보고 자아비판에 소홀한 태도, 사회주의 건설에 소심하고 보신주의적으로 나가는 태도를 지적하면서 인텔리 개조 문제를 강조했다.[76] 인텔리 전반에 제기되고 있는 문제인 소부르주아적 근성을 극복하

---

74 김일성, 「당 대표자회 결정을 철저히 관철하기 위하여(1967. 6. 20)」, 『김일성 저작집 21』, 평양: 조선로동당출판사, 1983, 317쪽.

75 김일성, 「당 대표자회 결정을 철저히 관철하기 위하여(1967. 6. 20)」, 『김일성 저작집 21』, 평양: 조선로동당출판사, 1983, 318쪽.

76 김일성, 「우리 당의 인텔리 정책을 정확히 관철할 데 대하여(1968. 6. 14)」, 『김일성 저작집 22』, 평양: 조선로동당출판사, 1983, 357쪽.

고, 사회주의 건설에 적극 호응할 것을 선도적 인텔리에게 주문한 것이다.

현지지도는 인텔리의 활동 영역에 국한되지 않았다. 김일성은 1967년 6월 룡성기계공장을 비롯해서 함흥지구의 공장과 기업소를 방문했고, 7월에는 강선제강소를 방문했다. 그는 내부 예비를 최대한 동원하고 기술혁명을 벌임으로써 보수주의와 소극성을 버리고 생산력을 최대한 증진시키라고 노동자들에게 촉구했다. 1968년 4월과 5월에는 전국청년총동원대회와 제2차 전국천리마작업반운동선구자대회도 소집되었다.[77] 그의 지도에 노동자들이 적극적으로 호응하면서 생산력 증진 운동이 벌어졌다. 이는 사회주의 건설에 적극적인 노동자과 사회주의 건설에 소극적인 인텔리를 대비시킴으로 인텔리를 압박하기 위한 행보였다.

한편, 문화 부문에 대한 지도사업은 김정일이 도맡았다. 김일성과 달리 그의 문제의식은 혁명 2세대로서의 문제의식을 담고 있었다.

> 한쪽에서는 미제를 비롯한 제국주의자들이 사회주의 혁명을 압살하려 하고 다른 쪽에서는 수정주의자들의 비렬한 배신행위가 감행되고 있는 때에 우리나라에서는 세대교체가 진행되어 혁명투쟁의 시련을 겪어보지 못한 새 세대들이 혁명의 주인으로 등장하고 있습니다. (…) 그들이 가지고 있는 낡은 사회에 대한 표상은 책에서 배운 것뿐입니다. (…) 혁명위업은 한 세대에 끝나지 않으며 세대를 이어가며 계속하여야 할 장기적인 사업입니다.[78]

그는 새 세대들에게 책에서 배운 사회와 혁명이 아니라 실제적인 혁명의 필요성을 인식시키기 위해서는 항일혁명역사 학습을 강화해야 한다고

---

77 조선로동당출판사 편, 『위대한 수령 김일성동지의 불멸의 혁명업적 15-사회주의 경제관리 문제의 빛나는 해결』, 평양: 조선로동당출판사, 1999, 182쪽.

78 김정일, 「혁명적인 문학예술작품 창작에 모든 힘을 집중하자(1964. 12. 10)」, 『김정일 선집 1』, 평양: 조선로동당출판사, 1992, 46~48쪽.

생각했다. 김정일에게 항일혁명역사는 단순한 항일투쟁사가 아니라 "조선혁명이 개척되고 발전하여온 력사"이자, '혁명의 수원지'였다.[79] 현재의 모든 문제를 풀 수 있는 열쇠가 그곳에 있었다. 따라서 그의 문화 부문 현지지도는 김일성 유일사상체계를 세우는 데 집중되었다. 수령 중심의 혁명전통을 확고히 수립하고, 수령의 혁명역사와 고매한 풍모를 형상화하며, 수령에게 충실한 공산주의 혁명가의 빛나는 전형을 창조하는 것이 그것이었다.[80] 갑산파 숙청 후 김정일 주도로 강조된 유일사상체계 확립의 움직임과 정향은 곧 북한 사회 전반에 확산되었다.

2) 인텔리의 노동계급화, 온 사회의 인텔리화

김일성은 사회주의 건설 과정에서 맑스-레닌주의에 대한 해석, 당 정책과 노선을 둘러싸고 인텔리의 도전을 받게 된다는 사실을 잘 알고 있었다. 김일성은 이 문제에 대한 근본적인 해결책이 필요하다고 생각했다. 김일성은 기본적으로 인텔리들이 혁명화되지 못하고 낡은 사상 잔재를 많이 갖게 되는 이유를 정신노동을 하기 때문이라고 보았다. 정신노동은 개별적으로 하는 노동이므로 자유주의와 개인주의가 나타날 수 있고, 규율과 통제를 싫어하는 경향이 나타나게 된다는 판단이었다.[81] 따라서 인텔리를 '붉은 인텔리'로 만드는 방법은 사상과 사고방식, 일하는 습관과 생활방식을 모두 혁명적인 노동계급의 것처럼 개조하는 것이었다.[82] 그

---

79 김정일, 「새로운 혁명문학을 건설할 데 대하여(1966. 2. 7)」, 위의 책, 117쪽.

80 김정일, 「조선영화문화창작사에 대한 지도사업을 잘 하기 위한 몇 가지 문제에 대하여(1967. 6. 30)」, 『김정일 선집 1』, 평양: 조선로동당출판사, 1992, 256쪽; 김정일, 「작가, 예술인들 속에서 당의 유일사상체계를 철저히 세울 데 대하여(1967. 7. 3)」, 같은 책, 276쪽.

81 김일성, 「조선로동당 중앙위원회 제4기 제11차 전원회의(1965. 7. 1)」, 『김일성 저작집 19』, 평양: 조선로동당출판사, 1982, 394쪽.

것이야말로 인텔리가 가진 봉건적, 자본주의적 사상 잔재가 다시는 되살아나지 못하도록 할 수 있는 방법이었다.[83]

인텔리를 '붉은 인텔리'로 만드는 효과적인 방법으로는 세 가지 방도가 제시되었다. 첫째는 조직생활의 강화와 자아비판, 상호비판의 일상화였다.[84] 1960년대 중반까지는 인텔리의 생산 현장 파견이 강조되었지만, 1960년대 후반부터는 생산 현장 파견보다 조직생활이 한층 강조되었다.[85] 인텔리가 개조되기 위해서는 자유주의, 개인주의를 퇴치할 혁명적 조직생활이 무엇보다 중요하다고 판단했기 때문이었다.

둘째는 혁명전통 교양의 강화였다. 김일성과 김정일은 혁명전통 교양이 인텔리의 혁명화에서 매우 중요한 역할을 한다는 점을 강조했다.[86] 김정일은 지식이 있고 사회발전 법칙과 당 정책에 대해 이론적으로 안다고 해서 혁명적 세계관에 설 수 있는 것이 아니라, 당 정책과 회상기 학습을 통해 혁명 사상으로 무장해야만 혁명적 세계관에 설 수 있다고 발언함으로써 혁명전통 학습이 '붉은 인텔리'의 기본 소양임을 강조했다.[87]

---

82 차용현·서광웅, 『조선로동당 인테리정책의 빛나는 력사』, 평양: 사회과학출판사, 2005, 274~275쪽.

83 리상걸, 『사회주의와 지식인문제』, 평양: 사회과학출판사, 1995, 70쪽.

84 김일성, 「조선로동당 중앙위원회 제4기 제11차 전원회의(1965. 7. 1)」, 『김일성 저작집 19』, 평양: 조선로동당출판사, 1982, 396쪽; 김일성, 「우리들의 인테리들은 당과 로동계급과 인민에게 충실한 혁명가가 되어야 한다(1967. 6. 19)」, 『김일성 저작집 21』, 평양: 조선로동당출판사, 1983, 300쪽; 김정일, 「인테리정책 관철에 나타난 편향을 바로잡을 데 대하여(1969. 5. 29)」, 『김정일 선집 1』, 평양: 조선로동당출판사, 1992, 465쪽.

85 김일성, 「자본주의로부터 사회주의에로의 과도기와 프로레타리아 독재 문제에 대하여(1967. 5. 25)」, 『김일성 저작집 21』, 평양: 조선로동당출판사, 1983, 274쪽.

86 김일성, 「우리 인테리들은 당과 로동계급과 인민에게 충실한 혁명가가 되어야 한다(1967. 6. 19)」, 위의 책, 311쪽; 김정일, 「인테리정책 관철에 나타난 편향을 바로잡을 데 대하여(1969. 5. 29)」, 『김정일 선집 1』, 평양: 조선로동당출판사, 1992, 464쪽.

87 김정일, 「인테리정책 관철에 나타난 편향을 바로잡을 데 대하여(1969. 5. 29)」, 『김

셋째는 혁명사적지의 답사였다. 혁명사적지 답사는 혁명전통 교양을 내면화할 수 있는 방법이었다. 혁명사적지 답사는 오랜 인텔리뿐 아니라 자라나는 새세대 인텔리의 혁명화에 더욱 필요한 방법이었다. 항일유격대 식으로 배낭을 메고 혁명가요를 부르면서 진군하는 활동은 혁명 1세대의 발자취를 되새기고 항일혁명의 정신과 사상을 따라 배우며 몸과 마음을 혁명적으로 단련시키는 유력한 실천활동이었기 때문이다.[88]

김일성과 김정일의 교시에 부응하여 인텔리들의 사업장에서는 회상기 학습 모임이 속속 조직되었고, 조직생활이 강화되었으며, 소극주의를 짓부수고 주체의 요구를 받들어 당의 '붉은 인텔리'로 거듭나겠다는 결의가 이어졌다. 농업과학원 토양학 연구소 당분세포위원회는 '필승의 신념'이라는 회상기 연구 모임을 조직한 후, 항일유격대원들의 투쟁 정신을 본받아 조선의 특성에 맞는 새로운 토양 분석 방법을 찾아내는 데 성공했다고 보고했다.[89] 1967년 6월 김일성이 직접 현지지도를 했던 과학원 함흥분원 초급당위원회에서는 독보 모임, 연구토론회, 전적지 답사, 집단 행군 등 다양한 형식과 방법으로 혁명전통 교양을 적극적으로 진행하는 한편, 비판과 총화를 통해 당 조직생활을 강화함으로써 당 정책에 충실하지 못했던 자신들을 개조하고 있다고 보고했다.[90]

함흥 의과대학 초급당위원회는 한층 강도 높은 제안을 내놓았다. 강좌 성원들의 일별, 주별, 월별 활동 계획을 세운 다음 그것을 행정적으로

정일 선집 1』, 평양: 조선로동당출판사, 1992, 464쪽.

88 김정일, 「량강도를 혁명전통교양의 거점으로 튼튼히 꾸리자(1968. 7. 21), 『김정일 선집 1』, 평양: 조선로동당출판사, 1992, 386~387쪽.

89 〈당과 수령께 충직한 붉은 인테리로-농업과학원 토양학 연구소 당분세포위원회에서〉, 《로동신문》, 1967. 8. 24.

90 〈진정한 로동계급의 인텔리로, 열렬한 공산주의자로-과학원 함흥분원 초급당위원회 사업에서〉, 《로동신문》, 1968. 6. 12.

총화하고, 당 세포와 직맹, 사로청 조직에서 사상투쟁의 방법으로 총화함으로써 모든 성원들이 사업과 생활에서 조직의 통제를 받도록 하자는 제안이었다. 이 제안은 일부 인텔리의 완강한 반대에 부딪혔지만 결국 관철되었다.[91]

1960년대 후반 '붉은 인텔리' 만들기 작업이 집중적으로 추진된 가운데,[92] 인텔리 개조사업은 유일사상체계가 확립되는 1972년, 마무리 단계에 들어서고 있었다. 1972년 4월 11일 김일성 탄생 예순 돌을 맞아 개최된 전국사회과학자대회에서 사회과학 부문 인텔리들은 그간의 잘못된 연구 행태에 대해 자아비판하고, 〈우리 당과 조선인민의 위대한 수령 김일성 동지께 드리는 맹세문〉을 발표했다.[93]

자아비판의 핵심은 수령과 당이 제기한 문제에 대해 제대로 된 이론과 학설을 내놓지 못했다는 것이었다. 맹세문에서 사회과학 부문 인텔리들은 김일성을 사회과학을 빛나는 주체의 길로 현명하게 영도한 "사회과학자들의 위대한 스승"으로 추대하는 한편, 사회과학자들이 수령의 사상과 의도대로 사고하고 행동하는 "붉은 과학전사"가 되기 위해 모든 노력을 기울일 것임을 결의했다.[94] 이제 북한의 인텔리들은 당과 수령의 정책과

---

91 〈수령께서 밝혀주신 인테리 혁명화의 길을 따라-함흥의학대학 교직원, 학생들의 사업과 생활에서〉, 《로동신문》, 1968. 12. 7.

92 『조선문학』은 지도에 들어갔고, 『경제연구』, 『력사과학』은 1967년부터 발행이 중단되었다. 수정주의의 유입을 우려하여 1968년부터 1972년까지 일본으로부터의 귀국선도 중단되었다(정창현, 「1967년 노동당 제4기 15차 전원회의 김정일 연설: 김정일 후계체제의 서막」, 『역사비평』 2015.8, 138쪽; 강성은 구술, 홍종욱 채록, 「[코리언디아스포라 역사학자 인터뷰] 유도선수 꿈을 버리고 조선대학교에서 역사를 공부하다」, 『웹진 역사랑』 6, 한국역사연구회, 2020.6 참조).

93 〈우리 당과 조선인민의 위대한 수령 김일성 동지께 드리는 맹세문〉, 《로동신문》, 1972. 4. 11.

94 〈우리 당과 조선인민의 위대한 수령 김일성 동지께 드리는 맹세문〉, 《로동신문》, 1972. 4. 11; 김석형, 〈수령님께서 제시하신 인테리정책을 높이 받들고 일편단심 수령님께 충직한 당의 붉은 사회과학가 되겠다〉, 전국사회과학자대회에서 한 토론들

노선에 문제 제기를 하는 집단이 아니라 지식과 기술로서 당을 정치사상적으로 결사 옹위하는 친위대, 결사대[95]로 활동하게 될 것이었다.

이와 더불어 '온 사회의 인테리화'도 함께 추진되었다. 인텔리의 혁명화, 노동계급화 더불어 온 사회의 인텔리화는 조선로동당의 인텔리 정책을 구성하는 기본 내용이었다.[96] 김일성 정권은 인텔리가 가지고 있었던 기술문화적인 특권을 제거하고, 지식인 문제를 종국적으로 해결하기 위해서는 하나의 사회 계층으로서 지식인층을 없애야 한다고 판단했다. 그러기 위해서는 인텔리를 혁명화, 노동계급화하여 그들의 정치사상적인 수준을 노동계급의 수준으로 끌어올리는 한편, 사회의 모든 성원들을 인텔리화하여 그들의 문화적, 기술적인 수준을 지식인 수준으로 끌어올리지 않으면 안 된다고 생각했다.[97] 인텔리의 혁명화, 노동계급화와 온 사회의 인텔리화는 사회의 모든 성원을 '붉은 인텔리'로 만들고 대학 졸업 수준의 문화지식 수준을 가진 전면적으로 발전된 인간으로 만드는 거대한 인간개조사업이자, 북한식 문화혁명의 과정이었다.[98]

(요지)」, 《로동신문》, 1972. 4. 11.

95 리상걸, 『사회주의와 지식인문제』, 평양: 사회과학출판사, 1995, 247쪽.

96 리상걸, 『사회주의와 지식인문제』, 평양: 사회과학출판사, 1995, 130쪽; 〈최고인민회의 제5기 제1 차회의에서 한 토론들: 수령님께서 세워주신 우리나라 사회주의 교육제도의 우월성을 더욱 높이 발양시키며 나라의 강력한 인테리대군을 마련하자〉, 《로동신문》, 1972. 12. 28.

97 따라서 학문을 전문적으로 연구하는 대학과 과학원의 연구시스템에 의존하기보다는 공장대학, 농장대학, 어장대학, 수산대학, 텔레비죤 방송대학과 같이 일하면서 배우는 고등교육체계를 확대 발전시키는 방안이 온 사회를 인테리화하는 첩경으로 규정되었다(윤여령, 「북한의 '인테리'정책: 역사적 변화를 중심으로」, 『내일을 여는 역사』 70, 재단법인 내일을여는역사재단, 2018, 273쪽)

98 북한의 초기 문화혁명에 대해서는 강명, 〈1958-1964년 북한 문화혁명의 변화과정 연구〉, 건국대학교 통일인문학과 석사학위논문, 2017 참조.

5. 맺음말

1961년 북한은 인민경제발전7개년계획을 의욕적으로 시작했다. 사회주의 건설이라는 희망찬 미래에 고무된 시기였다. 그러나 소련의 원조가 차단되고, 생산수단의 예비가 고갈되면서 북한 경제에 위기가 닥쳤다. 1963년부터 북한의 경제성장률은 급속히 둔화하기 시작하더니 경제·국방 병진 노선이 공식화한 1966년, 공업 생산액 성장률이 급기야 마이너스를 기록했다.

소련의 대미 평화공존론, 스탈린 격하 운동, 평화적 이행론과 자본주의적 요소의 도입, 대국주의적 경향과 내정 간섭을 비판했지만, 1960년대 초반까지만 해도 수정주의는 외부에 국한된 문제였다. 그러나 경제 위기가 고조되고 북소 관계가 개선되면서 수정주의 유입의 우려가 커지자 김일성은 외부의 문제뿐 아니라 내부의 문제에도 주목하기 시작했다.

1964년 말부터 김일성은 인텔리의 소극주의와 보수주의, 이기주의를 비판하면서 인텔리의 낡은 사상 잔재를 문제 삼기 시작했다. 혁명 과정에서는 적극적이던 인텔리들이 사회주의 건설 과정에서는 당의 노선과 정책에 소극적이고, 보수적이라는 점이 비판되었다. 북한 사회주의 건설을 주체적으로 이론화하지 못하는 점 또한 문제였다. 이에 당면한 북한의 과제를 프롤레타리아 독재를 통한 낡은 사상 잔재의 척결로 규정하고, 인텔리에 대한 대대적인 개조 작업에 돌입했다.

인텔리를 사회주의 건설에 적극적인 '붉은 인텔리'로 만드는 것이 인텔리 개조의 궁극적인 목표였다. 김일성과 김정일은 현지지도를 통해 인텔리의 혹심한 소극성을 비판하고, 사회주의 건설에 적극적으로 나설 것을 촉구했다. 이들은 또한 조직생활의 강화, 혁명전통 교양, 혁명사적지 답사 등을 통해 인텔리를 당의 영원한 동행자, 믿음직한 협력군으로 단련시키고자 했다.

과도기의 과제가 낡은 사상 잔재의 청산으로 규정되고, 인텔리가 낡은 사상 잔재를 가진 동요분자, 잠재적 반당행위자로 지목되자 인텔리들은 급속히 위축되었다. 이들은 김일성과 김정일의 교시에 따라 회상기 학습 모임을 속속 조직하고 조직생활을 강화하는 한편, 소극주의를 극복하고 당의 '붉은 인텔리'로 거듭나겠다는 결의를 이어 갔다. 이제 인텔리는 당의 정책과 노선에 문제 제기를 하면서 대안을 제시하는 존재가 아니라 당의 노선을 정치사상적으로 결사 옹위하는 친위대, 결사대로 변모해 갔다.

　　사회주의 경제건설 논쟁에서도 볼 수 있듯이 1960년대는 대외 관계의 악화, 경제 위기에 봉착하면서도 북한 사회주의 건설의 문제들이 다양하게 제기되고, 그에 대한 해법이 모색된 시기였다. 이는 중공업 우선, 경공업·농업 동시 발전이라는 북한 사회주의 건설의 기본 노선을 견지하면서도 어떻게 하면 대내외적인 위기를 돌파할 수 있을 것인가에 대한 인텔리의 다양한 진단과 처방을 보여주는 한편, 수령의 권위를 절대화하고 당의 노선과 정책에 대한 권위를 높임으로써 유일체제를 확립하고자 한 김일성과 김정일의 문제의식을 보여준다.

　　1960년대 '붉은 인텔리' 만들기를 통해 당의 정책과 노선에 대한 이견이 제거됨으로써 북한사회는 수령-당-대중의 통일 단결된 정치경제, 유일체제를 실현할 수 있는 기반을 마련했다. 하지만 북한 사회는 이후 오랫동안 전문가의 퇴조와 비전문가의 행정대행에 따른 정책 실패의 문제를 겪어야만 했다. 1980년대부터 북한은 과학자에 대한 처우를 개선하고 과학기술 중시 정책을 강화하는 한편, 1990년대 이후에는 물질적 자극의 배합을 수용하는 등 변화의 조짐을 보이고 있다. 이는 북한 사회가 대내외적 위기를 돌파하기 위한 방안을 모색하는 가운데 과학기술의 중요성을 재평가하고, 과거의 인텔리 정책을 수정하는 가운데 정치경제적 위기에 대한 해법을 찾아가고 있음을 보여준다.

해방후 남북한 문화시설
운영정책에 관한 연구
: 국립극장을 중심으로

김지니

1. 서 론

1) 연구의 목적 및 필요성

이 글의 목적은 해방 전후 국립극장을 중심으로 남북 문화정책을 분석하는 데 있다. 사전적인 의미로 '극장(劇場)'은 극을 공연하는 공간이다. 그러나 초기 극장은 극을 공연하는 공간이라는 의미 외에도 연희의 공간이자 강연장, 연회장, 무대예술작품을 공연하는 공간 또는 영화관 등 다양한 의미로 활용되었다. 기능과 역할은 당시 대중들의 인식에서 극장의 의미보다 더욱 확장되었다. 극장은 연희, 무대예술작품, 영화관, 강연장, 연회장 외에 식민지 하에서 조선인들에게는 회합과 결속, 연대와 저항의 공간이기도 하였다.

광복 전후 극장의 중요성이 부각된 이유는 첫째, 새로운 공연 양식의 유입과 관련된다. 전통적인 공연은 특별한 무대를 필요로 하지 않았다. 그러나 식민지 시기, 서구의 공연, 활동사진(영화)이 들어오면서 전문적 공간이 필요하게 되었다. 이에 따라 전통적인 공간과 구분되는 새로운 개념으로서 극장이 대두되었다. '극장'은 신문화를 경험하는 공간이자 새로운 문화를 경험하는 공간이었다. 둘째, 새로운 체제의 정착·성립과 관련된다. 당시 조선은 자본주의, 민주주의, 사회주의, 공산주의와 같은 다양한 체제의 실험공간이었다. 조선은 전통사회에서 식민지를 거쳐 미국과 소련의 신탁통치, 분할통치를 단기간에 겪어내야 했다. 이러한 역사를 관통하며 존재한 극장은 본래의 기능과 역할 이외에 새로운 체제에 맞게 변형되고 변화하며 활용되었다. 일본의 통제하에서는 검열의 대상이자 통제의 공간이었다. 다른 한편으로는 체제를 선전하고 홍보하는 공간이기도 하였다. 새로운 체제와 지향하는 가치가 충돌하고 힘 겨루기를 하던 시기, 극장은 각자가 주장하는 체제와 가치의 우수성을 선전할 수 있는 효과적인 공간이었다.

이 글에서는 광복 전후 극장을 중심으로 극장의 개념과 기능, 공간 운영에 대한 정책을 분석하고자 한다. 구체화하면 다음과 같다.

첫째, 해방 전후 '극장'의 개념 분석이다. 해방직후 '극장'은 영화를 상영하는 영화관, 연극, 음악, 무용을 공연하는 공연장을 명명하는 용어 외에 예술단체, 예술조직을 명명하는 용어로 사용하였다. 자유극장·해방극장·서울예술극장·조선예술극장·혁명극장 등이 대표적인 사례이다. 이때 극장은 공연을 하는 공간으로의 '극장(劇場)'이라는 의미와 함께 극장을 운영하는 조직이나 단체를 명명하였다. 또는 오로지 예술단체, 예술조직을 명명하는 용어로 활용되기도 하였다. 이를 설명하기 위해 따로 장을 구분하지는 않았다. 극장의 개념에 대한 분석은 각 장에서 시대별 극장의 특징과 함께 설명할 것이다.

둘째, 해방 전후 '극장'의 기능과 역할에 대한 분석이다. 광복 이후 예술가들의 활동 공간으로서 극장은 부족한 문화시설로 인해 다양한 용도로 활용되었다. 기본적으로는 공연예술의 공연을 위한 장소, 예술인들의 아카데미를 위한 장소, 민간 단체의 협의와 토론을 위한 장소로, 영화를 상영하는 영화관으로 기능하였다. 역시 따로 장을 마련하여 분석하지 않고 시대별 극장에 대한 구체적인 설명과 함께 분석해 낼 것이다.

셋째, 해방 후 '극장'이 남북한 문화정책에 따라 어떻게 운영되었는지에 대한 분석이다. 해방직후 남북한은 미·소군정의 대한정책의 영향을 받으며 문화정책을 전개할 수밖에 없었다. 미·소군정은 정치적 필요에 따라 문화정책을 효과적으로 조정·통제하고자 하였다. 따라서 '극장'은 문화적 공간임과 동시에 미소군정의 대한정책 전개를 위한 통제의 장이자 홍보의 장이기도 하였다.

마지막으로 해방 후 남북한에서 설립된 국립극장의 설립배경과 설립과정에 대한 분석이다. 당시 국립극장의 의미는 단순히 국가에서 설립·운영하는 극장이라는 의미를 넘어서 미·소군정 하에서의 문화정책을 투영해 볼 수 있는 상징적 기관이었다. 남북한에서 국립극장의 설립과정이 어떻게 달랐으며 이런 차이가 남북한 문화예술환경에 어떤 영향을 미쳤는지에 대한 분석을 통해 당시 국립극장의 역사적 의미를 되짚어본다.

연구의 범위는 식민지 시기를 포함한 해방전후이며 대상은 해방 전 국립·관립·사설극장, 해방 후는 국립극장을 중심으로 살펴본다.

2) 선행연구 검토

해방 전후 극장연구로는 이태화의 「20세기 초 協律社 관련 명칭과 그 개념」[1], 우수진의 「협률사와 극장적 공공성의 형성」[2], 김민수의 「초창기

창극의 공연양상 재고찰: 협률사와 원각사의 공연활동을 중심으로」[3], 이
광국 「협률사와 원각사에 관한 연구」[4], 권도희의 「대한제국기 황실극장
의 대중극장으로의 전환 과정에 대한 연구: 희대·협률사를 중심으로」[5],
정충권의 「1900~1910년대 극장무대 전통공연물의 공연양상 연구」[6], 조
영규 「協律社와 圓覺社 연구」[7], 박현선 「극장 구경 가다: 근대 극장과
대중문화의 형성」[8], 민대진·송영애의 「영화관에 대한 공적(公的) 인식 변
화 연구」[9], 박영정의 「법으로 본 일제강점기 연극영화 통제정책」[10], 배병
욱의 「1920년대 전반 조선총독부의 선전영화 제작과 상영」[11], 이길성의
「미군정 시기 국립극장의 논의와 극장의 공공성 담론 연구」[12], 이명자의

1   이태화, 「20세기 초 協律社 관련 명칭과 그 개념」, 『판소리 연구』 24, 판소리학회,
    2007.
2   우수진, 「협률사와 극장적 공공성의 형성」, 『한국근대문학연구』 20, 한국근대문학
    회, 2009.
3   김민수, 「초창기 창극의 공연양상 재고찰: 협률사와 원각사의 공연활동을 중심으로」,
    『국악원논문집』 27, 국립국악원, 2013.
4   이광국, 「협률사와 원각사에 관한 연구」, 『배달말』 6, 배달말, 1981.
5   권도희, 「대한제국기 황실극장의 대중극장으로의 전환 과정에 대한 연구: 희대·협률
    사를 중심으로」, 『국악원논문집』 32, 국립국악원, 2015.
6   정충권, 「1900~1910년대 극장무대 전통공연물의 공연양상 연구」, 『판소리학회지』
    16, 판소리학회, 2003.
7   조영규, 「協律社와 圓覺社 연구」, 연세대학교 일반대학원 박사학위, 2005.
8   박현선, 「극장 구경 가다: 근대 극장과 대중문화의 형성」, 『문화과학』 28, 문화과학
    사, 2001.
9   민대진·송영애, 「영화관에 대한 공적(公的) 인식 변화 연구」, 『사회과학 담론과 정책』
    9-2, 경북대학교 사회과학연구원.
10 박영정, 「법으로 본 일제강점기 연극영화 통제정책」, 『문화정책논총』 16, 한국문화
    관광연구원, 2004.
11 배병욱, 「1920년대 전반 조선총독부의 선전영화 제작과 상영」, 『지방사와 지방문화』
    9-2, 역사문화학회, 2006.
12 이길성, 「미군정 시기 국립극장의 논의와 극장의 공공성 담론 연구」, 『사림』 65, 수
    선사학회, 2018.

「미·소 군정기(1945~1948) 서울과 평양의 극장연구」[13], 전지니의 「선전지 『국립극장』을 통해 본 국립극장의 탄생」[14], 이재명의 「해방기 북한 국립극장의 공연작 연구」[15] 등의 논문이 있다. 단행본으로는 김려실의 『문화냉전: 미국의 공보선전과 주한미공보원 영화』[16], 이상우 외의 『국립극장 70년사: 역사편』[17], 유민영의 『예술경영으로 본 극장사론』[18]이 있다. 각각의 논문과 단행본은 각 시대별 극장의 개념과 역할, 극장을 통해 바라본 당시 대중문화의 특성과 식민지 시기 법률을 통한 일제의 극장통제와 미·소군정기 남북한 극장의 특성 등 다양한 주제를 연구·분석하고 있다. 그러나 해방 전후 극장의 개념 및 기능과 역할의 변화, 역사적 특수성을 반영한 일제 및 미·소군정 시기 법률을 통한 시대적 문화예술환경과 문화정책 그리고 국립극장의 설립배경과 과정을 통찰하여 연구·분석한 논문은 없다. 단행본의 경우 해방 전후를 포함한 현재까지 극장의 변화와 특징을 모두 다루고 있어 연구자들의 다양한 주장들을 미처 비교분석하지 못하고, 논란이 되는 주장을 그대로 반영한 부분도 있다. 본 연구는 앞에서 언급한 연구들이 다루지 못한 부분과 논란이 되고 있는 쟁점들을 다루어 연구의 완성도를 높이고 기존의 연구들과 차별화하였다.

---

13 이명자, 「미·소 군정기(1945~1948) 서울과 평양의 극장연구」, 「통일과 평화」 1-2, 서울대학교 통일평화연구원, 2015.

14 전지니, 「선전지『국립극장』을 통해 본 국립극장의 탄생」, 『근대서지』 21, 근대서지학회, 2020.

15 이재명, 「해방기 북한 국립극장의 공연작 연구」, 『우리말연구』 65, 우리말글학회, 2015.

16 김려실, 『문화냉전-미국의 공보선전과 주한미공보원 영화』, 현실문화연구, 2019.

17 이상우 외, 『국립극장 70년사: 역사편』, 국립중앙극장, 2020.

18 유민영, 『예술경영으로 본 극장사론』, 태학사, 2017.

2. 일제 식민지시기 조선의 근대극장

1) 최초의 근대극장 논란, 협률사

'희대', '협률사'는 최초의 근대식 실내극장으로 통용되고 있다. 그러나 여전히 학자들 간의 서로 다른 주장들이 정리되지 않고 있다. 『한국무용사전』에서는 희대를 1900년대 초 공연무대를 통칭하는 용어로 정의한다. 『한겨레음악대사전』에서 희대는 연습장소로 정의되고 있으며 협률사(協律社)는 예술단체로 정의되고 있다.

이태화는 "기실 협률사라는 것이 부서의 이름인지, 공연장의 이름인지, 공연 단체의 이름인지에 대한 판단조차 유보된 채로, '협률사(혹은 희대)는 1902년에 설립된 우리나라 최초의 실내극장'이라는 등의 정의가 통용되었던 것이다."[19]라고 주장한다. 이태화는 협률사의 정확한 개념에 대한 문제를 제기하면서도 '협률사=희대'라는 명제를 기반하고 있다.

우수진은 "1902년 봉상시(奉常시) 안에 설치되었던 희대(戲臺)는 이후 이곳에서 공연했던 연희단체의 이름을 따라 협률사(協律社)라고 불리었다."[20]고 주장한다. 우수진은 최초의 협률사를 연희단체로, 희대를 공연장소 즉, 극장으로 정의한다. 김민수는 「초창기 창극의 공연양상 재고찰; 협률사와 원각사의 공연활동을 중심으로」에서 협률사를 전통연희집단으로, 희대를 극장으로 정의하고 있다. 이광국은 「협률사와 원각사에 관한 연구」에서 희대와 협률사를 극장과 연희집단, 혹은 극장과 관청 등으로 구분하지 않고 최초의 근대식 실내극장을 명명하는 이칭으로 분석하고

---

19 이태화, 「20세기 초 協律社 관련 명칭과 그 개념」, 『판소리 연구』 24, 판소리학회, 2007, 273~274쪽.

20 우수진, 「협률사와 극장적 공공성의 형성」, 『한국근대문학연구』 20, 한국근대문학회, 2009, 241쪽.

있다. 정충권은 「1900~1910년대 극장무대 전통공연물의 공연양상 연구」에서 협률사를 연희집단 또는 관청이 아닌 최초의 근대식 극장으로 정의하고 있어 권도희와 시각을 같이 하지만 희대에 대한 언급은 빠져있어 희대를 협률사의 이칭으로 이해하는지에 대해서는 확인 할 수 없다.

조영규의 「協律社와 圓覺社 연구」와 이철의 「개화기 연극 재현 양식 변화에 관한 연구: 협률사, 원각사를 중심으로」에서는 역사적 사료들을 통해 당시 희대와 협률사의 개념과 형태에 대해 구체적으로 분석하고 있다.

조영규는 첫째, 협률사(協律社)는 칭경예식이 연기되자 '영업적 극장'으로 변하여 일반인을 대상으로 연희를 연행하였고, 협률사(協律司)는 교방사(敎坊司)의 이칭이었다고 설명한다. 둘째, 협률사(協律社)는 1906년 3월 관립, 국립기관이 아닌 완전한 사설기관으로 운영되었다고 주장한다. 셋째, 협률사(協律社) 이전 최초의 근대극장, 실내극장은 존재했으며 협률사(協律社)는 최초의 관립극장이라고 주장한다.[21] 실제로 정치국(丁致國)이 인천 용동(龍洞)에 세운 사설극장 협률사(協律舍)는 협률사(協律社) 보다 7년이나 앞선 1895년에 세워졌다. 가설이긴 하나 실내극장인 광무대(光武臺)는 1898년에, 아현무동연희장(阿峴舞童演戱場)은 1899년, 용산무동연희장은 1900년에 설립되었다.

이철은 첫째, 희대와 협률사는 설립목적은 물론 다른 구조물 또는 기관이었다고 주장한다. 둘째, 협률사는 최초의 국립, 관립극장으로 알려져 있으나 설립 초기부터 영업적 성격을 갖고 있었다고 주장한다. 실제로 『황성신문』 1902년 4월 3일자 기사를 보면 협률사를 '희대회사(戱臺會社)'로 인식하고 있다. 이외에도 활동사진의 대중적 인기가 높아지자 협률사역시 활동사진기를 적극적으로 도입하였다는 점에서도 협률사의 당시 성

---

21 조영규, 「協律社와 圓覺社 연구」, 연세대학교 일반대학원 박사학위논문, 2005.

격을 알 수 있다.

앞서 여러 연구자의 주장을 살펴보았듯이 희대와 협률사에 대해서는 여전히 서로 다른 주장이 있다. 그럼에도 불구하고 여러 사료들과 연구자들의 주장을 종합해서 분석해 보면 첫째, 희대와 협률사는 이칭으로 명명할 수 없으며 별개의 기관이다. 둘째, 희대와 협률사는 최초의 실내극장이 아니었다. 서울 최초의 실내극장이자 관립극장으로 정리할 수 있다. 셋째, 협률사(協律社)는 협률사(協律司)와는 다른 기관이다. 協律社는 설립 초기부터 戲臺會社로 인식되어 왔다.[22] 뿐만 아니라 실제로 상업적으로 연희를 연행하였다. 활동사진기를 적극적으로 도입하여 당시 활동사진의 인기를 통해 수익을 얻고자 하였다. 이러한 協律社의 당시 활동은 실제 사료를 통해 확인할 수 있다. 協律司는 궁중 내 음악과 무용에 관한 일을 담당했던 장악원(掌樂院)이 1897년 대한제국 선포와 함께 교방사(敎坊司)로 명칭이 바뀌었는데 교방사의 이칭이었다. 즉, 협률사는 궁중 내 음악과 무용에 관한 일을 담당하는 기관이었다.

2) 사설극장의 등장과 흥행

희대와 협률사 이후 조선에는 사설극장이자 상업극장이 등장하였다. 사설·상업극장은 도시화·상업화로 인한 시대적 요구와 식민지라는 정치적 상황이 맞물리면서 수적, 질적으로 빠르게 성장해 갔다. 극장은 공연

---

22 "반면 협률사(協律社)는 창설 당시부터 영리를 목적으로 한 회사로 두 단체는 별개의 조직이었다. 협률사(協律社)는 1902년 8월 15일경에 칭경예식을 위한 삼패도가를 중심으로 모인 삼패들의 결사체가 칭경예식의 연기로 무용(無用)하게 되자 삼패들의 연희 교습을 주무하던 시위대 참령 장봉환과 1902년 4월부터 '희대회사'설립을 준비하던 고위 관리들과 결탁해서 일반인들을 대상으로 영업하기 위해 조직되었으며 대외적으로는 군악대 경비마련이라는 명목을 가지고 설립된 단체였다." 김민수, 「초창기 창극의 공연양상 재고찰; 협률사와 원각사의 공연활동을 중심으로」, 『국악원논문집』 27, 국립국악원, 2013, 42~43쪽.

장과 영화관이 합쳐진 개념으로 사용되기도 하고 오락장, 회합장, 연회장으로, 또는 학원 등 상황과 필요에 따라 유연하게 또는 독특하게 운영되었다.

한편, 사설·상업극장은 극장주들이 봉건사회, 전통사회를 벗어나 근대적, 자본주의적 개념으로 접근한 사업체로서도 의미를 갖는다. 예술계의 입장에서 사설·상업극장은 봉건·전통사회에서 허락되지 않던 예술작품을 위한 공간의 의미였다. 예술인들은 사설·상업극장을 통해 유흥, 오락이 아닌 예술을 소비자에게 팔고 소득을 취할 수 있는 새로운 구조를 경험하게 되었다. 대중의 입장에서 사설·상업극장은 요금을 지불하고 문화와 예술을 소비할 수 있는 근대적 공간이었다. 또한 새로운 문물을 경험할 수 있는 공간이기도 하였다. 대중들은 봉건·전통사회에서 자신들에게는 제한되어 있던 예술장르들을 당당하게 소비할 수 있게 되었고 직접 경험하지 못하는 서양세계를 영화라는 장르를 통해 간접적으로 경험할 수 있었다. 또한 종전에는 금기시되었던 인간적 감정들도 간접적으로 경험할 수 있었다. 따라서 사설·상업극장은 예술작품을 공연·상연하는 본래의 기능과 역할 뿐만 아니라 당시 조선인들의 근대적 사회를 경험할 수 있는 공간임과 동시에 다양한 욕구가 분출되고 수용되는 공간이자 예술적으로는 다양한 시도가 이루어지는 공간이었다.

당시 조선인들에 의해 설립·운영된 사설·상업극장으로는 관인구락부(官人俱樂部), 원각사(圓覺社), 광무대(光武臺), 연흥사(演興社), 단성사(團成社), 장안사(長安社), 우미관(優美館), 조선극장(朝鮮劇場) 등이 있다.

동양극장(東洋劇場)은 "1935년 7월 25일에 자본금 100,000원으로 '극장 및 극단의 경영 일반 흥행업'을 목적으로 달성된 합명(合名) 회사였다."[23]

---

23 김남석, 『조선 대중극의 용광로 동양극장 I』, 서강대학교출판부, 2018, 32쪽.

당시 동양극장이 다른 극장과 차별화 되는 특징은 첫째, 최신시설을 갖추고 있었다는 점이다. 동양극장은 회전식 무대, 호리즌트, 냉난방시설 등을 갖추고 있었다. 당시로서는 다른 극장들에서는 찾아볼 수 없는 시설들이었다. 둘째, 연극전용극장이었다는 점이다. 당시 극장들은 전통연희 또는 영화의 공연·상연에 주력했다. 위축되어 있던 연극계는 동양극장의 개관으로 새로운 전환점을 맞이하게 되었다. 셋째, 전속배우들을 두고 월급제를 실시하였다. 월급제의 실시로 동양극장은 당시 유능한 직업배우들을 영입할 수 있었다. 종전에는 찾아볼 수 없던 시도였다. 넷째, 동양극장 최초의 전속극단 '청춘좌(靑春座)'를 시작으로 제2의 전속극단 '동극자(東劇座)'를 창단하였다. 이어 희극만 공연하는 제3의 전속극단 '희극좌(喜劇座)'를 창단하기도 하였다. 그러나 당시 대중들의 인기를 끌지는 못했다. 최신시설과 당시로는 혁신적인 제도들을 도입하며 출범한 동양극장은 1938년까지 수많은 작품을 공연하고 〈사랑에 속고 돈에 울고〉, 〈어머니의 힘〉등과 같은 작품들이 흥행을 하기도 하였으나 1939년 부도처리 되면서 문을 닫게 되었다.

부민관(府民館)은 1935년 경성부(京城府)에 의해 설립된 부립극장(府立劇場)이다. 오늘날 서울시청과 같은 경성부는 행정기관으로서 필요한 각종 행사를 위한 공간의 필요성에 따라 경성전기주식회사의 기부금으로 부민관을 설립하였다. 부민관은 첫째, 최초의 대형, 멀티형 극장이었으며 둘째, 강연회·연희·오락·연극·무용·음악을 등 다양한 목적으로 사용가능하였다는 측면에서 다른 극장들과 차별화된다. 또한 부민관의 대형무대와 다양한 시설들은 유수한 예술단체들의 주요 활동무대가 되기도 하였기 때문에 당시 예술계에 자극제가 되었다. 그러나 식민지 시대라는 역사적 상황에서 지어진 관립극장(官立劇場)이라는 한계도 있었다. 부민관의 최신시설과 대형무대가 당시 예술인들에게는 작품활동을 위한 훌륭한 공간으로 활용되었으나 한편으로는 이와 같은 특징으로 인해 친일어용극 또는 관제행사에 사용되어 반민족적 공간으로 인식되기도 하였다.

3. 해방 후 미·소 군정의 극장정책

1) 미군정의 극장정책

당시 극장에 대한 접근방식은 두 가지로 나뉘었다. 하나는 기존의 일본인 소유 극장을 국유화하는 것이고 다른 하나는 국립극장의 설립이었다. 일본인 소유 극장을 국유화하고 예술인들이 운영하는 안이 미군정의 문화정책과 무관심에 의해 무산되자 최후의 보루로 국립극장 설립을 주장한 측면도 있다.

국립극장 설립에 대한 제안은 1946년 1월 극작가 겸 연출가 이서향에 의해 처음 제기되었다. 이서향은 극장이 해방 전 일본인 극장주와 다를 바 없는 한국인 흥행 모리배에게 점령되어 오히려 종전보다 상황이 악화되었으며 "'보합제' 같은 극단 착취제도도 구태의연 답용되고 있고"[24] 극장주는 흥행에만 집중하여 극단의 공연작들에까지 관여하고 있다고 비판하였다. 이서향은 당시 극장 상황이 예술인의 예술적 표현과 열망은 해방 전과 마찬가지로 무시되고 있다고 평가하였다.

이서향은 여전히 취약한 문화예술환경과 극장상황을 해결하기 위하여 첫째, 일제 식민지 시기 200여 개 중 70%에 달하는 일본인 소유의 극장을 국유화 할 것, 둘째, 국유화 한 기존의 극장은 연극인들이 운영하도록 할 것을 주장하였다. 당시 이서향의 주장에 대해 『국립극장 70년사: 역사

---

[24] 이서향, 〈극장문제의 귀추〉, 《매일신보》, 1946.1.27.: 이상우 외, 『국립극장 70년사: 역사편』(국립중앙극장, 2020), 63쪽. 재인용.

편』(2020)에서는 "과거 일본인 소유의 극장을 국유화한다는 것은 전국에 70% 이상을 차지하는 일인 소유의 극장을 국립극장화하자는 파격적 제안이나 다름없는 것이었다. 즉, 극장의 국유화는 사실상 극장의 소유권을 연극인에게 주자는 주장이었다."고 평가한다.[25]

예술가 나웅(羅雄)도 이서향의 주장에 동의한다. 하지만 나웅은 이서향의 주장에서 대중에 미치는 극장의 영향력까지 확대된 시각으로 당시의 상황을 비판하였다. 나웅은 일제 식민지 시기 극장상황은 첫째, 일본자본가, 고리대금업자의 배를 불리는 착취의 수단이었고, 둘째, 흥행과 수익에만 집중한 일본 극장주들이 도시에 몰리면서 극장이 도시에 편중되고 지역이 소외되었다고 보았다. 결론적으로 나웅은 "극장과 연극, 극장과 대중을 분리시킨 것은 조선의 연극을 전적으로 말살하려는 놈들의 음흉한 간계"[26]로 당시의 상황을 정리하였다. 나웅은 극장의 사회적 기능과 역할에 대해 극장은 공공기관으로서 일반대중의 교육·교화·계몽의 기능과 역할을 수행하는 공간이어야 한다고 주장하였다. 따라서 개인의 소유물이 아닌 공공의 소유물, 즉 국유화가 바람직하다고 보았다. 또한 조선연극을 재건하는 과정에서 극장은 최우선 과제 중의 하나라고 보았다. 일제 식민지시대 민족예술에 대한 일제의 통제와 탄압, 일제 문화정책에 따라 무분별하게 쏟아져 들어오고 주입된 일본과 서양문물 속에서 민족예술의 건설은 당시 예술인들의 시대적 과제였다. 극장은 이러한 예술인들의 의지와 표현의 공간임과 동시에 다양한 시도를 준비하는 준비의 장이기도 했다. 따라서 나웅은 "이러한 신성한 기관을 일본 제국주의의 고리대금업자와 그 주구들의 손에 둔다는 것은 조선연극인으로서 도저히

---

25 이상우 외, 『국립극장 70년사: 역사편』, 국립중앙극장, 2020, 63쪽.

26 나웅, 「연극과 극장」, 『예술통권』 1-1; 유민영, 『예술경영으로 본 극장사론』, 태학사, 2017, 275쪽. 재인용.

258 제3부 국가건설과 혁명, 그리고 문화

용납할 수 없다. 우리의 정권이 수립되면 문화정책에 따라 국영이 된다든가 연극단체에 맡긴다든가 하겠지만 현재로서는 극장을 조선연극인들의 관리 하에 두는 것이 가장 타당하고 생각한다."[27]고 주장하며 당시 극장 상황의 해결방안을 제시하였다. 나웅의 극장문제에 대한 입장은 국립극장의 필요성을 부각시켰다.

문화단체들의 요구도 격렬했다. 1946년 연극동맹, 영화동맹, 음악가동맹, 국악원, 문학동맹, 미술가동맹, 무용가동맹 등은 극장문제를 해결하기 위하여 군정청에 건의서를 제출하였다. 당시 불합리하고 열악한 극장 상황을 해결해보고자 함이었다. 건의서의 제목은 '극장을 예술가들에게 맡기라'였다. 내용을 살펴보면 다음과 같다.

> "건의서의 내용은 첫째, 극장예술의 발전책, 둘째, 극장관리문제,
> 셋째, 종전 관리인의 결함, 넷째, 인선(人選)에 대한 희망 등 4개 항이었
> 는데 군정 당국으로부터는 아무런 반응을 얻지 못했다."[28]

이러한 가운데 순수예술 무대예술인들은 극장위원회를 조직하여 당시 극장상황을 타개하고자 하였다. 1945년 8월 15일 해방과 함께 조직된 조선문화건설중앙위원회에 의해 극장위원회 설립은 빠르게 진행되는 듯하였다. 그러나 김영건의 글[29]에서도 알 수 있듯이 극장위원회의 설립은

---

27 나웅, 「연극과 극장」, 『예술통권』 1-1: 유민영, 『예술경영으로 본 극장사론』, 태학사, 2017, 275쪽. 재인용.

28 유민영, 『예술경영으로 본 극장사론』, 태학사, 2017, 276쪽.

29 "그리하여 그 사이의 난관이야 어찌 됐든지 館主측에서 약속한 3인의 대표만 결정되면 창립준비의 총회에 참석했던 음악(국악도 포함), 연극, 영화, 무용, 창작 등등에 종사하는 사람들은 다같이 이와 같은 위원회가 성립되는 줄로 알고 기뻐했었다. 아니 3인의 대표는 관주 측에서 互選을 결정하기로 확언한 것이니까 우리들은 그 때에 이미 극장위원회는 성립된 것으로 알고 오늘까지 일을 해온 것이다." 나웅, 「연극과 극장」, 『예술통권』 1-1: 유민영, 『예술경영으로 본 극장사론』, 태학사, 2017, 283쪽. 재인용.

순수예술 무대예술인들의 열망과 지지를 받고 있었음에도 불구하고 차일 피일 미루어지다 무산되고 말았다. 그 이유는 첫째, 당시 관주, 즉 극장주 들의 비협조적 태도이다. 극장주들은 표면적으로는 예술인들의 폭발적 요구와 항의를 수용하여 원만히 해결하려는 듯 하였다. 그러나 극장위원 회 설립을 위한 예비적 회합에서 약속한 3인의 대표조차 확정하지 않고 차일피일 미룸으로써 결국 극장위원회는 동력을 잃고 말았다. 둘째, 실제 극장위원회가 설립되더라도 실질적 권한은 여전히 극장주들에게 있었다. 또한 제도적, 법적 기반을 마련하고 집행하는 권한은 미군정에 있었다. 따라서 비협조적인 극장주들의 태도와 미군정의 무관심과 몰이해에 극장 위원회가 제대로 운영될 수 없을 것이라는 내부의 실망감이 만연하게 됨 으로써 극장위원회 설립은 자연스럽게 와해되었다.

당시 극장주들의 비양심과 반민족적 행위가 어느 정도였는지는 다음의 글에서 짐작할 수 있다.

> "자기네들의 이익이 되는 흥행을 위해서는 8월 15일(해방) 이전에
> 우려먹을 대로 우려먹었던 악극단의 연출형식과 곡조에다 가사만 슬쩍
> 갈아붙여 놓은 〈사랑에 속고 돈에 울고〉를 그대로 상연하고 심지어는
> 일본제국주의 시대의 〈지원병〉이라 하는 영화를 〈희망의 봄〉이라고
> 갈아 내어놓은 만큼 타락했다. 이 밖에도 연극이나 영화를 통해서 과연
> 세상에 내놓아야 옳으냐가 문제될 만한 작품들까지 하등의 제재도 받지
> 않고 흥행할 정도였다."[30]

당시 주요 행정기관의 극장정책 결정 역시 대중과는 거리가 있었다. 기사를 통해 알려진 시공관 창립과 입장료 관련 논란은 결국 몇차례의 입장료 수정과 입장료 폐지로 종식되었다. 하지만 시공관과 관련한 논란

---

30 나웅, 「연극과 극장」, 『예술통권』 1-1: 유민영, 『예술경영으로 본 극장사론』, 태학사, 2017, 276쪽. 재인용.

은 행정기관조차 예술인, 대중들의 요구와는 동떨어진 시각으로 극장정책을 시행하고 있었음을 보여주는 대표적인 예이다. 다음은 실제 기사내용이다.

> 시민의 오락기관으로 지난 30일 개관한 서울 시공관市公館은 첫문을 여는 날부처 입장료 1백 5원이라는 엄청난 요금을 받게 되어 일반의 비난이 자자하다. 해방 이후 일반흥행에 1백원요금을 받게 된 것은 이번이 처음이요 또한 입관료 5원까지 징수하기로 되었는데 과연 이것이 시민을 상대로 개관한 것이라면 근본 취지에 어긋나는 일이라하여 비난의 소리가 높다.
>
> 〈허울좋은 시공관/입장료 백 5원이란 웬 말/개관 첫날부터 비난〉,
> 《동아일보》, 1948.1.1.

2) 소군정의 극장정책

해방 직후 북한의 극장은 7할이 일본이 소유였다. 당시 극장상황은 남한과 크게 다르지 않았다. 조선민주주의인민공화국 국가계획위원회 중앙통계국에서 집필하고 1961년 국립출판사에서 발간된 『1946~1960 조선민주주의 인민공화국 인민경제발전통계집』에 따르면 1946년 기준 북한의 극장은 2개, 영화관은 81개였다. 극장에 비해 영화관은 수가 월등히 많다. 『조선신문』 1946년 10월 12일자 기사에는 영화관 77개소, 극장 4개였다고 기록되어 있다. 1946년 당시 조사 상 시기의 차이인지, 통계의 실수인지는 확인이 필요하다.

비록 통계상 구분은 하고 있지만 당시 극장이 영화관으로, 영화관이 극장으로 활용되는 경우가 많아 극장과 영화관으로 구분하는 것은 무의미하다고 하겠다.[31] 실제로 당시 언론사에 영화·공연 홍보를 위한 광고에

---

31 "당시 남한에서도 그랬듯이 공연장이 영화상영관으로 활용되었고 연극영화상연관이

도 '극장안내'라는 제목 하에 영화와 공연을 구분하지 않고 광고 하였다.

> 대중극장 - 쏘련 영화 총천연색 "석화" 26일까지
> - 쏘련 영화 『청년도시』 27일부터
> 조선극장 - 쏘련 영화 총천연색 "석화" 26일까지
> 문화극장 - 조선악극단공연 『사랑과 결혼』 21일부터
> 삼일극장 - 평양악극단공연 『금나거라뚝딱』 31일까지
> 〈극장안내〉, 《로동신문》, 1947.3.26.

아동극장에 대한 기사에서도 극장의 당시 활용 형태를 확인할 수 있다.

> 이제 그 사업 내용을 보면 아동극장으로서 지정된 극장은 한 달에
> 3일간(토요일을 이용)을 아동들마을 위한 공연일로 정하고 연극, 영화,
> 음악, 무용 등을 제공하게 된다...(중략)...그리고 특히 이 아동극장들
> 에서는 선진국가 쏘련의 아동예술과 문화를 소개하는 일에도 커다란
> 역할을 할 것으로 조선의 아동문화사업을 발전시키며 아동들의 예술적
> 감상력과 비판력을 배양할 중대한 사업에 대한 일반 사회계의 기대는
> 막대하다.　　〈각도소재지에 아동 극장창설〉, 《조선신문》, 1947.5.29.

하지만 최초 영화관으로 설립된 형태가 많았다는 것은 분명해 보인다.
이는 당시 영화의 인기와 영향력을 짐작케 해 준다. 당시 영화의 인기와
영향력은 당시 극장의 형태와 발전은 물론 이를 통한 통치권력의 문화정
책에도 큰 영향을 미쳤다. 그러나 1946년 당시 극단이 50여개소, 구락부
가 91개소였다는 점은 또 다른 의미를 갖는다.[32] 비록 관람·감상의 대상

구별이 없었던 점을 감안해 극장이라는 명칭이 영화관을 포함하는 것으로 보아야 옳
다고 판단된다. 실제로 신문에 영화상영정보를 보면 이미 1947년도에 7개소 이상에
서 영화를 상영하고 있었다." 이명자, 「미·소 군정기(1945~1948) 서울과 평양의 극장
연구」, 「통일과 평화」 1-2, 서울대학교 통일평화연구원, 217쪽.

[32] "왜놈들은 조선민족문화를 말살하려고 탄압하였으며 조선민을 소위 황민화할려고
강제하였다. 예를 들면 북조선에는 민족구락부 하나도 없었으며 조선도서관, 열람소

으로서 공연은 영화에 비해 저조했지만 문화예술을 체제 선전도구로 저극 활용하고자 한 북한의 문화예술정책 하에 문화예술 제도와 공간 등, 문화예술 인프라는 확대, 발전하였다. 북한은 해방직후부터 문화예술은 인민대중을 위해 '복무'해야 하며 인민대중이 문화예술의 주체가 되어야 한다는 입장을 견지하고 있다.

> 공장내 구락부에서는 매일 영화를 상영하며 음악연주회도 있고 연극
> 도 자주 상영한다. 공장내 독서실에는 신문, 잡지, 서책들이 많이 놓여있
> 다. 로동자들은 독서에 큰 흥미를 붙이고 늦도록 앉아 책을 읽고 있다.
> 황해제철소의 로동자들은 지금 이러한 새 생활에 들어섰다.
> 〈새로운 문화생활에 입각〉, 《조선신문》, 1947.6.29.

해방 후 소군정 체제하에서 북한의 극장에서는 소련의 전쟁기록영화가 주로 상영되었다.[33] 일본 식민지 시기 서울을 중심으로 성장한 극장문화로 인해 북한에는 예술인들의 부재 뿐만 아니라 시설과 공간 역시 절대적으로 부족하였다. 따라서 남한에서는 영화, 연극, 무용, 음악 등 일체의 극장예술작품들이 높은 세율과 극장주들의 횡포 그리고 미군정의 미국영화 우선주의 등으로 고전을 면치 못하고 있던 반면 북한에서는 인재와 시설, 공간 즉 극장의 부족으로 인해 극장예술작품들이 원활하게 공연·상연되지 못했다. 당연한 결과로 인재, 시설, 기술의 부족은 제작·창작의

하나도 없었다. 그러나 현재 북조선에 조선영화극장 77개소가 있으며 극장 4개소, 극단 50여개소, 구락부 91개소, 열람소 1천여 개 이상, 조선인 도서관 1ㅇ, 개소구립 교향악단 ㅇ개소가 있다." 《조선신문》 1946.10.12.: 이명자, 『신문·잡지·광고로 보는 남북한의 영화·연극·방송 1945~1953』, 민속원, 2014, 505쪽. 재인용.

33 "이 시기는 영화 상영만 이루어졌다고 보는 것이 타당하다, 주로 소련군과 함께 흘러 들어온 소련 영화가 상영됐다. 처음에는 자막도 해설도 없이 상영되었으나 일부 대형 극장에서는 조선인 2세 출신 소련 병사들이 변사를 맡아 해설하기도 하였다: 김 석형 구술, 『나는 조선노동당원이요』, 선인, 2001, 301~306쪽: 한상언, 「해방기 영화 인 조직 연구」, 한양대학교 일반대학원석사학위논문, 2007, 82쪽.

어려움으로 이어졌고 이에 따라 당시 북한영화, 즉 북한에서 제작된 영화의 상영 또는 북한 극장예술 공연은 기대하기 어려웠다.[34] 그나마 가장 손쉽게 운용할 수 있었던 것이 소련의 전쟁기록영화였다.

그러나 소련영화의 인기는 높지 않았다. 당시 대중들은 신파적 영화를 선호하였다. 하지만 북한 내 소련영화 대부분이 기록영화이거나 교양·선전을 위한 것이었다. 더군다나 소련영화는 자막과 해설도 없이 상영되는 경우가 많아 대중의 인기를 얻기 힘들었다. 당시의 상황은 다음의 글을 통해 확인할 수 있다.

> 가령 美國映畵중에 우리가 많은 감명과 흥분까지도 느끼던 것으로 타이틀이 없었다면 果然 몇몇 편을 담아서 足히 재미있는 映畵라 말할 수 있었을까. 이것이 타이틀이 없는 蘇聯映畵를 보고 먼저 느껴진 印象이었다. 率直히 말한다면 蘇聯映畵의 過半은 재미가 있는 것인지 못 된 것인지 알 수 없을 수밖에 없다. 그런 의미에서 〈표트르 大帝〉 같은 것을 말해 본대도 映畵評論家가 아닌 나로서는 거짓말밖에 안되고 〈무지개〉는 서울서 사영되었다니까 구태여 蛇足을 부칠 필요도 없겠으니 아래서는 몇 편 映畵의 素朴한 印象을 ○○○○으로 본채 적어 보기로 한다.
> 于先 타이틀 없이도 充分히 알고 느낄 수 있는 것은 記錄映畵였다. 長篇記錄映畵 〈스탈린그라드 攻防戰〉과 〈伯林〉 中篇 〈세바스트폴리 攻防戰〉이다.[35]

---

34 "해방직후, 북한 지역에서는 영화를 제작할 수 있는 시설, 기재, 인력이 전무했기 때문에 영화 제작은 이루어 질 수 없었다. 소련군 진주, 평양의 시민대회를 촬영하기 위해 서울에서 김학성, 이기성 등 촬영기사들이 파견되기도 하고 소련종군 촬영대가 함경도에서 일본군과의 전투, 청진 감옥의 정치범 석방 등을 촬영하여 기록영화로 만들었으나 이것은 본격적인 북한 지역의 영화제작 활동으로 볼 수 없다." 한상언, 「해방기 영화인 조직 연구」, 한양대학교 일반대학원석사학위논문, 2007, 79쪽.

35 김영혁, 「북조선에서 본 소련영화」, 『신천지 46. 4』, 서울신문사, 1946: 한상언, 「해방기 영화인 조직 연구」, 한양대학교 석사학논문, 2007, 82~83쪽.

북한은 1946년 3월 23일 「20개조 정강」를 발표하여 당시 낙후된 문화 예술환경을 개선시키고자 하였다. 「20개조 정강」 중 17조에는 "민주문화 과학 및 기술을 전적으로 발전시키며 극장 도서관 라디오 방송국 및 영화관 수효를 확대시킬 것", 19조에는 "과학과 예술에 종사하는 인사들의 사업을 장려하여 그들에게 방조를 줄 것"을 명문화하였다. 북한은 명문화된 문화예술 정책을 통해 예술 인재를 등용하고 기반시설을 확충하였다. 이 시기 북한은 문화예술 정책의 대대적 선전을 통해 남한 예술인들의 월북을 유도하였다.

劇場은 南朝鮮과 같이 興行師나 謀利輩나 테러團의 資金調達者의 手中으로 들어가지 않고 演劇人과 映畵人의 手中으로 들어왔습니다. 印刷所는 南朝鮮과 같이 反動派나 謀利輩의 手中으로 가지 않고 文學者와 新聞記者와 著述家들이 自由로 使用할 수 있도록 處分되었습니다.

종이는 南朝鮮과 같이 反動派나 謀利輩에게 拂下, 占有되지 않고 文化出版과 藝術家들이 任意로 使用할 수 있도록 充分히 配給되어 있습니다.

映畵機械나 필름이 없던 北朝鮮에 새로운 映畵藝術을 建設하기 爲하여 붉은 軍隊는 機材를 날라주고 있습니다. (중략)

土地改革에 있어서도 文化建設의 功勞가 있는 文化人들에게는 特別히 土地와 林野의 沒收를 免除시키고 文學藝術總同盟과 그 傘下 諸團體에 대하여는 廣大한 建物과 書籍과 交通機關과 附屬財産을 맡기었으며 그 위에 또한 文化, 藝術家들의 生活과 活動을 援助하기 爲하여 바로 北朝鮮藝術家後援會가 組織되어서 民間으로부터 또한 文化藝術家들의 事業을 支援하고 있습니다.[36]

북한은 1946년 8월 10일 북조선임시인민위원회의 이름으로 산업, 교

---

36 임화, 「북조선의 민주건설과 문화, 예술의 위대한 발전」, 『문학평론』, 1947, 42쪽: 한상언, 「해방기 영화인 조직 연구」, 한양대학교 석사학위논문, 2007, 112쪽. 재인용.

통, 운수, 체신, 은행 등 사회전반에 걸친 국유화법령을 발표했다. 이 법령에서는 "일본국가와 일본인 소유의 사인 및 법인 등의 소유 또는 조신 인민의 반역적 소유로 되어 있는 일체의 기업소, 광산, 발전소, 철도, 운수, 체신, 은행, 상업적 문화기관 등은 전부 무상으로 전환하여 이를 조선 인민의 소유 즉 국유화한다."고 명시했다. 실제 전문은 다음과 같다.

> 北朝鮮臨時人民委員會는 産業, 交通, 運輸, 遞信, 銀行 等의 國有化에 對하여 다음과 같은 法令을 發布한다.
> 日本國家와 日本人의 私人 및 法人 等의 所有 또는 朝鮮人民의 反逆的 所有로 되어있는 一切의 企業所, 鑛山, 發電所, 鐵道, 運輸, 遞信, 銀行, 商業及 文化機關 等은 全部 無償으로 沒收하여 이를 朝鮮人民의 所有 卽 國有化한다.
> 본 法令은 發布日로부터 有效로 함.[37]

이에 따라 1946년 6월 당시 105개관 중 국유화 된 극장은 68개소였다. 국유극장은 인민위원회 선전부 소속 북조선극장위원회에서 운영하였다. 나머지 38개 관은 개인소유 극장으로 운영되었다. 국유화법령을 기준으로 유추해 보건대 개인소유 극장은 일본국가와 일본인 소유가 아니거나 친일행위자의 소유가 아닌 극장 즉, 조선인, 소련인 또는 그 외 소련기업, 외국기업 소유의 극장이었을 것이다. 실제로 김석형의 구술에서는 "소련 군이 철수하기 시작하면서 소련군에게 명도 되었던 극장들 또한 북조선 극장위원회가 접수하였다. 그러나 일부 극장은 여전히 소련인이 운영하였다."[38]고 구술하고 있다.

---

37 「북조선임시인민위원회의 산업, 교통, 운수, 체신, 은행 등의 국유화에 관한 법령」, 『북한관계 사료집 5』, 국사편찬위원회, 177쪽: 한상언, 「해방기 영화인 조직 연구」, 한양대학교 일반대학원 석사학위논문, 2007, 105쪽.

38 김석형 구술, 『나는 조선노동당원이요』, 선인, 2001, 301~306쪽: 한상언, 「해방기 영화인 조직 연구」, 한양대학교 일반대학원석사학위논문, 2007, 105쪽.

극장을 비롯한 식민지 시기 기반시설에 대한 국유화 조치에 대해 대부분은 동의하고 만족하였다. 전현수는 당시 북한의 국유화조치에 대해 "소련군사령관 슈티코프의 특별보좌관이었던 그라프초프의 보고서에 의하면 국유화법령이 채택되기 전까지 북한의 인텔리들은 소련군이 북한의 물자를 소련으로 반출할 것이라며 의심의 눈초리로 보았는데 국유화가 발표되고 일제의 기업소, 설비들이 북조선임시인민위원회로 이관되자 태도가 달라졌다는 내용이 들어있는 것으로 볼 때 국유화조치가 인텔리들에게 만족감을 준 것으로 판단된다."[39]고 당시의 상황을 분석하였다. 북한의 극장 국유화에 대한 대중의 인식은 다음과 같았다. 첫째, 극장은 다른 유흥장과는 달리 식민지 시기에는 단순히 예술작품이 공연·상연되는 장소가 아닌 민족의 독립과 미래를 도모하는 집회와 회합의 장소임과 동시에 민족을 계몽·교육하는 장소로서 활용되었다는 점에서 공공적, 도덕적 공간이라는 인식이 강했다. 둘째, 남한의 적산극장 처리과정에서 발생한 자본주의식 개인입찰 방식에 대해 실망하고 불신하는 입장이 대다수였다. 셋째, 당시 추민의 '國 영화론'[40]에 대한 사람들의 공감이 긍정적 여론을 형성하였다. 이에 대해 이명자는 다음과 같이 평가한다.

"『예술신문』, 1946년 11월 18일자의 기사를 보면 문화예술인들이 북으로 가는 이유에 대해 남측에서 극장은 외화의 시장이 되고 있으며 자본의 부족으로 필름과 종이를 구할 수 없는데 비해 북에서는 국영화에

---

39 전현수, 「산업의 국유화와 인민경제의 계획화: 공업을 중심으로」, 『현대북한연구』, 2-1, 1999, 89~90쪽.

40 "종합예술인 영화산업은 거대한 자본과 설비를 필요로 하는데 조선의 현실은 그렇지 못하기에 국가차원에서 기술자 양성, 기재수입, 흥행과 극장문제를 해결해야 하며 특히 거대 자본이 드는 영화전문촬영소는 국가가 설립해야 한다는 것이 국영화론의 핵심내용이었다." 이명자, 「미·소 군정기(1945~1948) 서울과 평양의 극장연구」, 『통일과 평화』 1-2, 서울대학교 통일평화연구원, 2009, 206~207쪽.

따라 이런 문제를 해결하기 때문에 영화인들이 월북 자본이 형성되지 않은 상황에서 미군정이나 권력층에 연계된 일부 사람들이 극장을 사영화함에 따라 남측에서 적산극장은 치부의 수단이라는 인식이 팽배해졌다. 반면 북한의 극장은 "교양수단으로서의 영화작품과 그의 향유자인 인민대중과의 련계를 맺어주는 중요한 공간(정태소, "우리나라 영화보급발전의 자랑찬 로정", 『조선영화』, 11호(1993, 22쪽)"으로 새롭게 의미전화하여 극장에 대한 남북의 문화적 인식차가 시작되었다."[41]

북한의 극장 국유화 조치는 북한의 반계급, 반봉건 사회주의 통치이념과 소군정의 북한의 사회주의화를 위한 정책의 하나였다. 또한 '문학과 예술의 대중'라는 북한의 기본방침에 따른 것이기도 했다. 과거 극장은 양반 및 지주, 또는 일부유한계급을 위한 흥행, 유흥의 장소였다. 그러나 북한은 반계급, 반봉건의 통치이념 아래 극장과 영화관은 첫째, 일부유한계급을 위한 것이 아닌 인민대중을 위해 활용되어야 하며 둘째, 극장은 흥행과 유흥의 공간이 아니라 인민대중을 위한 교육·계몽의 기능과 역할을 수행해야 한다는 입장을 분명히 하였다. 이런 북한의 극장운영방침 아래 일반 극장과 영화관 외에도 1946년 북조선극장위원회가 설립한 이동영사대가 활발히 운영되었다. 이동영사대의 상영회수는 1946년 당시 444회에 달했다. 이동영사대는 지역, 농촌 뿐만 아니라 광산, 공장 등과 같은 직장에도 방문하여 상시 영화를 상영하였다.

---

41 이명자, 「미·소 군정기(1945~1948) 서울과 평양의 극장연구」, 『통일과 평화』 1-2, 서울대학교 통일평화연구원), 206~207쪽.

4. 국립극장에 대한 열망과 시대적 반향

1) 남한

국립극장 설립에 대한 논의가 구체적으로 시작된 것은 1946년부터이다. 국립극장 설치는 이서향의 문제제기로 인해 공식적으로 공론화되었다. 국립극장 설립 건은 예술인 뿐만 아니라 언론인 역시 적극적으로 요구하고 나섰고 미군정도 긍정적으로 추진하고자 하였다. 당시 예술인과 언론인들은 해방 후 서양영화가 극장을 점령하고, 비속한 연극, 흥행물만이 공연되고 있는 현실을 비판하였다.[42] 실제로 동아일보사를 비롯한 8개의 신문사 간부들이 예술단체들과 뜻을 같이하여 '국립극장 조기 설립을 촉구하는 건의문'을 경기도 적산관리과와 러치장관, 그리고 공보국장에게 전달하였다. 예술단체와 신문사 간부들 그리고 군정청 문화부 교화과의 노력으로 같은 해 6월에는 국립극장을 국제극장으로 지정하고 발족시키는 데 대한 민정정관의 결제까지 이루어졌다. 하지만 국립극장 조기 설립에 대한 기대는 곧 무너지게 되었다. 경기도지사 앤더슨이 국제극장을 공개입찰에 붙인다고 발표하고 실제로 공개입찰에 붙였다. 이에 대해 서항석은 글에서 다음과 같이 회고하였다.

> "경기도지사 앤더슨이 군정청의 내정은 자기의 領分을 침해한 것이라고 불쾌하게 생각했던지, 재빠르게 국제극장을 공개입찰에 붙인다고 발표해서 군정청에 맞섰다. 이렇게 되고 보니, 나는 공개입찰에 응할밖에 없었다."[43]

---

42 "8·15 이후 조선의 각 극장은 양화가 아니면 비속한 유생성을 띤 연극이나 흥행물만 공연 식히고 있는 경향을 보이고 있어 진정한 민족적인 또는 예술다운 예술의 발전을 조해하고 있는 형편으로...(하략)" 《조선일보》, 〈국립극장 창설을 추진/민족적인 예술발전에 큰 기대〉, 1947.11.5.: 이명자, 『신문·잡지·광고로 보는 남북한의 영화·연극·방송 1945~1953』, 민속원, 2014, 114쪽. 재인용.

김동성이 국립극장의 4분의 3을 자신의 영화를 개봉하는데 사용하겠다고 나섰다. 김동성은 미국의 8개 영화사의 독점배급 권리를 가지고 있었다. 서항석은 자신의 글에서 국립극장 설립무산의 책임이 온전히 김동성에게 있다고 비판하였다.[44] 내용은 다음과 같다.

> "그러나 김동성씨는 자기의 주장을 고집하여 양보하지 않았다. 이렇게 되면 국립극장은 발족을 해보았자 유명무실의 허수아비밖에 될 것이 없고, 하나의 웃음거리를 남기는 데 지나지 않을 것이니 여기서 나의 용단이 요청되었다. 국립극장은 국제극장 사용의 포기를 선언했다. 이에 따라 김동성씨의 영화개봉관 운운도 그만 흐지부지되고 말았다. 이렇게 하여 미군정하의 국립극장은 결국 유산되고 만 것이다."[45]

그동안 협의해 오던 러치 장관의 사망 또한 국립극장 설립의 발목을 잡았다. 신군정장관의 취임과 재협의 등을 거치며 국립극장 설립은 계속 미뤄졌다. 국립극장 장소로 추진되던 국제극장마저 서울시로 넘어갔다. 국제극장은 이후 '시공관(市公館)'으로 개칭되었다. 시공관은 1936년 일본인 이시바시가 세운 극장으로 국제극장으로 개칭되기 전에는 메이지자로 불리웠다. 해방 전까지 주로 일본영화를 상영하였다. 서울시로 넘어간 시공관은 극장임과 동시에 시민들의 집회장소로 활용되었다.

국립극장에 대한 예술인들의 요구와 갈망의 이유는 다음과 같다.
첫째, 일본인 소유 극장 즉, 적산극장이 예술인들의 뜻대로 국유화되지 못하고 미군정에 의해 입찰의 형태로 친일여부, 당시 필요에 상관없이

---

43 서항석, 「나와 國立劇場 I」, 『극장예술』, 2: 유민영, 『예술경영으로 본 극장사론』, 태학사, 2017, 297쪽. 재인용.

44 유민영, 『예술경영으로 본 극장사론』, 태학사, 2017, 298쪽.

45 서항석, 「나와 國立劇場 I」, 『극장예술』 2: 유민영, 『예술경영으로 본 극장사론』, 태학사, 2017, 298쪽. 재인용.

불하됨으로써 국립극장은 예술인이 예술활동을 할 수 있는 환경조성과 존속을 위한 마지막 보루였다. 둘째, 일방적이고 비합법적 방법으로 밀고 들어오는 미국 영화들의 극장 독점 속에 민족예술, 민족영화를 최소한으로나마 보장 받을 수 있는 방법이었다. 셋째, 일본잔재와 서양 문물에 빠르게 잠식되어 가던 대중의 교양·교육, 문화예술에 대한 지식의 향상을 위한 공공기관이자 장소가 절실히 필요했다. 넷째, 현실적 상황을 고려하지 않은 채 일방적으로 오르는 입장세 또한 예술인들에게 국립극장이 절실한 이유 중 하나였다.[46][47]

예술인들을 비롯한 시대적 열망에도 불구하고 초기 국립극장 설립문제가 대두되었을 때를 제외하고 미군정이 불분명하고 소극적인 태도로 접근한 이유는 다음과 같다. 첫째, 군정 관료들의 이해의 부족이다.[48] 둘째, 국립극장이 정치적인 공간이 될 것을 우려한 조치였다.[49][50] 셋째, 중앙영

---

46 "극장의 입장세가 100% 대폭 인상됨으로써 연극 관객수가 70% 격감되어 공연예술계가 경제적 파탄에 이르게 되었다는 것이 당시 연극계 지도자인 유치진의 전언이었다. 더욱 기막힌 것은 극장 입장세율을 대폭 인상한 이유가 극장이 유흥업소에비해 양심적으로 세금을 더 잘 내기 때문이라는 재무 당국자의 설명이었다." 이상우 외, 『국립극장 70년사: 역사편』, 국립중앙극장, 2020, 61쪽.

47 "1948년 6월 1일부로 발효된 입장세령으로 인해 연극계는 일시에 관객 70%가 격감하는 심대한 타격을 받게 되었기 때문이다." 이상우 외, 『국립극장 70년사: 역사편』, 국립중앙극장, 2020, 60쪽.

48 "문화 및 교육 분야의 전문가들도 인식하지 못한 국립극장 필요성에 대해 군인이었던 군정 관료들이 이해하고 일관된 정책이 가능한 수준으로 수용하는 것은 가능하지 않은 일이었을 것이다." 이길성, 「미군정 시기 국립극장의 논의와 극장의 공공성 담론 연구」, 『사림』 65, 수선사학회, 2018, 261쪽.

49 "하지만 그는 이전 우파 폭력배들이 좌파 연극인에 가한 백색테러에 대한 경험을 들어 국립극장은 정치적인 공간이 될 것이며 사람들을 더 극단적이고 덜 민주적인 정치적 대립으로 이끌고 갈 경향이 있다고 예측하였다." Brief Discussion with Recommendation Regarding Arts and Handcrafts", RG 332, USAFIK, XXIV Corps, G-2, Historical Section, Box No. 64, Police Corruptions, South Korea thru Culture in South Korea: 이길성, 「미군정 시기 국립극장의 논의와 극장의 공공성 담론 연구」, 『사림』 65, 수선사학회, 2018, 258~259쪽. 재인용.

50 "1947년 1월 30일 장택상 경찰청장은 서울 시내 각 흥행장에 "앞으로 민중의 휴식을

화배급사를 통한 미국영화의 아시아 시장 확보, 미국식 생활문화의 주입이 극장정책의 우선 고려 대상이었기 때문이다.[51] 따라서 미군정은 국립극장 설립 문제를 신속히 처리하지 않고 여러 가지 이유를 들어 미루면서 자신들의 문화정책과 이익에 따라 조정·통제하고자 하였다.

이길성은 「미군정 시기 국립극장의 논의와 극장의 공공성 담론 연구」에서 국립극장 설립에 대한 미군정의 태도를 다음과 같이 분석하였다.

> "1946년 초 국립극장과 관련된 계획에 대해 우호적이었던 미군정이 왜 회의적인 태도를 보였는지에 대해서는 의문이지만 결과적으로 계속 승인을 거부하면서 국립극장의 필요성에 대해 재고했던 것은 사실이다. 국립극장 건립 추진과 더불어 벌어진 일련의 사건들을 통해서 이러한 태도 변화를 유추해본다면 하나는 중앙영화배급사(이후 중배)와의 연관이고 또 하나는 좌우익간의 갈등이 격화되면서 좌익적 정채색이 강했던 문화단체와의 협력에 대한 거부감으로 볼 수 있다."[52]

1948년, 남한의 단독정부 수립이후 국립극장 설립문제도 활발히 재논의 되었다. 문교부의 흥행허가권 인수로 국립극장 설립을 위한 법적 토대가 갖추어졌다. 문교부는 1948년 12월 아래와 같이 「국립극장 설치령」을 작성하여 국무회의에 제출함으로써 국립국장 설립을 공식화하였다.

목적하는 오락 이회 정치나 기타 선전을 일삼아 정치교란을 양성(釀成)하는 자는 포고령 위반으로 엄형에 처한다."고 고시했다." 김려실, 『문화냉전: 미국의 공보선전과 주한미공보원 영화』, 현실문화연구, 2019, 44쪽.

51 "남북에 진주한 미·소 양국은 이미 유럽에서 실험한 근대화 정책 및 자국의 문화정책을 한반도에서 실험하고자 했다. 이들은 한반도에서 자국의 이익을 영속화하는데 문화의 중요성을 인식하고 있었고 영화를 그 핵심적 기제로 삼았다." 이명자, 「미·소 군정기(1945~1948) 서울과 평양의 극장연구」,「통일과 평화」 1-2, 서울대학교 통일평화연구원, 200쪽.

52 이길성, 「미군정 시기 국립극장의 논의와 극장의 공공성 담론 연구」, 『사림』 65, 수선사학회, 2018, 257쪽.

국립극장 설치령(대통령령 제47호, 1949.1.12.)

제1조 민족예술의 발전과 연극문화의 향상을 도모하여 국제문화의 교
　　　류촉진하기 위하여 국립극장을 설치한다.

제2조 국립극장은 문교부에서 직할한다.

제3조 국립극장에 운영위원회를 둔다.

　　　운영위원회는 국립극장의 운영의 기본방침에 관하여 문교부 장
　　　관의 자문에 응한다.

　　　운영위원회는 위원장 1인과 위원 9인 이내로써 구성한다.

　　　위원장에는 문교부 장관이 되고 위원은 문교부, 내무부, 공보처
　　　에서 각 1인과 민간예술인 중에서 문교부 장관에 임명한다.

제4조 운영위원회의 위원의 임기는 1년으로 한다. 단 연임할 수 있다.

제5조 국립극장에 국립극장장을 둔다.

　　　국립극장장은 국립극장 운영위원회의 추천에 의하여 문교부 장
　　　관이 임명한다. 국립극장장은 국립극장 운영에 관한 일체 사무를
　　　관장한다.

제6조 국립극장은 연극단 이외에 교향음악단 합창단 가극단 및 무용단
　　　을 가질 수 있다.

제7조 국립극장은 연극인을 양성하기 위하여 연구소 또는 양성기관을
　　　설치할 수 있다.

제8조 국립극장의 공연은 귀속재단인 극장 또는 기타 적당한 건물 중에
　　　서 정부가 이를 지정한다.

제9조 국립극장 운영에 관한 규정은 따로 정한다.

부　칙

본령은 공포한 날로부터 시행한다.[53]

그러나 국립극장 설립은 곧바로 이행되지 못하였다. 1949년 1월 3일
국무총리의 결재를 거쳐 문교부는 국립극장 장소를 시공관으로 양도해

---

[53] 이상우 외, 『국립극장 70년사: 역사편』, 국립중앙극장, 2020, 65~66쪽.

줄 것을 서울시에 요청하였다. 그러나 국립극장 설립은 또다시 미뤄졌다. 왜냐하면, 서울시가 대통령과 국무총리에게 진정서를 제출하는 등과 같이 문교부의 요청에 응하지 않았다. 국립극장 설립은 또다시 문교부와 서울시의 공방으로 1여년간이나 미뤄졌다. 또한 시공관이 무대공연예술에는 맞지 않는 영화관시설을 갖춘 장소라는 점을 들어 연극계는 부민관을 국립극장으로 지정해 줄 것을 지속적으로 건의하였다. 이에 따라 서울시를 다시 설득해야 했다. 예산의 문제도 있었다. 당시 부민관은 미군들의 오락장으로 쓰였던 곳이라 무대와 무대장치들이 파손·유실된 상태였다. 이를 고쳐 국립극장의 쓸 수 있도록 하자면 많은 재원이 필요했다. 그러나 당시 정부의 경제적 토대가 충분치 않았음은 물론 국립극장 관련 예산은 특별회계로 들어가 있었다. 따라서 더더욱 재원 마련이 만만치 않았다. 최초에 국립극장은 서울, 대구, 부산에 설립할 예정이었으나 뒤늦게 통과된 정부조직법에서 서울에만 설립하는 것으로 하였다. 이러한 결정은 이후 지방문화예술이 성장하지 못했던 요인 중 하나가 되었다.

예술인들 중 일부는 정부 문화정책의 부재를 이유로 들며 국립극장 설립이 그동안 답보상태를 지속한 책임을 정부에 돌렸다. 다음은 극작가 진우촌(秦雨村)의 글이다.

> "(…전략…) 연극운동이 침체한 그 원인을 일반은 시국에 돌리고 정부의 문화정책이 서지 않았기 때문이라 하고 악질 극장주를 나무라고 있다. 그럴 수도 있는 것이다. 정부에서는 공문서만 한동안 발표하였고 국립극장 문제도 흐지부지 세금 10할도 여전히 계속한다. 극장은 모리에 급급할 뿐, 그러나 그 모든 문제가 신극운동에 난관이고 장해는 될지언정 이렇게까지 운명이 중단되지는 않았을 것이다. 운운."[54]

---

54 진우촌, 〈演劇漫筆特히 文檀에 보내는 글〉, 《조선일보》, 1949.8.29.~30: 유민영, 『예술경영으로 본 극장사론』, 태학사, 2017, 301쪽. 재인용.

1950년, 국립극장은 극장장 유치진 취임과 함께 발족하였다. 같은 해 1월 19일에는 직속협의기구로서 신극협의회가 발족되었다. 전속극단으로 신협과 극협이 꾸려졌다. 4월 26일에는 「국립극장 설치법」, 「동 극장 특별회계법」이 국회본회의에서 통과되어 국립극장의 위상에 걸맞는 무대장치와 설비를 비롯하여 내부수리를 통해 국립극장의 면모를 갖추어 갔다.

국립극장 최초의 전속극단의 발족을 통해 알 수 있듯이 초기 국립극장은 연극계가 주도하여 운영되었다. 당시 연극계의 활동규모가 다른 예술분야에 비해 크고 활발하였으며 따라서 이들의 현실적 영향력이 컸던 것은 사실이다. 하지만 국립극장 설립을 위해 해방직후부터 국립극장 설립운동에 동참해 왔던 무용가동맹, 음악가동맹, 국악원 등과 같은 예술단체가 초기 국립극장 운영에서 제외되면서 연극계가 다른 예술분야에 비해 비대해지는 결과를 낳았다. 또다시 예술계는 균형을 잃게 되었다. 이러한 결과는 국립극장의 설립의 당위성을 설명하면서 주장했던 '민족문화수립'과는 거리가 있었다.

"그럼으로 國立劇場은 大統領令에 依據하여 優秀한 藝術家를 登庸하고 專屬 劇團 交響樂團 唱劇團 歌劇團 合唱團 舞踊團을 두어 使命達成의 尖兵으로 세우고 아울러 素養 있는 新人은 길러 悠久한 文化史 創造에 이바지하게됨과 同時에 藝術을 通한 敎化로서 이 나라의 民衆에게 마음의 糧食을 供給하고 社會의 福祉를 增進시키랴는 것입니다. 바란건대 市民 여러분은 새 바다로 들어선 이 심받트의 배를 運航하는 우리들에게 星占者가 되어주시고 羅針盤이 되어주시고 또한 단골의 乘客이 되어주시기를……(끝)   (유치진, 「관객 여러분께」, 『국립극장』, 1950. 32쪽.)"[55]

---

55 전지니, 「선전지『국립극장』을 통해 본 국립극장의 탄생」, 『근대서지』 21, 근대서지학회, 2020, 971쪽.

2) 북한

북한의 국립극장은 1947년 1월 9일 북조선임시인민위원회의 「국립극장 설치에 관한 건」에 따라 같은 해 5월 1946년 5월에 설립된 중앙예술공작단을 모체로 설립되었다. 북한에서는 국립극장의 설립[56]과 함께 같은 해 황북도립예술극장, 평남도립예술극장 외 도립극장과 직능단체 예술단이 설립되었다. 또한 평안도모란봉예술단, 조선인민군협주단 등과 같은 중앙예술단체 외에도 단위별, 직업별 전문예술단체를 설립하는 한편 이동예술대, 수천개의 아마추어 써클 등을 조직하여 문화예술환경을 조성해 나갔다. 이에 대해 이재명은 당시 북한의 '연극 장려책'과 연결지어 "대다수 민중들에게 쉽게 접근할 수 있는 장점을 지닌 공연예술이 그들의 사회주의 이념을 선전 선동하는데에 가장 효과적인 방편임을 북한의 지도층이 간파했기 때문일 것이다"[57]라고 평가하였다. 북한에서는 국립극장의 설립에 뒤이어 '국립' 극장들이 분야별로 세분화되어 설립되었는데 대표적으로 1948년에 설립된 국립예술극장[58]이 있다. 1948년 이전 국립가극장도 설립되었다. 그러나 현재 정확한 창립일은 확인되지 않는다. 국립가극장에서는 '심청전', '견우직녀', '춘향'과 같은 당시대를 대표하는 가극들이 공연되었다.

동가극장에서는 프로를 보아도 알 수 있는바와 같이 동가극장 창립이래의 발표작품인 삼대작을 내놓을 계획이며 이 십대작을 통해 동가극장

---

56 「10년을 돌이켜 보며 - 국립극장의 10년」, 『조선예술』, 조선예술출판사, 1957년 1호, 10~14쪽.

57 이재명, 「해방기 북한 국립극장의 공연작 연구」, 『우리말연구』 65, 우리말글학회, 2015, 298~299쪽.

58 「10년을 돌이켜 보며 - 국립예술극장 창립 10주년을 맞으며: 생활의 격류 속으로!」, 『조선예술』, 조선예술출판사, 1958년 3호, 103쪽.

의 발전과정을 과시할 의도를 가지고 있는 것이다...(중략)...그의 프로
는 다음과 같다.

▶ 심청전

▶ 견우직녀

▶ 춘향

〈국립가극장에서도 호화로운 환송공연〉, 《투사신문》, 1948.10.15.

뒤이어 국립민족예술극장, 국립아동예술극장, 국립곡예극장 등이 설립
되었다. 북한의 국립극장이 남한에 비해 조기에 설립됨으로써 첫째, 국립
극장이라는 국가 차원의 문화예술 기관을 기반으로 극장·예술 조직을 조
기에 체계화, 통합화함으로써 북한 정권 수립 이후 북한의 사회주의 체제
를 선전하고 인민대중을 사회주의 체제로 선동하는데 효과적으로 활용할
수 있었으며 둘째, '국립'이라는 단어가 갖는 당시의 의미와 대표성으로
남한의 예술계 인재들이 월북을 결정하는 중요한 요소가 되었다. 이에
따라 북한은 부족했던 예술계 인재 문제를 해결하고 단기간에 남한을 앞
지르는 문화예술환경을 조성하였다. 셋째, 국가에 의해 설립되고 운영되
는 대중의 예술향유 공간이자 동시에 교육·계몽의 공간이라는 상징성은
과거 전통국가와 식민지 시대 내내 국가가 제공하는 공간, 국가에 의해
관리되는 공간, 향유를 위해 조직된 공간에서 소외되어 있던 인민대중을
심리를 체제로 결집시켰다.

1947년 2월 6일에는 '북조선국립영화촬영소'가 설립되었다. 북조선국
립영화촬영소는 1946년 1월 설립된 '북조선영화제작소'를 모체로 규모,
설비 등을 대대적으로 확대·발전시켰다. 한 것이었다. 북조선영화제작소
설립 때와 마찬가지로 북조선국립영화촬영소 역시 소련의 지원하에 소련
에서 저렴한 가격에 영화제작에 필요한 자재와 기재가 도입되었다. 뿐만
아니라 소련에서 영화 관련 전문가들이 북한에 파견되어 도입된 자재와

기재의 사용방법은 물론 각종 영화제작에 필요한 전문기술과 지식들을 전수하였다. 북조선국립영화촬영소의 설립은 첫째, 기존의 열악한 제작 환경에서 벗어나 북한 자체적으로 영화를 제작할 수 있는 설비와 기술을 가진 최초의 기관이었다는 점에서, 둘째, 영화제작소로서 본래의 기능과 역할 뿐만 아니라 국립극장과 같은 시대적 상징으로서 셋째, 북조선국립 영화촬영소를 통해 생산할 수 있는 영화의 양적, 질적 발전이 종전과 비교도 되지 않음은 물론 이를 통해 영화 제작과 상영에서 새로운 패러다임이 형성될 수 있었다는 점에서 국립극장과 더불어 북한의 극장현실과 발전에 큰 영향을 미쳤다.

5. 결 론

극장은 '극을 공연하는 공간'이라는 사전적 의미 외에 영화관, 무대예술작품 공연을 위한 공간, 집회장 등과 같은 다원적 의미를 지니고 있다. 극장의 기능과 역할은 '극장'이라는 단어적 의미보다 확장된다. 극장은 연극, 무용, 음악, 종합무대예술, 집회장, 연회장의 기능과 역할은 물론 저항의 공간, 결속의 공간, 도모의 공간이었다.

최초 조선의 근대극장이자 실내극장은 협률사이다. 그러나 협률사가 '최초'이냐에 대한 연구자들의 공방이 있어 왔다. 이에 본 연구자는 해방 전 근대극장 현황과 특징을 분석함에 앞서 협률사에 대한 논란을 정리해 보았다. 내용은 다음과 같다. 첫째, 희대와 협률사는 이칭으로 명명할 수 없으며 별개의 기관이다. 둘째, 희대와 협률사는 최초의 실내극장이 아니었다. 서울 최초의 실내극장이자 관립극장으로 정리할 수 있다. 셋째, 협률사(協律社)는 협률사(協律司)와는 다른 기관이다. 協律社는 설립초기부터 戲臺會社로 인식되어 왔다. 協律司는 궁중 내 음악과 무용에 관한 일을 담당했던 장악원(掌樂院)이 1897년 대한제국 선포와 함께 교방사(教坊司)로 명칭이 바뀌었는데 교방사의 이칭이었다. 즉, 협률사는 궁중 내 음악과 무용에 관한 일을 담당하는 기관이었다고 정리해 볼 수 있다.

희대와 협률사 이후 조선에는 사설극장이자 상업극장이 등장하였다. 사설·상업극장은 식민 조선에서 '근대'의 일환으로 전개된 도시화·상업화와 함께 수적, 질적으로 빠르게 성장해 갔다. 당시 사설·상업극장은 공연장이자 영화관으로 활용되었다. 그러나 1920년대 이후 문화와 예술이 '자본'의 매커니즘 속에 '산업화'되면서 극장은 많은 수익을 낼 수 있는 영화관으로서의 역할이 확대되었다.

사설·상업극장은 극장주들이 봉건사회, 전통사회를 벗어나 근대적, 자본주의적 개념으로 접근한 사업체로서도 의미를 갖는다. 또한 조선인들의 근대적 사회를 경험할 수 있는 공간임과 동시에 다양한 욕구가 분출되고 수용되는 공간이자 예술적으로는 다양한 시도가 이루어지는 공간이었다. 당시 조선인들에 의해 설립·운영된 사설·상업극장으로는 관인구락부(官人俱樂部), 원각사(圓覺社), 광무대(光武臺), 연흥사(演興社), 단성사(團成社), 장안사(長安社), 우미관(優美館), 조선극장(朝鮮劇場) 등이 있다.

1930년대에 등장한 동양극장과 부민관은 최신시설을 갖춘 극장이었다. 동양극장은 연극전문극장으로 1935년에 세워졌다. 당시 경성부(京城府)에 의해 설립된 부민관은 1935년에 개관하였다. 대강당, 중강당, 소강당을 갖춘 대형 극장이었다. 부민관은 최신시설과 넓은 규모로 예술인들에게 환영 받았다. 그러나 관립극장이라는 특성상 친일어용극 또는 관제행사에 사용되어 반민족적 공간으로 인식되었다.

식민 조선에서 일본의 주도로 제정된 문화관련 법률들은 극장의 검열과 통제를 위해 활용되었다. 식민 조선에서 일본이 전개한 문화정책의 주된 내용은 다음과 같다. 첫째, 민족의식을 고취하는 형식의 극장예술이 정착하는 것을 견제하였다. 둘째, 문화예술의 검열과 통제로 인한 빈공간에 일본 문화·예술을 이식하고자 하였다. 셋째, 극장이 저항의 공간이자 해방을 도모하는 공간으로 활용되는 것을 철저히 차단하고자 하였다. 구체적인 법률과 내용은 다음과 같다. 1910년 부산이사청령 제2호「흥행취체규칙」을 시작으로 1912년 3월에는 조선총독부법령 제40호「경찰범처벌규칙」, 1922년 2월 평안남도 도령 제2호「흥행취체규칙」, 1922년 4월 25일 일본 법규인「흥행장급흥행취체규칙」, 조선총독부 경기도 훈령 제11호「흥행장급흥행취체규칙취급심득」, 1922년 8월 충청북도 도령 제12호「흥행취체규칙」, 1927년 5월 6일 조선총독부 경기도령 제9호「흥행장급흥행취체규칙」 등이 제·개정 되어 초창기 극장 안 행위자에 대한 처벌에서 점차 범위를 확대하고 구체화하였다. 1926년 7월 5일 공포하고 8월 1일부터 시행된, 조선총독부령 제59호「활동사진필름검열규칙」은 일본 법규가 아니라 우리나라에서 별도로 제정된 극장에 관한 최초의 법률이다. 이 법률을 통해 영화관에 대한 관리가 중앙으로 이관되고 '임검'이 명문화되었다. 1940년에는 조선총독부제령 제1호「조선영화령」, 조선총독부령 제181호「조선영화령시행규칙」 등이 제정·공포되었다. 이 법률은 영화제작업, 영화제작사전신고, 외국영화 배급 제한, 영화수출의 검열, 영화흥행의 검열, 국책영화에 대한 의무 상영에 관한 내용 등을 담고 있다.

해방 후 신탁통치로 인해 남측에 주둔한 미군정은 일본의 검열과 통제를 거의 그대로 활용하여 예술인들의 반감을 키웠다. 이에 반해 북측에 주둔한 소군정은 해방 후 비교적 많은 권한을 북한에 이양하였다. 남한에서 과도하게 인상된 입장세는 극장이 상업적으로만 운영되고 문화발전과는 멀어지는 계기가 되었다. 당시 일부 남한의 예술인들은 법령 제193호에 의해 결정된 극장 입장세 100%인상에 월북을 감행하기도 하였다. 이에 비해 북한은 시 소재 극장은 80%, 이 외 지역소재 극장은 15%로 차등 적용하였다.

남한과 북한의 문화시설을 이용에 대한 세금제도가 달랐던 것은 다음과 같은 이유였다. 남한정권과 미군정의 경우 극장의 설립과 운영을 자본주의적으로 해석하였다. 따라서 극장을 고수익 공간으로 인식하고 유흥장 즉, 술집, 요릿집, 도박장보다 높은 세율을 적용하였다. 이는 당시 조선의 정치적·경제적·사회적 특수한 상황을 고려하지 않은 정책이었다. 북한정권과 소군정의 경우 극장을 사회주의 체제의 선전·홍보를 위한 효과적인 공간으로 인식하였다. 북한은 경제적 여력이 상대적으로 높은 대도시와 이 외 지역에 부과하는 입장세에 차등을 둠으로써 인민대중의 극장 접근성을 제고하였다. 이동예술대가 지역과 농촌 등을 중심으로 전국적으로, 또한 매우 적극적으로 운영된 것과 같은 맥락이다.

해방 후 남한에서 극장에 대한 접근방식은 두 가지로 나뉘었다. 하나는 기존의 일본인 소유 극장을 국유화하는 것이고 다른 하나는 국립극장의 설립이었다. 일본인 소유 극장을 국유화하고 예술인들이 운영하는 안이 미군정의 문화정책과 무관심에 의해 무산되자 최후의 보루로 국립극장 설립을 주장한 측면도 있다. 그러나 두 가지 모두 조기에 관철되지 못하고 해방 후 문화정책이 예술환경과 예술인, 나아가 대중들을 위해 작동하지 못하는 결과를 낳았다. 이유는 다음과 같다. 첫째, 미군정은 한국사회를 잘 이해하지 못했다. 다른 한편으로는 자본주의식 경제논리를 그대로 극장정책에도 적용하였다. 이로 인해 해방 직후 예술인들에 의해 적극적으로 건의되었던 극장의 국유화는 무산되었다. 국립극장설립 역시 조기에 해결되지 못하고 미루어졌다. 일제시대 기득권들이 그대로 문화 기득권으로 이어졌다. 극장은 예술인들과 대중들을 위한 것이 되지 못했다. 기존 권력의 돈벌이 수단으로 이용되었다. 당시 언론들과 예술인 단체들은 식민지 시기와 별반 다르지 않다는 평가를 하였다. 예술인들은 국가정책의 혜택을 받지 못했다. 주체적으로 예술정책 결정에 참여할 수도 없었다. 이런 상태에서 대중들은 편향된 문화예술 환경에서 정치적으로 제공되는, 또는 질이 보장되지 않는 예술작품을 향유할 수밖에 없었다. 이마저도 일부 계층에 한정되어 있었다. 둘째, 식민지 시기 일제에 복무했던 권력과 인물이 청산되지 않고 해방 후에도 정치·경제·사회 전반에서 권력을 행사하면서 극장 역시 사익추구·권력유지의 수단으로 활용되었다. 불운도 겹쳤다. 초기 협상해 오던 러치 장군이 협장과정에서 사망하였고 경기도지사 앤더슨은 군정청이 국제극장을 국립극장으로 내정하자 이에 반발하여 공개입찰에 붙였다. 남한에서 국립극장은 북한보다 3년이나 늦은 1950년에야 설립되었다. 그나마도 처음 서울, 대구, 부산이었다가 최종적으로는 서울 한곳의 설립이 국회에서 결정되었다.

북한은 1946년 모든 부문의 국가시설에 대한 국유화를 발표했다. 따라서 당시 북한 내 일본국가, 일본인 사인·법인, 친일파들의 극장은 모두 국유화되었다. 예술인을 비롯한 대중들은 이러한 조치를 환영하였다. 뒤이어 1947년 국립극장이 설립되었다. 북한의 국립극장 조기 설립은 다음과 같은 의의를 갖는다. 첫째, 국립극장이라는 국가 차원의 문화예술 기관을 기반으로 극장·예술 조직을 조기에 체계화, 통합화함으로써 북한 정권 수립 이후 북한의 사회주의 체제를 선전하고 인민대중을 사회주의 체제로 선동하는데 효과적으로 활용할 수 있었으며 둘째, '국립'이라는 단어가 갖는 당시의 의미와 대표성으로 남한의 예술계 인재들이 월북을 결정하는 중요한 요소가 되었다. 이에 따라 북한은 부족했던 예술계 인재 문제를 해결하고 단기간에 남한을 앞지르는 문화예술환경을 조성하고 급격히 문화예술이 발전하게 되었다. 셋째, 국가에 의해 설립되고 운영되는 대중의 예술향유 공간이자 동시에 교육·계몽의 공간이라는 상징성은 과거 전통국가와 식민지 시대 내내 국가가 제공하는 공간, 국가에 의해 관리되는 공간, 향유를 위해 조직된 공간에서 소외되어 있던 인민대중을 심리를 체제로 결집시켰다.

남북에 작동하는 문화 검열

전영선

1. 검열, 참을 수 없는 권력의 유혹

검열은 동서고금을 막론하고 작동하는 사회적 통제의 수단이다. 정치적으로 통제하는 직접적인 방식도 있고, 도덕이나 윤리의 이름으로 작동하는 간접적인 방식도 있다. 검열의 일차적 방법은 금지이다. 어느 사회이든 당대 사회가 지향하는 가치를 저해한다는 이유로 법률이나 명령 같은 제도적 장치를 비롯하여 문화적인 검열을 통해 통제하려고 하였다.

검열은 두 방향으로 작동한다. 하나는 책이나 작품을 금지하는 것이고, 다른 하나는 사람을 금지하는 것이다. 분서갱유(焚書坑儒)는 검열의 극단적 형태로 나타났을 뿐 역사적으로 검열에 대한 강박 혹은 유혹은 기득권을 유지하기 위한 유용한 정치 수단이었다. 사회에 미치는 영향이 결코 작지 않기 때문에 사전에 차단하였고, 통제의 위력을 보여주기 위한 차원에서 검열이 이루어졌다.

책을 금지하거나 작품을 금지하는 것은 오래되었다. 인류의 역사에 수

많은 책과 글이 '금서' 또는 금지되었다. 동서고금을 막론하고 정권이나 교육기관, 또는 종교단체는 유해한 것으로 판단되는 도서의 생산과 유통, 독서를 금지하여왔다.[1] 진시황은 의서(醫書), 복서(卜書), 농서(農書) 등의 실용서를 제외한 모든 서적을 불태우고, 학자들을 묻었다. 서양에서도 단체의『신곡』, 보카치오의『데카메론』, 코페르니쿠스의 지동설을 담은『천체의 회전에 관해』등이 금서의 목록에 올랐다.

금서[2]의 기준은 시대를 막론하고 두 가지였다. 정치와 윤리였다. 정치가 어지러워지면 앞날을 예측하는 도서들이 나왔다. 도참서(圖讖書)나 미래의 비밀이 담겼다고 하는 비기(祕記)들은 피지배 계층에게는 희망이었고, 권력자들에게는 불안의 징조였다. 불안감에 편승한 도서들이 새로운 변화를 일으킬지에 대해 우려하였다. 조선 중기에 나온 이후 민간에서 성행하였던『정감록(鄭鑑錄)』은 오늘날 현실 정치에서도 선거철이 되면 회자되는 것을 보면 민심을 잃을까 걱정한 권력자들의 속내를 읽을 수 있다. 정치세력은 민심을 어지럽힌다는 명분으로 도서를 불태우고, 사람들을 잡아들였다. 때로는 위태로운 정치를 풀어보고자 설(說)을 만들기도 하였다. 반대로 정통성을 위배한다거나 혹세무민(惑世誣民), 국기문란(國紀紊亂)의 명분을 동원하기도 하였다. 현대 사회에서 유언비어, 국가정보 유출 등의 명분으로 바뀌었을 뿐이다.

우리 나라에서도 출판물에 대한 금지는 상당한 역사를 갖고 있다. 중앙집권의 정치제도가 마련된 이후 삼국시대를 거쳐, 고려, 조선시대에 이르

1　김상호,「한국의 도서심의제도에 관한 고찰」,『서지학연구』32, 한국서지학회, 2005, 163쪽.

2　김길연,「한국 금서의 시대별 양상 연구」, 서경대학교 박사학위논문, 2013, 1쪽: "'금서'의 사전적 정의는 '출판이나 판매 또는 독서를 법적으로 금지한 책'이라고 되어 있어 '책'만 포함될 것 같으나 그렇지 않다. '글'도 금서의 범위에 포함시켜 다루는 것이 관행이다."

기까지 당대 사회의 가치에 반하는 출판물이나 글을 금지하였다. 성리학이 절대적 가치 기준이었던 조선시대에는 성리학의 가치에 위배되는 내용을 담은 도서들은 이단(異端)이었다. 참서(讖書), 노장(老莊) 관련 서적, 불교서적이 금지되었다. 개화기에는 천주교나 개신교와 관련한 서적이 금지되었다.

검열은 단지 지나간 역사의 기록이 아니다. 검열은 지금도 여전하다. 남북에서 검열은 시대상을 반영하며 당대의 윤리와 가치의 기준을 보여준다. 검열에 대한 기준과 적용은 곧 당대 사회의 윤리 척도이자 정치적 반향이었다. 다만 검열이라는 이름과 방식이 세련되었을 뿐이다. 사회적 통제 수단으로서 검열이 작동하지만 '검열'이라는 용어보다는 심의, 등급제, 윤리라는 용어를 더 많이 활용하였다. 검열이 주는 부정적 의미가 크기 때문이다.[3]

정치적이고 사법적인 의미의 '검열'이 갖는 부정적인 이미지를 피하고자 '윤리', '도덕', '심의', '등급', '보호', '진흥' 등의 용어를 사용하였다. 실제로 출판물에 대한 규제가 한국간행물윤리위원회를 통해서 이루어지듯이 음반이나 영상물, 방송에 대한 규제는 윤리, 심의라는 이름으로 작동한다. 문화예술에 대한 검열은 1966년에 한국예술문화윤리위원회가 설립되면서 시작되었다. 한국예술문화윤리위원회는 1976년에 한국공연윤리위원회로 다시 1997년에 한국공연예술진흥협의회로 1999년부터는 영상물등급위원회로 명칭을 바꾸었다.

문화 검열은 통제 일변도로 진행하지 않는다. 반대급부도 있다. 혜택

---

3 최한준, 「우리나라 영화사전심의제도 변천의 법적 고찰」, 『경영법률』 22(4), 한국경영법률학회, 2012, 432쪽: "영화의 상영규제와 관련하여 주로 사용되는 '검열'이라는 용어는 이미 가치판단의 결과물로서 부정적인 의미가 들어 있으므로, 넓은 의미의 '사전심의'라는 중립적 용어를 사용하였는데, 영화사전심의는 사전허가, 사전검열, 등급분류제 등의 영화에 대한 내용규제를 총칭하는 개념으로도 의미가 있다."

을 주기도 한다. '우수도서', '건전가요' 등으로 지정하여 지원도 한다. 문화산업과 관련해서 사전 심의는 관련 분야의 진흥법에 의건한 경우도 많다. 벌칙과 지원은 문화적 통제를 위한 수단이었다. 이런 점에서 검열은 곧 그 사회의 정치권력이 사회와 문화를 어떻게 통제했는지를 보여주는 바로미터이다.

2. 일제강점과 근대적 검열제도의 도입

한반도에서 근대적 의미의 검열체계가 작동하기 시작한 것은 일제의 한반도 침략과 관련된다. 일본은 한반도 지배의 야욕을 품고 1904년 光武 8년 2월 6일 선전포고를 하면서 대한제국의 땅에서 '노·일전쟁'을 일으켰고, 전쟁에서 승리하자, 대한제국 정부를 위협하여 그 해 2월 23일 전문 6조로 된 韓日議定書를 강제로 조인했다.[4] 일제의 식민지 지배가 강화되면서부터 민족문화를 억누르고자 하였다.

대한제국에서 간행되는 모든 출판간행물에 대한 검열을 강화하였다. 민족운동을 탄압하기 위한 목적으로 도서에 대한 검열을 강화하기 시작하였다. '1905년에 10개소의 이사청을 두고, 경무청 내에 경찰국에서 정사(政事) 및 풍속에 관한 출판물 그리고 집회 결사에 관한 사항'을 취급하였다.[5] 출판물에 대한 통제를 경찰에 맡긴 것이다. 이후 신문, 교과사, 출판과 관련한 세칙을 만들면서 법률로서 통제하였다.

일제는 친일 이완용 내각을 앞세워 1907년(광무(光武) 11년) 7월 24일에 「광무신문지법(光武新聞紙法)」을 대한제국 법률 제1호로 제정하였다.

---

4 전영표, 『한국출판론: 출판·잡지·교과서·저작권 연구』, 대광문화사, 1987, 92쪽.
5 김길연, 「한국 금서의 시대별 양상 연구」, 서경대학교 박사학위논문, 2013, 59쪽.

「광무신문지법」은 우리의 모든 언론을 일본의 통제하에 두기 위한 법률이었다. 2년 후인 1909년 2월 23일에 법률 제6호로 「출판법(出版法)」을 별도 제정하였다. 「출판법」은 허가 없는 인쇄나 출판에 대한 형벌을 강화하는 법률이었다.[6]

이후로도 언론에 대한 통제는 더욱 심해졌다. 일제의 민족말살 정책에 저항한 민족주의 운동이 본격적으로 시작되면서, 일제의 언론, 출판에 대한 통제도 강화되었다. 특히 역사와 관련있거나 민족정신과 관련된 출판물에 대한 규제를 강화하였다. 일제는 1910년 11월까지 50여 편의 도서를 금지도서인 '발금도서'로 분류하여 금지하였다. 역사, 지리, 국어 교과서를 중심으로 130여 권의 교과서에 대한 검인정을 불허하거나 보류하였다. 금서로 지정된 도서는 불 태워 없애거나 출판과 판매를 금지하였다. 일제의 식민지 지배에 저해가 될만한 출판물에 대해서는 가차없이 출판이 금지되었다. 금지 서적을 소장했다고 판단되는 곳에 대한 강제 수색이 이어졌다. 책을 소지한 자나 열람한 자에 대해서도 '치안'을 이유로 처벌하였다.

출판물에 대한 통제의 명분은 치안방해였다. 엄격한 처벌 규정을 두고 불응하는 경우에는 압수 및 발행금지 처분을 통해 판매와 유통을 금지하였다. 일제의 강압적인 출판 통제로 1918년 말까지 서적 수색, 압수, 소각을 통해 20만 권이 압수되어 불태워졌다.[7] 1925년에는 한 발 더 나아가 「치안유지법」을 공포하면서, 검열을 강화하였다.[8]

일제의 탄압이 강화되었다는 것은 일제의 식민지 책동에 맞선 저항이

---

6   전영표, 『한국출판론: 출판·잡지·교과서·저작권 연구』, 대광문화사, 1987, 92쪽.
7   김길연, 「한국 금서의 시대별 양상 연구」, 서경대학교 박사학위논문, 2013, 60쪽.
8   김용범·전영선, 「古典小說의 流通構造 연구」, 『仁荷語文研究』 2, 인하어문연구회, 1995, 129쪽.

컸다는 의미였다. 국권 회복을 위한 운동으로서 출판물 제작이 이어졌다. 출판을 통한 국권회복 운동이 가능했던 데에는 출판계의 상황도 작용하였다. 바야흐로 본격적인 출판시대가 시작되었다. 한반도에 근대적인 인쇄기가 도입된 것은 1883년이었다. 신식 인쇄기를 도입하면서 『한성순보』가 발간되었고, 1886년에는 『한성주보』가 발간되었다. 신문시대가 열린 것이다. 하지만 20세기전까지만 해도 인쇄는 고급스러운 문명의 상징이었다. 출판이나 신문은 부자들의 전유물이었다.[9] 신문을 본다는 것은 식자층에 제한된 문화 활동으로 대중적인 현상은 아니었다.

하지만 20세기 인쇄 산업이 본격적으로 시작되면서, 출판은 빠른 속도로 대중으로 확산 되었다. 근대적 인쇄기계의 도입과 함께 양지(洋紙)가 생산되면서, 출판 능력이 급격하게 늘어난 것이 이를 가능하도록 하였다. 일제의 출판에 대한 강화된 검열 속에서 폭발적으로 증가한 인쇄 산업은 대중을 겨냥하여 시장으로 들어왔다. 국권 회복을 위한 운동으로 출판에 주목하였고, 민족계몽 운동의 일환으로 문맹퇴치 운동과 근대 교육 운동이 출판으로 영향력을 높여가고 있었다.

출판을 통한 국권 회복의 움직임에 대해 일제는 '치안유지'를 명분으로 검열을 강화해 나갔던 것이다. 조선어의 교육이 금지되고 조선 사람의 성과 이름이 일본식으로 바꾸었고, 언론에 대한 가혹한 통제로 조선의 민족적인 모든 것이 통제되었다.

광복 이후에는 남과 북으로 갈린 이데올로기를 기준으로 출판과 언론에 대한 통제로 이어졌다. 온전하게 자주적으로 얻어낸 광복이 아니었다.

---

9 전영선, 「文學的 傳統과 媒體變容 硏究」, 『出版雜誌 硏究』 10(1), 출판문화학회, 2002, 149쪽: "1883년에 박문국에서는 신식 인쇄기를 도입하여 인쇄를 시작하였으며, 한성순보를 발간하였다. 이어 1886년에는 한성주보가 발간되면서 본격적인 신문시대를 맞이하게 되었다. 초기 신문을 본다는 것은 그리 대중적인 것은 아니었다."

세계사적인 이데올로기 축소판이었던 한반도에서 이데올로기 대립속에서 검열의 고리를 피할 수 없었다. 일제 강점기의 검열이 내용만 바뀌었을 뿐 광복 이후 그대로 남과 북에서 진행되었다.

검열 대상도 바뀌었다. 급속하게 재편되는 대중문화의 영향에 따라 새로운 분야로 확대되었다. 1920년대 도입된 영화가 본격적인 상업용으로 활용되기 시작하면서 현대적 대중문화의 시대가 열렸다. 이어서 라디오와 텔레비전으로 대표되는 미디어가 등장하였다. 새로운 매체가 등장할 때마다 새로운 검열과 기준이 만들어 졌다.

남한에서는 검열이라는 부정적인 의미를 인식하면서, '심의' 등의 용어를 사용하였다. 국가로서 창작에 간여하지 않는 것처럼 보이고자 하였다. 반면 북한에서는 적극적으로 개입하면서, '시대에 맞는 혁명 문학예술' 창작을 명분으로 국가 주도로 검열이 진행되었다. 국가 개입에 대해서 남한에서는 적극적으로 저항하였다. 반면 북한에서는 국가 주도에 대한 일체의 저항이 직접적으로 표출되지 못하였다. 당에서 제시한 창작과 원칙이 엄격하고 작가, 예술가들이 국가에 소속되어 활동한다는 구조적 특징은 검열에서도 차이를 보이게 되었다.

3. 남한에서 국가검열

1) 출판과 도서에 대한 검열

(1) 광복~1960년대

광복과 함께 일제의 식민지 지배가 끝나고 한반도의 남북에 새로운 정부가 들어섰다. 하지만 일제에 의해 제도화 된 검열은 크게 달라지지 않았다. 새로운 정부는 남과 북의 이데올로기 대립 속에 언론에 대한 통제가 필요하였다. 1907년 7월에 일제에 의해 제정된 「광무신문지법(光武新聞紙法)」과 1909년 2월에 제정된 「출판법(出版法)」은 미군정이 시작된 1945년 10월 30일 발령된 법령 제19호 「신문과 기타 출판물의 등기」를 골자로 한 법으로 바뀌었을 뿐 일제 강점기에 만들어진 「광무신문지법(光武新聞紙法)」이 미군정 기간까지 작동하였다.

1948년 정부 수립 이후에도 반공을 명분으로 출판물에 대한 통제는 여전히 억압적으로 작동하였다. 언론과 출판은 새로운 정부에서는 끊을 수 없는 유혹이었다. 언론과 출판에 대한 검열은 여전하였다.

대한민국 정부 수립 이후 대한민국의 체제 정통성을 부인하는 내용이나 체제전복과 같은 반국가단체 활동을 통제한다는 명분으로 검열이 작동하였다. 해방기에는 좌우의 이데올로기 대립이 어느 때보다 극심했던 시기였다. 광복 직후 출판물은 시대상을 반영하듯 다양한 형태로 출판되었다.

사회주의 계열의 신문과 출판물이 미군정을 비판하자 언론에 대한 통제를 작동하였다. 반정부적인 언론에 대해서는 금지하였고, 불온한 서적에 대해서는 금서로 지정하였다. 조치를 위반한 경우에는 수거하여 불태웠고, 발행금지, 내용 삭제 또는 변경, 유통 및 판매금지, 소지금지, 독서통제 등의 조치가 취해졌다. 1946년 5월 15일 『대동신문』에 대해 3주간 정간처분하였고, 5월 18일에는 『해방일보』를 정간시켰다. 1946년 5월 19일에는 신문과 정기간행물에 대한 허가제를 하면서, 통제가 강화되었다. 1961년에 「출판사 및 인쇄소의 등록에 관한 법률」이 제장되면서 출판물의 등록과 출판의 자유가 크게 제한되었다.[10]

---

10 전영표, 「文化의 21世紀를 위한 出版法制 研究」, 『出版雜誌 研究』 8(1), 출판문화학회, 2000, 8쪽: "현재 출판사와 인쇄소의 등록에 관한 사항만을 규정하고 있는 전문 8조와 부칙으로 구성되어진 '「출판사 및 인쇄소의 등록에 관한 법률'(이하 '출판등록

방송언론이나 출판물에 대한 검열의 기준이 되는 것은 정치적인 것과 미풍양속에 관한 것이다. 가장 강력하게 작동한 검열기준은 정치적인 문제였다. 대한민국의 정통성을 부인하거나 주권을 침해하는 내용, 자유민주주의 체제를 부정하거나 체제전복 활동, 또는 체제전복 활동을 고무하거나 선동하는 내용, 사회질서를 어지럽히는 행위 등이 기준이었다. '5·16 군사정변'으로 박정희 정권이 들어서면서 방송언론에 대한 통제와 함께 출판물에 대한 통제도 강화되었다.

(2) 1970년대

1970년대 이후 검열은 사회과학 출판물에 대한 검열이었다. 세계적으로도 민중사적인 역사 이해와 제3세계에 대한 관심, 자본주의에 대한 비판 풍조가 휩쓸면서 한국에서도 민주화 물결이 넘쳐났다. 위기를 느낀 정부에서는 사회과학 분야의 서적을 '불온서적'이라는 딱지를 붙이고, 금서로 지정하였다. 정부의 통제는 봇물처럼 터져나오는 사회적 요구를 통제할 수 없었다. 금서는 곧 필독서로 받아들여졌고, 오히려 새로운 지식의 공급원으로 역할하였다. 해외 주요 지식인들의 저서가 국내에서 번역되어 지하서적 형태로 출판되었다.

제5공화국이 시작되면서 출판에 대한 통제는 더욱 강화되었다. 정부비판적인 출판물이 유신체제 붕괴에 기여하였다고 생각하였다. '국가보안'을 명준으로 『창작과 비평』, 『문학과지성』, 『씨알의 소리』 등의 진보적 성향의 잡지를 폐간하였다. 「경범죄처벌법」, 「행정절차법」 등을 걸어

법')은 5·16 군사정권에 의해 1961년에 제정, 출판의 등록과 출판의 자유를 규제했던 법이었음을 지적해 둔다. … 특히 이 법은 과거 1909년 2월 23일 일제의 압력에 의해 출판의 검열 수단으로 만들어진 골격을 상당히 지니고 있어, 언론·출판의 자유를 국민의 중요한 기본 권리로 내세우고 있는 오늘의 시점에서는 마땅히 버려야 할 법률이라 보아진다."

서 언론출판 활동을 통제하였다. 「헌법」에서 보장된 언론, 출판의 자유에 대한 통제라는 시각을 의식한 조치였다.

1980년대 들면서도 사회과학 출판물에 대한 통제는 이어졌다. 지나친 통제가 오히려 사회과학 도서에 관심을 촉발한다고 판단하고 1982년 7월 자율화 정책을 추진하면서 사회과학 서적에 대한 통제를 완화하였다. 하지만 오래가지 못하였다. 1986년 5월 1일을 기하여 '이념도서'라는 명분으로 233종을 압수한 것을 비롯하여,[11] 이념도서라는 명분으로 압수와 출판사 대표에 대한 구속 등이 남발하였다. 출판사에 대한 세무사찰도 우회적인 탄압 방법으로 이용되었다. 세무상의 약점을 잡아 출판사에 대해서 경제적인 보복 조치로 이용하였다. "시판중지, 지형과 책 압수, 원고 압수, 작두절단을 비롯하여 장부 일체를 압수해 조사한 뒤 발행인에게 거액의 벌금과 추징금을 부과하여 출판사의 경영에 막대한 타격을 주는 방식이었다."[12] 정치적 탄압의 비판을 피한 경제적 방식이었다.

(3) 1980년대 이후

출판물에 대한 검열은 1980년대 중반으로 지나면서 달라진다. 1987년 6월 항쟁과 '6.29선언'에 이어진 민주화의 요구가 어느 정도 수용되었다. 1987년 10월 19일에 「출판활성화 조치」가 발표되었다. 「출판활성화 조치」에 따라서 박정희 정권부터 판매금지되었던 431종의 도서에 대해서는 실정법에 저촉되지 않은 범위 안에서 판매금지가 해제되었다.

---

11 김길연, 「한국 금서의 시대별 양상 연구」, 서경대학교 박사학위논문, 2013, 32쪽: "1980년 이후, 정권의 서점 탄압도 금서 탄압을 위한 방법이었다. 서점 주인들의 불법 연행과 압수수색, 서적 압수가 1986년 이후 전국 70여 개 서점, 126회나 벌어졌고, 일부는 국가보안법 위반 혐의로 입건되기도 했다. 이때 창작과비평사는 폐간되었고, 1985년에 발행한 부정기간행물 『창작과비평』은 등록 없이 정기간행물을 발행했다는 이유로 출판사 등록도 취소되고 말았다."

12 김길연, 「한국 금서의 시대별 양상 연구」, 서경대학교 박사학위논문, 2013, 132쪽.

노태우 정권이 들어서고 북방정책이 추진되면서 중국, 러시아를 비롯한 사회주의 국가와의 교류가 추진되었다. 북방정책 추진과 대북 개방정책에 따라서 사회주의 서적을 비롯하여 북한 서적과 자료가 학술연구 목적으로 개방되었다.

사회적으로 '북한 바로 알기 운동'이 전개되면서 북한 서적이 음양으로 출판되었다. 1988년에는 서울올림픽을 앞두고 월북작가에 대한 해금조치가 있었다. 1988년 3월 31일 정지용, 김기림에 대한 해금 조치에 이어서 7월 29일 120여 명에 대한 해금조치가 발표되었다. 북한 체제에 적극적으로 협조하였다는 이유로 홍명희, 이기영, 백인준, 조령출, 한설야 등 5명을 제외한 전면 해제였다. 이들 5명은 일년 뒤인 1989년에 해금되었다. 1988년 7·7선언 이후 서점에 138종의 북한 원전이 출판되었고, 북한 전문 출판사와 서점도 등장하였다.

북한 서적의 출판은 사회과학 전문출판사의 설립과 함께 사회적으로 관심을 모았다. 하지만 오래가지 않아서 북한 서적이 대량으로 출판되었다고 판단하고, 당국에서는 1989년부터 출판물에 대한 통제를 다시 강화하였다. 사회적으로 널리 읽힌 도서나 출판한 지 상당한 시간이 지난 출판물에 대해서도 문제를 삼았다. '판매금지 도서목록'을 기준으로 국가보안법을 작동하였다. 작품에 대해서 문제를 삼았다. 저자를 구속하거나 도서와 출판사에 대한 압수가 대대적으로 이루어졌다. 사회과학 서적에 대한 압수 수색은 문민정부까지로 이어졌다.

출판물에 대한 금지가 다시 사회적으로 논란이 된 것은 2008년이었다. 2008년 6월 22일 국방부는 불온서적의 군대 반입을 차단하는 공문을 발송하였다. 국방부가 보낸 공문의 내용은 "불온서적 무단 반이비 장병의 정신전력의 저해요소가 될 수 있어 수거를 지시하니 적극 시행하라"는 것이었다. 공문에는 『나쁜 사마리아인들』을 비롯한 23의 서적 목록이 있었다. 국방부가 분류한 목록은 다음과 같았다.

북한찬양 분야 불온서적:『북한의 미사일전략』,『북한의 우리식 문화』,『지상에 숟가락 하나』,『역사는 한번도 나를 비껴가지 않았다』,『왜 80이 20에게 지배당하는가?』,『북한의 경제발전 전략』,『통일 우리 민족의 마지막 블루오션』,『벗』,『미국이 진정으로 원하는 것은』,『대학시절』,『핵과 한반도』

반정부·반미 불온서적:『미군 범죄와 SOFA』,『소금 꽃나무』,『꽃속에 피가 흐른다』,『507년, 정복은 계속된다』,『우리 역사 이야기』,『나쁜 사마리아인들』,『김남주평전』,『21세기 철학사』,『대한민국사』,『우리들의 하나님』

반자본주의 분야 불온서적:『세계화의 덫』,『삼성왕국의 게릴라들』[13]

국방부의 금서들은 시중에서는 구입가능하지만 군대에서는 읽어서는 안 된나고 지정한 것이다. 국방부의 금서 목록은 사회적으로 논란을 일으켰다. 금서 목록이 발표되자 해당 출판물에 대한 사회적 관심도가 높아지고 도서 판매가 급증하기도 하였다. 국방부에서는 2011년 새롭게 19권을 추가하면서 '불온서적'이라는 표현 대신에 '장병 정신전력 강화에 부적합한 서적'으로 발표하였다.

2) 북한 자료와 검열

출판 검열에서 확인되었듯이 남한에서 북한 자료를 매우 특수한 위치에 있다. 북한 자료에 대해서는 문헌자료를 중심으로 '불온문서'로 관리하였다. 일반인의 접근은 매우 제한되었고, 전문가의 학술연구나 정책자료로서 관리되었다. 「불온간행물 취급지침」에서는 '북한 및 공산권 자료'

---

13 '국방부 지정 금서목록' 나무위키, 2019.06.02.

는 '불온간행물'로 규정되어서, 업무상 필요한 최소 인원의 열람만 가능하였다.

북한 자료는 1970년대 이전까지는 「국가보안법」에서 규정한 '불온문서'였다. '불온문서'로 불리는 북한 자료에 대한 '취급 관리 지침'이 마련된 것은 1970년이었다. 1970년 2월 16일에 대통령령 제15136호 『정보 및 보안업무 기획조정규정』 제4조 제6호 및 제5조에 의거하여 「특수자료취급지침」이 마련되었다.

「특수자료취급지침」은 이후 여러 차례의 개정을 거쳤다. '취급인가증 제도 신설'(1977년 12월 30일 개정)을 비롯한 제도 개선이 이루어졌고, 관련 자료에 대한 명칭과 의미도 달라졌다. 1970년까지 '불온간행물'이었던 자료는 1988년을 계기로 '북한 공상권자료(특수자료)'로 바뀌었다.[14] 북한 자료에서 '통일사료'로 재평가 되었다.

1988년 '7·7 특별선언'으로 남북 교류의 계기가 마련되었다. 정부에서도 북한자료의 공개제도를 개선하였다. 1989년 「남북교류협력에관한지침」이 마련되면서 정부 차원에서도 특수자료 공개의 필요성을 인식하였다. 1989년 5월 22일 국토통일원은 정부 보유의 정보·자료의 활용을 위한 '북한 및 공산권 정보·자료센터'를 개관하였다.[15]

이후 남북관계가 개선되고, 북한 연구와 통일을 위한 자료로 활용되기 시작하였다. 관련 자료에 대한 관리 규정은 남북 대화가 시작된 이후 남북관계 변화에 맞추어 완화되었다. 사회주의 국가인 중국, 러시아와 수교한 이후에는 관련 자료 규정도 바뀌었다. 북한 자료를 관리하는 주무 부처는 통일부로, 통일부 북한자료센터를 통해서 필요한 자료를 수집, 관리

---

14 전영선 외, 『남북한 문화자료의 체계적 관리 연구』, 문화체육관광부, 2012 참고.
15 「북한 및 공산권 정보·자료센터를 찾아서」, 『월간 북한』 1989(7), 북한연구소, 1989, 121쪽.

하고 있다. 필요로 하는 일반인을 위한 직접 서비스와 홈페이지를 통해 온라인으로 정보를 제공하고 있다.

자료의 개념과 관리에 내용은 2000년 이후 크게 변화되었다. 자료의 개념이 확대되어 일반 도서나 잡지류 등을 포함한 문헌자료 뿐만 아니라 '모든 형태의 자료'를 의미하는 것으로 포괄적으로 규정되었다. 종이 책이나 문건 이외에 다양한 매체가 등장하고, 위성방송이 시작되면서 현실적인 통제가 어려워졌다. 북한이 위성방송을 실시하면서, 북한 영상정보의 종합적인 수집과 관리가 중요해졌다. 이에 따라 기존 문헌 자료 중심에서 영상장료 수집이 병행되었다. 북한 텔레비전에서 방영된 영상자료를 수신하면서 비디오테이프, CD, DVD, VCD 등의 형태로 자료를 보유하게 되었고, 이와 관련하여 영상자료의 취급과 관리에 관한 사항이 새로이 추가되었다. 자료관리 역시 프로그램을 통한 관리로 바뀌었다.「특수자료취급지침」에서는 특수자료를 다음과 같이 규정하고 있다.

> "특수자료"라 함은 간행물, 녹음테이프, 영상물, 전자출판물 등 일체의 대중전달 매개체로서 관련기관에서 비밀로 분류한 것을 제외한 다음 각 호에 해당하는 자료를 말한다.
> 1. 북한 또는 반국가단체에서 제작, 발행된 정치적·이념적 자료
> 2. 북한 및 반국가단체와 그 구성원의 활동을 찬양, 선전하는 내용
> 3. 공산주의 이념이나 체제를 찬양, 선전하는 내용
> 4. 대한민국의 정통성을 부인하거나 자유민주주의 체제를 부정하는 내용 등

북한 자료의 공개는 규정에 따라 이루어지고 있다. 통일부와 외부 전문가들로 구성된 심의 회의를 통해 내용과 영상 상태 등을 고려하여 공개 여부를 결정하고 있다. 남한 주민의 정서상으로 무리가 없다고 판단되는 작품에 대해서는 공개하고, 지나치게 체제를 선전하거나 부적절한 경우,

화면상태나 음질이 불량한 경우에는 공개하지 않고 있다. 기타 특수자료로 판단하기 어려운 경우에는 감독 부처를 경유하여 통일부에 문의하고, 통일부에서는 필요한 경우 국가정보원과 협의하여 처리하도록 하였다.[16]

3) 미풍양속과 검열

검열이 작동하는 또 다른 기준은 사회풍속과 관련한 것이었다. 미풍양속에 반하는 퇴폐적 행위로 성적 충동을 자극하거나 반사회적 행위를 묘사하는 것으로 범죄행위를 조장할 우려가 있는 내용, 사회적으로 부정적인 영향을 미칠 우려가 있는 내용이었다.

대표적인 사례로 마광수의 〈즐거운 사라〉가 있다. 1992년 10월 29일 마광수의 소설 「즐거운 사라」가 출판되자 작가 마광수와 청하출판사 대표 장석주가 음란문 제작 및 판매혐의로 구속하였다. 1997년 5월에는 〈내게 거짓말을 해봐〉의 작가 장정일을 구속하였다.

출판물의 검열에서도 알 수 있듯이 광복 이후 남한에서 진행된 검열은 시기에 따라 기준이 달라졌다. 일제의 한반도 침략이 본격적으로 진행된 시기에는 민족의식과 저항이 검열의 기준이었고, 군부정권에는 좌경·용공의식 및 권력에 대한 비판이 검열의 기준이었다. 문민정부 이후로는 검열은 선정성, 폭력성과 관련한 것이다.[17]

---

16 이우영·전영선, 「북한자료 공개제도 개선방안 연구」, 『현대북한연구』 12(2), 북한대학원대학교, 2009.

17 최한준, 「우리나라 영화사전심의제도 변천의 법적 고찰」, 『경영법률』 22(4), 한국경영법률학회, 2012, 451쪽: "영화 사전심의의 대상을 크게 두 부류로 나누어 보자면 '정치'적인 문제와 '외설 및 폭력'의 문제가 할 수 있는데, 정치적인 문제에 관한 규제가 완화되면서, 그 다음으로 서서히 '외설 및 폭력'에 관한 규제완화가 무임승차하는 경향이 있다고 생각된다. 즉 일제침략기 영화사전심의의 주된 관심은 민족의식과 저항위험이었고, 군부정권기간중의 그것은 반공의식 및 권력에 대한 비판이었던 반면에 최근 주된 관심은 음란표현과 폭력묘사와 관련된 것이 대부분이다."

출판물의 경우에는 관련 법령에 의하여 출판이 제한되는 범위가 포괄적이다. 이는 각각의 법률에서 통제하는 내용을 포괄적으로 수용해야 하는 출판물의 특성이 반영된 것이다. 우리 나라의 도서심의제도를 주관하는 기구는 한국간행물윤리위원회이다. 한국간행물윤리위원회는 「출판 및 인쇄진흥법」, 「청소년보호법」 등의 관계 법률의 시행을 위임받은 기구이다.[18]

1997년에 제정된 「청소년보호법」은 '청소년에게 유해한 매체물과 약물이 청소년에게 유통되는 것과 청소년이 유해한 업소에 출입하는 것을 규제하여 청소년을 유해한 환경으로부터 보호, 구제함으로써 건전한 인격체로 성장할 수 있도록 하기 위한 목적'으로 제정하였다. 청소년에게 성적 욕구를 자극하거나 폭력성을 유발하는 등 정신적 신체적인 해를 끼칠 우려가 있는 경우에는 청소년유해매체물로 지정하여, 청소년을 보호할 수 있도록 하였다.

「청소년보호법」은 청소년위원회와 각 심의기관이 당해 매체물이 다음 각호의 하나에 해당하는 경우에는 청소년 유해매체물로 결정하여야 한다고 명시하고 있다.

첫째, 청소년에게 성적 욕구를 자극하는 선정적인 것이나거나 음란한 것, 둘째, 청소년에게 포악성이나 범죄의 충동을 일으킬 수 있는 것, 셋째, 성폭력을 포함한 각종 형태의 폭력행사와 약물의 남용을 자극하거나 미화하는 것, 넷째, 청소년의 건전한 인격과 시민의식의 형성을 저해하는

---

18 김상호, 「한국의 도서심의제도에 관한 고찰」, 『서지학연구』 32, 한국서지학회, 2005, 163쪽: "현행 우리나라의 도서심의제도는 출판 및 인쇄진흥법, 청소년보호법 등의 관계 법률에 근거하여 유지되고 있다. 한국간행물윤리위원회는 그 시행을 법적으로 위임받은 기구이다. 한국아동만화윤리위원회를 통합한 한국도서잡지윤리위원회가 1970년에 발족하였으나 곧 한국도서잡지주간신문윤리위원회로 개편되었고, 1989년에 이르러 지금의 이름을 갖게 되었다."

반사회적, 비윤리적인 것, 다섯째, 기타 청소년의 정신적, 신체적 건강에 명백히 해를 끼칠 우려가 있는 것 등이다.[19]

4) 음악과 금지곡

시대가 달라졌다. 1960년대 라디오의 급속한 확산에 이어 1970년대 텔레비전 시대가 시작되었다. 대중매체 시대가 본격 시작되면서, 이들 매체에 대한 관리가 중요해졌다. 출판과 종이가 중심이었던 출판시대를 지나 방송과 영화 등의 미디어가 중심 매체로 자리잡았다. 권력자들은 방송, 언론의 공공성을 내세우면서, 새로운 미디어가 국가 홍보의 수단이 되어야 한다고 생각했다. 매체는 정권 홍보의 중요한 수단으로 활용해야 한다고 생각했다. 방송을 비롯하여, 언론과 출판이 국가의 편에 서서 국정 과제 수행에 동참해야 한다고 생각했다.[20]

새로운 미디어의 등장과 변화에 따라 새로운 기준이 만들어졌다. 출판물에 대한 통제가 금서를 명분으로 이루어졌다면 대중문화 시대에는 가요와 영상에 대한 검열이 있었다. 대중가요에 대해서는 금지곡으로 검열이 작동하였다. 금지곡은 공공장소나 방송에서 부를 수 없도록 규정한 노래이다. 일반적인 사회 통념에 비추어 적절하지 않다는 이유로 금지하였다. 표절이나 가사의 내용을 문제 삼았다. 풍속도 문제였다. 정치적인 이유가 가장 컸다.

---

19 김상호, 「한국의 도서심의제도에 관한 고찰」, 『서지학연구』 32, 한국서지학회, 2005, 171쪽.

20 김우필, 「한국 대중문화의 기원과 성격 연구 – 사회문화적 담론의 변천을 중심으로」, 경희대학교 박사학위논문, 2014, p.116: "1960년대 라디오의 급속한 확산과 함께 나타난 매체의 대중화는 국가권력의 정치적 홍보 수단으로 등장하였지만 서서히 소비 대중문화를 견인하기 시작했으며 1960년대 후반부터 대중화된 텔레비전은 라디오와 함께 1970년대 소비대중문화의 시대를 등장시켰다."

근대사에서 대중가요에 대한 통제가 시작된 것은 일제 강점기였던 1920년대였다. 금지곡 1호의 노래는 〈아리랑〉, 〈봉선화〉, 〈눈물젖은 두만강〉 등이었다. 이들 노래가 민족 감정을 고취한다는 이유였다.

대한민국 정부 수립 이후에는 반대로 일제풍의 가요가 통제의 대상이었다. 1961년 초까지 일본 음반의 유통이 금지되었다. 일제 강점기인 1933년 6월에 발표된 「축음기레코드취체규칙」으로 음반에 대한 통제가 작동하였다. 이 규칙은 광복 이후에도 상당 기간 관행적으로 작동하였다.

대한민국 정부 수립 이후에는 월북음악인의 창작 가요가 금지곡이 되었다. 월북음악인에 대한 해금이 온전하게 이루어진 1989년까지 금지곡이었다. '5·16' 이후에는 정치적인 목적의 통제가 강하게 작동하였다. 일본 대중문화에 대한 유입이 허용되기 전까지 일본 노래는 공식적으로 유통될 수 없었다. 일본 대중가요와 비슷한 가요나 창법도 금지대상이었다.

음악에서 금지곡을 지정하고 통제하는 역할을 했던 핵심 기구는 한국방송윤리위원회였다. 1962년 6월에 설립된 한국방송윤리위원회는 대중가요가 방송에 적절한지를 판단하였다. 1965년에 「음반에 관한 법률」이 제정되면서 사전 심의가 법제화되었다. '심의'는 검열의 또 다른 표현이었다. 법률로서 사전 심의가 이루어지면서 공식적인 활동으로서 금지곡이 지정되었다.

1965년에 116곡이 방송 금지되었다. 이유는 여러 가지였다. 이미자의 「동백아가씨」는 왜색이라는 이유로 금지곡이 되었다. 왜색이나 표절 등의 음악적 이유도 있었지만 가장 중요한 기준의 하나는 정치적인 것이었다. 국가의 존엄과 긍지를 훼손하는 음악, 건전한 사회 분위기 조성을 저해할 음악, 가사 또는 곡의 표절이 기준이었다. 기준의 하나는 작사가나 작곡가의 월북이었다. 1989년 월북작가의 작품이 온전하게 해금되기 이전까지 작사가나 작곡가가 월북했다는 이유로 노래 자체가 금지곡이었다.

1972년 10월 유신헌법이 공포된 이후에는 방송사에서 자체적으로 심의제도를 도입하였다. 신세를 한탄하거나 퇴폐적인 내용을 담은 가요는 금지하였다. 대신 건전한 내용으로 국민들의 사기를 진작하는 노래인 건전가요를 방송하기로 하였다.

1975년에 220여 곡이 금지되었다. 금지곡으로는 김추자의 〈거짓말이야〉, 패티김의 〈무정한 배〉, 신중현의 〈미인〉, 이미자의 〈동백아가씨〉, 〈기러기 아빠〉, 이장희의 〈그건 너〉, 배호의 〈0시의 이별〉, 이금희의 〈키다리 미스터 김〉, 김민기의 〈아침이슬〉, 송창식의 〈고래사냥〉과 〈왜 불러〉, 양희은의 〈이루어질 수 없는 사랑〉 등이었다.

이들 노래는 '왜색풍', '저속한 창법', 사회적으로 '불신 풍조 조장', '퇴폐적'이라는 이유로 금지곡에 이름을 올렸다. 기준이 모호하게 '방송부적'이라는 이유를 달기도 하였다. 김민기의 〈아침이슬〉은 1973년 건전가요로 선정되었던 곡이었다. 그런데 대학생들이 많이 부른다는 이유로 금지곡으로 지정당했다. 송창식의 〈왜 불러〉는 노래 제목과 가사가 반말이라는 이유였다. 이장희의 〈그건 너〉는 자신의 책임을 다른 사람에게 전가했다는 이유였다. 배호의 〈0시의 이별〉은 통행금지 위반이 이유였다. 이금희의 〈키다리 미스터 김〉은 '박정희의 키가 작다는 것을 빗대어 놀린다'는 이유였다.

금지곡은 국내 음악인에 한정되지 않았다. 밥 딜런, 비틀즈, 퀸 등의 해외 유명 음악인의 작품에 대해서도 금지곡으로 지정하였다. 금지곡이 수록된 음반은 당국에 의해 수거되었고, 방송도 금지되었다. 음반에 대한 검열은 1996년까지 사전 심의로 진행되었다. 음반 제작·발매 이전에 의무화되어 있는 사전심의(事前審議)제는 음악 활동을 통제할 수 있는 실질적인 검열이었다.

금지곡은 나중에 해제되기도 하였다. 1987년 8월에 186곡이 금지곡에서 해제 되었다. 해제된 노래는 왜색풍으로 금지되었던 36곡, 가사가 퇴폐적이고 창법이 저속하다는 이유로 금지되었던 136곡, 표절로 금지되었던 노래 9곡, '시기적으로 적절하지 않다'는 이유로 금지되었던 김민기의 〈아침 이슬〉 등 5곡이었다.[21]

5) 영화 및 영상과 심의

한반도에 처음 영화가 들어온 것은 일제강점기였다. 근대화의 상징으로 등장한 영화는 '활동사진'으로 불리면서, 대중의 호기심을 자극하면서 폭발적인 인기를 누렸다. 영화가 도입된 초기에는 주로 광고로 이용되었다. 영화를 제작하기에는 여건이 미흡하였다.

1948년 대한민국 정부가 수립되된 이후에도 한동안 검열은 언론 출판에 집중되었다. 문화예술과 관련한 검열은 법제화되지 않았다. 영화나 영상에 대한 법제를 대신하여, 정부의 방침, 행정 당국의 지침과 지시령, 내규 등이 영화 상영의 기준이었다.

영화와 관련한 법령이 만들어진 것은 1962년이었다. 영화 제작이 늘어나고, 문화예술 분야에 대한 정부의 개입이 구체화되었던 시기였다. 문화예술과 관련한 법의 필요성이 대두되었다. 이러한 사회적 분위기를 반영하여 1962년 「영화법」이 만들어졌다. 「영화법」의 핵심은 영화 상영과 관련한 사전 심의였다. 영화에 대한 검열체계가 법적인 장치를 통해 작동하기 시작하였다. 영화에 대한 심의제도는 1962년에 제정된 「영화법」으로부터 시작하여 「영화진흥법」을 거쳐 현행 「영화 및 비디오물의 진흥에 관한 법률」에 이르고 있다.

---

21 이임하, [네이버 지식백과] '금지 가요', 「10대와 통하는 문화로 읽는 한국 현대사」, 2014. 11. 13.

1962년에 제정된 「영화법」의 골자는 영화를 상영하기 전에 문공부 장관의 허가를 받도록 하는 '심의제도'였다. 심의제도를 위반하는 경우에는 징역형과 벌금을 부가할 수 있었다. 「영화법」은 1963년 사전 심의제도 위반에 대한 법칙을 강화하는 방향으로 일부 내용을 개정하였다. 이후로도 「영화법」은 사회 변화에 따라 1966년, 1970년, 1973년, 1984년까지 5차례 개정되었다.[22]

영화가 대중의 인기를 모으면서 문화산업으로 발전하면서 법제도도 변화되었다. 영화에 대한 사전 심의를 목적으로 하였던 「영화법」은 영화를 산업으로 촉진하기 위한 목적으로 1995년 「영화진흥법」으로 개정되었다. 영화에 이어 비디오, DVD 등의 영상산업의 비중이 높아지자 「영화진흥법」은 4차례의 개정을 거친 끝에 2006년 「영화 및 비디오물의 진흥에 관한 법률」로 대체되었다.

「영화 및 비디오물의 진흥에 관한 법률」 "영화 및 비디오물의 질적 향상을 도모하고 영상문화 및 영상산업의 진흥을 촉진함으로써 국민의 문화생활 향상과 민족문화의 창달에 이바지함을 목적으로 한다."[23] 이 법에 따르면 "영화의 내용 및 영상 등의 표현 정도"에 따라서 관람 등급이 결정된다.

영화 등급의 기준은 선정성, 폭력성, 사회적 행위 등이다. 등급은 '전체 관람가', '12세 이상 관람가', '15세 이상 관람가', '청소년 관람불가', '제한 상영가' 5가지로 분류한다.[24] 이와 관련하여 과도한 표현으로 인간의 보

---

22 최한준, 「우리나라 영화사전심의제도 변천의 법적 고찰」, 『경영법률』 22(4), 한국경영법률학회, 2012, 433-437쪽.

23 「영화 및 비디오물의 진흥에 관한 법률」 제1조(목적), 2016년 2월 3일 개정

24 「영화 및 비디오물의 진흥에 관한 법률」 제29조(상영등급분류)의 등급 기준은 다음과 같다. "전체관람가: 모든 연령에 해당하는 자가 관람할 수 있는 영화", "12세 이상 관람가: 12세 이상의 자가 관람할 수 있는 영화", "15세 이상 관람가: 15세 이상의

편적 존엄, 사회적 가치, 선량한 풍속 또는 국민정서를 해할 우려가 있는
경우에는 제한상영으로 분류한다. '제한상영가 영화에 대해서는 광고 또
는 선전이 제한상영관 안에서만 가능하고 밖에서 보이도록 해서는 안된
다'고 규정하였다.

법령의 제목에서 알 수 있듯이 「영화 및 비디오물의 진흥에 관한 법률」
은 영화산업 및 영상산업 분야의 진흥을 목적으로 한다. 동시에 청소년
보호 등을 목적으로 한 관련 법령과 연관되어 있다. 사회적 검열은 검열
주체의 성격과 목적에 따라서 기준과 내용이 다르다.

대한민국 헌법에는 모든 국민이 출판의 자유, 학문과 예술의 자유를
가지며, 출판에 대한 허가나 검열은 인정되지 아니하고, 저작자의 권리는
법률로써 보호한다고 명시되어 있다. 이를 근거로 도서심의 행위가 배치
된다는 주장도 있다. 하지만 헌법을 비롯한 관련 법률에서 사전 심의와
관련한 제도적 근거를 규정하였다.[25] 헌법을 비롯한 관계 법률, 규정에서
출판의 자유를 제한할 수 있는 주제 항목은 각기 차이가 있다.[26] 영상물

자가 관람할 수 있는 영화", "청소년 관람 불가: 청소년은 관람할 수 없는 영화", "제
한상영가: 선정성·폭력성·사회적 행위 등의 표현이 과도하여 인간의 보편적 존엄,
사회적 가치, 선량한 풍속 또는 국민정서를 현저하게 해할 우려가 있어 상영 및 광
고·선전에 일정한 제한이 필요한 영화"

25 김상호, 「한국의 도서심의제도에 관한 고찰」, 『서지학연구』 32, 한국서지학회, 2005,
   167쪽: "우리나라의 헌법은 모든 국민이 출판의 자유, 학문과 예술의 자유를 가지며,
   출판에 대한 허가나 검열은 인정되지 아니하고, 저작자의 권리는 법률로써 보호한다
   고 명시하였다. 그러한 헌법질서에 도서심의 행위가 배치된다는 일부 주장이 있다.
   하지만 헌법을 비롯해 여러 법률에 출판의 자유를 제한하는 근거가 마련되어 있는
   것 또한 사실이다."

26 김상호, 「한국의 도서심의제도에 관한 고찰」, 『서지학연구』 32, 한국서지학회, 2005,
   172쪽: "헌법을 비롯한 관계 법률, 규정에서 출판의 자유를 제한할 수 있는 주제 항
   목은 각기 차이가 있다. 헌법의 경우 그것은 타인의 명예나 권리, 공중도덕이나 사회
   윤리, 국가안전보장, 질서유지 또는 공공복리이며, 형법의 경우 그것은 성풍속, 명예
   이고, 국가보안법의 경우에는 그것은 국가의 존립과 안전, 자유민주적 기본질서, 사
   회질서이고, 출판 및 인쇄진흥법의 경우 그것은 국가의 안정이나 공공질서, 사회의

이나 출판물은 주제에 제한을 받지 않고, 다양한 내용을 담을 수 있었기에 검열의 기준 역시 '미풍양속을 저해하는' 것과 같이 포괄적이고 추상적인 기준이었다.

4. 북한에서 검열 개념의 지형

1) 사업 검열

북한에서 검열은 두 가지 의미가 있다. 하나는 당에서 제시한 기준에 맞추어 사업을 잘하고 있는지를 평가하는 일체의 사업 검열이다. 흔히 '료해사업'이라고 하는 것이다. '료해검열 사업'은 당의 지침을 해당 기관이 얼마나 잘 이해하고, 수행하였는지를 평가하는 것이다. 당적 지도가 현장에서 얼마나 잘 관찰되고 있는지를 살피는 것이 핵심이다.

> 이번에 검열하겠소. 진짜 혁명을 끝까지 하겠다는 사람인가 아닌가 하는걸. 하겠다는 사람한테는 길이 나지게 돼있소. 하겠다는 사람한테는 벽도 문으로 보이고 안하겠다는 사람한테는 열린 문도 벽으로 보이오. 어디 보기요. 누가 자력갱생예비를 더 많이 찾아내는가. 당위원회는 실적을 가지고 평가하겠소. 말공부쟁이는 필요없소…[27]

'고난의 행군' 시기를 배경으로 한 김문창의 소설 〈열망〉의 한 부분이다. 회남종합기계공장의 당지배인으로 내려간 전영범은 자력갱생으로 난관을 돌파하기 위한 '된바람'을 벌인다. 자력갱생을 위한 선전선동 사업을 총동원하고 당원들을 통해 모든 예비를 이끌어 낸다. 그리고 공장의

성도덕, 인간의 존엄성과 사회 질서이며, 청소년보호법의 경우에는 그것은 성적인 욕구 자극, 포악성, 범죄의 충동, 성폭력을 포함한 각종 형태의 폭력행사와 약물의 남용, 인견과 시민의식, 정신적, 신체적 건강 등이다."

27 김문창, 『열망』(문학예술종합출판사, 1999), 55쪽.

모든 사람들에게 자력갱생을 촉구하면서 검열을 하겠다고 말한다. 북한은 조선로동당이 영도하는 체제이다. 어떤 조직이나 단체든 당의 모든 조직이 없는 곳이 없다. 당비서가 사업을 장악하고 있다.

당원들의 역할이 미흡하면 사업도 제대로 이루어질 수 없다. 김정일은 1975년 6월 13일 노동당 책임비서, 당중앙위원회 조직지도부 부부장협의회에서 한 연설 「현시기 당사업에서 제기되는 몇가지 문제에 대하여」를 통해 당 사업의 문제를 제기하였다. 김정일이 지적한 것은 도당 책임비서들은 혁명 임무의 중요성을 깊이 자각해서 수정주의, 기회주의, 사대주의적인 경향이 생기지 않게 철저히 막아야 한다는 것이었다. 또 군중과의 사업을 더욱 강화하면서, 낡은 사업 방법을 없애고 새로운 혁명적 사업 방법을 철저히 확립해서 자기 앞에 맡겨진 혁명과업을 당이 요구하는 수준에서 훌륭히 수행할 수 있도록 해야 한다는 것이었다. '검열'은 곧 당사업이 잘 이루어지고 있는지를 검사하는 것이다.

2) 예술 검열

검열의 다른 의미는 대외적으로 공표되는 모든 문건과 예술작품에 대한 검열이다. 이 역시 넓은 의미에서 본다면 당 사업의 하나이다. 당 사업이 모든 분야에서 적용되기 때문이다. 북한에서 문화예술 분야는 당 사업을 위한 선전선동 사업의 핵심 영역이다. 문학, 음악, 영화, 연극 등의 모든 예술이 당이 주도하는 혁명을 위해 복무해야 한다. 따라서 당의 지도에 맞게 예술이 창작되었는지, 예술가들이 당의 지침에 따라서 창작하였는지를 검열하는 것은 지극히 당연한 사업이다.

문화예술 각 분야의 성과를 평가하는 데 있어 가장 중요한 기준은 당의 과업이다. 아래 글은 김정일이 1982년 9월 7일 조선로동당 중앙위원회 조직지도부, 선전선동부책임일군회의에서 한 연설, 「당대렬의 통일과 단결을 강화하기 위한 당조직들의 과업」의 한 부분이다. 북한에서 예술을 통한 선전활동이 어떤 형태로 작동하고 있는지를 보여준다.

> 노래를 통한 교양 사업을 강화하여야 하겠습니다.
> 강연회 때마다 노래보급을 하도록 하여야 하겠습니다.
> 나는 이미 오래 전에 강연회 때에 노래보급을 할데 대하여 강조하였습니다. 그런데 노래보급을 형식적으로 하였으며 그 것마저 최근에는 하지 않고있습니다. 강연회때 강연회 참가자들에게 노래를 보급하는 것은 당이 내놓은 방침인데 어떻게 되여 하지 않는지 모르겠습니다. 당중앙위원회 선전선동부 일군들이 강연회 때에 노래 보급을 하지 않는다는 것을 알면서도 대책을 세우지 않은 것은 잘못되였습니다. 최근에 노래 보급을 잘하지 않다보니 일부 사람들이 일상생활에서는 물론, 대회나 공식적인 행사에 참가하여서도 노래를 제대로 부르지 못합니다. 전당적으로 노래공부를 하는 분위기를 세워야 하겠습니다. 내 생각에는 노래보급을 중앙당 강연회때에만 하지 말고 도, 시, 군당 강연회와 군중 강연회때에도 하도록 하는 것이 좋을 것 같습니다. 강연회때에는 전문 예술인들이나 부를 수 있는 부르기 힘든 노래를 배워주지 말고 될수록 부르기 쉬운 노래를 많이 배워주어야 합니다.[28]

김정일은 1973년 12월 8일에 '평양교예단 료해검열사업'에 참가한 일군들과 한 담화문 「사회주의 민족교예를 더욱 발전시킬데 대하여」를 통해서 교예 발전을 위한 기본적인 방향을 제시하였다. "평양교예단이 자기 앞에 나선 영예로운 과업을 성과적으로 수행하자면 무엇보다 먼저 당원들과 예술인들 속에서 당의 유일사상체계를 철저히 세우고 그들을 혁명

---

28 김정일, 「당대렬의 통일과 단결을 강화하기 위한 당조직들의 과업 - 조선로동당 중앙위원회 조직지도부, 선전선동부책임일군회의에서 한 연설, 1982년 9월 7일」, 『김정일선집(7)』, 조선로동당출판사, 1996, 238쪽.

화하여야"[29] 한다는 것이었다. 이와 함께 그 동안 수행했던 사업에 대해 "평양교예단에서는 위대한 수령님께서 교예부분에 보여주신 강력적 교시를 관철하는 사업에서 일정한 전진을 이룩하였습니다"라고 평가하였다. 활동의 기준과 평가가 최고지도자의 언술을 통해 이루어지는 북한 체제의 특성을 보여준다.

북한에서 검열은 당에서 인민을 대상으로 한 모든 분야에 적용된다. 검열은 노동당의 직접 관할 하에 매우 엄격하게 이루어진다. 출판을 비롯한 모든 매체와 문화예술에 대한 검열은 물론 대내외적으로 교양하고 학습하는 모든 것에 대해서 이루어진다. 작품 검열은 '내용적으로 사상적인 문제가 없는가', '예술적으로 창작 수준이 졸열하지 않은가'를 기준으로 한다. 검열은 오탈자와 맞춤법 등의 문법적인 부분을 포함하여 사상성에 이르기까지 모든 문제를 포함하여 단계별로 체계적으로 이루어진다.

북한에서 출판물이나 언론, 문화예술은 국가에서 직접 관리하는 국영 체제이다. 모든 공식적인 출판물이나 문학예술 작품, 방송언론 등은 모두 국가의 검열을 거치기 때문에 일상적이고 당연한 과정으로 받아들인다. 북한에서 출판, 언론, 문화예술에 대한 통제를 담당하는 핵심 기구는 조선로동당 선전선동국이다. 선전선동국은 노동당 대회나 노동당 중앙위원회, 정치국 등의 지도기관의 결정을 인민들에게 알리고 선동하기 위한 목적으로 설립된 기관이다. 언론이나 출판, 방송은 선전선동국의 검열을 받아 사업을 진행한다.[30]

---

29 김정일, 「사회주의 민족교예를 더욱 발전시킬데 대하여 - 평양교예단 료해검열사업에 참가한일군들과 한 담화, 1973년 12월 8일」, 『김정일선집(3)』, 조선로동당출판사, 1994, 497쪽.

30 전영선, 「北韓의 出版報道體制와 內容 研究」, 『出版雜誌 研究』 8(1), 출판문화학회, 2000, 98쪽.

3)『응향』사건과 출판 검열

북한에서의 검열은 북한 정권 수립과 함께 시작되었다. 광복과 함께 권력을 잡은 사회주의 정권은 빠른 시일 내에 사회주의 모범국 소련을 따라 배우려고 하였다. 일제의 잔재를 청산하고, 봉건잔재를 뿌리뽑고 새로운 사회주의 사상을 보급하는 문제가 시급했다. 인민들에게는 사회주의 교양의 필요성이 생겼다. 사회주의에 반하는 모든 정치적 세력, 예술적 경향은 배척되거나 통제되었다.

북한 정권 초기 이러한 검열은 일제 잔재의 청산에 모아졌다. 북한 정권의 정당성을 항일에 두었기 때문에 일제의 잔재를 청산하는 작업은 곧 정권의 정통성을 구축하는 과정이었다. 일제와 관련한 서적은 모두 수거하여 없애버렸다.

북한은 일제 잔재 청산과 새로운 사회주의 정권의 홍보를 위한 문화사업을 실시하여 전국 도서관마다 상당한 도서를 보유하였다. 하지만 도서 중에서 일본서적, 즉 '반동적 서적'에 대해서는 '숙청'할 것을 강요하면서, 일제 강점기의 자료를 없애 버렸다.[31]

동시에 사회주의 가치관 확산을 위한 사업으로 광범위한 문화예술 활동이 이루어졌다. 광복 직후 있었던 자유스러운 문화예술 활동은 얼마지나지 않아 사회주의 문화예술 창작으로 일관되었다. 북한 체제에서 문화예술 창작과 관련하여 구체적이고 엄격한 검열이 작동한 대표 사례가 '응

---

31 김길연, 「한국 금서의 시대별 양상 연구」, 서경대학교 박사학위논문, 2013, 126쪽: "해방 이후 북한의 도서관 사업은 활발했다. 군 단위 도서관의 보유 장서가 6천 권 정도였다. 그러나 도서관 사업이 활발했던 반면에 보유 도서에 대한 통제는 심했다. '일제의 침략사상으로 충만한 반동서적'으로 규정된 책은 1947년 도서관에서 모두 없애버리는 등 문제가 되는 열람 금지 정도가 아니라 문제가 있다고 지적된 책은 아예 들여 놓지도 않았다. 이것은 1946년 말에 북한의 '군중문화단체협의회'에서 결정한 도서관 사업의 항목 '기설 도서관에서는 그 장서 중 반동적 서적은 숙청할 것'을 실행한 결과였다. 일제 강점기의 일제 관변 자료를 모두 없애버린 것이다."

향사건이었다.

'응향사건'이란 1947년 북조선문학예술총동맹 원산지부 동맹원들이 공동으로 발행한 시집 『응향』과 관련한 비판과 함께 내려진 일정의 결정을 말한다. 시집 『응향』에 실렸던 구상의 시 「길」을 포함한 일부의 시에 대해서 '진보적 민주주의의 현실'과는 관계없는 작품으로 규정하였다. '회의적, 공상적, 퇴폐적, 현실 도피적, 절망적 경향'을 띤 자본주의의 퇴폐성을 단적으로 드러내 보인 사례로 비판하면서, 1947년 1월 "시집 『응향』에 관한 결정서"를 발표하였다. 이어 최명익, 송영, 김사량, 김이석 등의 검열원을 원산에 보내 『응향』시집이 편집 발행되기까지의 과정, 작품의 검토와 작가의 자기비판, 원고의 검열 과정을 조사하였다. 그리고 이를 근거로 노동당 중앙상무위원회에서는 '북조선문학예술총동맹 사업 검열 총화에 관하여'라는 결정을 내렸다.

응향사건은 북한 문학예술계에서 자유주의 성향을 가진 문인들이 배제당하는 첫 사례이자 사회주의 예술창작의 방향이 결정된 사건이었다. 이후 북한에서 발간되는 문예지에 대한 본격적인 검열과 비판이 진행되었고, 당의 적극적인 개입과 참여를 통한 관제적 문학예술로 전개 되었다. 당시 백인준은 시집 『응향』을 평하는 글 「문학 예술은 인민에게 복무하여야 한다」를 발표하면서 비판의 선봉에 선다. '『응향』사건'을 계기로 김일성으로부터 백인준은 '조선의 마야코프스키'(옛 소련의 혁명시인)라는 칭찬을 받으면서 수령형상의 핵심 인물로 부각되었다.

1947년 9월 16일에 있었던 북조선 문학예술총동맹 사업 검열총화 결정서 「북조선 문학예술총동맹 사업(주로 문학분야) 검열총화에 관하여: 북조선로동당 중앙상무위원회 제43차 회의 결정서」는 북한 체제에서의 예술창작 방향을 규정한 문건이었다. 결정서는 광복 이후 당시까지 창작된 작품들을 대상으로 민주주의 민족문학과 민족예술의 성과와 과제를 제시하였다. 해방 이후 우수한 작품이 나왔다고 평가하였다.

우수 성과로 소개한 것은 리기영의 〈개간〉, 조기천의 〈백두산〉, 박영호의 〈홍수〉, 문석오의 조각 작품이었다. 일정 정도의 성과도 있었다고 하였다. 하지만 중심은 비판이었다. 북조선에서의 문학예술 운동은 '조국의 발전과 인민의 요구'에 미치지 못하였고, 민주개혁 속도에 뒤쳐져 있다고 지적하였다.

북조선노동당 중앙상무위원회의에서 지적한 내용은 다섯 가지였다. 첫째, 북조선 문학예술총동맹의 사업이 대중 속으로 들어가지 못하였다는 것이다. 그 결과 새로운 작품을 창작하거나 신진작가 발굴에서 결함을 보였다는 것이다. 둘째, 문학예술운동을 비판과 자아비판 없이 정실적 관계로 처리하였다. 셋째, 문단에서는 일제의 잔재를 충분하게 청산하지 못하였으며, 고상한 내용과 고상한 예술 창작을 위한 투쟁이 올바로 전개되지 못하였다. 넷째, 엄격한 조직성과 대중성을 견지하지 못하였다는 것이었다.

북조선노동당 중앙상무위원회의에서는 시집 『응향』의 이러한 문제를 지적하면서, 사업 방향을 결정하였다. 사업 방향은 '첫째, 문학예술 운동은 조국의 민주 발전의 요구에 부합되어야 한다. 둘째, 선진작가의 역량이 발휘될 수 있게 조건을 보장해야 한다. 셋째 고상한 평론을 요구한다. 이를 위해서 합평회를 조직해야 한다. 넷째, 정치적인 교양 사업과 사상 투쟁을 조직화하고, 출판사업 보장을 위한 용지 할당 등의 조건을 보장한다'는 네 가지였다.

북조선노동당 중앙상무위원회의 결정은 곧 문화예술 창작 방향에 대한 결정이었다. 문화예술 활동이 어떤 원칙과 기준에 의해서 이루어져야 하는 지에 대한 기준을 규정한 것이다. 이후로 북한 문학예술은 결정서의 방향에 따라 흘러갔다. 『응향』 사건을 계기로 해방 이전에 창작된 작품이라고 해도 '반동적' 작품에 대해서는 일체 출판과 유통이 금지되었다. 금지된 도서는 도서관에서도 사라졌다. 이후로 북한 문화예술은 사회주의 문화예술로 매진하게 되었다.

1960년대를 지나면서 주체사상이 북한의 유일한 사상체계로 정립되었다. 이 과정에서 주체 이외의 모든 서적이나 출판은 금지되었다. 북한의 금서 1호는 『목민심서』이다. 『목민심서』는 북한 고전문학계에서도 높은 평가를 받았고, 1962년에 과학원출판사에 번역본으로 출판되기도 하였다. 그러나 뜻하지 않게 갑산파와 연류되면서 금지대상 도서에 올랐다. 이후 1980년대 민족주의에 대한 해석이 넓혀지면서 완화되었다고 알려졌다.[32] 공산주의 서적 역시 유일사상체계가 정립된 이후로는 북한 주민들의 접근이 제한된 도서가 되었다. 외국 서적의 국내 출판도 제한되고 있으며, 공산주의 원전 역시 자유로운 유통이 금지되었다.

4) 문화예술 검열 과정과 기준

검열은 '위대한 수령님께서는 이미 오래전에 복잡한 군중과의 사업에서 지켜야 할 원칙과 그 관철방도를 구체적으로 밝혀 주신 것을 실천'하는 것이며, '사람들을…검열하며 교양하여 개조하는 것은 복잡한 군중과의 사업에서 우리 당이 일관하게 견지하고 있는 방침'이다. 검열은 복잡한 군중과의 사업이기 때문에 국가에서 직접 관리한다.[33] 집단적이고 체계적인 검열이 가능한 것은 북한에서 예술인들은 예외없이 국가 조직에 소속되어 있기 때문이다.

32　김길연, 「한국 금서의 시대별 양상 연구」, 서경대학교 박사학위논문, 2013, 126-127쪽.

33　김정일, 「복잡한 군중과의 사업을 잘할데 대하여 - 조선로동당 중앙위원회 조직지도부, 선전선동부 일군들과 한 담화, 1971년 12월 28일」, 『김정일선집(2)』, 조선로동당 출판사, 1993 참고.

북한에서 예술인들을 총괄하는 조직은 문화성 산하의 '조선문학예술총동맹(문예총)'이다. 북한에서 작가, 예술인들의 창작 활동의 방향을 정하고, 창작을 총괄하는 곳이다. 조선문학총동맹은 각 분야별(작가, 음악가, 미술가, 무용가, 연극인, 영화인, 사진가) 전문예술인 구성된 동맹중앙위원회가 있으며, 중앙위원회 산하에 분과위원회가 구성되어 있다.

문학의 경우 작가동맹중앙위원회 산하에 시분과위원회, 소설문학분과위원회, 고전문학분과위원회가 설치되어 있다. 이들 기구에는 북한의 모든 전문작가, 예술인들이 포함되어 있다. 조선문학예술총동맹은 작가, 예술인들의 단순한 집합체가 아니다. 조선문학예술총동맹에서는 각종 창작사업에 대한 평가와 함께 당에서 제시한 사업의 원만한 수행을 위한 창작활동을 총괄 기획하고 관리한다.

북한에서 문학예술 창작은 곧 국가 발전을 위한 방편으로 활용하기에 검열 역시 문학예술 창작이 당의 요구에 맞느냐에 맞추어져 진행된다. 검열은 창작 이전부터 시작한다. 창작에 앞서 창작의 방향과 내용이 국가에 의해서 계획되고, 국가 계획에 맞추어 작가, 예술인들이 창작하고, 창작된 작품은 심의와 수정을 거쳐 국가 조직망을 통해 주민들에게 보급한다. 검열에 통과되어 비로소 출판이 이루어 질 수 있다. 미술작품이나 음악 작품도 예외가 아니다. 모든 소설, 시, 희곡, 무용극 대본, 미술작품, 음악 및 사진작품에는 검열인이 반드시 찍혀야 발간이 가능하다.[34]

기관마다 약간의 차이는 있지만 '검열'은 크게 4단계로 나누어진다. 검열은 소속 창작단체나 문학예술총동맹의 심의로부터 시작한다. 작가나 예술인들이 연간 창작계획서를 제출하고, 이에 대한 심의가 통과되어야 창작을 시작할 수 있다. 창작 과정에서도 소속 기관이나 해당 분과위원회

---

34 『북한총람(1945-1982)』, 북한연구소, 1983, 1192쪽

의 합평을 거친다. 이러한 과정을 거쳐 완성된 작품은 다시 공식 검열을 거쳐야 한다. 출판물은 출판총국의 검열을 거쳐야 하고, 공연 예술 작품은 시연을 거쳐야 한다.[35]

문화예술 작품에 대한 세부 검열에 적용되는 기준은 상황에 따라 차이가 있지만 대체로 다음과 같은 기준이 적용된다. 첫째, '사회주의적 사실주의 창작 방법에 철저히 입각하고 있는가'이다. 사회주의적 사실주의는 북한에서 허용하는 창작 방법이다. 둘째, '국가 및 군사비밀을 노출시킨 부분은 없는가'이다. 셋째, '자본주의적 사상 요소가 나타나는 부분이 없는가'이다. 넷째, '대중의 공산주의 교양에 도움이 되는가'의 여부이다. 다섯째, 작품에서 '전투성·혁명성·계급성 등이 충분히 발양되어 있는가'이다. 여섯째, '예술적인 측면에서 지나치게 졸렬하지 않는가'이다. 예술적인 형상의 정도를 검열한다. 일곱째, 작품 속의 '단어 및 어휘 표현이 정확한가' 등이 검열대상이 된다.

검열은 조선로동당 선전선동국과 국가검열위원회에서 진행한다. 내용 검열의 핵심 기구는 조선로동당 선전선동국이다. 선전선동국은 로동당 중앙위원회나 정치국의 결정이나 당 정책을 당원인 인민 대중에게 주지시키고, 인민 대중을 교양하여 사회주의 건설의 임무를 추진하고 완수하도록 선전 선동하는 목적으로 설립된 기관이다.[36]

---

35 차현숙, 「남북한 출판법에 대한 비교연구」, 『2010년 남북법제 연구보고서』, 법제처, 2010, 85쪽: "북한의 출판사는 대부분 당의 검열을 받고 있으며, 최고인민회의 행정적 집행기관으로 중앙행정기관인 정무원 산하 출판총국에서 이를 담당하고 있다. 출판총국은 최고책임자인 국장, 부국장, 출판과 각종 행정적인 지원을 담당하는 부서들로 구성되어 있다. 출판부문은 출판처에서 담당하며, 출판처에는 5개의 검열부서가 있다. 검열1부는 전단광고물과 번역물, 검열2부는 정치, 검열3부는 문학과예술, 검열4부는 경제사회 및 교육, 검열5부는 과학과 기술을 담당하여 각 분야별 검열을 시행하고 있다. 각 부는 책임검열원, 검열원, 교정원으로 구성되어 있다.

36 전영선, 「北韓의 出版報道體制와 內容 硏究」, 『出版雜誌 硏究』 8(1), 출판문화학회, 2000, 98쪽.

선전선동국에서는 선전사업에 대한 종합적인 관리와 구체적인 검열 사업을 진행한다. 관리 범위는 '당정책 지도 및 선전 선동 사업에 관한 당적 지도', '선전 매체에 대한 당적 지도'와 관련한 일체의 사업이다. '당정책 지도 및 선전 선동 사업에 관한 당적 지도'에는 '최고지도자의 교시에 따른 선전사업 지도', '조선로동당 당기구, 특급기업소, 1급기업소 등에 대한 지도', '인민을 대상으로 한 정기 학습 및 부정기 학습 지도', '출판, 방송, 예술에 대한 선전 지도' 등이 이루어진다. '선전 매체에 대한 당적 지도'에는 '문화예술 창작에 대한 지도', '영화창작에 대한 지도', '조선중앙통신사, 조선중앙방송위원회에 대한 지도', '소조 사업에 따른 평가, 각종 모범단체에 수여하는 깃발 수여, 축하문 하달', '혁명사적지 관리, 혁명유적지 답사' 등에 대한 지도를 담당한다. 북한에서는 모든 매체와 행사 등에 대한 당적 통제가 잘 실현되고 있는 지를 담당하는 최고 기관이다.

북한 문화예술은 이와 같은 과정을 거쳐 한 편의 작품이 완성되기에 개인적인 생각을 표현하거나 당 정책과 어긋나는 어떤 작품도 공공연하게 유통될 수 없다. 북한에서도 문학예술 창작에서 창작적 개성과 독창성이 강조된다. 그러나 예술에서의 개성과 독창성은 작가의 창작이 당의 지침이나 목적을 떠나서는 안 된다.

> 창작가, 예술인들은 문학예술작품 창작에서 도식주의적 경향과 류사성을 없애고 당이 제시한 대로 창작적 개성과 독창성을 잘 살려나가야 하겠습니다. 창작적 개성과 독창성을 살린다고하여 당적 원칙을 떠나서 《창작의 자유》를 부르짖거나 자기의 창작적 개성에 대하여 무원칙하게 절대화하여서는 안 됩니다. 창작적 개성과 독창성을 살리기 위하여서는 어디까지나 주체적인 문예 사상과 리론에 기초하여 높은 당적 안목을 가지고 우리의 현실을 보고 현실 속에서 새롭고 의의 있는 문제를 찾아내며 그것을 독창적으로 형상하여야 합니다.[37]

김정일의 언급대로 개성과 독창성은 당에서 규정한 범위 내에서 허용된다. 출판사에서 제출한 연간계획서는 해당 동맹 상무위원회를 거쳐 당 중앙비서국(실제로는 선전선동국)의 비준을 받아야 한다. 출판 과정에 대한 지도 통제는 조선문학예술총동맹을 비롯한 해당 분야 단체들에서 2중으로 수행하고 있으며, 작품의 회부, 작품의 검열, 작품의 출판 등의 단계로 진행된다.[38] 따라서 당의 원칙에서 벗어난 어떤 작품도 창작되거나 발표될 수는 없다. 북한에서 검열은 당 정책이 구현되는 실체로서 당 정책에서 벗어나지 않도록 통제하면서 작가예술가들의 사상성을 점검하는 효율적인 수단이다.

5) 표현과 갈등

문학이나 예술이 보고문이나 설명문과 다른 것은 극적 표현과 갈등이 있기 때문이다. 갈등이 없는 서사는 없다. 갈등이 있다는 것은 충돌이 있다는 것이다. 문학예술은 이 충돌 지점을 찾아서 '어떻게 환기할 것'인가를 풀어간다. 문학예술에서 갈등은 필연적인 요소이다.

북한의 문학예술에도 갈등은 있다. 심지어 '갈등을 옳게 설정하고 해결하는 것이 중요하다'고 강조한다. 북한의 문학예술에서 말하는 갈등은 사회주의 사회 내부 갈등과 외부 갈등이 있다. 사회주의 외부와의 갈등은 '계급적 원쑤들, 청산된 적대계급의 잔여분자들과의 투쟁'을 말한다. 사회주의 사회의 내부 갈등은 근로자들 내부에서의 낡은 사상 잔재와의 투쟁을 말한다. 문학예술 작품은 이러한 투쟁을 반영하는 과정에서의 갈등

---

37 김정일, 「혁명적문학예술작품 창작에서 새로운 앙양을 일으키자 - 1986년 5월 17일 문학예술부문 일군들과 한 담화」, 『김정일선집(8)』, 조선로동당출판사, 1998, 396쪽.
38 김재엽, 「북한의 출판 실태와 남북한 출판 교류에 관한 연구」, 대진대학교 석사학위 논문, 2006 참고.

이어야 한다.

주체시대에 와서는 이러한 갈등도 없다. 인민들의 통일과 단결이 사회 관계의 기본을 이루고 있기 때문이라고 설명한다. 긍정적인 것이 중요한 위치에 있기 때문에, 사회주의 현실을 반영하는 작품에서는 종자와 생활 소재에 따라 '긍정적 사실'만 가지고도 사람들을 감동시키는 훌륭한 형상을 창조할 수 있다는 것이다. 특히 '경애하는 수령님과 친애하는 지도자 동지에 대한 우리 인민의 불타는 충성심과 끝없는 흠모의 정을 전면적으로 형상하는 작품'에서는 인물들의 관계를 일관하게 대립과 충돌 속에서 끌고 갈 수 없다는 것이다. 어렵게 설명하고 돌려서 말하였지만 결론은 북한 사회 체제에 대한 갈등을 그리는 것은 현실에 맞지 않는다는 것이다.

문학예술 작품에서는 온갖 모순을 노동계급의 관점에서 보고 노동계급의 이익에 맞게 풀어야 한다. 이를 통해 새로운 것이 승리하고 낡은 것이 멸망하는 역사발전의 합법칙성을 보여줄 수 있다는 것이다. 사회주의 사회에서 투쟁은 사람들의 머릿 속에 남아있는 낡은 사상 잔재를 극복하기 위한 투쟁이다. 이 투쟁을 사회주의 사상과 자본주의 사상의 투쟁으로 그리면 심각한 계급투쟁이 된다. 비판은 심각하고 날카롭게 철저하게 하여야 하며, 새로운 사상의 승리를 예술적으로 힘있게 확증하는 것을 보여주어야 한다.

이와 함께 사회주의 현실 주제 작품에서 투쟁 대상은 부정인물 그 자체가 아니라 그가 가지고 있는 낡은 사상 잔재와 낡은 생활습성이다. 따라서 선진사상과 그것을 방해하는 낡은 사상 잔재, 낡은 생활습성과의 투쟁이 갈등의 내용이 되어야 한다.

부정에 대한 처리에서는 타도하는 식으로 하지 말고, 부정인물이 자기 잘못을 뉘우치고 옳은 길로 나가도록 하여야 한다. 예술 창작에서 중요한 문제는 혁명이다. 혁명은 곧 사회주의 사회에서의 새 것과 낡은 것의 투쟁이다. 이 투쟁 문제를 어떻게 풀어나가야 할 것인지를 잘 보여주어야 한다. 문학예술 창작에서 갈등이 중요한 이유도 갈등 자체에 있는 것이 아니라 갈등을 어떻게 풀어갈 것인지에 대한 문제이다. 작품에서 갈등은 계급투쟁의 법칙에 맞게 당의 계급노선과 군중노선에 기초하여 풀어야 한다.

5. 맺음말

사회적으로 적합성을 판단하고 통제하는 검열은 중앙집권제가 시작된 이래 언제나 있었던 역사적인 문제이다. 당대 사회의 통치 이념에 거슬린 다고 판단되면 통제의 대상이 되었다. 동서양을 막론하고, 수많은 도서들이 통제의 대상이었다.

한반도에서 현대적 의미의 검열이 시작된 것은 일제 강점기였다. 일제의 한반도 침탈을 본격적으로 시작하면서, 「신문지법」, 「출판법」을 제정하여, 조금이라도 민족의식을 고취하는 내용이 있다고 판단되는 언론과 출판물에 대한 검열을 강화하였다.

광복과 함께 검열은 남과 북 각각의 정치적 지형 속에서 작동하였다. 남한에서는 '검열'이라는 말을 사용하지 않았다. 전시나 군대에서 특정하게 사용하였던 것을 제외하고는 '검열'이라고 하지 않았다. '검열'이라는 말은 일제 강점기에 사용하였던 용어였고, 국가적 통제라는 부정적인 의미가 강하였다. 검열 대신 사용한 용어는 '심의'였다. 문학예술에 대한 심의제도를 도입하였다.

영화를 비롯한 영상물에 대한 통제는 사전 심의제도를 통해 이루어진다.[39] '검열'이라는 부정적인 의미보다는 사전에 영화에 필요한 내용을 심의한다는 취지로 '사전심의제도'로 운영하였다. 영상물에 대한 사전심는 시대에 따라 달라졌다. 일제강점기의 검열의 기준은 민족주의였다. 일제에 저항하고, 민족의식을 고무하는 내용에 대한 검열이 목적이었다. 군부정권 시절에는 이데올로기, 정치적 비판에 대한 검열이 중심이었다. 문민정부 이후로는 외설과 폭력성에 대한 비중이 높아졌다.

검열은 체제와 정권 유지를 위한 유용한 통제의 수단이었다. 출판물에 대한 납본제도, 특정 작품에 대한 법률로 통제했던 필화 사건, 창작물에 대한 사전 검열과 사후 검열이 작동하였다. 문화적 검열은 법적 문제는 아니지만 사회적으로 금기시하는 것이다. 출판과 언론의 자유와 검열은 시대적 상황에 따라 판단되어야 할 것이다.

심의가 가장 먼저 작동한 분야는 방송언론, 출판이었다. 어느 정권이든 매체는 국가의 홍보를 위한 수단으로 여겼다. 남한에서는 1960년대 라디오의 급속한 확산이 있었고, 1970년대부터 본격적으로 텔레비전 시대가 시작되었다. 대중매체를 정부의 통제 하에 두려는 인식은 상당히 오래 지속되었다.

남한에서 '심의'의 기준이 된 것은 이데올로기적 도덕, 미풍양속이었다. 대한민국의 '자유민주주의적 헌법 질서'가 심의의 기준이었다. 동시에 헌법에서 보장한 '표현의 자유'를 어떻게 조율할 것인지는 시대에 따라서 차이가 있었다. 정권에서는 정권 유치 차원에서 해석하면서 통제체제를 작동하였다. 영화나 방송에 대해서는 심의제도를 도입하여 방송을 제

---

39 김재엽, 「북한의 출판 실태와 남북한 출판 교류에 관한 연구」, 대진대학교 석사학위 논문, 2006, 482쪽: "우리나라의 영화사전심의제도는 등급 분류제의 형태를 취하고 있는데, 등급분류제라 함은, 영화업자가 제작 또는 수입한 영화(예고편 및 광고영화 포함)에 대하여 그 상영 전까지 영상물등급심의위원회로부터 상영등급을 분류받아야 하는 제도를 말한다(영화비디오법 제29조 제1항 참조), 따라서 누구든지 상영등급을 분류받지 않은 영화를 상영해서는 안되며, 분류받은 상영등급을 변조하거나 상영등급을 분류받은 영화의 내용을 변경하여 영화를 상영해서도 안된다(영화비디오법 제29조 제3항, 제6항)."

한하였다. 출판물에 대해서는 납본제도를 운영하였다. 내용에 문제가 있다고 판단되면 출판이나 배포를 금지하였다.

문제 출판물에 대해서는 '금서'로 지정하고, 출판금지, 배포금지 조치를 취했다. 출판인이나 출판사에 대한 세무조사도 있었다. 음악에 대해서는 '금지곡'을 지정하였다. 금지곡의 이유는 다양했다. 금서나 금지가 존재하는 한 출판과 음악에서 활동은 온전히 자유로울 수 없었다.

북한에서 검열은 일상적으로 일어난다. 북한에서는 사업의 주체가 곧 당이기 때문에 당의 검열이 미치지 않는 곳은 없다. 검열은 단순히 잘못을 시정하는 차원을 넘어 인민 교양의 도구로서 출판물이나 예술작품의 검열을 통해 작가, 예술인, 출판보도원들의 사상을 점검하고 이들의 역량을 높인다는 적극적인 의미가 포함되어 있다.

북한 문화예술의 창작과 보급은 전 과정이 당에 의해서 이루어진다. 남한에서도 문화예술 창작에 국가가 개입한다. 국가가 인민들이 보아야 할 것을 결정하고, 국가의 의도대로 창작이 진행되는지를 관리한다. 문화예술 작품의 엄격한 검열 과정은 곧 당이 정한 기준에 맞추어진 작품인가를 판단하고 당 정책을 구체적으로 구현하는 과정으로 당의 사상 외에 사상유입을 차단하여 사상오염을 방지하기 위한 사업으로 인식한다.

참고문헌

제1부 국가담론을 통해 본 남북의 가치관

북의 국가담론: 봉건적 가부장에서 젠더화된 민족국가로

강진웅, 「남북한의 국가와 가족: 체제변화와 가족주의의 변형」, 『한국사회학』, 44-5, 2010.

김경희·강은애·손명아, 「김정은 집권 이후 북한의 국가가부장제의 재생산에 관한 연구」, 『아시아여성연구』 55-1, 2016.

김미숙, 「북한교과서에 나타난 민족국가담론과 젠더」, 『여성이론』 1-4, 여성문화이론연구소 2001.

김성민·박영균, 「분단의 트라우마에 관한 시론적 성찰」, 『시대와 철학』 21-2, 한국철학사상연구회, 2010.

김성보, "북한의 주체사상·유일체제와 유교적 전통의 상호관계", 『사학연구』 제61호, 한국사학회, 2000.

김영명, 「주체사상의 생성과 변천: 정치변동과의 관련에서」, 『아시아문화』 제7호, 한림학교 아시아문화연구소, 1991.

김일성, 『세기와 더불어』 1권, 평양: 조선로동당출사, 1992.

김재웅, 「'여성'·'어린이'·'섹스'를 통해 본 해방 후 북한의 가족문화」, 『한국 근현대사 연구』 71, 한국근현대사학회, 2014.

김정일, 「사회주의 건설의 력사적 교훈과 우리 당의 총로선」, 『김정일선집』 12, 조선노동당출판사, 1997.

김정일, 「사회주의는 과학이다」, 『김정일선집』 13권, 조선로동당출사, 1998.

김정일, 「조선민족 제일주의정신을 높이 발양시키자」(1989.12.28.), 『친애하는 지도자 김정일 동지의 문헌집』, 1992.

김정일, 「주체사상 교양에서 제기되는 몇 가지 문제에 대하여」(1986.7.15.), 『김정일 선집 8』, 조선로동당출판사, 1996.

김정일, 「주체의 혁명관을 튼튼히 세울 데 대하여」(1987.10.10), 『친애하는 지도자 김정일동지의 문헌집』, 조선로동당출판사, 1992.

김학봉, 「수령, 당, 대중은 운명을 같이하는 사회정치적 생명체」, 『근로자』, 12, 1987.

다이안 맥도넬, 임상훈 옮김, 『담론이란 무엇인가』, 한울, 1992.

루이 알뛰세, 이진수 옮김, 「이데올로기와 이데올로기적 국가기구」, 『레닌과 철학』, 백의, 1991.

박경숙, 「북한 사회의 국가, 가부장제, 여성의 관계에 대한 시론」, 『사회와 이론』 21-1, 2012.

박영균, 「분단의 사회적 신체와 심리 분석에서 제기되는 이론적 쟁점들」, 『시대와 철학』 23-1, 2012

박영균, 「분단의 아비투스에 관한 철학적 성찰」, 『시대와 철학』 21-3, 한국철학사상연구회, 2010.

박영균·김종군, 「코리언의 역사적 트라우마에 관한 연구방법론」, 『코리언의 역사적 트라우마』, 선인, 2012.

박현선, 『현대 북한사회와 가족』, 한울 아카데미, 2003.

브루스 커밍스, 김동춘 옮김, 「북한의 조합주의」, 『한국현대사』 Ⅰ, 이성과 현실사, 1982.

사회과학원 철학연구소, 『철학사전』, 사회과학출판사, 1985.

스즈끼 마사유끼, 「북한의 '사회정치적 생명체'론」, 박한식 편, 『북한의 실상과 전망』, 동화연구소, 1991.

와다 하루키, 고세원 옮김, 『역사로서의 사회주의』, 창작과 비평사, 1994.

윤정수, 「사회주의 본질적 특성에 대한 주체적 이해」, 『철학연구』 1, 1993.

이미경, 「경제위기 이후 북한 도시여성의 삶과 의식: 청진, 신의주, 혜산지역을 중심으로」, 『북한연구학회보』 8-2, 2004.

이온죽, 『북한사회의 체제와 생활』, 법문사, 1993.

이윤복, 「사회정치적 생명체론과 사회관계의 성격: 북한 언론문화의 배경에 관한 일고찰」, 『한국언론정보학보』 91, 한국언론정보학회, 2018.

이인정, 「북한의 시장화와 가족윤리의 변화」, 『윤리교육연구』 51, 한국윤리교육학회, 2019.

이인정, 「조선녀성에 드러난 북한의 가족과 자녀 교육에 관한 연구」, 『도덕윤리과교육연구』 46, 한국도덕윤리과 교육학회, 2015.

이헌경, 「김일성·김정일 우상화를 위한 유교적 정치사회화」, 『세계지역연구논총』 18, 한국세계지역학회, 2002.

임옥규, 「북한 문학을 통해 본 김정은 체제에서의 국가와 여성: 『조선문학』 (2012~2013)을 중심으로」, 『국제한인문학연구』 13, 국제한인문학회, 2014.

전미영, 「북한의 통치담론과 전통문화」, 『북한연구학회보』 7-2, 북한연구학회, 2003.

정세진, 『'계획'에서 시장으로: 북한체제변동의 정치경제』, 한울아카데미, 2000.

주봉호, 「주체사상의 이론적 변용 담론」, 『대한정치학회보』 9-2, 대한정치학회, 2001.

최현호, 「북한의 통치이데올로기와 전통사상의 상성 연구」, 『국민윤리연구』 42, 한국국민윤리학회, 1999.

홍민, 「북한의 도덕담론 교환구조와 사회적 관계의 변화 동학」, 『북한학연구』 2-1, 2006.

황장엽, 「위대한 수령 김일성 동지의 력사적인 연설은 우리 인민의 끝없는 행복의 원천과 승리의 앞길을 밝혀주는 강령적 문헌이다」, 국토통일원, 『북한 최고 인민회의 자료집』 3, 제5기 1차 회의, 1988.

1974년 2월 조선노동당 중앙위원회 결의, 「유일사상체계 확립 10대 원칙」, 월간조 선 편, 『북한, 그 충격의 실상』, 조선일보사, 1991.

남북한 민족주의 가치관의 이중성

강원택, 「1장 한국인의 국가 정체성과 민족 」, 강원택·이내영『한국인, 우리는 누구인가: 여론조사를 통해 본 한국인의 정체성』, 동아시아연구원, 2011.

강혜석, 「북한 민족주의 연구: 적응적 국가민족주의와 정당성의 정치」, 서울대학 교 일반대학원 박사학위논문, 2017.

강혜석, 「북한의 민족건설과 두 개의 민족론: 통일론과의 긴장을 중심으로」, 『한국 정치학회보』 53-1, 대한정치학회, 2019.

건국대학교 통일인문학연구단, 『코리언의 민족정체성』, 선인출판사, 2012.

김광운, 「북한 민족주의 역사학의 궤적과 환경」, 『韓國史硏究』 152, 한국사연구 회, 2011.

김태우, 「북한의 스탈린 민족이론 수용과 이탈 과정」, 『역사와 현실』 44, 한국역사 연구회, 2002.

박명규, 「분단체제, 세계화 그리고 평화민족주의」, 『시민과 세계』 8, 참여연대 참여사회연구소, 2006.

박용수, 「1990년대 이후 남·북한 민족주의의 특성」, 『한국정치학회보』 41-1, 한국정치학회, 2007.

박찬승, 『민족·민족주의』, 소화, 2010.

신기욱, 이진욱 옮김, 『한국민족주의의 계보와 정치』, 창비, 2009.

이병수, 「과도기의 북한철학에 나타난 변화와 이론적 특징」, 『통일인문학』 50, 건국대학교 인문학연구원, 2010.

이병수, 『친일 미청산의 역사와 친일의 내적 논리』, 『통일인문학』 76, 건국대학교 인문학연구원, 2018.

이용기, 「임정법통론의 신성화와 '대한민국 민족주의'」, 『역사비평』 2019년 가을호(통권 128), 역사비평사, 2019.

이종석, 『새로 쓴 현대북한의 이해』, 역사비평사, 2000.

전미영, 「김정은 시대 북한 민족주의: 담론·문화·정책을 중심으로」, 『북한학보』 43-1, 북한학회, 2018.

정영철, 「국가 - 민족 우선의 통일론에 대한 성찰」, 『통일인문학』 제74집, 건국대학교 인문학연구원, 2018.

정영철, 「북한의 민족주의와 문화변용: 김정은 시대 북한 문화의 변화」, 『문학정책논총』 31-2, 한국문화관광연구원, 2017.

국가주의 철학의 발생과 세부 이행: 안호상의 철학을 중심으로

1. 1차문헌

安浩相, 「부루노 바우흐: 現代 世界 唯一 民族哲學者 (一)-(五)」, 『東亞日報』 1933.01.11. - 1933.01.16.

安浩相, 「예나大學과 久遠의 理想」, 『新人文學』 2권 1호, 靑鳥社, 1935.

安浩相, 「히틀러, 아인스타인, 오이켄 諸氏의 印象」, 『朝光』 11월호, 朝鮮日報社出版部, 1938.

安浩相, 「朝鮮古來思想과 現代思潮와의 關聯性」, 『東亞日報』, 1939.01.05.

安浩相, 「朝鮮文化의 創造性: 哲學, 偉大한 文化形式에는 哲學的 地盤이 必要 (一)-(二)」, 『東亞日報』 1940.01-1940.01.03.

安浩相, 「勤勞의 本質과 槪念 ②」, 『每日新報』 1942.01.28.

安浩相, 「勤勞의 本質과 槪念 ③」, 『每日新報』 1942.01.29.

安浩相, 『哲學講論』, 東光堂書店, 1942.

安浩相, 『哲學論叢』, 乙酉文化社, 1948.

安浩相, 「우리原理(一) 國家哲學」, 『政法』 3-5, 法政社 1948.05.

安浩相,「民族敎育을 외치노라」,『새교육』1권 1호, 朝鮮敎育聯合會, 1948.07.
安浩相,「民主的 民族敎育의 理念」,『民主的民族敎育研究』제1집, 文敎部, 1949.
安浩相,『일민주의의 본바탕: 一民主義의 本質』, 一民主義研究院, 1950.
안호상,『민주적 민족론』, 어문각, 1961.
安浩相,『人生과 哲學과 敎育』, 語文閣, 1964.
안호상·김종옥,『국민윤리학』, 배영출판사, 1975.

2. 2차문헌

강정인,「박정희 시대의 국가주의: 국가주의의 세 차원」,『개념과 소통』제20호,
　　　한림대학교 한림과학원, 2017.
강해수,「제국일본의 '도의道義국가'론과 '공공성': 와쓰지 데쓰로(和辻哲郎)와
　　　오다카 도모오(尾高朝雄)를 중심으로」,『오늘의 동양사상』제23집, 예문동
　　　양사상연구원, 2012.
권혁범,『민족주의와 발전의 환상』, 솔, 2000.
김동춘,『전쟁과 사회』, 돌베개, 2018.
김석수,『한국현대실천철학』, 돌베개, 2008.
김영희,「국민동원체제와 식민지 유산」, 김영희 외,『민족과 국민, 정체성의 재구
　　　성』, 혜안, 2009.
김재현,『한국사회철학의 수용과 전개』, 동녘, 2002.
김진균·조희연,「분단과 사회상황과의 상관성에 관하여-분단의 정치사회학적
　　　범주화를 위한 시론」, 변형윤 외,『분단시대와 한국 사회』, 까치, 1985.
미야카와 토루, 아라카와 이쿠오 편, 이수정 옮김,『일본근대철학사』. 생각의
　　　나무, 2001.
박상섭,『국가·주권』, 소화, 2009.
박민철,「국가주의의 철학적 기획-김두헌의 철학체계를 중심으로-」,『시대와
　　　철학』제31권 3호, 한국철학사상연구회, 2020.
박찬승,「20세기 韓國 國家主義의 起源」,『한국사연구』제117집, 한국사연구회,
　　　2002.
백종현,『독일철학과 20세기 한국의 철학』, 철학과현실사, 1998.
서중석,『배반당한 한국민족주의』, 성균관대학교 출판부, 2005.
서중석,『이승만의 정치이데올로기』, 역사비평사, 2006.
선우현,「일민주의 철학의 정립자 이승만인가 안호상인가」,『시대와 철학』제26

권 4호, 한국철학사상연구회, 2015.

선우현, 「안호상의 일민주의 철학과 자생적 실천철학의 자격 조건」, 『철학연구』 제141집, 대한철학회, 2017.

앙드레 슈미드, 정여울 옮김, 『제국 그 사이의 한국』, 후마니타스, 2012.

에이메 세제르, 이석호 옮김, 『식민주의에 대한 담론』, 동인, 2004.

엄정식, 「식민지 시대의 한국철학과 민족주의」, 『동아연구』 제37집, 서강대학교 동아연구소, 1999.

연정은, 「안호상의 일민주의와 정치·교육활동」, 『역사연구』 제12호, 역사학연구소, 2003.

은희녕, 「안호상의 국가지상주의와 '민주적 민족교육론'」, 『중앙사론』 제43집, 중앙대학교 중앙사학연구소, 2016.

이광래, 『한국의 서양사상 수용사』, 열린책들, 2003.

이병수, 「문화적 민족주의의 맥락에서 본 안호상과 박종홍의 철학」, 『시대와 철학』 제19권 2호, 한국철학사상연구회, 2008.

이병수, 「친일미청산의 역사와 친일의 내적 논리」, 『통일인문학』 제76집, 건국대학교 인문학연구원, 2018.

李承晩, 『一民主義槪述』, 一民主義普及會, 1949.

이태우, 『일제강점기 한국철학』, 살림터, 2018.

임종명, 「제1공화국 초기 대한민국의 가족국가화와 내파」, 『한국사연구』 제130집, 한국사연구회, 2005.

전재호, 「세계화 시대 한국과 일본의 민족주의: 지속성과 변화」, 『한국정치외교사논총』 제24집 2호, 한국정치외교사학회, 2003.

전재호, 「한국 민족주의의 반공 국가주의적 성격에 관한 연구: 식민지 시기 '부르주아 우파'와 국가형성 초기 '이승만 세력'을 중심으로」, 『지역과 세계』 제35집 2호, 사회과학연구소, 2011.

조효제, 「애국주의/국가주의 대 인권」, 『내일을 여는 역사』 제58호, 내일을 여는 역사재단, 2015.

조희연, 「박정희 시대의 강압과 동의」, 『역사비평』 제67집, 역사비평사, 2004.

테렌스 볼·리처드 대거, 정승현 외 옮김, 『현대 정치사상의 파노라마』, 아카넷, 2006.

함석헌, 『함석헌 전집 4: 죽을 때까지 이 걸음으로』, 한길사, 1984.

후지이 다케시, 『족청·족청계의 이념과 활동』, 성균관대학교 대학원 사학과 박사학위논문, 2010.

후지이 다케시, 「조선민족청년단의 기원에 대한 재검토」, 『역사연구』 제23호,
　　　역사학연구소, 2012.

제2부 남북 국가담론을 통해 본 일상과 의식의 변화

북한의 체제 변화에 따른 민속학의 임무와 성과

권택무, 『조선민간극』, 조선문학예술총동맹출판사, 1966.

김일출, 『조선민속탈놀이연구』, 과학원출판사, 1958.

김종군, 「북한의 민족전통 계승의 실제와 의미」, 『동방학』 22, 한서대 동양고전연
　　　구소, 2012.

김종군, 「북한지역의 상장례(喪葬禮) 변화 연구 ― 1960년대 민속조사 자료를
　　　중심으로」, 『온지학회』 39, (사)온지학회, 2014.

김종군, 「코리언의 혼례 전통 계승과 현대적 변용」, 『통일인문학』 63, 건국대
　　　인문학연구원, 2015.

김종군, 「탈북민 구술을 통해 본 북한 민속의례의 변화와 계승」, 『한국민속학』
　　　62, 한국민속학회, 2015.

김종군, 『고난의 행군시기 탈북자 이야기』, 박이정, 2012.

리재홍, 「민속무용 《봉산탈춤》에 깃든 절세위인들의 숭고한 조국애」, 『민족문화
　　　유산』, 2007년 1호.

리희순, 「우리 인민의 우수한 민족적전통을 적극 살려나가는데서 지침으로 되는
　　　력사적문헌」, 『민족문화유산』, 2004년 1호.

문화유산 편찬위원회, 「전국 농업 협동 조합 대회에서 제시한 과업과 민속학의
　　　당면 임무」, 『문화유산』, 과학원출판사, 1959.

문화유산 편찬위원회, 『문화유산』, 과학원출판사, 1959.

서득창, 『조선의 민속놀이』, 군중문화출판사, 1964.

선희창, 『조선의 민속』, 사회과학출판사, 1986.

선희창·김내창, 『조선민속풍습』, 사회과학출판사, 1990.

이정재, 「북한 민속학연구의 경향과 특징 연구」, 『한국의 민속과 문화』 6, 경희대
　　　민속학연구소, 2002.

전경수 편, 『전장석 민속학: 혼인과 친척연구에 기여한 북선민속학자』, 민속원,

2018.

전장석, 「향토사 편찬에서 민속에 관한 부문을 어떻게 서술할 것인가」, 『문화유산』, 과학원출판사, 1959.

조선문화보존사, 「잡지를 내면서」, 『민족문화유산』 2001년 1호.

조선문화보존사, 〈사설〉 「조선민족제일주의정신을 높이 발양시켜 우리인민의 우수한 민족적전통을 활짝 꽃피우자」, 『민족문화유산』 2007년 1호.

조선민속사전 편찬위원회, 『조선민속사전』, 과학백과사전출판사, 2004.

조선민주주의인민공화국 과학원 고고학 및 민속학연구소, 『민속학 론문집』, 과학원출판사, 1959,

조선사회과학원 민속학연구소, 『우리 민족의 전통적인 생활문화와 풍습』, 사회과학출판사, 2006.

조선사회과학원 민속학연구소, 『조선민속조사자료 입력본』, 2006.

조선사회과학원 민속학연구소, 『조선사회과학학술집-민속학편』, 사회과학출판사, 2009~2015.

조선의 민속전통 편찬위원회, 「조선의 민속전통(전 7권)을 내면서」, 『조선의 민속전통』, 과학백과사전종합출판사, 1994.

주강현, 『북한 민속학사』, 이론과실천, 1991.

최상일, 『북녘 땅 우리소리』1 음반해설집, 서울음반, 2004, 7쪽.

한 효, 『조선연극사개요』, 국립출판사, 1956.

http://encykorea.aks.ac.kr/Contents/Item/E0066499 (2020.02.28.)

'분단적대성'의 역사적 발원과 감정구조

강성현, "'아카'(アカ)와 '빨갱이'의 탄생―'적(赤-敵) 만들기'와 '비국민'의 계보학", 『사회와 역사』 100, 2013.

강진웅, 「문화적 전환 이후의 국가론」, 『한국사회학』 48(1), 2014.

김 석, 『프로이트&라캉』, 김영사, 2013.

김기대, 「분단문화와 통일문화-가치관의 변화를 중심으로」, 『사회과학연구』 35호, 강원대학교 사회과학연구원, 1996.

김동춘·기외르기 스첼·크리스토프 폴만 외 저, 안인경·이세현 옮김, 『반공의 시대: 한국과 독일, 냉전의 정치』, 돌배게, 2015.

김명희, 「이행기 정의의 코뮤니타스와 공공역사: 두 개의 전쟁박물관에 재현된 감정기억」,『거시적 감정사회학을 위한 탐색적 연구 2차년도 결과발표회 자료집』, (2018.08.23. 연세대).

김종곤, "통일문화의 세 가지 키워드: 분단문화, 헤테로토피아, 문화-정치",『시대와 철학』 28(2), 한국철학사상연구회, 2017.

리처드 래저러스·버니스 래저러스, 정영목 역,『감정과 이성』, 문예출판사, 2018.

리처드 래저러스·버니스 래저러스, 정영목 역,『감정과 이성』, 문예출판사, 2018.

문성규,「적대의 지구화와 정치의 조건들」,『철학논집』 28호, 서강대 철학연구소, 2012.

박기순,「스피노자와 니체의 관계: 감정과 기억의 문제를 중심으로」,『시대와 철학』 27(1), 한국철학상연구회, 2016.

박명림,「한국분단의 특수성과 두 한국: 지역냉전, 적대적 의존, 그리고 토크빌 효과」,『역사문제연구』 13호, 역사문제연구소, 2004.

박영균,「분단의 아비투스에 관한 철학적 성찰」,『시대와 철학』 21(3), 한국철학사상연구회, 2010.

박형신·정수남,『감정은 사회를 어떻게 움직이는가』, 한길사, 2016.

서영채,「민족, 주체, 전통: 1950~60년대 전통논의의 의미」,『민족문학사연구』 제34권, 2007.

송명희,「폭력과 아브젝시옹」,『비평문학』 61, 한국비평문학회, 2016.

신동규,「전쟁과 홀로코스트의 기념을 통해 본 감정정치: 유럽 박물관의 고통 재현과 집단감정」,『서양사론』 135, 한국서양사학회, 2017.

에바 일루즈, 김정아 역,『감정자본주의』, 돌베개, 2013.

윤덕희,「통일문화 형성의 방향과 실천과제」,『한국정치학회보』 31권 1호, 1997.

이시카와 마사토, 박진열 역,『감정은 어떻게 진화했나』, 라르고, 2016.

이정희,「미셸 퓨코의 통치성의 계보학: "국가 이성"을 중심으로」,『시대와 철학』 22(1), 한국철학사상연구회, 2011.

임현진·정영철,『21세기 통일한국을 위한 모색』, 서울대학교출판부, 2005.

자크 랑시에르, 양창렬 역,『정치적인 것의 가장자리에서』, 길, 2008.

잭 바바렛, 박형신 역,『감정과 사회학』, 이학사, 2010.

잭 바바렛, 박형신·정수남 역,『감정의 거시사회학: 감정은 사회를 어떻게 움직이는가?』, 일신사, 2007.

정유정,「윌리엄즈의 '감정구조' 개념과 계급에 대한 제(諸) 개념들의 검토」,『한국콘텐츠학회논문지』 17(8), 한국콘텐츠학회, 2017.

주디스 버틀러, 유민석 역, 『혐오발언』, 알렙, 2016.

지그문트 프로이트, 임홍빈·홍혜경 역, 『정신분석 강의』, 열린책들, 2011.

카롤린 엠케, 정지인 역, 『혐오사회』, 다산지식하우스, 2018.

홍성민, 「감정구조와 대중정치학: 박정희 향수에 대한 문화이론적 접근」, 『정치사
    상연구』 21(1), 한국정치사상학회, 2015.

남·북·중의 산아제한정책과 코리언 여성들의 출산문화 및 의식세계

건국대학교 통일인문학연구단, 『통일인문학』, 알렙, 2015.

고응린·이정균·박항배, 「정관수술과 동맥경화증과의 상관관계에 관한 역학적
    예비조사연구」, 『한양의대 학술지』 3-1, 한양대 의과대학 1983, 241-248쪽.

김성민·박영균, 「인문학적 통일담론과 통일인문학: 통일패러다임에 관한 시론적
    모색」, 『철학연구』 92, 철학연구회, 2011, 143-172쪽.

김종군 외, 「구술생애담을 통해 본 남·북·중 코리언 여성들의 아들 낳기 문제와
    젠더의식」, 『다문화콘텐츠연구』 33, 문화콘텐츠기술연구원, 2020, 331-
    367쪽.

김은실, 「출산문화와 여성」, 『한국여성학』 12-2, 한국여성학회, 1996, 119-153쪽.

김지희, 「북한의 인구관과 인구정책 분석」, 이화여자대학교 석사학위논문, 2018,
    1-81쪽.

박혜경, 「한국 중산층의 자녀교육 경쟁과 '전업 어머니' 정체성」, 『한국여성학』
    25-3, 한국여성학회, 2009, 5-33쪽.

배은경, 「구술생애사를 통해 본 산업화 시기 한국 어머니의 모성 경험: 경제적
    기여와 돌봄노동, 친족관계 관리의 결합」, 『페미니즘연구』 8-1, 한국여성연
    구소, 2008, 69-123쪽.

신경아, 「한국 여성의 모성 갈등과 재구성에 관한 연구: 30대 주부를 중심으로」,
    서강대학교 박사학위논문, 1998, 1-237쪽.

신동흔, 「경험담의 문학적 성격에 대한 고찰: 현지조사 자료를 중심으로」, 『구비문
    학연구』 7, 한국구비문학회, 1997, 157-182쪽.

신동흔, 「시집살이담의 담화적 특성과 의의 -'가슴 저린 기억'에서 만나는 문학과
    역사-」, 『구비문학연구』 32, 한국구비문학회, 2011, 1-36쪽.

안지영, 「김정일 시기 이후 북한의 '인구재생산'과 영화 속 모성담론」, 『여성연구』
    88, 한국여성정책연구원, 2015, 43-81쪽.

유병호, 「중국 조선족의 인구위기에 대한 연구」, 『재외한인연구』 9-1, 재외한인연구회, 2000, 135-159쪽.

윤택림, 「생활문화 속의 일상성의 의미=도시 중산층 전업주부의 일상생활과 모성 이데올로기」, 『한국여성학』 12-2, 한국여성학회, 1996, 79-117쪽.

이경희, 「현대화 과정에서 한국과 중국의 산아제한정책 비교연구」, 『교육연구』 40, 성신여대 교육문제연구소, 2006, 401-430쪽.

이선형, 「구술생애사를 통해 본 한국여성들의 모성인식에 대한 세대비교연구」, 『페미니즘연구』 11(1), 한국여성연구소, 2011, 59-99쪽.

이애란, 「출산도구로만 생각하는 여성 인권 침해와 불법낙태가 자행되는 북한 - 북한의 다산정책과 불법 낙태 실태」, 『북한』 439, 북한연구소, 2008, 162-169쪽.

한경혜·노영주, 「50대 중년 여성의 모성경험에 관한 질적 연구」, 『한국가족관계학회지』 5-1, 한국가족관계학회, 2000, 1-22쪽.

제3부 국가건설과 혁명, 그리고 문화

북한의 "녀성해방"과 공산주의 어머니 교양

1. 국문참고

김옥순, 「후대들을 앞날의 공산주의 건설자로 교양 육성하기 위한 어머니들의 과업에 대하여」, 전국 어머니 대회에서 한 조선 민주 녀성 동맹 중앙위원회 제1부위원장 김옥순 동지의 보고 (1961년 11월 15일), 『전국어머니대회문헌집』, 조선녀성사, 1962.

김일성, 「자녀 교양에서의 어머니들의 임무-전국 어머니 대회에서 한 연설 (1961년 11월 16일)」, 『전국어머니대회문헌집』, 조선녀성사, 1962.

김재웅, 「해방된 자아에서 동원의 대상으로: 북한 여성정책의 굴절, 1945-1950」, 『한국사연구』170, 한국사연구회, 2015, 389~428쪽.

박영자, 『북한 녀자: 탄생과 굴절의 70년사』, 엘피, 2017.

박현선, 「북한사회와 여성문제」, 『역사비평』 2, 역사비평사, 1988, 65~81쪽.

박정희, 『이이효재: 대한민국 여성운동의 살아있는 역사』, 다산초당, 2019.

이임하, 『조선의 페미니스트』, 철수와 영희, 2019.

이종석, 『북한의 역사2-주체사상과 유일체제 1960-1994』,역사비평사, 2018.

조영주, 「북한의 '인민만들기'와 젠더 정치」, 『한국여성학』, 29-2, 한국여성학회, 2013, 111-142쪽.

2. 《노동신문》

〈3.8 국제 부녀절 기념 평양시 경축 대화에서 한 조선 민주 녀성 동맹 중앙위원회 위원장 박정애 동지의 보고〉, 《노동신문》, 1956. 3. 8., 1쪽.

〈사회주의 건설에서 녀성들의 역할을 높이기 위한 사상 사업을 강화할 데 대해서- 전국 녀성 열성자 회의에서 한 조선 민주 녀성 동맹 중앙 위원회 박정애 위원장의 보고〉, 《노동신문》, 1956. 3. 8., 3쪽.

〈공화국 녀성들은 사회주의 건설의 믿음직한 력량이다〉, 《노동신문》, 1959. 3. 8., 1쪽.

〈공산주의적 도덕 기풍 철저히 확립〉, 《노동신문》, 1961. 11. 15., 1쪽.

〈녀성해방운동의 기원: 민족해방투쟁시기〉, 《노동신문》, 1962. 9. 1., 1쪽.

〈조선 민주 녀성 동맹 제 3차대회 우리의 영웅적 녀성들의 대회를 열렬히 축하한 다〉, 《노동신문》, 1965. 9. 1., 1쪽.

〈조선 민주 녀성 동맹 제3차 대회에서 한 녀맹 중앙 위원회 김옥순 제 1부위원장의 보고-조선 민주 녀성 동맹 중앙 위원회 사업 총화에 대하여〉, 《노동신문》, 1965. 9. 2., 3~5쪽.

3. 《조선녀성》

〈사회주의 건설에서 녀성들의 역할을 높이기 위한 사상 사업을 강화할 데 대해서- 전국 녀성 열성자 회의에서 한 조선 민주 녀성 동맹 중앙 위원회 박정애 위원장의 보고〉, 《조선녀성》, 조선녀성사, 1957, 4월호, 2쪽.

〈녀맹 단체들의 사업 체계를 확립하며 사업 방법을 개선할데 대하여-조선 민주 녀성 동생 중아위원회 제 6차 확대 전원회의에서 한 김옥순 부위원장의 보고〉, 《조선녀성》, 조선녀성사, 1960, 7월호, 12쪽.

홍진규, 〈항일무장투쟁과 조선녀성〉," 《조선녀성》, 조선녀성사, 1962, 5월호, 20~21쪽.

조근원, 〈불굴의 혁명투사 마동희 동지의 모친 장 길부 녀사〉, 《조선녀성》, 조선 녀성사, 1965, 10월호, 11~14쪽.

〈남조선 녀성들에게 보내는 호소문〉, 《조선녀성》, 조선녀성사, 1966, 11월호,

3쪽.

〈당이 가리키는 새 승리의 길을 따라 더욱 힘차게 전진하자〉, 《조선녀성》, 조선녀
　　성사, 1966, 11월호, 3쪽.

〈모성로동자들에 대한 당과 정부의 또 하나의 배려〉, 《조선녀성》, 조선녀성사,
　　1966, 11월호, 13쪽.

〈조선의 어머니 강반석 녀사〉, 《조선녀성》」, 조선녀성사, 1967, 7월호, 6~8쪽.

4. 영문참고

S. Choi, "Gender Politics in Early Cold War North Korea: National Division, Conscription, and Militarized Motherhood from the Late 1940s to 1960s," Journal of Peace and Unification 8(2), Ewha Institute of Unification Studies, 2018, pp. 1-27.

J. Goven, "Gender and Modernism in a Stalinist State," Social Politics: International Studies in Gender 9(1), Oxford Academic, 2002, pp. 1-28.

S. Kim, "Cold War Feminisms in East Asia: Introduction," Positions: Asia Critique 28(3), Duke University Press, 2020.

S. Kim, Everyday Life in the North Korean Revolution, Ithaca, Cornell University Press, 2013.

S. Kim, "Revolutionary Mothers: Women in the North Korean Revolution, 1945-1950," Comparative Studies in Society and History, 52(4), Cambridge University Pres, 2012, pp. 742-767.

H. Park, "Ideals of liberation: Korean women in Manchuria," In E. H. Kim & C. Choi (Ed.), Dangerous Women: Gender and Korean Nationalism, pp. 229-248, New York: Routledge, 1998.

Z. Wang, Finding Women in the State: A Socialist Feminist Revolution in the People's Republic of China, 1949-1964, Oakland: University of California Press, 2017.

A. Yurchak, Everything was Forever, Until It Was No More: The Last Soviet Generation, Princeton: Princeton University Press, 2015.

1960년대 북한의 '붉은 인텔리' 만들기

1. 북한자료

『경제연구』, 『근로자』, 《로동신문》

고정웅·리준항, 『조선로동당의 반수정주의투쟁경험』, 평양: 사회과학출판사, 1995.

김일성, 『김일성 저작집』 3/12~14, 16/17~19/21~22, 평양: 조선로동당출판사, 1975/1981/1982/1983.

김일성, 『사회과학의 임무에 대하여』, 평양: 조선로동당출판사, 1969.

김일성, 『사회주의 경제관리 문제에 대하여 3』, 평양: 조선로동당출판사, 1970.

김정일, 『김정일 선집 1』, 평양: 조선로동당출판사, 1992.

돌베개 편집부 편, 『북한조선로동당대회주요문헌집』, 돌베개, 1988.

리상걸, 『사회주의와 지식인문제』, 평양: 사회과학출판사, 1995.

리형일, 『철학소사전』, 평양: 조선로동당출판사, 1955.

사회과학원 력사연구소, 『조선전사 30 현대편-사회주의건설사 3』, 평양: 과학, 백과사전출판사, 1982.

사회과학원 철학연구소, 『철학사전』, 평양: 사회과학출판사, 1985.

사회과학출판사 편, 『주체사상 총서 5-사회주의, 공산주의 건설이론』, 태백. 1989.

조선로동당출판사 편, 『위대한 수령 김일성 동지의 불멸의 혁명업적 15-사회주의 경제관리문제의 빛나는 해결』, 평양: 조선로동당출판사, 1999.

조선로동당출판사 편, 『위대한 수령 김일성 동지의 불멸의 혁명업적 7-주체형의 혁명적 당 건설』, 평양: 조선로동당출판사, 1998.

조선중앙통신사 편, 『조선중앙연감』, 평양: 조선중앙통신사, 1970.

조재선, 『과도기에 있어서의 조선로동당의 경제정책』, 평양: 조선로동당출판사, 1958.

차용현·서광웅, 『조선로동당 인테리정책의 빛나는 력사』, 평양: 사회과학출판사, 2005.

최중극, 『과도기와 사회주의 경제발전의 합법칙성』, 평양: 과학, 백과사전출판사, 1987.

허인혁, 『우리 나라에서의 사회주의 인테리의 형성과 장성』, 평양: 조선로동당출판사, 1960.

2. 논저

강 명, 〈1958-1964년 북한 문화혁명의 변화과정 연구〉, 건국대 통일인문학과 석사학위논문, 2017.

강성은 구술, 홍종욱 채록, 「유도선수 꿈을 버리고 조선대학교에서 역사를 공부하다」, 『웹진 역사랑』 6, 한국역사연구회, 2020.6.

강호제, 「과학기술정책의 후퇴」, 『민족 21』 2010년 3월호.

김 면, 「독일 국립문서보관소 소장 자료를 통해서 본 북한과 구동독 간의 경제협력」, 『북한연구학회보』 7-1, 북한연구학회, 2003.

김보미, 「북한의 전후 복구시기 사회주의 진영의 원조와 '주체'의 제기(1953~1955)」, 『아세아연구』 56-4, 고려대학교 아세아문제연구소, 2013.

김응교, 『조국 (하)』, 풀빛, 1993.

박진희, 「한·일협정 체결과 '지역통합전략'의 현실화-한·미·일 3국의 인식과 대응을 중심으로」, 『역사와 현실』 50, 한국역사연구회, 2003.

변학문, 『북한의 기술혁명론: 1960-70년대 사상혁명과 기술혁명의 병행』, 서울대 과학사 및 과학철학 전공 박사학위논문, 2015.

서동만, 『북조선사회주의체제성립사 1945~1961』, 선인, 2005.

유권하, 『아름다운 기다림: 레나테』, 중앙북스, 2010.

윤여령, 「북한의 '인테리'정책: 역사적 변화를 중심으로」, 『내일을 여는 역사』 70, 재단법인 내일을여는역사재단, 2018.

이미경, 「1950-60년대 북한·중국·소련 삼각관계의 형성과 균열」, 『중소연구』 26-4, 한양대학교 아태지역연구센타, 2003.

이시연, 『북한 원조의 정치경제학: 1950년대 소련·중국·동유럽 사례』, 이화여대 북한학과 박사학위논문, 2018.

이유재, 「북한사람들의 지구화 경험」, 『한국현대 생활문화사: 1950년대』, 창비, 2016.

이정철, 『사회주의 북한의 경제동학과 정치체제: 현물동학과 가격동학의 긴장이 정치체제에 미치는 영향을 중심으로』, 서울대 정치학과 박사학위논문, 2002.

이종석, 『현대 북한의 이해』, 역사비평사, 1995.

이태섭, 『김일성 리더십 연구-수령 체계의 성립 배경을 중심으로』, 들녘, 2001.

정영철, 『김정일 리더십 연구』, 선인, 2005.

정진아, 「북한이 수용한 '사회주의 쏘련'의 이미지」, 『통일문제연구』 22-2, 평화문제연구소, 2010.

정창현, 「1967년 노동당 제4기 15차 전원회의 김정일 연설: 김정일 후계체제의 서막」, 『역사비평』 112, 역사문제연구소, 2015.

한모니까, 「1960년대 북한의 경제·국방병진노선의 채택과 대남정책」, 『역사와 현실』 50, 한국역사연구회, 2003.

한성훈, 「북한 민족주의 형성과 반미애국주의 교양」, 『한국근현대사연구』 56, 한국근현대사학회, 2011.

해방후 남북한 문화시설 운영정책에 관한 연구: 국립극장을 중심으로

1. 논문

김민수, 「초창기 창극의 공연양상 재고찰: 협률사와 원각사의 공연활동을 중심으로」, 『국악원논문집』 27, 국립국악원, 2013.

김윤지, 「한국민속예술사전 편찬을 위한 민속무용의 유형분류 연구」, 『한국사전학』 24-3, 한국사전학회, 2014.

권도희, 「대한제국기 황실극장의 대중극장으로의 전환 과정에 대한 연구: 희대·협률사를 중심으로」, 『국악원논문집』 32, 국립국악원, 2015.

민대진·송영애, 「영화관에 대한 공적(公的) 인식 변화 연구」, 『사회과학 담론과 정책』 9-2, 경북대학교 사회과학연구원.

박영정, 「법으로 본 일제강점기 연극영화 통제정책」, 『문화정책논총』 16, 한국문화관광연구원, 2004.

배병욱, 「1920년대 전반 조선총독부의 선전영화 제작과 상영」, 『지방사와 지방문화』 9-2, 역사문화학회, 2006.

박현선, 「극장 구경 가다: 근대 극장과 대중문화의 형성」, 『문화과학』 28, 문화과학사, 2001.

전현수, 「산업의 국유화와 인민경제의 계획화: 공업을 중심으로」, 『현대북한연구』, 2-1, 북한연구학회, 1999.

전지니, 「선전지 『국립극장』을 통해 본 국립극장의 탄생」, 『근대서지』 21, 근대서지학회, 2020.

정충권, 「1900~1910년대 극장무대 전통공연물의 공연양상 연구」, 『판소리학회지』 16, 판소리학회, 2003.

조영규, 「協律社와 圓覺社 연구」, 연세대학교 일반대학원 박사학위, 2005.

이재명, 「해방기 북한 국립극장의 공연작 연구」, 『우리말연구』 65, 우리말글학회, 2015.

이길성, 「미군정 시기 국립극장의 논의와 극장의 공공성 담론 연구」, 『사림』 65, 수선사학회, 2018.

이명자, 「미·소 군정기(1945~1948) 서울과 평양의 극장연구」, 「통일과 평화」 1-2, 서울대학교 통일평화연구원, 2015.

이광국, 「협률사와 원각사에 관한 연구」, 『배달말』 6, 배달말, 1981.

이태화, 「20세기 초 協律社 관련 명칭과 그 개념」, 『판소리 연구』 24, 판소리학회, 2007.

우수진, 「협률사와 극장적 공공성의 형성」, 『한국근대문학연구』 20, 한국근대문학회, 2009.

한상언, 「해방기 영화인 조직 연구」, 한양대학교 일반대학원석사학위논문, 2007.

2. 단행본

김려실, 『문화냉전-미국의 공보선전과 주한미공보원 영화』, 현실문화연구, 2019.

김남석, 『조선 대중극의 용광로 동양극장 I』, 서강대학교출판부, 2018.

주창규, 『식민적 근대성과 한국영화: 조선영화와 충무로영화의 역사적 문화상상』, 2013.

이상우 외, 『국립극장 70년사: 역사편』, 국립중앙극장, 2020.

유민영, 『예술경영으로 본 극장사론』, 태학사, 2017.

3. 정기간행물

〈[안테나] 병신만 갈 극장〉, 《서울신문》, 1948.9.22.

〈[안테나] 자막 속에 친일혼〉, 《서울신문》, 1948.9.24.

〈시내 극장 불하 / 모리謀利 대상된 문화 전당〉, 《동아일보》, 1948.9.4.

〈김상화金尙火 /문화 /무대예술의 회고와 전망〉, 《경향신문》, 1948.1.25.

〈재연된 서울극장 관리문제〉, 《경향신문》, 1948.1.21.

〈허울좋은 시공관 / 입장료 백 5원이란 웬 말 / 개관 첫날부터 비난〉, 《동아일보》, 1948.1.1.

〈공연법 통과 / 취체는 문교부서〉, 《조선일보》, 1947.12.21.

〈시민관으로 발족 / 국제극장 문제 수遂 해결〉, 《경향신문》, 1947.1.23.

〈허울좋은 시공관/입장료 백 5원이란 웬 말/개관 첫날부터 비난〉, 《동아일보》,
1948.1.1.

〈극장안내〉, 《로동신문》, 1947.3.26.

〈각도소재지에 아동 극장창설〉, 《조선신문》, 1947.5.29.

〈새로운 문화생활에 입각〉, 《조선신문》, 1947.6.29.

〈국립가극장에서도 호화로운 환송공연〉, 《투사신문》, 1948.10.15.

4. 북한자료

「10년을 돌이켜 보며 - 국립예술극장 창립 10주년을 맞으며: 생활의 격류 속으
로!」, 『조선예술』, 조선예술출판사, 1958년 3호.

「10년을 돌이켜 보며 - 국립예술극장 창립 10주년을 맞으며: 안무자로서」, 『조선
예술』, 조선예술출판사, 1958년 3호.

「10년을 돌이켜 보며 - 국립예술극상 장립 10주년을 맞으며: 결의를 다지며」,
『조선예술』, 조선예술출판사, 1958년 3호.

「10년을 돌이켜 보며 - 국립예술극장 창립 10주년을 맞으며: 배움에 더욱 노력하
겠다」, 『조선예술』, 조선예술출판사, 1958년 3호.

「10년을 돌이켜 보며 - 국립예술극장 창립 10주년을 맞으며: 배우가 되기까지」,
『조선예술』, 조선예술출판사, 1958년 3호.

「10년을 돌이켜 보며 - 국립예술극장 창립 10주년을 맞으며: 10년 지나 첫걸음」,
『조선예술』, 조선예술출판사, 1958년 3호.

「10년을 돌이켜 보며 - 국립예술극장 창립 10주년을 맞으며: 〈콩쥐〉와 나」, 『조선
예술』, 조선예술출판사, 1958년 3호.

「10년을 돌이켜 보며 - 국립예술극장 창립 10주년을 맞으며: 나의 념원은」, 『조선
예술』, 조선예술출판사, 1958년 3호.

「국립극장의 10년」, 『조선예술』, 조선예술출판사, 1957년 1호.

「선거 선전에서 성과 거둔 중앙 각 극장들의 예술활동」, 『조선예술』, 조선예술출
판사, 1956년 12호.

「예술교양: 극장 관리의 기본적 제 과업과 극장의 조직적 구성」, 『조선예술』,

조선예술출판사, 1957년 1호.

「민족예술극장과 곡예극장의 신년 경축 공연」, 『조선예술』, 조선예술출판사, 1957년 2호.

「국립영화촬영소 창건 열돐을 축하하는 편지」, 『조선예술』, 조선예술출판사, 1957년 2호.

「황북 도립예술극장 10주년 기념」, 『조선예술』, 조선예술출판사, 1957년 7호.

「평남 도립예술극장 창립 10주년」, 『조선예술』, 조선예술출판사, 1957년 5호.

남북에 작동하는 문화 검열

1. 남한문헌

「북한 및 공산권 정보·자료센터를 찾아서」, 『월간 북한』 1989(7), 북한연구소, 1989.

『북한총람(1945-1982)』, 북한연구소, 1983.

경남대학교 북한대학원 편, 『북한 문화, 둘이면서 하나인 문화』, 한울아카데미, 2006.

김길연, 「한국 금서의 시대별 양상 연구」, 서경대학교 박사학위논문, 2013.

김상호, 「한국의 도서심의제도에 관한 고찰」, 『서지학연구』 32, 한국서지학회, 2005.

김용범·전영선, 「古典小說의 流通構造 연구」, 『仁荷語文研究』 2, 인하어문연구회, 1995.

김우필, 「한국 대중문화의 기원과 성격 연구 -사회문화적 담론의 변천을 중심으로」, 경희대학교 박사학위논문, 2014.

김재엽, 「북한의 출판 실태와 남부한 출판 교류에 관한 연구」, 대진대학교 석사학위논문, 2006.

이우영·전영선, 「북한자료 공개제도 개선방안 연구」, 『현대북한연구』 12(2), 북한대학원대학교, 2009.

전영선 외, 『남북한 문화자료의 체계적 관리 연구』, 문화체육관광부, 2012.

전영선, 「北韓의 出版報道體制와 內容 硏究」, 『出版雜誌 研究』 8(1), 출판문화학회, 2000.

전영선, 「文學的 傳統과 媒體變容 硏究」, 『出版雜誌 研究』10(1), 출판문화학회,

2002

전영선, 『북한의 문학예술 운영체계와 문예이론』, 역락, 2002.

전영표, 「文化의 21世紀를 위한 出版法制 研究」, 『出版雜誌 研究』 8(1), 출판문화학회, 2000.

전영표, 『한국출판론: 출판·잡지·교과서·저작권 연구』, 대광문화사, 1987.

차현숙, 「남북한 출판법에 대한 비교연구」, 『2010년 남북법제 연구보고서』, 법제처, 2010.

최한준, 「우리나라 영화사전심의제도 변천의 법적 고찰」, 『경영법률』 22(4), 한국경영법률학회, 2012.

최한준, 「현행 우리나라 영화사전심의제도의 법적 고찰 - 현행 등급분류제의 문제점 및 그 개선방안을 포함하여」, 『경영법률』 25(4), 한국경영법률학회, 2015.

2. 북한문헌

과학백과사전종합출판사, 『문학예술사전(상)』, 과학백과사전종합출판사, 1988.

김문창, 『열망』, 문학예술종합출판사, 1999.

김정일, 「당대렬의 통일과 단결을 강화하기위한 당조직들의 과업 - 조선로동당 중앙위원회 조직지도부, 선전선동부책임일군회의에서 한 연설, 1982년 9월 7일」, 『김정일선집(7)』, 조선로동당출판사, 1996.

김정일, 「복잡한 군중과의 사업을 잘할데 대하여 - 조선로동당 중앙위원회 조직지도부, 선전선동부 일군들과 한 담화 1971년 12월 28일」. 『김정일선집(2)』, 조선로동당출판사, 1993.

김정일, 「사회주의 민족교예를 더욱 발전시킬데 대하여 - 평양교예단 료해검열사업에 참가한일군들과 한 담화, 1973년 12월 8일」, 『김정일선집(3)』, 조선로동당출판사, 1994.

김정일, 「혁명적문학예술작품 창작에서 새로운 앙양을 일으키자 - 1986년 5월 17일 문학예술부문 일군들과 한 담화」, 『김정일선집(8)』, 조선로동당출판사, 1998.

김정일, 「현시기 당사업에서 제기되는 몇가지 문제에 대하여 - 로동당 책임비서, 당중앙위원회 조직지도부 부부장협의회에서 한 연설, 1975년 6월 13일」, 『김정일전집(26)』, 조선로동당출판사, 2019.

┃논문 출처┃

- 박영균의 글은 『시대와 철학』 31권 4호, 한국철학사상연구회, 2020에 「북의 국가담론: 봉건적 가부장에서 젠더화된 민족국가로」라는 제목으로 실렸던 글이다.

- 박민철의 글은 『시대와 철학』 32권 1호, 한국철학사상연구회, 2021에 실린 「국가주의 철학의 발생과 세부 이행: 안호상의 철학을 중심으로」를 수정·보완한 것이다.

- 김종군의 글은 『한국민속학』 제71집, 한국민속학회, 2020에 수록한 「연구사를 통해 본 조선 민속학의 성과」를 수정·보완한 것이다.

- 김종곤의 글은 『통일인문학』 제75집, 건국대학교 인문학연구원, 2018에 실렸던 「'분단적대성'의 역사적 발원과 감정구조」를 일부 수정·보완한 것이다.

- 박재인의 글은 「구술생애담으로 본 다산문화에서 피임문화로의 전환과 코리언 여성들의 삶」, 『인문사회 21』 11권 4호, (사) 아시아문화학술원, 2020을 수정·보완한 것이다.

- 정진아의 글은 『통일인문학』 제84집, 건국대학교 인문학연구원, 2020에 실렸던 「1960년대 북한의 '붉은 인텔리' 만들기」를 수정·보완한 것이다.

- 김지니의 글은 『통일인문학』 제84집, 건국대학교 인문학연구원, 2020에 게재된 「해방 후 남북 문화정책 연구: 국립극장을 중심으로」를 수정·보완한 것이다.

- 전영선의 글은 『통일인문학』 제84집, 건국대학교 인문학연구원, 2020에 게재된 「'사회주의 미풍양속'과 '준법기풍'을 통해 본 북한의 문화 검열」을 대폭 보강한 글이다.

| 저자 소개 |

박영균 건국대학교 통일인문학연구단 및 대학원 통일인문학과 교수
정치·사회철학을 전공했다. 통일인문학의 패러다임과 민족공통성 연구방법론에 관한 연구를 거쳐 남북의 가치관 비교 및 통일의 인문적 비전에 관한 연구를 진행하고 있다. 논문으로는 「통일론에 대한 스피노자적 성찰」, 「분단의 트라우마에 관한 시론적 성찰」, 「분단의 아비투스에 관한 철학적 성찰」 등이 있으며, 저서로는 『코리언의 역사적 트라우마』, 『통일한반도의 녹색 비전: 생태-평화 철학과 녹색협력』, 『복수의 민주주의와 인권국가 구현방안』, 『통일한반도의 헌법적 이념과 구현방안』 등이 있다. 아울러 DMZ를 활용한 공간 치유 프로그램으로, "ROAD 人 DMZ"라는 인문 여행용 앱을 개발하는 작업을 수행하기도 했다.

이병수 건국대학교 통일인문학연구단 및 대학원 통일인문학과 교수
한국 현대철학을 전공했다. 그동안 한국근현대사상사, 북한 주체사상, 남북한 민족주의 비교연구, 통일과 보편적 가치의 연관 등에 대한 연구를 수행해왔다. 주요논문으로 「한국근현대철학의 사상사적 이해」, 「북한 철학의 패러다임 변화와 사상적 특징」, 「민족공통성 개념에 대한 성찰」, 「남북 민족주의 가치관의 이중성」, 「한반도 통일과 인권의 층위」, 「한반도 평화실현으로서의 적극적 평화」 등이 있다.

박민철 건국대학교 통일인문학연구단 및 대학원 통일인문학과 교수
한국 현대철학을 전공했다. 한국근현대 사상사와 통일인문학, 통합적 코리아학의 방법론과 주제, 탈북민 가치관 등을 연구하고 있다. 주요 논문으로는 「통일의 동력으로서 민족이라는 새로운 환상체계」, 「한반도 분단극복과 생태주의의 결합」, 「FGI 방법을 활용한 북한이탈주민의 가치관 연구」, 「동학·천도교 사상의 '모던적(modern)' 징후」, 「식민지 조선의 역사철학 테제: 박치우의 운명론」 등이 있다. 저서로는 『텍스트로 보는 근대한국』, 『길 위의 우리 철학』, 『한국지성과의 통일대담』, 『통일인문학』 등이 있다.

김종군 건국대학교 통일인문학연구단 및 대학원 통일인문학과 교수

국문학을 전공했다. 연구 관심분야는 남북한 문학예술 분야의 통합, 코리언의 민속 및 정서 통합, 역사적 트라우마 치유 방안 등이다. 주요 논문으로 「통합서사의 개념과 통합을 위한 문화사적 장치」, 「북한의 현대 이야기문학 창작원리 연구」, 「코리언의 혼례 전통 계승과 현대적 변용」, 「남북 주민의 정서소통 기제로서 대중가요」 등이 있으며, 저서로는 『고전문학을 바라보는 북한의 시각』(3권), 『고난의 행군시기 탈북자 이야기』, 『남북이 함께 읽는 우리 옛이야기』 등이 있다.

김종곤 건국대학교 통일인문학연구단 HK연구교수

사회심리철학을 전공했으며 「'역사적 트라우마'에 대한 철학적 재구성」으로 박사학위를 받았다. 연구 관심분야는 코리언의 역사적 트라우마와 그 치유방법론이다. 주요 논문으로는 「분단폭력 트라우마의 치유와 '불일치'의 정치」, 「통일문화의 세 가지 키워드: 분단문화, 헤테로토피아, 문화-정치」, 「분단국가주의에 맞선 주체로서 '문학가': 류연산의 〈인생숲〉을 바탕으로」, 「기억과 망각의 정치, 고통의 연대적 공감: 전상국의 소설 〈아베의 가족〉, 〈남이섬〉, 〈지뢰밭〉을 통해 본 통합서사」 등이 있다.

박재인 건국대학교 통일인문학연구단 HK연구교수

문학치료학(고전문학)을 전공했으며 현재 건국대학교 통일인문학연구단 HK연구교수로 있다. 「한중일 조왕서사를 통해 본 가정 내 책임과 욕망의 조정원리와 그 문학치료학적 의미」로 박사학위를 받았다. 현재 문학치료학 방법론으로 통일교육 및 역사적 트라우마 치유에 대한 연구를 진행하고 있다. 주요 논저로 『청소년을 위한 통일인문학: 소통·치유·통합의 통일 이야기』, 「낯선 고국에 대한 막연한 동경과 이산 트라우마의 단면: 고향을 떠나 영주귀국한 사할린 한인C의 생애담을 중심으로」, 「탈북여성의 부모밀치기서사성향과 죄의식」 등이 있다.

도지인 건국대학교 통일인문학연구단 및 대학원 통일인문학과 교수

북한의 문화사와 외교사를 연구하고 있다. 통일인문학연구단의 국제협력팀장
으로서 영문학술지 S/N Korean Humanities의 편집주간을 맡고 있다. 고려대
학교 정치외교학과(학사), 하버드대학교 동아시아학과(석사), 북한대학원대
학교(박사)를 졸업하고 고려대학교, 서강대학교, 서울대학교에서 북한사,
남북관계사, 동아시아냉전사 등을 강의했다. 주요논문으로는 「냉전기 미소
음악교류로 본 남북문화교류 모델 제안: 1958년 차이코프스키 음악대회의
시사점」, 「1960년대 한국의 중립국 및 공산권 정책 수정에 대한 논의」, "North
Korean Independence in Unification Policy and Sino-North Korean
Relations,", 저서로는 『북한학의 새로운 시각들: 열가지 질문과 대답』, 『대중
가요속 통일인문학』, 『탈분단의 길: 생활 속 민주주의와 인권』, 『분단생태계
와 통일의 교량자들』이 있다.

정진아 건국대학교 통일인문학연구단 및 대학원 통일인문학과 교수

한국현대사 전공자로서 연세대학교에서 이승만정권의 경제정책론 연구로
박사학위를 받았다. 해방 이후 남북의 주민들이 만들어가고자 한 국가, 사회,
개인의 모습에 관심이 많다. 특히 그 속에서 살았던 사람들의 생활문화와
병리현상에 관심을 갖고 있다. 최근에는 국가담론과 생활세계를 통해 남북
주민, 코리언 디아스포라의 삶과 문화를 이해하고자 한다. 주요 저서로는
『문화 분단』, 『역사학의 시선으로 읽는 한국전쟁』, 『분단생태계와 통일의
교량자들』, 『탈분단의 길: 생활속 민주주의와 인권』, 『사회주의는 북한 사람
들을 어떻게 변화시켰나』 등이 있다.

김지니 건국대학교 통일인문학연구단 HK 연구원

무용학과 북한학을 전공했다. 현재 북한의 공연예술과 문예이론, 예술체계와
제도 및 민족문화, 민족예술 연구를 통해 민족적 공통성과 남북한의 차이에
대해 분석하고 통합방안을 마련하는 연구를 하고 있다. 주요 논문으로는
「북한 공연예술 단체의 기능과 역할에 관한 연구」, 「'선군시대' 예술비평
연구」, 「북한 공연예술단체의 대외공연 양상과 특성 연구」, 「북한 종합공연예
술의 정착과 전개」, 「북한의 대외문화교류 정책과 북·중 문화교류」, 「북한식'

의 문화예술 건설에 미친 소련 문화의 영향」, 「북한 정권초기 문화 권력의 대중지배 전략 연구」, 「북한의 언어정책과 대중매체를 활용한 언어 교양 사업」, 「김정은시대 비물질문화유산정책과 민속무용」, 「민속무용의 현대적 변용과 민족무용으로의 재형상」, 「라바노테이션과 북한무용표기법 비교 연구」 등이 있다. 저서로는 『북한 예술의 창작지형과 21세기 트렌드』, 『봉변다 반사』 등이 있다.

전영선 건국대학교 통일인문학연구단 HK 연구교수

고전문학을 전공했다. 남북의 소통을 통한 한반도 평화 시대를 희망하며, 분단 극복과 평화, 북한의 문화정책, 북한 사회문화, 남북문화 소통을 주제로 연구와 활동을 하고 있다. 『NK POP: 북한의 전자음악과 대중음악』, 『북한의 체육정책과 체육문화』, 『북한에서 여자로 산다는 것』, 『김정은 리더십 연구』, 『글과 사진으로 보는 북한의 사회와 문화』, 『영상으로 보는 북한의 일상』, 『북한의 언어–소통과 불통 사이의 남북언어』, 『북한의 정치와 문학: 통제와 자율사이의 줄타기』, 『영화로 보는 통일 이야기』, 『북한 애니메이션(아동영화)의 특성과 작품세계』 등의 저서가 있다.